"十三五"普通高等教育本科系列教材

数字电路与系统设计

陈 悦　冯 玲
朱海霞　卞晓晓　编著

蒋 璇　主审

中国电力出版社
CHINA ELECTRIC POWER PRESS

内 容 提 要

本书系统介绍数字电路与系统设计的基本理论、基本知识和基本器件，详细阐述传统数字电路分析、设计的方法，简练说明了现代数字系统分析、设计方法，特别引入了硬件描述语言作为教学内容，符合数字系统设计的发展趋势。

本书共分 10 章，主要内容包括数制与编码、逻辑代数基础、组合逻辑电路、触发器、时序逻辑电路、可编程逻辑器件、数模转换与模数转换、脉冲波形发生与整形电路、数字系统设计基础等。各章均选用了较多的典型实例，并配有大量习题，有助于课程的教学与实际应用。

本书简明扼要、深入浅出，可作为高等院校电子、信息、雷达、通信、计算机、自动化、测控等电类专业本科、专科"数字电路"类课程的教材和参考书，也可作为相关学科工程技术人员的参考用书。

图书在版编目（CIP）数据

数字电路与系统设计 / 陈悦等编著. —北京：中国电力出版社，2015.8（2021.5 重印）
"十三五"普通高等教育本科规划教材
ISBN 978-7-5123-8119-3

Ⅰ. ①数⋯　Ⅱ. ①陈⋯　Ⅲ. ①数字电路－系统设计－高等学校－教材　Ⅳ. ①TN79

中国版本图书馆 CIP 数据核字（2015）第 176129 号

中国电力出版社出版、发行
（北京市东城区北京站西街 19 号　100005　http://www.cepp.sgcc.com.cn）
北京雁林吉兆印刷有限公司印刷
各地新华书店经售

*

2015 年 8 月第一版　2021 年 5 月北京第六次印刷
787 毫米×1092 毫米　16 开本　18.5 印张　450 千字
定价 37.00 元

前　言

　　本书是在教育部颁布的"数字电路与逻辑设计课程教学基本要求"基础上，将传统数字电子技术与现代 EDA 技术相结合，并引入了可编程逻辑器件、数字系统设计、硬件描述语言 VHDL 等方面的内容，顺应了数字电路的发展趋势。

　　全书共分 10 章。第 1 章绪论，主要介绍数字电路的基础知识，包括其特点、发展状况等。第 2 章数制与编码，介绍了常用的数制及不同数制之间的转换和二进制的算术运算，讨论了常用的二值编码方法及各自的特点。第 3 章逻辑代数基础，介绍逻辑代数的基本概念及各种逻辑运算、逻辑代数的运算公式及规则，还讨论了逻辑函数的各种常用表示方式，如真值表、逻辑表达式、逻辑电路图和波形图等，本章的最后对数字电路的重要描述工具卡诺图进行详细的讨论。第 4 章组合逻辑电路，首先介绍了解集成电路的分类、电气指标、输出结构及使用方法等；接着详细展开介绍小规模组合电路的分析与设计方法；然后介绍组合电路中的竞争与险象产生的原因及避免的方法；最后结合实际详细介绍中规模集成电路的分析与设计方法，如加法器、数值比较器、数据选择器、编码器和译码器等。第 5 章触发器，首先详细介绍常见触发器的内部结构、工作原理、应用方法等，包括基本 RS 触发器、同步触发器、主从触发器、边沿触发器；然后介绍不同类型触发器之间相互转换的方法。第 6 章时序逻辑电路，首先介绍同步时序的分析方法与实例，例如计数器、移位寄存器等；接着介绍集成时序电路模块，例如 74163、74192、74194 等芯片功能与工作原理，并给出几种芯片的应用实例，这样可使读者对中规模时序电路有比较完整的了解；最后介绍同步时序电路的设计方法，特别是分别利用触发器和 MSI 时序模块设计同步时序电路的方法。第 7 章可编程逻辑器件，首先介绍可编程逻辑器件的基本情况，接着介绍低密度可编程逻辑器件的结构与工作原理，最后以典型的高密度 CPLD 和 FPGA 芯片为例，使读者初步了解 LSI 电路的工作原理与内部结构。第 8 章数模转换与模数转换，主要介绍几种常用的、典型的 D/A 和 A/D 转换方法。第 9 章脉冲波形发生与整形电路，简要介绍多谐振荡电路、单稳态电路与施密特电路的工作原理与基本应用，并以 555 定时器为例详细介绍该芯片功能与应用。第 10 章数字系统设计基础，力求体现较新的数字电子技术，特别引入数字系统的设计方法、VHDL 语言介绍及 Quartus II 软件介绍，为读者更好地进入大规模数字电路设计打下基础。

　　书中第 1、6 章由朱海霞编写，第 2、10 章由陈悦编写，第 3、4 章由冯玲编写，第 5 章由朱海霞、卞晓晓编写，第 7、8 章由卞晓晓编写，第 9 章由陈悦、冯玲编写。陈悦对全书进行了统稿。南京航空航天大学蒋璇教授主审全书，对本书的内容、结构和文字提出了很多宝贵的意见及建议，在此表示深切的谢意。

　　作者在编写本书的过程中得到了南京航空航天大学金城学院顾利民教授、刘文波教授、耿茜副主任、闻凯副主任的关心与帮助，南京航空航天大学金城学院信息工程系与自动化系多位教师提供了大量的资料，朱子娟、陈志良、王海涛、朱长久、赵桂珍、王中海、张君、王子孜、王博岩、张本彦等同志均给予大力协助，在此一并表示感谢。

  由于作者水平和时间有限，本书中难免存在疏漏和不足之处，敬请广大读者批评指正。

编　者

2015 年 5 月

目　录

第1章 绪 论

1.1 数字信号与模拟信号

自然界的物理量形形色色、性质各异，按照其变化规律的特点，可将物理量分为模拟量和数字量两大类。

模拟量指其值变化在时间上或数值上都是连续的，如温度、湿度、速度、压力等，模拟量通常用模拟信号表示，模拟信号随时间变化的关系图如图 1.1 所示。例如利用热敏电阻测量温度时，其输出电压信号便是一个连续变化的模拟信号，即任一时刻的电压取值均表示相应的温度。

数字量指其值的变化在时间和数值上都是离散的，如人数、开关通断等，数字量通常用数字信号表示，数字信号随时间变化的关系如图 1.2 所示。数字信号的变化在时间上不连续，且总发生在一系列离散的瞬间。其值总是以某一"最小单位"的整数倍进行变化。例如教室里学生的人数总是最小单位"1"的整数倍，如 20 个学生，不可能出现 20.5 个学生。二值数字信号通常只有两种状态，如电平的高与低、脉冲的有与无。

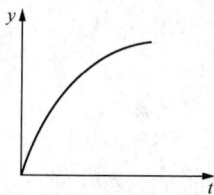

图 1.1 模拟信号波形图

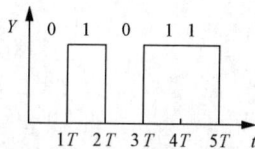

图 1.2 数字信号波形

1.2 数字电路与模拟电路

在近代电子学中，按照处理信号的不同，将电子电路分为模拟电路和数字电路。其中处理模拟信号的电路称为模拟电路，主要侧重研究电路中输入信号与输出信号间的大小、相位关系；处理数字信号的电路称为数字电路，主要侧重研究电路中输入信号与输出信号间的逻辑关系或因果关系。常用的二值数字信号相对应的数字电路只有两种工作状态，通常用 0 和 1 表示，如 0 表示低电平、1 表示高电平，所以数字电路又称为逻辑电路。组成数字电路的基本单元电路是门电路，而构成门电路的基本元件是开关，因此也称为开关电路。

1.3 数字电路的特点

数字电子技术与模拟电子技术作为现代电子技术的两大分支，两者有相同之处，也有许多明显区别。模拟电路的特点来源于其所处理的信号是连续的模拟信号，主要单元电路为放大器，且处理模拟信号时，晶体管一般工作在放大状态，对信号进行不失真放大，分析模拟电路时主要利用图解法和微变等效电路法进行放大器放大功能的分析，目前常应用于微波、模拟电视、电源等领域。而数字电路的特点来源于它所处理的信号是离散信号，主要单元电路为逻辑门和触发器，且处理数字信号时，晶体管一般工作在饱和状态和截止状态，即开关状态，主要利用逻辑代数法研究输入输出之间的逻辑关系，常应用于数字电子、数字通信和数字计算机等数字领域。

1.4　数字电路的发展

（1）从发展历史来看，数字电路与模拟电路一样，经历了由电子管、半导体分立器件到集成电路等几个阶段。但数字集成电路比模拟集成电路的发展更快，使数字集成电路的性能产生了质的飞跃。

（2）从器件工艺发展来看，逻辑门是一种重要的逻辑单元电路。TTL 逻辑门电路问世较早，其工艺经过不断改进，至今已成为主要的基本逻辑器件之一。随着 MOS 工艺特别是 CMOS 工艺的发展，TTL 的主导地位有被 CMOS 器件所取代的趋势。近年来，可编程逻辑器件（PLD）特别是现场可编程门阵列（FPGA）的飞速进步，使数字电子技术开创了新局面，不仅规模大，且将硬件与软件相结合，使器件的功能更加完善，使用也更加灵活。

第2章 数 制 与 编 码

2.1 数　　制

日常生活中，人们常用数字表示物理量的大小，当需要计算的数较大时，一位数字往往不够，因此又制定了相应的进位规则并由此创造出多位数。所谓数制即指由一组数码及相应的进位规则构成的计数方式。常用的数制包括十进制、二进制、八进制和十六进制，在下面章节中将依次展开介绍。

2.1.1 十进制

十进制（Decimal）是日常生活中人们采用最广泛的一种进制形式，一般用下标数字10 或英文字母 D 表示，也可不加下标，默认为十进制数。它由数码 0~9 组成，采用"逢十进一"的进位规则。当各个数码处于十进制数的不同位置时，所代表的数值不同，若是整数部分则从小数点向左分别表示个位、十位、百位等，若是小数部分则从小数点向右依次表示十分位、百分位、千分位等。例如十进制数（518.04）$_{10}$ 可以展开表示为

$$(518.04)_{10} = 5 \times 10^2 + 1 \times 10^1 + 8 \times 10^0 + 0 \times 10^{-1} + 4 \times 10^{-2}$$

式中：10 为基数，10^i 为第 i 位的权值，5、1、8、0、4 为相应位系数。

在此基础上进行推广，可以得到任意一个十进制数的按权展开形式。例如具有 n 位整数和 m 位小数的十进制可以展开表示为

$$
\begin{aligned}
(N)_D &= d_{n-1} \times 10^{n-1} + d_{n-2} \times 10^{n-2} + \cdots + d_0 \times 10^0 + d_{-1} \times 10^{-1} + d_{-2} \times 10^{-2} + \cdots + d_{-m} \times 10^{-m} \\
&= \sum_{i=-m}^{n-1} d_i \times 10^i
\end{aligned}
\tag{2-1}
$$

式中：10 为基数，10^i 为第 i 位的权值，d_i 为第 i 位的系数，它可以取 0~9 十个数中的任意一个。

在十进制的基础上可以进一步推广至任意进制。任意 R 进制数的一般表示式为

$$
\begin{aligned}
(N)_R &= r_{n-1} \times R^{n-1} + r_{n-2} \times R^{n-2} + \cdots + r_0 \times R^0 + r_{-1} \times R^{-1} + r_{-2} \times R^{-2} + \cdots + r_{-m} \times R^{-m} \\
&= \sum_{i=-m}^{n-1} r_i \times R^i
\end{aligned}
\tag{2-2}
$$

式中：R 为基数，R^i 为第 i 位的权值，r_i 为第 i 位的系数，它可以取 0~（R–1）中的任意一个。

2.1.2 二进制

二进制（Binary）是数字系统中通常采用的表示方式，一般用下标数字 2 或英文字母 B 表示，它由数码 0、1 组成，采用"逢二进一"的进位规则。任意一个二进制数可以展开表示为

$$
\begin{aligned}
(N)_B &= b_{n-1} \times 2^{n-1} + b_{n-2} \times 2^{n-2} + \cdots + b_0 \times 2^0 + b_{-1} \times 2^{-1} + b_{-2} \times 2^{-2} + \cdots + b_{-m} \times 2^{-m} \\
&= \sum_{i=-m}^{n-1} b_i \times 2^i
\end{aligned}
\tag{2-3}
$$

其中 2 为基数，2^i 为第 i 位的权值，b_i 为第 i 位的系数，它可以取 0、1 中的任意一个。

例如，二进制数（1101.11）$_2$ 可以表示为

$$(1101.11)_2 = 1\times2^3 + 1\times2^2 + 0\times2^1 + 1\times2^0 + 1\times2^{-1} + 1\times2^{-2} = (13.75)_{10}$$

2.1.3 八进制

八进制（Octal）一般用下标数字 8 或英文字母 O 表示，由于字母 O 和数字 0 书写时经常混淆，因此也常用字母 Q 表示。它由数码 0～7 组成，采用"逢八进一"的进位规则。任意一个八进制数可以展开表示为

$$(N)_O = o_{n-1}\times8^{n-1} + o_{n-2}\times8^{n-2} + \cdots + o_0\times8^0 + o_{-1}\times8^{-1} + o_{-2}\times8^{-2} + \cdots + o_{-m}\times8^{-m}$$
$$= \sum_{i=-m}^{n-1} o_i\times8^i \tag{2-4}$$

式中：8 为基数，8^i 为第 i 位的权值，o_i 为第 i 位的系数，它可以取 0～7 中的任意一个。例如，八进制数（57.6）$_8$ 可以表示为

$$(57.6)_8 = 5\times8^1 + 7\times8^0 + 6\times8^{-1} = (47.75)_{10}$$

2.1.4 十六进制

十六进制（Hexadecimal）一般用下标数字 16 或英文字母 H 表示，它由数码 0～9 以及字母 A～F 组成，采用"逢十六进一"的进位规则。任意一个十六进制数可以展开表示为

$$(N)_H = h_{n-1}\times16^{n-1} + h_{n-2}\times16^{n-2} + \cdots + h_0\times16^0 + h_{-1}\times16^{-1} + h_{-2}\times16^{-2} + \cdots + h_{-m}\times16^{-m}$$
$$= \sum_{i=-m}^{n-1} h_i\times16^i \tag{2-5}$$

式中：16 为基数，16^i 为第 i 位的权值，h_i 为第 i 位的系数，它可以取 0～9 以及字母 A～F 中的任意一个。例如，十六进制数（F3.B）$_{16}$ 可以表示为

$$(F3.B)_{16} = 15\times16^1 + 3\times16^0 + 11\times16^{-1} = (243.6875)_{10}$$

不同数制之间的关系可以查看表 2.1。

2.1.5 不同数制之间的转换

在实际应用中，经常需要在不同数制之间进行转换，以方便各种计算。数制之间的转换主要归纳为两大类，即十进制数与非十进制数之间的转换，2^n 进制之间的转换。本节中将分别进行介绍。

1. 十进制数和非十进制数之间的转换

（1）非十进制数转换成十进制数。

表 2.1   不同数制之间的区别

数制	二进制	八进制	十进制	十六进制	R 进制
数码	0, 1	0～7	0～9	0～9，A～F	0～（R–1）
进位规则	逢二进一	逢八进一	逢十进一	逢十六进一	逢 R 进一
表示方法	(N)$_B$ 或 (N)$_2$	(N)$_O$ 或 (N)$_Q$ 或 (N)$_8$	(N)$_D$ 或 (N)$_{10}$ 或 N	(N)$_H$ 或 (N)$_{16}$	(N)$_R$
按权展开	$\sum_{i=-m}^{n-1} b_i\times2^i$	$\sum_{i=-m}^{n-1} o_i\times8^i$	$\sum_{i=-m}^{n-1} d_i\times10^i$	$\sum_{i=-m}^{n-1} h_i\times16^i$	$\sum_{i=-m}^{n-1} r_i\times R^i$

　　由式（2-2）知，任意一个非十进制数转换成十进制数，只需要对其按权展开求和即可。

　　（2）十进制数转换成非十进制数。十进制数转换成非十进制数时，需要将其分为整数和小数两个部分分别处理，最后将结果进行合并。其中，整数部分采用除基（R）取余法，小数部分采用乘基（R）取整法。

　　除基（R）取余法指用十进制数除以目的数制的基数 R，第一次所得的余数为目的数的最低位，把所得商再除以 R，所得余数为目的数的次低位，以此类推，直至商为 0 时，所得余数为目的数的最高位。

　　乘基（R）取整法指用十进制数乘以目的数制的基数 R，第一次所得的整数部分为目的数的最高位，把结果的小数部分再乘以 R，所得结果的整数部分为目的数的次高位，以此类推，直至小数部分为 0 或者达到精度要求为止。

　　【例 2.1】 将十进制数 $(45.25)_{10}$ 转换成二进制数、八进制数和十六进制数。

　　解：1）整数部分按照除基取余法，转换为二进制数时应逐次除以 2，然后取余数，得到 $(45)_{10}=(101101)_2$。

　　同样方法可以转换为八进制数和十六进制数，$(45)_{10}=(55)_8=(2D)_{16}$。

```
2 | 45
2 | 22  … 1
2 | 11  … 0
2 |  5  … 1          8 | 45              16 | 45
2 |  2  … 1          8 |  5  … 5         16 |  2  … D
2 |  1  … 0              0  … 5              0  … 2
     0  … 1
```

　　2）小数部分按照乘基取整法，转换为二进制数时应逐次乘以 2，然后取整数，得到 $(0.25)_{10}=(0.01)_2$。

```
      0.25                0.25                0.25
   ×     2             ×     8             ×    16
      0.5   … 0           2.0   … 2           4.0   … 4
   ×     2
      1.0   … 1
```

　　同样方法可以转换为八进制数和十六进制数，$(0.25)_{10}=(0.2)_8=(0.4)_{16}$。

　　针对小数部分采用乘基取整法的计算过程中，会发现对于有些十进制数，不论进行多少次乘基取整，都没有办法得到最终结果为 0，例如十进制数 $(0.6)_{10}$，在这种情况下可以根据精度要求进行适当的取舍，一般取小数点后 3～4 位即可。

　　（3）将整数部分和小数部分合并，得到 $(45.25)_{10}=(101101.01)_2=(55.2)_8=(2D.4)_{16}$

　　2. 2^n 进制之间的转换

　　二进制是数字系统中广泛采用的进制，但由于该进制表示的数较为复杂，特别是当所表示的数较大时，其位数较多，不利于人们的读写与记忆，因此将其转换成八进制或十六进制能较好的解决该问题。由于八进制和十六进制的基数分别是 $8=2^3$ 和 $16=2^4$，因此三位二进制数恰好相当于一位八进制数，四位二进制数恰好相当于一位十六进制数，它们之间的转换非常方便。

　　（1）二进制与八进制之间的转换。将二进制转换成八进制时，应以小数点为界，分别向左和向右，以三位为一组进行分组，不足三位的补零补足三位，然后每一组用一个等值的八进制数代替。

　　【例 2.2】 将二进制数 $(1101110.10111)_2$ 转换成八进制数。

解：二进制数　　　　　　　001 101 110. 101 110

八进制数　　　　　　　　1　5　6. 5　6

所以（1101110.10111）$_2$=（156.56）$_8$

反之，若将八进制转换成二进制，只需将每一位八进制数用三位等值的二进制数代替即可。

【例 2.3】　将八进制数（42.7）$_8$转换成二进制数。

解：八进制数　　　　　　4　2.　7

二进制数　　　　　　　100 010. 111

所以（42.7）$_8$=（100010.111）$_2$

（2）二进制与十六进制之间的转换。将二进制转换成十六进制时是以小数点为界，分别向左和向右，以四位为一组进行分组，不足四位的补零补足四位，然后每一组用一个等值的十六进制数去代替。

【例 2.4】　将二进制数（1101110.10111）$_2$转换成十六进制数。

解：二进制数　　　　　　0110 1110. 1011 1000

十六进制数　　　　　　6　E. B　8

所以（1101110.10111）$_2$=（6E.B8）$_{16}$

反之，若将十六进制转换成二进制，只需将每一位十六进制数用四位等值的二进制数代替即可。

【例 2.5】　将十六进制数（CF.2A）$_{16}$转换成二进制数。

解：十六进制数　　　　　C　F. 2　A

二进制数　　　　　　　1100 1111. 0010 1010

所以（CF.2A）$_{16}$=（11001111.00101010）$_2$

（3）八进制与十六进制之间的转换。从前述可看出，二进制与八进制、二进制与十六进制间的对应关系十分良好，因此若求八进制与十六进制之间的转换时，可以用二进制作为中间桥梁，先将八进制（或十六进制）转换成二进制，再将二进制转换成十六进制（或八进制）。

【例 2.6】　将八进制数（42.7）$_8$转换成十六进制数。

解：八进制数　　　　　　4　2. 7

二进制数　　　　　　　0010 0010. 1110

十六进制　　　　　　　2　2. E

所以（42.7）$_8$=（22.E）$_{16}$

【例 2.7】　将十六进制数（CF.2A）$_{16}$转换成八进制数。

解：十六进制数　　　　　C　F. 2　A

二进制数　　　　　　　011 001 111. 001 010 100

八进制数　　　　　　　3　1　7. 1　2　4

所以（CF.2A）$_{16}$=（317.124）$_8$

2.2　编　　码

数字系统中，数码不仅可以表示数值大小，也可以区分不同事物。例如，超市里的每件商品都有一个条形码，收银员通过扫描器扫条形码可以识别该商品的名称、生产厂家、单价等一系列信息，不同种类的商品其条形码不同。这种采用预先规定的方法将文字、数字或其他对象映射为相应数码以便处理的过程称之为编码。而在数字系统中，由于主要采用二进制数进行编码，因此称之为二值编码。常用的二值编码包括格雷码、二—十进制编码、奇偶校验码和 ASCII 码，下面章节中将依次展开介绍。

2.2.1 格雷码

前述二进制数是用 0、1 表示数值大小的方法，n 位二进制数可以表示 2^n 个十进制数，例如，4 位二进制数 0000～1111 表示十进制数 0～15，共 16 种取值。二进制码，也称自然二进制码，它是从编码角度进行描述的，其表示数值的大小与二进制数完全一致。具体编码情况见表 2.2，表 2.2 中还给出了另外一种编码，这种编码称为格雷码（Gray Codes）。

表 2.2 自然二进制码与 4 位格雷码的比较

十进制数	自然二进制码	格雷码	十进制数	自然二进制码	格雷码
0	0000	0000	8	1000	1100
1	0001	0001	9	1001	1101
2	0010	0011	10	1010	1111
3	0011	0010	11	1011	1110
4	0100	0110	12	1100	1010
5	0101	0111	13	1101	1011
6	0110	0101	14	1110	1001
7	0111	0100	15	1111	1000

1. 格雷码的两个主要特性

（1）反射性。所谓反射性指以编码最高位的 0 和 1 交界处为镜像点，位于对称位置的各对代码之间只有最高位不同，其余各位均相同。利用反射性可以构造出任意码长的格雷码，具体构造方法如下：

1）1 位码长的格雷码即为 0 和 1；

2）2 位码长的格雷码是在 1 位码长格雷码基础上先在高位补零补足 2 位，即得 00 和 01，然后在下方画出对称轴，位于对称轴对称的各对代码之间仅最高位不同，其余均相同，即得 11 和 10；

3）3 位码长的格雷码可以在 2 位格雷码的基础上，按照上述方法类推可得，如图 2.1 所示。

（2）循环性。所谓循环性，指任意两个相邻的代码之间（包括第一个代码与最后一个代码也是相邻的），仅有一位码元不同。格雷码的循环特性使它在提高系统的可靠性及增强抗干扰能力方面效果显著。

```
1位码长    2位码长          3位码长
0          00               000
1          01               001
       ----------对称轴      011
           11               010
           10          ----------对称轴
                            110
                            111
                            101
                            100
```

图 2.1 不同码长格雷码的构造方法

2. 自然二进制码与格雷码之间的转换

自然二进制码与格雷码同属二进制编码，它们之间可以进行相互转换，具体转换方法如下。

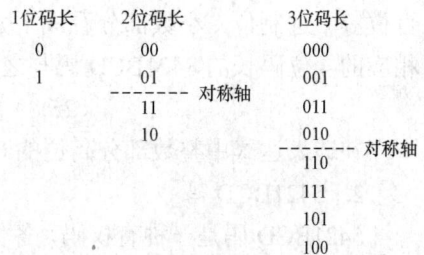

（1）自然二进制码转换为格雷码。两种代码的最高位相同，从高到低依次读取自然二进制码的各位码元，并将该位码元与其前一位进行比较，若不同则该位对应的格雷码码元为1，否则为0。

【例 2.8】 试将自然二进制码 10111001 转换为格雷码。

解：

$$自然二进制码：\quad 1\ 0\ 1\ 1\ 1\ 0\ 0\ 1$$

$$格雷码：\quad 1\ 1\ 1\ 0\ 0\ 1\ 0\ 1$$

所以，$(10111001)_2 = (11100101)_{Gray}$

（2）格雷码转换为自然二进制码。两种代码的最高位相同，从高到低依次读取格雷码的各位码元，若该位码元为0，则同该位对应的自然二进制码的码元与其前一位相同，否则不同。

【例 2.9】 试将格雷码 0101110 转换为自然二进制码。

解：

$$格雷码：\quad 0\ 1\ 0\ 1\ 1\ 1\ 0$$

$$自然二进制码：\quad 0\ 1\ 1\ 0\ 1\ 0\ 0$$

所以，$(0101110)_{Gray} = (0110100)_2$

2.2.2 二—十进制编码

二—十进制编码（Binary Coded Decimal）简称 BCD 码，它是用 4 位二进制编码表示 1 位十进制数符 0～9 的方法。4 位二进制编码可以有 0000～1111 共 16 种不同的组合，原则上只要从中选取任意 10 种即可进行二—十进制编码。因此，二—十进制编码可以有许多种编码方案，每种编码方案都有其特点。表 2.3 列出了几种目前比较常用的 BCD 码。

1. 8421BCD 码

8421BCD 码是最常见的 BCD 码，它是一种有权码，各位权值从高到低依次为 8、4、2、1，可以对它进行按权展开求和，求得的结果即为它所表示的十进制数。例如

$$(0111)_{8421BCD码} = 0×8+1×4+1×2+1×1 = (7)_{10}$$

8421BCD 码采用 0000～1001 依次表示十进制数 0～9，称为有效码字，1010～1111 是禁用码字。需要注意的是在表示多位十进制数时，8421BCD 码是将其整数部分看成个位、十位、百位等十进制位，小数部分看成十分位、百分位、千分位等十进制位，每个十进制位都需要相应的 4 位码长的 8421BCD 码与之对应。如

$$(25.8)_{10} = (0010\ 0101.1000)_{8421BCD码}$$

在该表达式中整数部分高位的 0 和小数部分低位的 0 都是不可以省略的。

2. 5421BCD 码

5421BCD 码是一种有权码，各位的权值从高到低依次为 5、4、2、1。可以仿照 8421BCD 码，对它进行按权展开求和，求得的结果即为其所表示的十进制数。例如

$$(1001)_{5421BCD码} = 1×5+0×4+0×2+1×1 = (6)_{10}$$

表 2.3   常 用 BCD 码

十进制数	8421 码	5421 码	2421 码	余 3 码	BCD 格雷码
0	0000	0000	0000	0011	0010
1	0001	0001	0001	0100	0110
2	0010	0010	0010	0101	0111
3	0011	0011	0011	0110	0101
4	0100	0100	0100	0111	0100
5	0101	1000	1011	1000	1100
6	0110	1001	1100	1001	1101
7	0111	1010	1101	1010	1111
8	1000	1011	1110	1011	1110
9	1001	1100	1111	1100	1010

从表 2.3 可以看出，将 5421BCD 码与 8421BCD 码进行比较，当所表示的十进制数 $N \leqslant 4$ 时，5421BCD 码与 8421BCD 码完全一致，而当所表示的十进制数 $N > 4$ 时，5421BCD 码由 8421BCD 码对应加 3 而得到。5421BCD 码的有效码字是 0000～0100 及 1000～1100，用以表示十进制数 0～9，而 0101～0111 及 1101～1111 是禁用码字。例如

$$(25.8)_{10} = (0010\ 1000.1011)_{5421BCD\ 码}$$

3. 2421BCD 码

2421BCD 码是一种有权码，各位权值从高到低依次为 2、4、2、1。它也可以进行按权展开求和，求得的结果就是其所表示的十进制数。将 2421BCD 码与 8421BCD 码比较可以看出，当所表示的十进制数 $N \leqslant 4$ 时，2421BCD 码与 8421BCD 码完全一致，而当所表示的十进制数 $N > 4$ 时，2421BCD 码由 8421BCD 码对应加 6 得到。2421BCD 码的有效码字是 0000～0100 及 1011～1111，用以表示十进制数 0～9，而 0101～1010 是禁用码字。例如

$$(25.8)_{10} = (0010\ 1011.1110)_{2421BCD\ 码}$$

4. 余 3 码

与前述几种 BCD 码不同，余 3 码是一种无权码，其代码中每位所代表的权值在各组代码中不是固定的，不可以按权展开求和。将余 3 码与 8421BCD 码比较可以看出，它是由 8421BCD 码对应位加 3 而得到，故名余 3 码。例如

$$(25.8)_{10} = (0010\ 0101.1000)_{8421BCD\ 码} = (0101\ 1000.1011)_{余3\ 码}$$

需要注意的是在从 8421BCD 码转换为余 3 码时，每一个十进制位都需要加 3，而不仅仅限于最低位。其有效码字为 0011～1100，用以表示十进制数 0～9，而 0000～0010 及 1101～1111 是禁用码字。

5. BCD 格雷码

BCD 格雷码是一种无权码，不可以按权展开求和。将表 2.3 与表 2.2 进行比较可以发现，BCD 格雷码是在 4 位格雷码的基础上去掉前 3 个和后 3 个，保留中间 10 个而得到，因此格雷码具有的反射特性和循环特性在 BCD 格雷码中也是成立的，其中反射轴位于 4 和 5 之间。

2.2.3 奇偶校验码

在数字系统中，对某一数字信息进行传输或处理时，不可避免的要受到外界噪声的干扰，

从而产生错误，即所谓的误码，例如"1100"在最后一位上发生错误变为"1101"等。为了能够检查出这种错误，引入了可靠性编码（Reliability Codes）的方法。

可靠性编码是指通过编码的方式使得代码本身具有某种特征或能力，从而尽可能减少错误的发生，或者出错后容易被发现，甚至查出错误的码位后能予以纠正的一种编码方式，通常分为检错码和纠错码两大类。

奇偶校验码（Parity Check Code）属于检错码中的一种，它能够检测出信息在传输过程中产生的奇数个错误。它由信息位和校验位两部分组成，其中信息位即所需要传输的信息本身，校验位可以加在信息位的前面或后面，通过校验位的加上可以使得整个码字中 1 的个数达到奇数个或偶数个，从而完成奇校验或偶校验的目的。表 2.4 以余 3 码为例，给出了奇校验和偶校验两种方式下的编码情况。

奇偶校验码只能检测出奇数个错误，当传输过程中产生偶数个错误时则无法判断。但由于奇偶校验码的构造非常简单，因此在实际应用中，对于可靠性要求不高的场合常有应用。

表 2.4　　　　　　　　　　　　　　余 3 码的奇偶校验码

十进制数	余 3 码的奇校验		余 3 码的偶校验	
	信息位	校验位	信息位	校验位
0	0011	1	0011	0
1	0100	0	0100	1
2	0101	1	0101	0
3	0110	1	0110	0
4	0111	0	0111	1
5	1000	0	1000	1
6	1001	1	1001	0
7	1010	1	1010	0
8	1011	0	1011	1
9	1100	1	1100	0

2.2.4　ASCII 码

ASCII 码（American Standard Codes for Information Interchange）是由美国国家标准协会制定的一种编码，全称为美国标准信息交换码，目前已经成为通用的标准编码，广泛应用于通信和计算机中。

ASCII 码由 7 位二进制数组成，一共可以表示 128 个数字、字母（区分大小写）及专用符号，具体编码形式参见表 2.5。例如小写字母 a 的 ASCII 码是 1100001，为方便记忆，也常用十六进制数表示，即 61H。

2.3　二进制数的算术运算

在十进制中经常用到算术运算，即加、减、乘、除四则运算，而在数字系统中则通常采用二进制数进行算术运算，其运算规则与十进制数非常相似。

表 2.5　　　　　　　　　　ASCII 码 编 码 表

$B_3B_2B_1B_0$ ＼ $B_6B_5B_4$	000	001	010	011	100	101	110	111
0000	NUL	DLE	SP	0	@	P	`	p
0001	SOH	DC1	!	1	A	Q	a	q
0010	STX	DC2	"	2	B	R	b	r
0011	ETX	DC3	#	3	C	S	c	s
0100	EOT	DC4	$	4	D	T	d	t
0101	ENQ	NAK	%	5	E	U	e	u
0110	ACK	SYN	&	6	F	V	f	v
0111	BEL	ETB	'	7	G	W	g	w
1000	BS	CAN	(	8	H	X	h	x
1001	HT	EM	)	9	I	Y	i	y
1010	LF	SUB	*	:	J	Z	j	z
1011	VT	ESC	+	;	K	[	k	{
1100	FF	FS	,	<	L	\	l	|
1101	CR	GS	—	=	M	]	m	}
1110	SO	RS	.	>	N	^	n	~
1111	SI	US	/	?	O	_	o	DEL

2.3.1　二进制数算术运算法则

1. 二进制数的加减法

十进制数在进行加减运算时遵循"逢十进一"的进位规则和"借一当十"的借位规则，而二进制则采用"逢二进一"的进位规则和"借一当二"的借位规则。具体规则如下：

加法：0+0=0；0+1=1；1+0=1；1+1=0，且进位为 1；

减法：0−0=0；1−0=1；1−1=0；0−1=1，且借位为 1。

【例 2.10】　分别计算两个二进制数 1001 和 0101 的和与差。

解：

$$
\begin{array}{r}
1001 \\
+)\ 0101 \\
\hline
1110
\end{array}
\qquad
\begin{array}{r}
1001 \\
-)\ 0101 \\
\hline
0100
\end{array}
$$

因此

$$(1001)_2 + (0101)_2 = (1110)_2$$
$$(1001)_2 - (0101)_2 = (0100)_2$$

2. 二进制数的乘除法

二进制的乘除法运算规则如下：

乘法：0×0=0；0×1=0；1×0=0；1×1=1

除法：0÷1=0；1÷1=1

【例 2.11】　分别计算两个二进制数 1001 和 0101 的积与商。

解：

$$
\begin{array}{r}
1001 \\
\times\ )\quad 0101 \\
\hline
1001 \\
0000 \\
1001 \\
0000 \\
\hline
101101
\end{array}
\qquad\qquad
\begin{array}{r}
1.010\cdots \\
0101\,\overline{)\,1001} \\
-)\ \ 0101 \\
\hline
01000 \\
-)\ \ 0101 \\
\hline
0011
\end{array}
$$

因此

$$(1001)_2 \times (0101)_2 = (101101)_2$$

$$(1001)_2 \div (0101)_2 \approx (1.010)_2$$

由上述运算过程可以看出，乘法运算的实质是由左移运算和加法运算结合得到，除法运算则相反，是由右移运算和减法运算结合得到。

2.3.2　带符号数的表示方法及运算法则

在十进制数中，通常用"+"表示一个正数，用"−"表示一个负数，而在数字系统中仅有"0"和"1"两种符号，为区分正负数，引入了带符号数的表示方法，即最高位定义为符号位，用"0"表示正数，"1"表示负数，其余各位为数值位。常用的带符号数编码方法分为原码、反码和补码。

1. 原码

在原码表示法中，数值位即为该数的绝对值。

【例 2.12】 设字长为 8 位，试用原码表示十进制数+21 和−21。

解： $(+21)_{10} = (+10101)_2 = (+0010101)_2 = (00010101)_原$

$(-21)_{10} = (-10101)_2 = (-0010101)_2 = (10010101)_原$

由于原码构造简单，它所表示的十进制数大小可以直接从代码上求得，但是原码在计算机中进行加减运算时较为复杂，首先需要判断符号位的正负，再根据数值大小决定采用加法还是减法计算，导致系统实现时所需硬件代价较大，因此提出了反码和补码的表示方法。

2. 反码

在反码表示法中，若该数为正数，则反码与原码一致；若是负数，则在原码基础上符号位不变，数值位对应取反。反码具有如下性质

$$\{[x]_反\}_反 = [x]_原$$

【例 2.13】 设字长为 8 位，试用反码表示十进制数+21 和−21。

解： $(+21)_{10} = (00010101)_原 = (00010101)_反$

$(-21)_{10} = (10010101)_原 = (11101010)_反$

3. 补码

在补码表示法中，若该数为正数，则补码与原码一致；若为负数，则在原码基础上符号位不变，数值位对应取反并加 1，即在反码的基础上加 1。补码具有如下性质

$$\{[x]_补\}_补 = [x]_原$$

【例 2.14】 设字长为 8 位，试用补码表示十进制数+21 和−21。

解： $(+21)_{10} = (00010101)_原 = (00010101)_补$

$(-21)_{10} = (10010101)_原 = (11101010)_反 = (11101011)_补$

表 2.6 给出了 4 位带符号数的原码、反码和补码的表示方法，由该表可以得到 n 位带符号的表示范围如下：

原码： $-(2^{n-1}-1)\sim+(2^{n-1}-1)$

反码： $-(2^{n-1}-1)\sim+(2^{n-1}-1)$

补码： $-2^{n-1}\sim+(2^{n-1}-1)$

表 2.6　　　　　　　　　　　　　4 位带符号数的原码、反码和补码

十进制数	原码	反码	补码	十进制数	原码	反码	补码
+8	—	—	—	−0	1000	1111	—
+7	0111	0111	0111	−1	1001	1110	1111
+6	0110	0110	0110	−2	1010	1101	1110
+5	0101	0101	0101	−3	1011	1100	1101
+4	0100	0100	0100	−4	1100	1011	1100
+3	0011	0011	0011	−5	1101	1010	1011
+2	0010	0010	0010	−6	1110	1001	1010
+1	0001	0001	0001	−7	1111	1000	1001
+0	0000	0000	0000	−8	—	—	1000

4. 用反码和补码进行加/减法运算

用反码和补码进行加/减法运算时，可以带着符号位一起参加运算，相比原码而言运算更为简单，实现时所用硬件也较少，因此在计算机系统中被广泛采用。

两个数 A 与 B 的加/减法运算可以表示成通式，即

$$A+B$$

其中，A 与 B 均可为正数或负数，从而使减法运算转变为加法运算实现。下面分别介绍用反码和补码进行运算的具体步骤。

（1）反码。首先将 A、B 均表示为反码的形式，然后带着符号位一起参加运算，若符号位有进位则采用循环进位的方法，所得结果仍然是一个反码。所谓循环进位指将符号位产生的进位放到最低位再相加一次。

【例 2.15】 设字长为 8 位，试用反码计算 121−45。

解： $(121)_{10}-(45)_{10}=(121)_{10}+(-45)_{10}$

$(121)_{10}=(01111001)_{原}=(01111001)_{反}$

$(-45)_{10}=(10101101)_{原}=(11010010)_{反}$

```
      01111001
   +) 11010010
循环进位 [1] 01001011
   +)        1
      01001100
```

即 $(121)_{10}-(45)_{10}=(01001100)_{反}$。因为所得结果符号位为 0，表示是一个正数，其原码与反码一致，因此

$$(121)_{10}-(45)_{10}=(01001100)_{原}=(76)_{10}$$

（2）补码。用补码进行加/减法运算的步骤与反码基本相同，首先将 A、B 均表示为补码的形式，然后带着符号位一起参加运算，区别在于若符号位有进位则自动丢失，所得结果仍为一个补码。

【例 2.16】 设字长为 8 位，试用补码计算–34–18。

解：$-(34)_{10}-(18)_{10}=(-34)_{10}+(-18)_{10}$

$(-34)_{10}=(10100010)_原=(11011101)_反=(11011110)_补$

$(-18)_{10}=(10010010)_原=(11101101)_反=(11101110)_补$

$$
\begin{array}{r}
11011110 \\
+)\ 11101110 \\
\hline
\end{array}
$$

自动丢失 [1] 11001100

即$-(34)_{10}-(18)_{10}=(11001100)_补$。因为所得结果符号位为 1，表示是一个负数，根据补码的性质可得原码

$$[x]_原=\{(11001100)_补\}_补=(10110100)_原=-52$$

本 章 习 题

2.1　什么是数制？常用的数制有哪些？它们是如何表示的？

2.2　将下列非十进制数转换为等值的十进制数。

（1）$(10110)_2$　　　　　　　　　（2）$(54.7)_8$

（3）$(DC.6)_{16}$　　　　　　　　　（4）$(34)_5$

2.3　将下列十进制数转换为等值的二进制数。

（1）$(42)_{10}$　　　　　　　　　　（2）$(0.375)_{10}$

（3）$(0.25)_{10}$　　　　　　　　　（4）$(63.625)_{10}$

2.4　转换题 2.3 中各数为等值的八进制数。

2.5　转换题 2.3 中各数为等值的十六进制数。

2.6　将下列十进制数转换为等值的二进制数。（小数点后保留 3 位）

（1）$(0.02)_{10}$　　　　　　　　　（2）$(0.87)_{10}$

（3）$(6.21)_{10}$　　　　　　　　　（4）$(24.6)_{10}$

2.7　转换题 2.6 中各数为等值的八进制数。（小数点后保留 3 位）

2.8　转换题 2.6 中各数为等值的十六进制数。（小数点后保留 3 位）

2.9　将下列二进制数转换为等值的八进制和十六进制数。

（1）$(1101101)_2$　　　　　　　　（2）$(11101011)_2$

（3）$(1010.101)_2$　　　　　　　　（4）$(1010101.0011)_2$

2.10　求在何种数制中算术式$\sqrt{51}=6$成立？

2.11　什么是编码？什么是二值编码？常用的二值编码方法有哪些？

2.12　格雷码有哪两个主要的特性？各有什么含义？

2.13　将下列自然二进制码转换为格雷码。

（1）$(10110)_2$　　　　　　　　　（2）$(1011010)_2$

（3）$(111001)_2$　　　　　　　　　（4）$(11010100)_2$

2.14　将下列格雷码转换为自然二进制码。

（1）$(10110)_{Gray}$　　　　　　　（2）$(1011010)_{Gray}$

（3）$(111001)_{Gray}$　　　　　　　（4）$(11010100)_{Gray}$

2.15　将下列不同进制数转换为格雷码。

（1）$(27)_{10}$　　　　　　　　　　（2）$(27)_8$

（3）$(27)_{16}$　　　　　　　　　　（4）$(27)_{12}$

2.16　什么是 BCD 码？常用的 BCD 码有哪些？

2.17　将下列十进制数转换为 8421BCD 码。

（1）$(251)_{10}$　　　　　　　　　　（2）$(87)_{10}$

（3）$(58.26)_{10}$　　　　　　　　　（4）$(93.417)_{10}$

2.18　转换题 2.17 中各数为相应的余 3 码。

2.19　将下列 8421BCD 码转换为十进制数和二进制数。

（1）$(01001001)_{8421BCD码}$　　　　（2）$(011010000000)_{8421BCD码}$

（3）$(0010.0001)_{8421BCD码}$　　　　（4）$(01111001.0101)_{8421BCD码}$

2.20　将下列余 3 码转换为十进制数和二进制数。

（1）$(00111001)_{余3码}$　　　　　　（2）$(010010001100)_{余3码}$

（3）$(0101.0111)_{余3码}$　　　　　　（4）$(10111001.1010)_{余3码}$

2.21　将下列十进制数转换为 5421BCD 码。

（1）$(178)_{10}$　　　　　　　　　　（2）$(26)_{10}$

（3）$(23.19)_{10}$　　　　　　　　　（4）$(45.001)_{10}$

2.22　转换题 2.21 中各数为相应的 2421BCD 码。

2.23　试用二进制计算下列算式，并转换为十进制数进行检查。

（1）$(1011)_2+(0110)_2$　　　　　　（2）$(1011.01)_2+(111.01)_2$

（3）$(1101)_2-(0101)_2$　　　　　　（4）$(1001.001)_2-(111.11)_2$

（5）$(110)_2×(1011)_2$　　　　　　　（6）$(101.01)_2×(11.11)_2$

（7）$(10100)_2÷(100)_2$　　　　　　（8）$(1001.01)_2÷(0110.1)_2$

2.24　写出下列二进制数的原码、反码和补码（设字长为 8 位）。

（1）$(+11011)_2$　　　　　　　　　（2）$(+110110)_2$

（3）$(-1101)_2$　　　　　　　　　　（4）$(-11010)_2$

2.25　试分别用反码和补码完成下列运算（设字长为 8 位）。

（1）$-32+99$　　　　　　　　　　（2）$62+25$

（3）$26-21$　　　　　　　　　　　（4）$-46-23$

第 3 章　逻辑代数基础

逻辑代数是数字逻辑系统的数学基础，是分析和设计数字逻辑电路的理论依据。本章将简要阐述逻辑代数的基本概念，详细介绍逻辑运算及逻辑函数的常用描述方法，并讨论逻辑函数的化简方法。

3.1　逻辑代数的基本概念

逻辑代数是由英国数学家布尔于 1854 年提出的，因此又称布尔代数。1938 年贝尔实验室研究员香农将逻辑代数的一些基本理论应用于开关和继电器电路的分析，因此也称为开关代数。经过几十年的发展，逻辑代数已被广泛应用于数字系统的分析和设计，成为不可或缺的数学工具。

1. 逻辑变量

逻辑代数中的变量称为逻辑变量，通常用字母表示，在数字系统中将输入信号对应的逻辑变量称为输入变量即自变量，将输出信号对应的变量称为输出变量即因变量。如图 3.1 所示为数字电路的一般框图，X_1、X_2、$\cdots$、X_n 为电路的输入变量，Y_1、Y_2、$\cdots$、Y_m 为电路的输出变量。

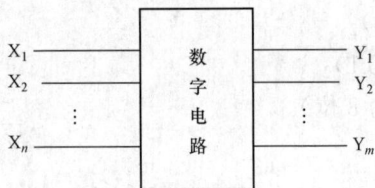

2. 二值逻辑

在逻辑代数中，逻辑变量有"0"和"1"两种逻辑值，称为二值逻辑。逻辑"0"和逻辑"1"表示两种相互对立的逻辑状态，如开与关，是与否，真与假，信号的有和无等，也称为"0"状态和"1"状态。

3. 逻辑函数

逻辑函数是描述逻辑变量之间逻辑关系的函数，图 3.1 所示数字电路的逻辑函数可记为

$$Y_1 = f_1(X_1, X_2, \cdots, X_n)$$
$$Y_2 = f_2(X_1, X_2, \cdots, X_n)$$
$$\vdots$$
$$Y_m = f_m(X_1, X_2, \cdots, X_n)$$

图 3.1　数字电路框图

4. 逻辑电平

任何数字逻辑电路都要用实际器件来实现，在二值逻辑电路中，实际数字电路的输入输出物理量均被离散成两种电平，即高电平和低电平，分别用 H 和 L 表示。这里的高、低电平实际上是一定范围的物理量，采用不同的器件实现时，高、低电平的范围可能不同，而在高、低电平之间的区间为逻辑不确定区，也称为噪声区。在数字逻辑电路中不允许器件的输入输出端的电平稳定于噪声区。

5. 正逻辑、负逻辑

在数字系统中,规定逻辑状态与逻辑电平之间的对应关系称为逻辑约定,通常有两种逻辑约定方法,即正逻辑和负逻辑。正逻辑规定高电平为逻辑"1",低电平为逻辑"0";负逻辑规定高电平为逻辑"0",低电平为逻辑"1"。通常在没有特殊说明情况下均采用正逻辑,本书采用正逻辑约定。

3.2 逻辑代数的运算及门电路

3.2.1 逻辑代数的基本运算

在逻辑代数中有三种基本逻辑运算,即与运算、或运算和非运算。相应的实现这三种逻辑运算的基本单元电路即门电路分别为与门、或门和非门。

1. 与运算

与运算也称为逻辑乘、逻辑与。当且仅当决定事件的全部条件都具备时该事件才发生,这种"缺一不可"的逻辑关系称为逻辑与。实现与运算的单元电路称为与门。与运算符为"·"或"×",有时也可省去。两变量 A、B 与运算关系式为

$$F=A \cdot B \text{或} F=A \times B \text{或} F=AB$$

表 3.1 列出了输入变量的所有可能取值组合下输出变量的函数值,这种表格称为真值表。从与运算真值表可看出,与运算的输入变量中只要有一个为 0,输出即为 0;只有当全部输入变量均为 1 时输出才为 1。

表 3.1   与运算真值表

A B	F
0 0	0
0 1	0
1 0	0
1 1	1

实现与运算的门电路称为与门,由二极管组成的与门电路如图 3.2 所示。假设二极管为理想元件,则

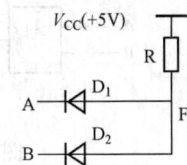

图 3.2 二极管与门

(1)当输入端 A、B 中任意一个为 0V 时,如 V_A=0V,V_B=5V,则 D_1 导通,输出端 F 点电压被钳制在 0V,而 D_2 反向截止,所以 $V_F \approx$ 0V。

(2)当输入端 A、B 均为 0V 时,D_1、D_2 均导通,$V_F \approx$ 0V。

(3)当输入端 A、B 均为+5V 时,D_1、D_2 均截止,所以 $V_F = V_{CC}$ =+5V。

与门逻辑符号如图 3.3 所示。

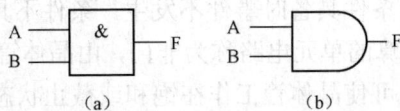

图 3.3 与门逻辑符号

(a)国标符号;(b)国外文献常用符号

由与运算真值表可推导出与运算的基本运算规则

$$A \cdot 1 = A \qquad\qquad (3\text{-}1)$$
$$A \cdot 0 = 0 \qquad\qquad (3\text{-}2)$$
$$A \cdot A = A \qquad\qquad (3\text{-}3)$$

2. 或运算

或运算也称为逻辑加、逻辑或。当决定事件发生的各种条件中有一个或一个以上条件成立时事件即发生，这种"有一即可"的逻辑关系称为或逻辑，其运算符为"+"。两变量 A、B 或运算关系式为

$$F = A + B$$

表 3.2 为或运算真值表。或运算的输入变量中只要有一个为 1，输出为 1，全部输入变量全为 0 时，输出为 0。

实现或运算的门电路称为或门。由二极管组成的或门电路如图 3.4 所示。

表 3.2	或运算真值表	
A	B	F
0	0	0
0	1	1
1	0	1
1	1	1

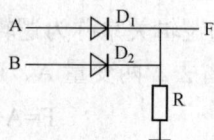

图 3.4　二极管或门电路

（1）当输入端 A、B 均为 0V 时，D_1、D_2 均处于截止状态，输出 $V_F = 0V$。

（2）当输入 A、B 中任意一个为 5V 时，如 $V_A = 5V$，$V_B = 0V$，则 D_1 导通，D_2 截止，$V_F \approx +5V$。

或门逻辑符号如图 3.5 所示。

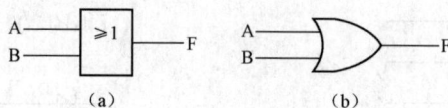

图 3.5　或门逻辑符号

（a）国标符号；（b）国外文献常用符号

由或运算真值表可推出或运算规则

$$A + 1 = 1 \qquad\qquad (3\text{-}4)$$
$$A + 0 = A \qquad\qquad (3\text{-}5)$$
$$A + A = A \qquad\qquad (3\text{-}6)$$

3. 非运算

非运算又称为逻辑非。当条件具备时事件不发生，条件不具备时事件反而发生的这种逻辑关系称为逻辑非。实现非运算的单元电路称为非门，由晶体管构成的非门电路如图 3.6（a）所示，由基极输入适当的电压可使晶体管工作在饱和或截止状态。

（1）当输入 A 为 5V 时，晶体管饱和导通，输出 $V_F \approx 0V$。

（2）当输入 A 为 0V 时，晶体管截止，输出 $V_F = 5V$。

非门逻辑符号如图 3.6（b）、（c）所示。

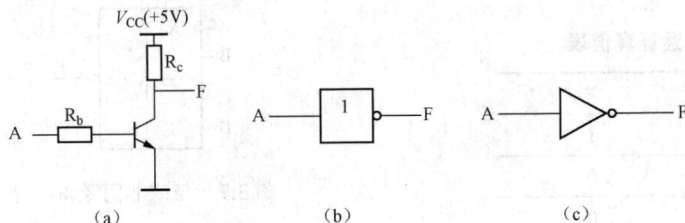

图 3.6　非门电路及逻辑符号

(a) 晶体管非门；(b) 国标符号；(c) 国外文献常用符号

非运算的逻辑表达式为 $F=\overline{A}$

式中：A 为原变量，$\overline{A}$ 为反变量，A 和 $\overline{A}$ 是一个变量的两种形式，由于逻辑变量的取值只有 0 和 1，所以 A 和 $\overline{A}$ 的取值总是相反的，A 和 $\overline{A}$ 也称为互补信号。

非运算的运算规则为

$$\overline{0}=1，\overline{1}=0 \tag{3-7}$$

$$A \cdot \overline{A}=0 \tag{3-8}$$

$$A+\overline{A}=1 \tag{3-9}$$

$$\overline{\overline{A}}=A \tag{3-10}$$

在逻辑函数中，以上三种基本逻辑运算的优先顺序从高到低依次为非、与、或，当多种逻辑运算互相结合时必须遵循此顺序。

3.2.2　逻辑代数的复合运算

将与、或、非三种基本逻辑运算相互组合可构成各种复合逻辑运算，常见的复合逻辑运算有与非、或非、与或非、异或、同或等。

1．与非运算

两个变量 A、B 与非运算的表达式为：$F=\overline{A \cdot B}$ 或 $F=\overline{AB}$，其真值表如表 3.3 所示。实现与非运算的门电路为与非门，其逻辑符号如图 3.7 所示。

表 3.3　　　　与非运算真值表

A B	F
0 0	1
0 1	1
1 0	1
1 1	0

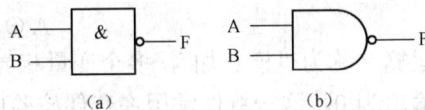

图 3.7　与非门逻辑符号

(a) 国标符号；(b) 国外文献常用符号

2．或非运算

两个变量 A、B 或非运算的表达式为：$F=\overline{A+B}$，其真值表如表 3.4 所示。实现或非运算的门电路为或非门，其逻辑符号如图 3.8 所示。

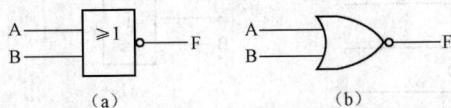

图 3.8　或非门逻辑符号

(a) 国标符号；(b) 国外文献常用符号

表 3.4　　　或非运算真值表

A　B	F
0　0	1
0　1	0
1　0	0
1　1	0

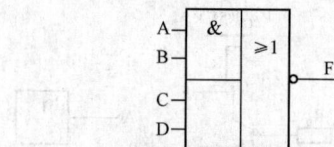

图 3.9　与或非门逻辑符号

3. 与或非运算

如图 3.9 所示为与或非门逻辑符号，对应的表达式为

$$F=\overline{AB+CD}$$

相应的真值表读者可自行分析。

4. 异或运算

当两个输入变量 A、B 取值相同时输出 0，取值不同时输出 1，这种逻辑关系为异或运算。异或运算的逻辑表达式为

$$F=A \oplus B$$

其真值表如表 3.5 所示。异或门逻辑符号如图 3.10 所示。

表 3.5　　　异或运算真值表

A　B	F
0　0	0
0　1	1
1　0	1
1　1	0

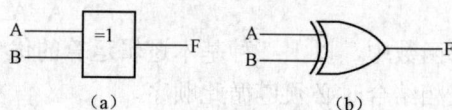

图 3.10　异或门逻辑符号

(a) 国标符号；(b) 国外文献常用符号

由异或门的真值表可推出异或运算的运算规则：

$$A \oplus 0=A \tag{3-11}$$
$$A \oplus 1=\overline{A} \tag{3-12}$$
$$A \oplus A = 0 \tag{3-13}$$
$$A \oplus \overline{A}=1 \tag{3-14}$$

异或运算又称为"模 2 加"，多个变量相异或时，若输入中有奇数个 1 时输出为 1，有偶数个 1 时输出为 0，这一特性常用在奇偶校验中。

5. 同或运算

当两个输入变量 A、B 取值相同时输出 1，取值不同时输出 0，这种逻辑关系为同或运算。同或运算的逻辑表达式为：

$$F=A \odot B$$

表 3.6　　　同或运算真值表

A　B	F
0　0	1
0　1	0
1　0	0
1　1	1

其真值表见表 3.6。同或门逻辑符号如图 3.11 所示。

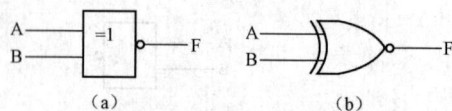

图 3.11　同或门逻辑符号

(a) 国标符号；(b) 国外文献常用符号

由同或运算的真值表可推出同或运算的运算规则

$$A \odot 0 = \overline{A} \tag{3-15}$$
$$A \odot 1 = A \tag{3-16}$$
$$A \odot A = 1 \tag{3-17}$$
$$A \odot \overline{A} = 0 \tag{3-18}$$
$$A \odot B = \overline{A \oplus B} \tag{3-19}$$

异或运算与同或运算的优先级低于与运算，高于或运算，通常加括号以避免出错。

表 3.7 归纳总结了上述的各种逻辑运算的表达式、门电路及运算规律及规则。其中与非运算、或非运算的运算规则为反演律，将在下节中介绍。

表 3.7 常 用 逻 辑 运 算

逻辑运算	表达式	逻辑门	运算规律	运算规则
与	$F=AB$	&	有 0 出 0，全 1 出 1	$A \cdot 1 = A$；$A \cdot 0 = 0$；$A \cdot A = A$
或	$F=A+B$	≥1	有 1 出 1，全 0 出 0	$A+1=1$；$A+0=A$；$A+A=A$
非	$F=\overline{A}$	1	$\overline{1}=0,\overline{0}=1$	$A \cdot \overline{A}=0$；$A+\overline{A}=1$；$\overline{\overline{A}}=A$
与非	$F=\overline{AB}$	&	有 0 出 1，全 1 为 0	$\overline{AB}=\overline{A}+\overline{B}$
或非	$F=\overline{A+B}$	≥1	有 1 出 0，全 0 为 1	$\overline{A+B}=\overline{A} \cdot \overline{B}$
同或	$F=A \odot B$	=1	相同出 1，相异出 0	$A \odot 0=\overline{A}$；$A \odot 1=A$ $A \odot A=1$；$A \odot \overline{A}=0$
异或	$F=A \oplus B$	=1	相异出 1，相同出 0	$A \oplus 0=A$；$A \oplus 1=\overline{A}$ $A \oplus A=0$；$A \oplus \overline{A}=1$

3.3 逻辑代数的基本公式及规则

3.3.1 逻辑代数的基本公式

上节介绍了与、或、非三种基本逻辑运算，已有以下公式：

（1）0−1 律：$A \cdot 1=A$　　$A \cdot 0=0$　　$A+1=1$　　$A+0=A$；

（2）互补律：$A \cdot \overline{A}=0$　　$A+\overline{A}=1$；

（3）重叠律：$A \cdot A=A$　　$A+A=A$；

（4）还原律：$\overline{\overline{A}}=A$。

这些公式是由基本逻辑运算的定义得出的，属于逻辑代数的基本公理，除此之外还有以下常用公式：

（5）交换律：$A+B=B+A$　　　　$A \cdot B=B \cdot A$

（6）分配律：$A(B+C)=AB+AC$　　　　$A+BC=(A+B)(A+C)$

（7）结合律：$A\cdot(B\cdot C)=(A\cdot B)\cdot C$　　　$A+(B+C)=(A+B)+C$

（8）吸收律：$A+AB=A$　　　　　　　$A+\overline{A}B=A+B$

（9）包含律：$AB+\overline{A}C+BC=AB+\overline{A}C$

（10）反演律：$\overline{AB}=\overline{A}+\overline{B}$　　　　　　$\overline{A+B}=\overline{A}\cdot\overline{B}$

包含律公式中 BC 为可消去的与项，称为冗余项。上述公式均可用基本公理或真值表来证明。

【例 3.1】 证明吸收律和包含律公式。

解： $A+AB=A(1+B)=A\cdot1=A$

$$A+\overline{A}B=A+AB+\overline{A}B=A+(A+\overline{A})B=A+B$$

$$AB+\overline{A}C+BC=AB+\overline{A}C+(A+\overline{A})BC$$
$$=AB+\overline{A}C+ABC+\overline{A}BC$$
$$=AB(1+C)+\overline{A}C(1+B)$$
$$=AB\cdot1+\overline{A}C\cdot1$$
$$=AB+\overline{A}C$$

【例 3.2】 用真值表证明：$\overline{AB}=\overline{A}+\overline{B}$，$\overline{A+B}=\overline{A}\cdot\overline{B}$。

解： 列真值表见表 3.8。

表 3.8　　　　　　　　　　　　　　　［例 3.2］真 值 表

A　B	$\overline{AB}$	$\overline{A}+\overline{B}$	$\overline{A+B}$	$\overline{A}\cdot\overline{B}$
0　0	1	1	1	1
0　1	1	1	0	0
1　0	1	1	0	0
1　1	0	0	0	0

由以上真值表可得：$\overline{AB}=\overline{A}+\overline{B}$，$\overline{A+B}=\overline{A}\cdot\overline{B}$

3.3.2　逻辑代数的基本规则

1. 代入规则

将等式两边所有变量 A 的位置均用某一函数式取代，则等式仍然成立，这一规则称为代入规则。

【例 3.3】 用代入规则将反演律公式推广到多个变量。

解： 由反演律知

$$\overline{A\cdot B}=\overline{A}+\overline{B} \tag{3-20}$$

$$\overline{A+B}=\overline{A}\cdot\overline{B} \tag{3-21}$$

根据代入规则，将 BC 替代所有式（3-20）中的 B，则有

$$\overline{A\cdot B\cdot C}=\overline{A}+\overline{B\cdot C}=\overline{A}+\overline{B}+\overline{C} \tag{3-22}$$

将 B+C 替代所有式（3-21）中的 B，则有 $\overline{A+B+C}=\overline{A}\cdot\overline{B+C}=\overline{A}\cdot\overline{B}\cdot\overline{C}$ （3-23）

由式（3-22）、式（3-23）可见反演律适用于 3 个变量。

同理再将 CD 代替式（3-22）中所有 C，将 C+D 替代所有式（3-23）中的 C，则有

$$\overline{ABCD}=\overline{A}+\overline{B}+\overline{CD}=\overline{A}+\overline{B}+\overline{C}+\overline{D}。$$

$$\overline{A+B+C+D}=\overline{A}\cdot\overline{B}\cdot\overline{C}+D=\overline{A}\cdot\overline{B}\cdot\overline{C}\cdot\overline{D}$$

依此类推，反演律适用于多个变量，即有

$$\overline{A\cdot B\cdot C\cdots\cdot X}=\overline{A}+\overline{B}+\overline{C}+\cdots+\overline{X}$$

$$\overline{A+B+C\cdots+X}=\overline{A}\cdot\overline{B}\cdot\overline{C}\cdots\overline{X}$$

【例 3.4】 用代入定理证明奇数个变量的异或与同或相等，偶数个变量的异或与同或互补。

解： $A\odot B=AB+\overline{A}\cdot\overline{B}=\overline{\overline{AB}\cdot\overline{\overline{A}\cdot\overline{B}}}=(\overline{A}+\overline{B})(A+B)=A\overline{B}+\overline{A}B=A\oplus B$

$$A\oplus B\oplus C=\overline{A\odot B}\oplus C=\overline{(A\odot B)\oplus C}=A\odot B\odot C$$

$$A\oplus B\oplus C\oplus D=A\odot B\odot C\oplus D=\overline{A\odot B\odot C\odot D}$$

$$\cdots$$

依此类推，可得出结论：奇数个变量的异或与同或相等，偶数个变量的异或与同或互补。

2. 反演规则

已知某一函数式 F，若将 F 中所有的"·"变成"+""+"变成"·"；原变量变成反变量，反变量变成原变量；"0"变成"1""1"变成"0"；变换时非单变量上的非号暂时保留且不改变原来的运算顺序，则得到的函数式是 F 的反函数，记为 $\overline{F}$。这个规则称为反演规则。

【例 3.5】 求 $F=\overline{AB}+CD+A\overline{D}$ 的反函数。

解： 方法一：用反演规则求反函数

$$\overline{F}=\overline{(\overline{A}+\overline{B}\cdot\overline{C}+\overline{D})}(\overline{A}+D)=(AB+C+\overline{D})(\overline{A}+D)=(\overline{A}+\overline{B}+C+\overline{D})(\overline{A}+D)$$

方法二：用反演律公式求反函数，反演律公式为 $\overline{AB}=\overline{A}+\overline{B}$，$\overline{A+B}=\overline{A}\cdot\overline{B}$

$$\overline{F}=\overline{\overline{AB}+CD+A\overline{D}}=\overline{\overline{AB}}+\overline{CD}\cdot\overline{A\overline{D}}=(AB+C+\overline{D})(\overline{A}+D)=(\overline{A}+\overline{B}+C+\overline{D})(\overline{A}+D)$$

3. 对偶规则

若两函数式相等，则其对偶式也相等，这一规则称为对偶规则。

已知某一函数式 F，将函数式 F 中所有的"·"变为"+"，"+"变为"·"；"0"变为"1"，"1"变为"0"；变换时不改变原来的运算顺序，则构成的新的函数式是 F 的对偶式，记为 F_D。

例如已知包含律公式 $AB+\overline{A}C+BC=AB+\overline{A}C$，根据对偶规则，分别对等式左边和右边的函数式求对偶式，则对偶式也相等。所以有 $(A+B)(\overline{A}+C)(B+C)=(A+B)(\overline{A}+C)$。

3.4 逻辑函数的表示形式

逻辑函数常用的表示形式包括真值表、逻辑表达式、逻辑电路图、卡诺图、波形图等，这些表示方法也是分析逻辑电路和设计逻辑电路必不可少的工具。

3.4.1 真值表

真值表是用表格形式列出输入变量的各种取值组合与其对应的输出逻辑值。若某数字逻辑电路有 n 个输入变量，每个变量均可取逻辑"0"或逻辑"1"，则共有 2^n 种取值组合，将这些取值组合按照自然二进制码的顺序排列，然后分别列出每一种输入取值下对应的输出变量的函数值，即为真值表。

【例 3.6】 某三人表决电路有三个投票者 A、B、C，当有两个或两个以上赞同时方案通过，否则被否决。

解： 设电路输入变量为 A、B、C，逻辑"1"表示赞同，逻辑"0"表示反对。电路输出判决结果用 F 表示，逻辑"1"表示通过，逻辑"0"表示否决。输出变量为 F，三人表决电路的真值表见表 3.9。

表 3.9   三人表决电路真值表

A	B	C	F		A	B	C	F
0	0	0	0		1	0	0	0
0	0	1	0		1	0	1	1
0	1	0	0		1	1	0	1
0	1	1	1		1	1	1	1

3.4.2 逻辑表达式

逻辑表达式是由各种逻辑运算构成的表示输出变量与输入变量之间逻辑关系的表达式。

【例 3.7】 分别用逻辑表达式来描述下列各种逻辑关系。

（1）当且仅当 A、B、C 全为 1 时 F 输出 1；

（2）当且仅当 A、B、C 全为 0 时 F 输出 0；

（3）当且仅当 A、B、C 全为 1 时 F 输出 0；

（4）当且仅当 A、B、C 全为 0 时 F 输出 1；

（5）当且仅当 A、B、C 输入为 010 时 F 输出 1；

（6）当且仅当 A、B、C 输入为 010 时 F 输出 0；

（7）当 A、B、C 输入为 010、100 或 110 时 F 输出 1，否则输出 0；

（8）当 A、B、C 输入为 010、100 或 110 时 F 输出为 0，否则输出 1。

解： 与运算的逻辑关系是"有 0 出 0，全 1 出 1"，或运算的逻辑关系是"有 1 出 1，全 0 出 0"。

（1）由题意可得输出与输入之间为与逻辑，即 $F=ABC$；

（2）由题意可得输出与输入之间为或逻辑，即 $F=A+B+C$；

（3）由题意得当且仅当 $\overline{A}$、$\overline{B}$、$\overline{C}$ 全为 0 时输出 0，即 $F=\overline{A}+\overline{B}+\overline{C}$；

（4）由题意得当且仅当 $\overline{A}$、$\overline{B}$、$\overline{C}$ 全为 1 时输出 1，即 $F=\overline{A}\cdot\overline{B}\cdot\overline{C}$；

（5）由题意得当且仅当 $\overline{A}$、B、$\overline{C}$ 全为 1 时输出 1，即 $F=\overline{A}B\overline{C}$；

（6）由题意得当且仅当 A、$\overline{B}$、C 全为 0 时输出 0，即 $F=A+\overline{B}+C$；

（7）$F=\overline{A}B\overline{C}+A\overline{B}\cdot\overline{C}+AB\overline{C}$；

（8）$F=(A+\overline{B}+C)(\overline{A}+B+C)(\overline{A}+\overline{B}+C)$。

【例 3.8】 写出例 3.6 中三人表决电路的逻辑表达式。

解： 由题意可知，当 A、B、C 中有 2 个或者 3 个输入 1 时输出为 1，即当 A、B、C 输入为 011、101、110 或 111 时输出 1，否则输出 0，用逻辑表达式表示这种逻辑关系为

$$F=\overline{A}BC+A\overline{B}C+AB\overline{C}+ABC \qquad (3\text{-}24)$$

上述逻辑关系也可理解为输入 A、B、C 中只要其中 2 个输入为 1，则不管第 3 个输入为

0 还是 1，输出都为 1，用逻辑表达式表示这种逻辑关系为

$$F=AB+BC+AC \tag{3-25}$$

式（3-24）和式（3-25）均是考虑何种情况下输出 F=1 而得到的，若换一种思维角度，即考虑何种情况下输出 F=0，则可理解为 A、B、C 中有 2 个或 3 个输入 0 时输出为 0，即当 A、B、C 输入为 000、001、010 或 100 时输出 0，否则输出 1，用逻辑表达式表示这种逻辑关系为

$$F=(A+B+C)(A+B+\overline{C})(A+\overline{B}+C)(\overline{A}+B+C) \tag{3-26}$$

也可理解为输入 A、B、C 中只要其中 2 个输入为 0，则不管第 3 个输入为 0 还是 1，输出均为 0，用逻辑表达式表示这种逻辑关系为

$$F=(A+B)(B+C)(A+C) \tag{3-27}$$

由此可见一个逻辑函数可能有多种不同的逻辑表达式，这些表达式形式可能不同，但是所表示的输出与输入之间的逻辑关系是一致的。

1. 逻辑表达式的不同形式

由例 3.8 可见，同一个逻辑函数可以用不同的逻辑表达式来描述，最常见的是与或表达式如式（3-24）、式（3-25）和或与表达式如式（3-26）、式（3-27）。同一个逻辑函数不同形式的逻辑表达式可以通过逻辑运算的公式来相互转换，从而得到不同形式的逻辑电路。下面通过例 3.9 来解释逻辑表达式各种常见形式之间的相互转换。

【例 3.9】 已知与或表达式 F=AB+BC+AC，分别转换成与非–与非表达式、与或非表达式、或非–或非表达式及或与表达式。

解： F=AB+BC+AC　　　　与或表达式

$= \overline{\overline{AB+BC+AC}}$ 　　　（所用公式：$\overline{\overline{A}}=A$ ）

$= \overline{\overline{AB} \cdot \overline{BC} \cdot \overline{AC}}$ 　　　与非–与非表达式（所用公式：$\overline{A+B}=\overline{A} \cdot \overline{B}$ ）

$= \overline{(\overline{A}+\overline{B})(\overline{B}+\overline{C})(\overline{A}+\overline{C})}$ 　（所用公式：$\overline{AB}=\overline{A}+\overline{B}$ ）

$= \overline{\overline{A} \cdot \overline{B}+\overline{A} \cdot \overline{B} \cdot \overline{C}+\overline{A} \cdot \overline{C}+\overline{B} \cdot \overline{C}}$ 与或非表达式

$= \overline{\overline{A} \cdot \overline{B}+\overline{A} \cdot \overline{C}+\overline{B} \cdot \overline{C}}$ 　　　与或非表达式（所用公式：A+AB=A）

$= \overline{\overline{A}+\overline{B}} + \overline{\overline{A}+\overline{C}} + \overline{\overline{B}+\overline{C}}$ 　或非–或非表达式（所用公式：$\overline{A} \cdot \overline{B}=\overline{A+B}$ ）

$=(A+B)(A+C)(B+C)$ 　　　或与表达式（所用公式：$\overline{A+B}=\overline{A} \cdot \overline{B}$ ）

逻辑函数的各种逻辑表达式中有两种标准形式，即最小项表达式和最大项表达式。最小项表达式是逻辑函数与或表达式的标准形式，最大项表达式是或与表达式的标准形式。

2. 最小项表达式

逻辑函数与或表达式的标准形式为最小项表达式，它是最小项之和（或）的形式，是逻辑函数的一种典型的表达式。

最小项的定义：若逻辑函数 F 的一个与项包含了所有的输入变量，且每个变量均以原变量或反变量的形式出现一次，则该与项为逻辑函数 F 的一个最小项，用 m_i 表示。下标 i 是使该与项等于 1 的输入变量的取值所对应的十进制数，即原变量取 1 而反变量取 0 所对应的十进制数。

最小项表达式的定义：若逻辑函数 F 的与或表达式中每一个与项都是最小项，则这个与

或表达式为 F 的最小项表达式。

n 个输入变量的逻辑函数 F，其最小项必须包含所有 n 个输入变量，变量出现的形式可以是原变量或反变量，这样组合起来共有 2^n 个最小项，即 $m_0 \sim m_{2^n-1}$。例如 2 个输入变量 A、B 的逻辑函数 F 的全部最小为 $\overline{A} \cdot \overline{B}$、$\overline{A}B$、$A\overline{B}$、$AB$。2 个、3 个、4 个输入变量的逻辑函数的最小项分别见表 3.10、表 3.11 和表 3.12。

最小项具有如下性质：

（1）在输入变量的任一取值下，有且仅有一个最小项等于 1，等于 1 的最小项就是该取值对应编号的最小项，其他最小项均为 0；

（2）任意两个不同的最小项之积（与）等于 0；

（3）全部最小项之和（或）等于 1；

（4）只有一个变量形式不同，其余均相同的两个最小项为逻辑相邻的最小项。逻辑相邻的最小项之和（或）可以合并，且消去的是形式不同的变量。如 $ABC + AB\overline{C} = AB(C+\overline{C}) = AB$。

表 3.10　　　　　　　　　　　　　　2 输入变量的全部最小项

最小项	使最小项等于 1 的取值	编号
$\overline{A} \cdot \overline{B}$	00	m_0
$\overline{A}B$	01	m_1
$A\overline{B}$	10	m_2
AB	11	m_3

表 3.11　　　　　　　　　　　　　　3 输入变量的全部最小项

最小项	使最小项等于 1 的取值	编号
$\overline{A} \cdot \overline{B} \cdot \overline{C}$	000	m_0
$\overline{A} \cdot \overline{B}C$	001	m_1
$\overline{A}B\overline{C}$	010	m_2
$\overline{A}BC$	011	m_3
$A\overline{B} \cdot \overline{C}$	100	m_4
$A\overline{B}C$	101	m_5
$AB\overline{C}$	110	m_6
ABC	111	m_7

表 3.12　　　　　　　　　　　　　　4 输入变量的全部最小项

最小项	使最小项等于 1 的取值	编号
$\overline{A} \cdot \overline{B} \cdot \overline{C} \cdot \overline{D}$	0000	m_0
$\overline{A} \cdot \overline{B} \cdot \overline{C}D$	0001	m_1
$\overline{A} \cdot \overline{B}C\overline{D}$	0010	m_2

续表

最小项	使最小项等于1的取值	编号
$\overline{A}\cdot\overline{B}CD$	0011	m_3
$\overline{A}B\overline{C}\cdot\overline{D}$	0100	m_4
$\overline{A}B\overline{C}D$	0101	m_5
$\overline{A}BC\overline{D}$	0110	m_6
$\overline{A}BCD$	0111	m_7
$A\overline{B}\cdot\overline{C}\cdot\overline{D}$	1000	m_8
$A\overline{B}\cdot\overline{C}D$	1001	m_9
$A\overline{B}C\overline{D}$	1010	m_{10}
$A\overline{B}CD$	1011	m_{11}
$AB\overline{C}\cdot\overline{D}$	1100	m_{12}
$AB\overline{C}D$	1101	m_{13}
$ABC\overline{D}$	1110	m_{14}
$ABCD$	1111	m_{15}

【例 3.10】已知逻辑函数 $F(A,B,C)=A\overline{B}+C+\overline{A}\cdot\overline{B}\cdot\overline{C}$，判断其是否为最小项表达式，如果不是，求出其最小项表达式。

解：由于式中 $A\overline{B}$ 和 C 两个与项没有包含所有变量，不是最小项，因此该与或表达式不是最小项表达式。要将其转换成最小项表达式，可利用公式 $A+\overline{A}=1$ 将未出现的变量补全从而得到最小项表达式。

$F(A,B,C)=A\overline{B}+C+\overline{A}\cdot\overline{B}\cdot\overline{C}$

$\quad=A\overline{B}(C+\overline{C})+(A+\overline{A})(B+\overline{B})C+\overline{A}\cdot\overline{B}\cdot\overline{C}$

$\quad=A\overline{B}C+A\overline{B}\cdot\overline{C}+ABC+A\overline{B}C+\overline{A}BC+\overline{A}\cdot\overline{B}C+\overline{A}\cdot\overline{B}\cdot\overline{C}$ (3-28)

$\quad=m_5+m_4+m_7+m_3+m_1+m_0$ (3-29)

$\quad=\Sigma m(0,1,3,4,5,7)$ (3-30)

式（3-28）～式（3-30）是最小项表达式的三种表示方法，其中式（3-30）列出的最小项编号也是使式（3-29）和式（3-28）中各个与项（最小项）等于 1 的输入变量的取值，而式中任一与项为 1 输出 F 即为 1，因而最小项表达式中的所有编号就是使函数 F 输出 1 的输入变量的所有可能取值。

【例 3.11】已知逻辑函数 F 的真值表，见表 3.13，写出其最小项表达式。

解：逻辑函数最小项表达式包含的最小项的编号就是使函数输出 1 的输入变量的取值，换言之，使输出 F=1 的输入变量的取值就是最小项表达式中的编号。由表 3.13 可知当输入为 000、001、011、100、101、111 时输出 F=1，因此逻辑函数 F 最小项表达式的编号为 0、1、3、4、5、7。最小项表达式如下

$F(A,B,C)=\Sigma m(0,1,3,4,5,7)=\overline{A}\cdot\overline{B}\cdot\overline{C}+\overline{A}\cdot\overline{B}C+\overline{A}BC+A\overline{B}\cdot\overline{C}+A\overline{B}C+ABC$

表 3.13		[例 3.11] 真 值 表	
ABC	F	ABC	F
000	1	100	1
001	1	101	1
010	0	110	0
011	1	111	1

3. 最大项表达式

逻辑函数或与表达式的标准形式为最大项表达式，它是最大项之积（与）的形式，是逻辑函数的一种典型的表达式。

最大项定义：若逻辑函数 F 的一个或项包含了所有的输入变量，且每个变量均以原变量或反变量的形式出现一次，则该或项为逻辑函数 F 的一个最大项，用 M_i 表示。下标 i 是使该或项等于 0 时输入变量的取值所对应的十进制数，即原变量取 0 而反变量取 1 所对应的十进制数。

最大项表达式定义：若逻辑函数 F 的某或与表达式中每一个或项都是最大项，则这个或与表达式为 F 的最大项表达式。

n 个输入变量的逻辑函数 F，其最大项必须包含所有 n 个输入变量，变量出现的形式可以是原变量或反变量，这样组合起来共有 2^n 个最大项，即 $M_0 \sim M_{2^n-1}$。2 个、3 个、4 个输入变量的逻辑函数的最大项分别见表 3.14、表 3.15 和表 3.16。

表 3.14	2 输入变量的全部最大项	
最大项	使最大项等于 0 的取值	编号
A+B	00	M_0
A+$\overline{B}$	01	M_1
$\overline{A}$+B	10	M_2
$\overline{A}$+$\overline{B}$	11	M_3

表 3.15	3 输入变量的全部最大项	
最大项	使最大项等于 0 的取值	编号
A+B+C	000	M_0
A+B+$\overline{C}$	001	M_1
A+$\overline{B}$+C	010	M_2
A+$\overline{B}$+$\overline{C}$	011	M_3
$\overline{A}$+B+C	100	M_4
$\overline{A}$+B+$\overline{C}$	101	M_5
$\overline{A}$+$\overline{B}$+C	110	M_6
$\overline{A}$+$\overline{B}$+$\overline{C}$	111	M_7

表 3.16　　　　　　　　　　　　　　**4 输入变量的全部最大项**

最大项	使最大项等于 0 的取值	编号
$A+B+C+D$	0000	M_0
$A+B+C+\overline{D}$	0001	M_1
$A+B+\overline{C}+D$	0010	M_2
$A+B+\overline{C}+\overline{D}$	0011	M_3
$A+\overline{B}+C+D$	0100	M_4
$A+\overline{B}+C+\overline{D}$	0101	M_5
$A+\overline{B}+\overline{C}+D$	0110	M_6
$A+\overline{B}+\overline{C}+\overline{D}$	0111	M_7
$\overline{A}+B+C+D$	1000	M_8
$\overline{A}+B+C+\overline{D}$	1001	M_9
$\overline{A}+B+\overline{C}+D$	1010	M_{10}
$\overline{A}+B+\overline{C}+\overline{D}$	1011	M_{11}
$\overline{A}+\overline{B}+C+D$	1100	M_{12}
$\overline{A}+\overline{B}+C+\overline{D}$	1101	M_{13}
$\overline{A}+\overline{B}+\overline{C}+D$	1110	M_{14}
$\overline{A}+\overline{B}+\overline{C}+\overline{D}$	1111	M_{15}

最大项具有如下性质：

（1）在输入变量的任一取值下，有且仅有一个最大项等于 0，等于 0 的最大项就是该取值对应编号的最大项，其余最大项均为 1。

（2）任意两个不同的最大项之和（或）等于 1。

（3）全部最大项之积（与）等于 0。

（4）只有一个变量形式不同，其余均相同的两个最大项为逻辑相邻的最大项。逻辑相邻的最大项之积（与）可以合并，且消去的是形式不同的变量。如 $(A+B+C)(A+B+\overline{C})=A+B$。

【例 3.12】　写出例 3.11 中逻辑函数 F 的最大项表达式。

解：由真值表表 3.13 可知当输入 A、B、C 为 010 或 110 时输出为 0，可得到逻辑函数 F 的或与表达式为

$$F(A,B,C)=(A+\overline{B}+C)(\overline{A}+\overline{B}+C)=M_2 \cdot M_6=\Pi M(2,6)$$

上式中列出了最大项表达式的三种形式，由此例可见逻辑函数最大项表达式中的最大项编号就是使函数输出 0 的输入变量的取值，换言之，使输出为 0 的输入变量的取值就是最大项表达式中的编号。

4. 最小项和最大项之间的关系

（1）自变量个数相同时，编号相同的最小项和最大项互为反函数。即有

$$m_i=\overline{M_i}，\quad M_i=\overline{m_i}\,s$$

例如 3 个变量 A、B、C 的最小项 $m_3 = \overline{A}BC$，最大项 $M_3 = A+\overline{B}+\overline{C}$，根据反演律公式有

$$\overline{M_3} = \overline{A+\overline{B}+\overline{C}} = \overline{A}BC = m_3$$

（2）n 个自变量的全部最小（大）项的编号为 $0 \sim 2^n-1$，若已知逻辑函数 F 的最小（大）项表达式，则最小（大）项表达式中缺少的编号即为 F 的最大（小）项表达式中的编号。

（3）逻辑函数 F 的最小（大）项表达式中的编号是 $\overline{F}$ 的最大（小）项表达式中的编号，F 的最小项（大）表达式中缺少的编号即为 $\overline{F}$ 的最小（大）项表达式中的编号。

【例 3.13】 已知逻辑函数 $F(A,B,C)=\Sigma m(0,1,4,7)$，验证上述关系（2）和关系（3）。

解： 由 $F(A,B,C)=\Sigma m(0,1,4,7)$ 可 s 知当输入为 0、1、4、7 时 F 输出 1，其余输出 0，列出 F、$\overline{F}$ 的真值表见表 3.17。

表 3.17　　　　　　　　　　　　［例 3.13］真值表

ABC	F	$\overline{F}$	ABC	F	$\overline{F}$
000	1	0	100	1	0
001	1	0	101	0	1
010	0	1	110	0	1
011	0	1	111	1	0

由真值表可写出 F、$\overline{F}$ 的最小项表达式和最大项表达式

$$F(A,B,C)=\Sigma m(0,1,4,7)=\Pi M(2,3,5,6)$$

$$\overline{F}(A,B,C)=\Sigma m(2,3,5,6)=\Pi M(0,1,4,7)$$

关系（2）、（3）得以验证。

5. 由逻辑表达式列真值表

【例 3.14】 已知 $F_1=A+B\overline{C}+\overline{A}\cdot\overline{C}$，$F_2=(\overline{A}+B)(A+\overline{B}+\overline{C})$，列出真值表。

解： 列出输入 A、B、C 的 8 种取值组合，算出每一种取值下输出 F_1、F_2 的值，即可得到真值表；也可采用分析表达式的方法，分析使与或表达式 $F_1=1$ 的输入取值，相应的输出填 1，其余填 0；分析使或与表达式 $F_2=0$ 的输入取值，相应的输出填 0，其余填 1。

由 $F_1=A+B\overline{C}+\overline{A}\cdot\overline{C}$ 可知，只要 A、$B\overline{C}$、$\overline{A}\cdot\overline{C}$ 三个与项中任意一个为 1，F_1 输出 1，否则输出 0。因此在以下三种情况下 $F_1=1$：① A=1；② B=1 且 C=0；③ A=C=0。

由 $F_2=(\overline{A}+B)(A+\overline{B}+\overline{C})$ 可知，只要 $\overline{A}+B$、$A+\overline{B}+\overline{C}$ 两个或项中任意一个为 0，F_2 输出 0，否则输出 1。因此在以下两种情况下 $F_2=0$：① A=1 且 B=0；② A=0 且 B=C=1。

列出真值表见表 3.18。

表 3.18　　　　　　　　　　　　［例 3.14］真值表

ABC	F_1	F_2	ABC	F_1	F_2
000	1	1	100	1	0
001	0	1	101	1	0
010	1	1	110	1	1
011	0	0	111	1	1

3.4.3 逻辑电路图

逻辑电路图是用逻辑符号表示逻辑函数的一种方法，每一个逻辑符号都对应一个门电路或逻辑模块，是一种接近于实际工程电路的常用表示形式。

1. 由逻辑表达式求逻辑电路图

若已知逻辑函数表达式，只要按照运算顺序用逻辑符号表示各种逻辑运算即可得到逻辑电路图。同一逻辑函数有不同形式的逻辑表达式，在 3.4.2 节中讨论了不同形式的逻辑表达式之间的相互转换，不同形式的表达式可对应得到不同结构的逻辑电路图。

【例 3.15】 某一致判别电路有 3 个输入 A、B、C，当 A、B、C 相同时输出 1，不同时输出 0。列出真值表，写出逻辑表达式并画出逻辑电路图。

解： 根据题意列出真值表见表 3.19。

表 3.19   一致判别电路真值表

ABC	F	ABC	F
000	1	100	0
001	0	101	0
010	0	110	0
011	0	111	1

输出 F 的逻辑表达式为

$$F = ABC + \overline{A} \cdot \overline{B} \cdot \overline{C} \qquad\qquad \text{与或式}$$

$$= \overline{\overline{ABC} \cdot \overline{\overline{A} \cdot \overline{B} \cdot \overline{C}}} = \overline{(A+B+C)(\overline{A}+\overline{B}+\overline{C})} \qquad \text{与非-与非式}$$

$$= \overline{\overline{AB} + \overline{AC} + \overline{A}\overline{B} + \overline{B}\overline{C} + \overline{A}\overline{C} + \overline{B}\overline{C}} = \overline{\overline{AC} + \overline{A}\overline{B} + \overline{B}C} \qquad \text{与或非式}$$

$$= \overline{\overline{A + \overline{C}} + \overline{\overline{A} + B} + \overline{\overline{B} + C}} \qquad\qquad \text{或非-或非式}$$

对应各种形式的表达式可分别得到不同结构的电路。

如图 3.12 所示，其中图 3.12（a）中的与或电路输入变量只提供原变量形式，称为单轨输入与或电路；图 3.12（b）中的与或电路输入变量提供原变量和反变量两种形式，称为双轨输入二级与或电路，图 3.12（c）、图 3.12（d）分别为双轨输入的二级与非－与非电路和或非－或非电路。在各种结构的逻辑电路中与非－与非电路是最常用的电路结构，且和与或式可直接对应。

2. 由逻辑电路图求逻辑表达式

若已知逻辑电路图，只要按照从输入到输出的方向，依次写出各逻辑门的输出，即可得到逻辑表达式。如图 3.13 所示电路的逻辑表达式为 $F_1 = A \oplus B \oplus C$，$F_2 = (A \oplus B)C + AB$。

3.4.4 波形图

波形图是以波形的方式来表示输入和输出变量之间的逻辑关系。数字系统中逻辑变量只有"0"和"1"两种逻辑值，反应在波形上也只有低电平、高电平。如图 3.14 所示的波形图，对应的真值表见表 3.20。

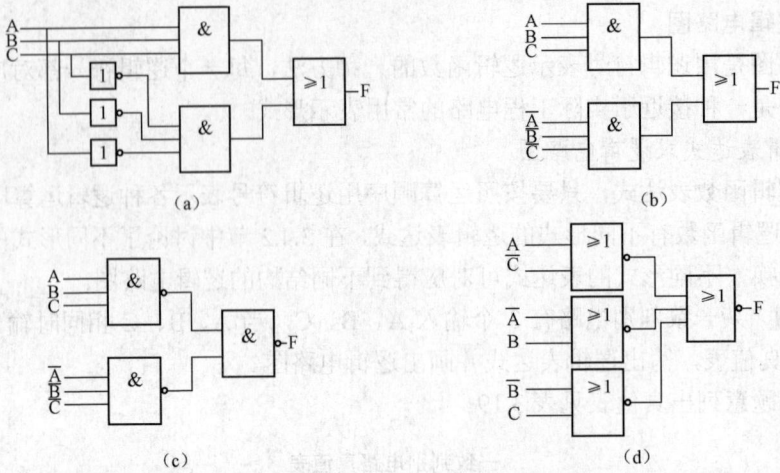

图 3.12 ［例 3.15］一致判别电路逻辑图

(a) 单轨输入与或电路；(b) 双轨输入与或电路；(c) 与非—与非电路 ；(d) 或非—或非电路

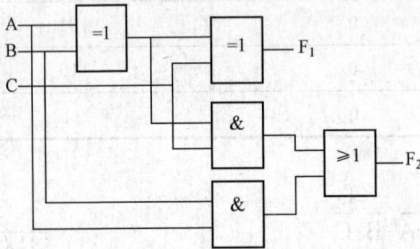

图 3.13 逻辑电路图

表 3.20 真 值 表

A B	F
0 0	1
0 1	0
1 0	0
1 1	1

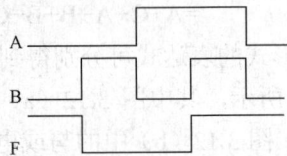

图 3.14 波形图

3.5 逻辑函数的化简

同一个逻辑函数有不同形式的表达式，对应有不同形式的逻辑电路，若表达式越简单则对应的逻辑电路也越简单，因此为简化电路、节约成本，有必要对逻辑函数进行化简。通常将逻辑函数化简为最简与或表达式，化简的原则为：①使与或表达式中的与项最少；②使每个与项中的变量个数最少。

常用的化简方法有以下两种：

（1）代数法化简；

（2）卡诺图法化简。

3.5.1 代数法化简

代数法化简是指利用 3.3 节中介绍的逻辑代数的常用公式来对逻辑函数进行化简，消去多余的与项和多余的变量。代数法化简需要熟练地掌握公式并能灵活运用，常用的代数法化简方法如下。

1. 并项法

并项法是利用公式 $A+\overline{A}=1$ 来消去多余变量。例如：

$$F=AB C+A\overline{B}\overline{C}=AC(B+\overline{B})=AC$$

2. 吸收法

吸收法是利用公式 $A+AB=A$ ， $A+\overline{A}B=A+B$ ， $AB+\overline{A}C+BC=AB+\overline{A}C$ 来消去多余的与项或变量。

3. 配项法

配项法是利用公式 $1=A+\overline{A}$ 来将某一与项配成两个与项再分别去与其他与项进行合并化简。

4. 添项法

添项法是利用 $A=A+A$ ， $AB+\overline{A}C=AB+\overline{A}C+BC$ 等公式先在表达式中添加一项，再与其他与项合并化简。

【**例 3.16**】 用代数法化简下列逻辑函数。

（1） $F_1=AB\overline{C}+\overline{A}BC+A\overline{B}C+ABC$ ；

（2） $F_2=A\overline{B}\cdot\overline{C}+ABC+\overline{B}C+B\overline{C}$ ；

（3） $F_3=A\overline{B}+BC+AC\overline{D}+A\overline{B}C$ ；

（4） $F_4=A\overline{C}+B\overline{C}+\overline{A}C+\overline{B}C$ 。

解：（1） $F_1=AB\overline{C}+\overline{A}BC+A\overline{B}C+ABC$

$\qquad\qquad =AB\overline{C}+\overline{A}BC+A\overline{B}C+ABC+ABC+ABC$ 　　（$A=A+A$ 添项）

$\qquad\qquad =AB(\overline{C}+C)+(\overline{A}+A)BC+A(\overline{B}+B)C$

$\qquad\qquad =AB+BC+AC$ 　　　　　　　　　　（$A+\overline{A}=1$ 并项）

（2） $F_2=A\overline{B}\cdot\overline{C}+ABC+\overline{B}C+B\overline{C}$

$\qquad\quad =A(\overline{B}\cdot\overline{C}+BC)+(\overline{B}C+B\overline{C})$

$\qquad\quad =A(\overline{\overline{B}C+B\overline{C}})+(\overline{B}C+B\overline{C})$ 　　　　　（$A\odot B=\overline{A\oplus B}$）

$\qquad\quad =A+\overline{B}C+B\overline{C}$ 　　　　　　　（$A+\overline{A}B=A+B$ 吸收）

（3） $F_3=A\overline{B}+BC+AC\overline{D}+A\overline{B}C$

$\qquad\quad =A\overline{B}+BC+AC+AC\overline{D}+A\overline{B}C$ 　　　（$AB+\overline{A}C=AB+\overline{A}C+BC$ 添项）

$\qquad\quad =A\overline{B}+BC+AC$ 　　　　　　　（$A+AB=A$ 吸收）

$\qquad\quad =A\overline{B}+BC$ 　　　　　　　　　（$AB+\overline{A}C+BC=AB+\overline{A}C$ 吸收）

（4） $F=A\overline{C}+B\overline{C}+\overline{A}C+\overline{B}C$

$\qquad\quad =A(B+\overline{B})\overline{C}+B\overline{C}+\overline{A}C+(A+\overline{A})BC$ 　　（$1=A+\overline{A}$ 配项）

$\qquad\quad =AB\overline{C}+A\overline{B}\cdot\overline{C}+B\overline{C}+\overline{A}C+A\overline{B}C+\overline{A}\cdot\overline{B}C$

$\qquad\quad =(AB\overline{C}+B\overline{C})+(A\overline{B}\cdot\overline{C}+A\overline{B}C)+(\overline{A}C+\overline{A}\cdot\overline{B}C)$

$$=B\overline{C}+A\overline{B}+\overline{A}\overline{C} \qquad\qquad （并项、吸收）$$

上述均是将与或表达式化为最简式，如为其他形式的表达式，在化简时可先转化成与或表达式然后再化简。如果需要得到最简的或与表达式，则将最简的与或表达式转换成或与表达式即可，转换方法在 3.3 节中已有解析。从上面的代数法化简过程可看出代数化简要有一定技巧，且有时很难判断表达式是否为最简式，因此，在变量个数不多于 5 个时常采用卡诺图化简。

3.5.2　卡诺图化简

卡诺图是逻辑函数的一种图表表示形式，主要用于逻辑函数化简，它是基于逻辑相邻的最小（大）项可以合并的基本原理而得到的一种化简方法。卡诺图化简可以简便又直观地得到逻辑函数的最简表达式，因此在数字电路设计中应用非常广泛。

1. 卡诺图的构成

若将逻辑函数的全部最小项，按照逻辑相邻的最小项几何位置也相邻的原则，填入卡诺图相应的方格内，这种方格图称为卡诺图。

n 个输入变量的逻辑函数有 2^n 个最小项，每一个最小项有 n 个逻辑相邻的最小项，因此 n 个变量的逻辑函数的卡诺图有 2^n 个方格，每一个方格代表相应的一个最小项，为保证逻辑相邻的最小项对应的方格几何位置相邻，卡诺图中自变量的取值必须按照格雷码的顺序排列，格雷码的循环特性保证了卡诺图具有循环邻接性。如图 3.15（a）～3.15（d）所示，分别列出了 2 输入、3 输入、4 输入、5 输入逻辑函数的卡诺图结构，图中每一个方格里的编号，是对应最小项的编号，即方格所对应的输入取值。在卡诺图中，根据水平方向（或垂直方向）的变量分别取值为 0 和 1 的分界处为对称轴。从图 3.15 中可看出，不仅几何位置相邻的方格其对应的最小项是逻辑相邻的，而且根据对称轴对称位置的方格对应的最小项也是逻辑相邻的，这就是卡诺图的循环邻接性。逻辑相邻的最小项可以合并并消去不同的变量，而逻辑相邻的最小项对应在卡诺图中几何相邻位置及循环邻接位置（对称轴对称位置）。

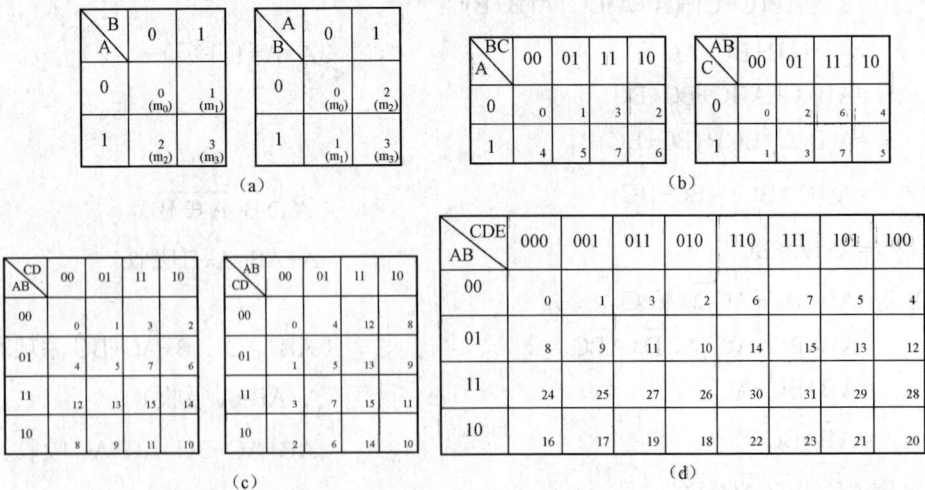

图 3.15　卡诺图结构

（a）2 变量卡诺图；（b）3 变量卡诺图；（c）4 变量卡诺图；（d）5 变量卡诺图

2. 用卡诺图表示逻辑函数

在利用卡诺图化简时首先需要将逻辑函数所对应的卡诺图表示出来。下面分别介绍由逻辑函数的其他表示形式画出对应的卡诺图的方法。

（1）由真值表画卡诺图。3.3 节中讨论了真值表与最小项之间的关系，真值表中输出为 1 对应的输入取值是最小项的编号，因此由真值表画卡诺图时只需找到真值表中使得输出为 1 的输入变量取值，并在卡诺图中所对应的方格填入 1，其余填入 0 或不填。实质上就是在真值表各种输入值对应的方格内填上所对应的输出值。见表 3.21 中的真值表对应的卡诺图如图 3.16 所示。

表 3.21   真 值 表

ABC	F	ABC	F
000	0	100	0
001	1	101	1
010	0	110	0
011	1	111	1

（2）由与或表达式卡画诺图。由与或表达式画卡诺图有两种常用方法。

方法一：先将与或表达式变换成最小项表达式，把最小项编号对应的方格填入 1，其余填 0 或不填。

方法二：根据已知的与或表达式分析出使每一个与项等于 1（即输出为 1）的输入条件，找出所有符合条件的方格填入 1，其余填 0 或不填。

BC \ A	00	01	11	10
0	0	1	1	0
1	0	1	1	0

图 3.16   表 3.21 对应卡诺图

【例 3.17】 已知逻辑函数 $F(A,B,C,D)=\overline{A}\cdot\overline{B}+ACD+A\overline{B}\overline{C}\overline{D}$，画出其卡诺图。

解：方法一：$F(A,B,C,D)=\overline{A}\cdot\overline{B}+ACD+A\overline{B}\overline{C}\overline{D}$

$=\overline{A}\cdot\overline{B}(C+\overline{C})(D+\overline{D})+A(B+\overline{B})CD+A\overline{B}\overline{C}\overline{D}$

$=\overline{A}\cdot\overline{B}CD+\overline{A}\cdot\overline{B}C\overline{D}+\overline{A}\cdot\overline{B}\cdot\overline{C}D+\overline{A}\cdot\overline{B}\cdot\overline{C}\cdot\overline{D}+ABCD+A\overline{B}CD+A\overline{B}\overline{C}\overline{D}$

$=\Sigma m(0,1,2,3,10,11,15)$

将最小项编号 0、1、2、3、10、11、15 对应的方格填 1，其余填 0 或不填。

方法二：由 $F(A,B,C,D)=\overline{A}\cdot\overline{B}+ACD+A\overline{B}\overline{C}\overline{D}$ 可知只要三个与项中任意一个为 1 则输出 1，所以在以下三种情况下输出为 1：① A=B=0；② A=C=D=1；③ ABCD取值为1010。找出符合条件的方格填入 1，其余填 0 或不填。

得到的卡诺图如图 3.17 所示。

CD \ AB	00	01	11	10
00	1	1	1	1
01	0	0	0	0
11	0	0	1	0
10	0	0	1	1

图 3.17 ［例 3.17］卡诺图

（3）由或与表达式画卡诺图。由或与表达式画卡诺图可以根据已知的或与表达式分析出使每一个或项等于 0（即输出为 0）的输入条件，找出所有符合条件的方格填入 0，其余填入 1 或不填。若已知或与表达式的标准式即最大项表达式，根据最大项与最小项的性质，最大项表达式缺少的编号就是最小项的编号，因此将最大项编号对应的方格填入 0，其余填入 1 即可。

【例 3.18】 已知逻辑函数 $F(A,B,C,D)=(\overline{A}+\overline{B})(A+C+D)(A+\overline{B}+C+\overline{D})$，画出其卡诺图。

CD\AB	00	01	11	10
00	0	1	1	1
01	0	0	1	1
11	0	0	0	0
10	1	1	1	1

图 3.18　　[例 3.18] 卡诺图

由 $F(A,B,C,D)=(\overline{A}+\overline{B})(A+C+D)(A+\overline{B}+C+\overline{D})$ 可知只要三个或项中任意一个为 0 则输出 0，所以在以下三种情况下输出 F 为 0：① A=B=1；② A=C=D=0；③ ABCD 为 0101。找出符合条件的方格填入 0，其余填 1 或不填。得到的卡诺图如图 3.18 所示。

3．卡诺图化简求最简与或表达式

卡诺图上的"1"对应的是逻辑函数的最小项，逻辑相邻的"1"即代表着逻辑相邻的最小项，可以合并消去其不同的变量。2 个逻辑相邻的最小项可以合并并消去 1 个变量，4 个逻辑相邻的最小项可以合并消去 2 个变量，依此类推。体现在卡诺图上为 2^k 个逻辑相邻的"1"（最小项）可以合并消去 k 个变量，所以逻辑相邻的 1 越多，得到的与项越简单。

卡诺图化简求最简与或表达式的具体步骤如下：

（1）填写卡诺图。

（2）对逻辑相邻的 2^k 个"1"画一个卡诺圈圈住。画卡诺圈的方法：①先圈孤立项（没有逻辑相邻项的 1）；②再圈只要一种画圈方法的"1"（即只有一个逻辑相邻项的"1"）；③最后圈有多种画圈方法的"1"（即有多个逻辑相邻项的"1"），画圈时注意每个卡诺圈尽可能大，每个圈至少有 1 个"1"是此圈独有的，否则为冗余圈，应去掉。

（3）每个卡诺圈对应一个与项，该与项只包含卡诺圈所对应的取值（形式）相同的变量，若取值为 1 对应原变量，取值为 0 对应反变量。

（4）将所有卡诺圈对应的与项相或即得到最简与或表达式。

【例 3.19】 已知逻辑函数 $F(A,B,C,D)=\Sigma m(0,3,5,7,11,12,14,15)$，试用卡诺图化简求其最简与或表达式。

解：填写卡诺图，根据画卡诺圈的原则对"1"画卡诺圈。如图 3.19 所示，共画出 4 个卡诺圈，每个卡诺圈对应写出一个与项，该与项只包含取值相同的变量，取值为 1 以原变量形式出现，取值为 0 以反变量形式出现，共 4 个与项。将 4 个与项相或得出最简与或表达式为 $F(A,B,C,D)=\overline{A}\cdot\overline{B}\cdot\overline{C}\cdot\overline{D}+ABD+A\overline{B}D+CD$。

4．卡诺图化简求最简或与表达式

卡诺图上"1"方格对应的是逻辑函数的最小项，"0"方格对应的是逻辑函数的最大项，根据最大项的性质，逻辑相邻的最大项可以合并并消去不同的变量。因此与前面类似也可以在卡诺图上对"0"（最大项）进行合并化简，卡诺图化简求最简或与表达式的步骤如下：

（1）填写卡诺图。

（2）对逻辑相邻的 2^k 个"0"画一个卡诺圈。圈"0"的方法与圈"1"的方法相同。

（3）每个卡诺圈对应一个或项，该或项只包含卡诺圈所对应的取值（形式）相同的变量，若取值为 0 对应原变量，取值为 1 对应反变量。

（4）将所有卡诺圈对应的或项相与即得到最简或与表达式。

【例 3.20】 已知 $F(A,B,C,D)=(\overline{A}+\overline{B})(A+C+D)(A+\overline{B}+C+\overline{D})$，化简求出最简或与表达式。

解：填写卡诺图，根据画卡诺圈的原则对"0"画卡诺圈。如图 3.20 所示，共画出 3 个卡诺圈，每个卡诺圈对应写出一个或项，该或项只包含取值相同的变量，取值为 0 以原变量形式出现，取值为 1 以反变量形式出现，共 3 个或项。将 3 个或项相与得出最简或与表达式为 $F(A,B,C,D)=(A+C+D)(\overline{A}+\overline{B})(\overline{B}+C)$。

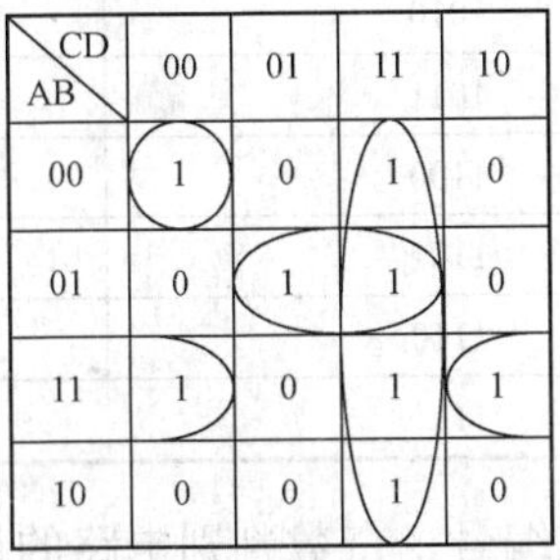

图 3.19　［例 3.19］卡诺图 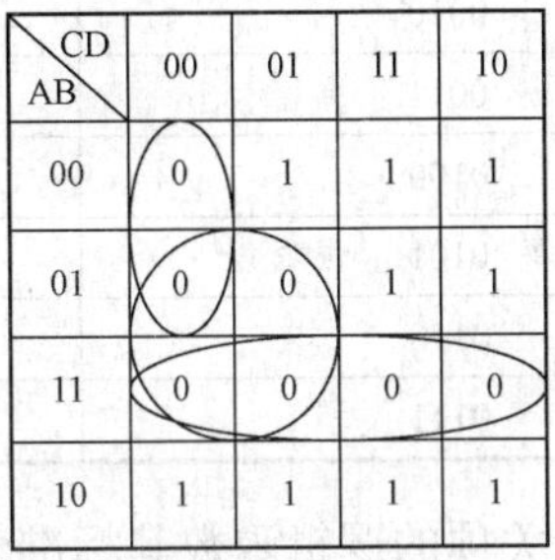　　　　　　　图 3.20　［例 3.20］卡诺图

【**例 3.21**】　已知 $F(A,B,C,D)=AB+C\overline{D}+\overline{A}BC+AB\overline{D}+\overline{A}\cdot\overline{B}\cdot CD+AB\cdot\overline{C}\cdot\overline{D}+\overline{A}\cdot\overline{B}CD$，化简求出最简与或表达式和最简或与表达式。

解：填写卡诺图，对"1"画卡诺圈如图 3.21 所示。最简或与表达式为 $F=A+C+\overline{B}D$。

对"0"画卡诺圈如图 3.22 所示。最简或与表达式为 $F=(A+C+D)(A+\overline{B}+C)$。

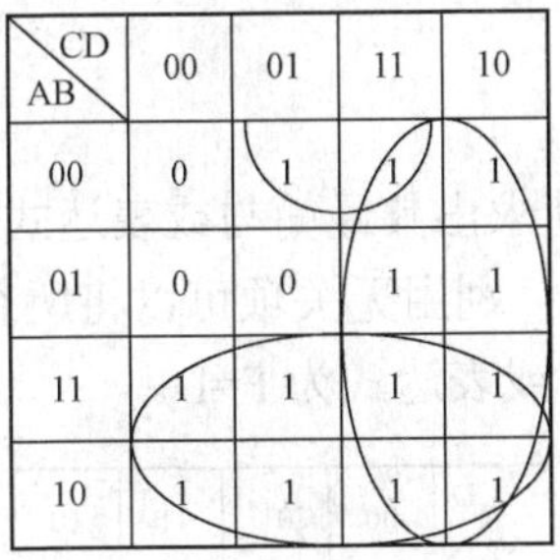

图 3.21　［例 3.21］圈"1"求最简与或式 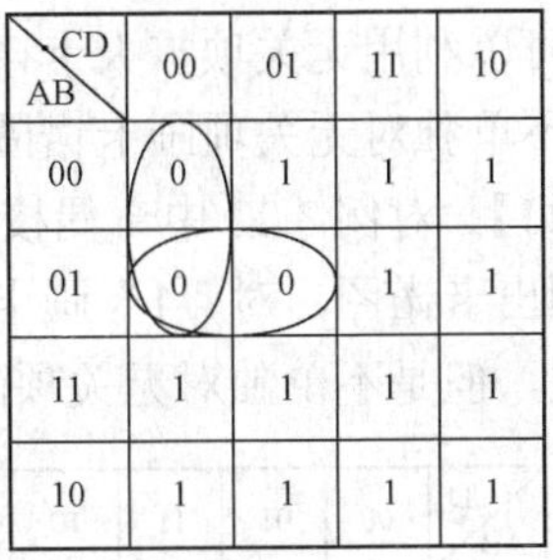　　　　图 3.22　［例 3.21］圈"0"求最简或与式

3.5.3　未完全规定逻辑函数的卡诺图化简

1. 未完全规定逻辑函数的定义及表示方法

前面所讨论的各个逻辑函数的输出为 0 或 1 总是确定的，这种逻辑函数称为完全规定的逻辑函数。而实际的数字系统经常会受到某些条件的约束，从而使得输入变量的某些取值组合不会出现或者函数输出与某些输入取值组合无关的情况，因此这些取值组合对应的输出可以是 0 也可以是 1，而这些取值组合对应为无关项或任意项，用符号"×"或"φ"表示，这样的逻辑函数称为未完全规定的逻辑函数。未完全规定的逻辑函数的最小（大）项表达式中需分别列出最小（大）项和无关项的编号。

【**例 3.22**】　某奇数判别电路用于对 8421BCD 码输入的一位十进制数进行判别，当输入为奇数时输出 1，输入为偶数时输出 0。

解：8421BCD 码有效码字为 0000～1001，所以 1010～1111 这 6 组取值不会出现，为无关项，真值表和卡诺图见表 3.22 和图 3.23 所示。

表 3.22   奇数判别电路真值表

ABCD	F	ABCD	F
0000	0	1000	0
0001	1	1001	1
0010	0	1010	×
0011	1	1011	×
0100	0	1100	×
0101	1	1101	×
0110	0	1110	×
0111	1	1111	×

具有无关项的逻辑函数其标准表达式需表示出无关项编号，奇数判别电路的最小项表达式和最大项表达式如下：

$$F(A,B,C,D)=\Sigma m(1,3,5,7,9)+\Sigma d(10,11,12,13,14,15)$$

$$F(A,B,C,D)=\Pi M(0,2,4,6,8)\cdot\Pi D(10,11,12,13,14,15)$$

2. 利用无关项化简逻辑函数

对于有无关项的逻辑函数的化简，方法与完全规定的逻辑函数的化简方法一致，但是由于无关项既可当成 0 也可当成 1，因此在画卡诺圈时需要注意以下两点：

（1）可以利用无关项扩大卡诺圈。

（2）不单独对无关项画卡诺圈。

【例 3.23】 对例 3.22 中奇偶校验电路进行卡诺图化简求出其最简与或表达式。

解：列出卡诺图，对"1"画卡诺圈。如图 3.24 所示，利用无关项可以将所有 1 用 1 个卡诺圈圈住，但是不单独对无关项画卡诺圈，得出最简与或表达式为 F=D。

CD\AB	00	01	11	10
00	0	1	1	0
01	0	1	1	0
11	×	×	×	×
10	0	1	×	×

CD\AB	00	01	11	10
00	0	1	1	0
01	0	1	1	0
11	×	×	×	×
10	0	1	×	×

图 3.23   奇数判别电路卡诺图   图 3.24   奇偶校验电路卡诺图化简

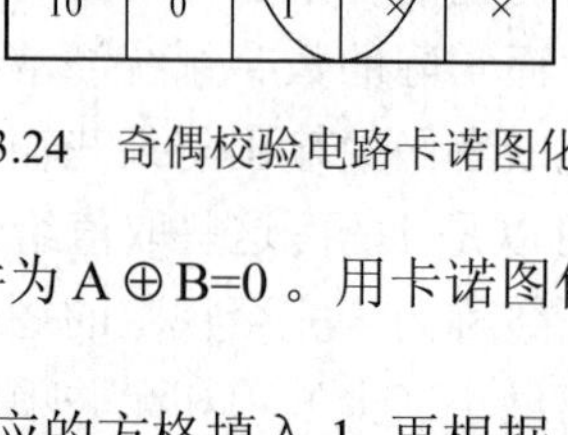

【例 3.24】 已知 $F=\overline{A}\cdot\overline{B}\cdot\overline{C}+ABC+\overline{A}\cdot BC\overline{D}$，约束条件为 $A\oplus B=0$。用卡诺图化简求出最简与或表达式和最简或与表达式。

解：先根据 $F=\overline{A}\cdot\overline{B}\cdot\overline{C}+ABC+\overline{A}\cdot BC\overline{D}$ 找出输出为 1 对应的方格填入 1。再根据 $A\oplus B=0$ 找出无关项，并在相应的方格的填入"×"。$A\oplus B=0$ 即 A、B 总是相同，即 A=1，B=0 或 A=0，B=1 的输入取值组合不会出现，为无关项。其余方格填入 0。卡诺图如图 3.25 所示，此逻辑函数对"1"画卡诺圈时有不同的圈法，对应也有多个不同的最简与或表达式。图 3.25 中列出了其中两种。

CD＼AB	00	01	11	10
00	1	1	0	1
01	×	×	×	×
11	0	0	1	1
10	×	×	×	×

(a)

CD＼AB	00	01	11	10
00	1	1	0	1
01	×	×	×	×
11	0	0	1	1
10	×	×	×	×

(b)

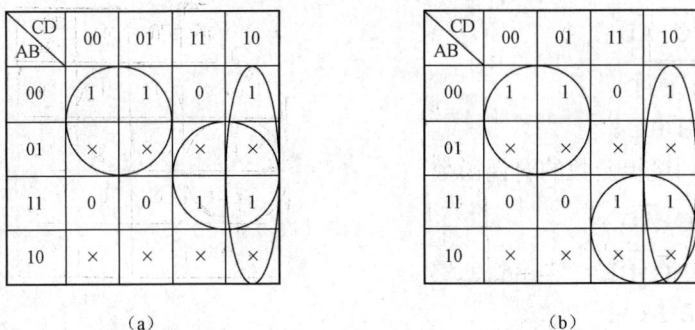

图 3.25　［例 3.24］卡诺图圈 "1"

（a）图对应的最简与或表达式为：$F=\overline{A}\cdot\overline{C}+BC+C\overline{D}$；（b）图对应的最简与或表达式为：$F=\overline{A}\cdot\overline{C}+AC+C\overline{D}$

对 "0" 画卡诺圈时也有不同的圈法，对应有多个不同的最简或与表达式，给出如图 3.26 所示两种。

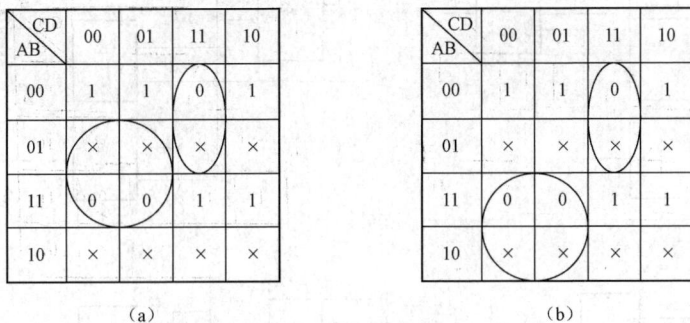

CD＼AB	00	01	11	10
00	1	1	0	1
01	×	×	×	×
11	0	0	1	1
10	×	×	×	×

(a)

CD＼AB	00	01	11	10
00	1	1	0	1
01	×	×	×	×
11	0	0	1	1
10	×	×	×	×

(b)

图 3.26　［例 3.24］卡诺图化简圈 "0"

（a）图对应的最简或与表达式为：$F=(\overline{B}+C)(A+\overline{C}+\overline{D})$；（b）图对应的最简或与表达式为：$F=(\overline{A}+C)(A+\overline{C}+\overline{D})$

由此例可见逻辑函数的最简与或（或与）表达式并不一定是唯一的，一个逻辑函数可能有多个最简与或（或与）表达式，但它们的与（或）项个数总是相同的，与（或）项中变量的个数总是相同的。

本 章 习 题

3.1　已知以下逻辑函数关系，写出各个输出函数的逻辑表达式。

（1）当且仅当 A、B、C 输入 100 时输出 1；

（2）当且仅当 A、B、C 输入 100 时输出 0；

（3）当 A、B、C 输入 001、101 或 110 时输出 1；

（4）当 A、B、C 输入 001、101 或 110 时输出 0；

（5）当 A、B、C 不完全相同时 F 输出 1，A、B、C 完全相同时 F 输出 0；

（6）当 A、B、C 中有两个或者两个以上为 0 时 F 输出 1，否则输出 0。

3.2　求下列逻辑函数的反函数。

（1）$F_1=A\overline{B}C+\overline{A}B+B\overline{D}$；

（2）$F_2=\overline{A\overline{B}+C}+\overline{A}D$ ；

（3）$F_3=\overline{\overline{\overline{A+B}+C}+D}$ ；

（4）$F_4=A\oplus B\oplus C$ 。

3.3 求出下列逻辑函数的对偶函数。

（1）$F_1=\overline{A\overline{B}+C}+\overline{A}D$ ；

（2）$F_2=A\overline{D}+\overline{\overline{B\overline{C}}+DE}$ ；

（3）$F_3=A\oplus B\oplus C$ ；

（4）$F_4=(\overline{A}+B)(\overline{C}+ABD)$ 。

3.4 列出题 3.1 中各逻辑函数的真值表。

3.5 写出题图 3.1 中（a）、（b）、（c）、（d）各图所示电路的逻辑表达式，并列出真值表。

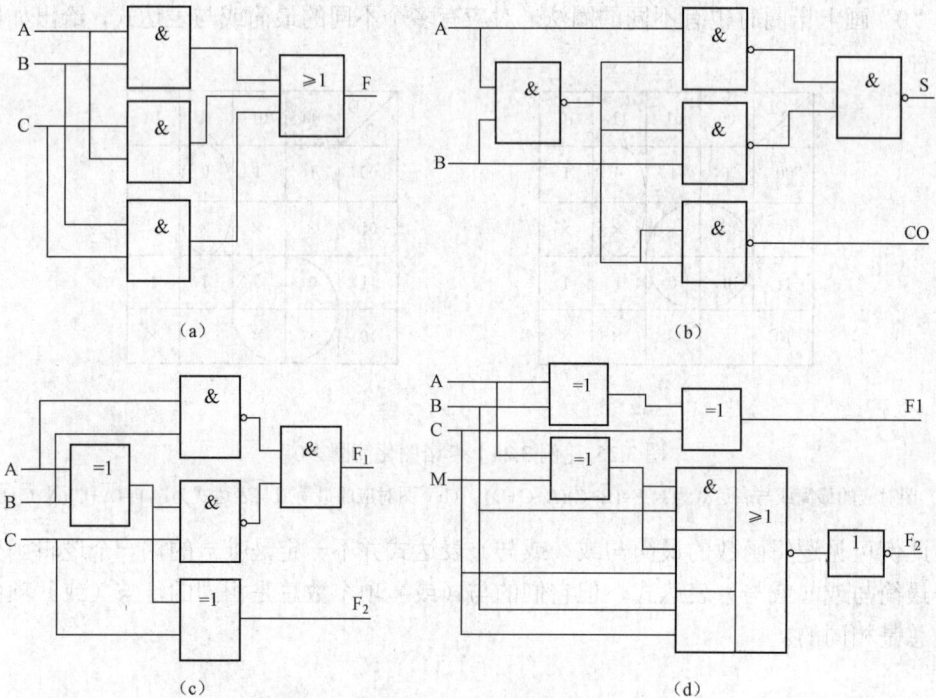

题图 3.1

3.6 将题图 3.2 所示的逻辑电路分别改用与非门、与或非门实现。

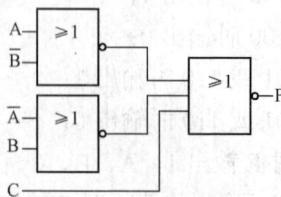

题图 3.2

3.7 求出下列逻辑函数的最小项表达式、最大项表达式。

（1）$F(A,B,C)=\overline{A}+B\overline{C}$ ；

（2）$F=\overline{\overline{A+B+C}+\overline{\overline{A}+\overline{B}+C}}$ 。

3.8　用代数法证明以下等式。

（1）$ABCD+\overline{A}\cdot\overline{B}\cdot\overline{C}\cdot\overline{D}=\overline{A\overline{B}+B\overline{C}+C\overline{D}+D\overline{A}}$ ；

（2）$A\oplus B\oplus C\oplus D=A\oplus\overline{B}\oplus C\oplus\overline{D}$ ；

（3）$(\overline{A}+B)(A+\overline{B})C+\overline{B}C=A+\overline{B}+\overline{C}$ 。

3.9　用代数法化简以下逻辑函数为最简的与或表达式。

（1）$F=A\overline{B}CD+ABD+A\overline{C}D$ ；

（2）$F=\overline{\overline{AC}+ABC}+\overline{B}C+AB\overline{C}$ ；

（3）$F=BC+\overline{D}+\overline{D}(\overline{B}+\overline{C})(AD+B)$ ；

（4）$F=A\overline{B}+\overline{B}C+B\overline{C}+\overline{A}B$ ；

（5）$F=A\overline{B}\cdot\overline{C}+B\overline{C}+\overline{B}C+\overline{A}\cdot B$ ；

（6）$F=A+B+\overline{\overline{A}\cdot BC}+\overline{A}\cdot\overline{C}$ ；

（7）$F=A\overline{B}\overline{C}+(\overline{A\overline{B}+\overline{A}\cdot B})+BD$ 。

3.10　用卡诺图化简以下逻辑函数为最简的与或表达式和最简的或与表达式。

（1）$F(A,B,C)=A\overline{B}\cdot\overline{C}+B\overline{C}+\overline{B}C+\overline{A}\cdot\overline{B}$ ；

（2）$F(A,B,C,D)=(A+\overline{B}+\overline{C})(B+\overline{C})(\overline{B}+C)(\overline{A}+\overline{B}+D)$ ；

（3）$F(A,B,C,D)=\Sigma m(0,2,3,8,9,10,11,12,13)$ ；

（4）$F(A,B,C,D)=\Sigma m(0,1,2,4,7,8,9)$ ；

（5）$F(A,B,C,D)=\Pi M(3,4,9,14)$ ；

（6）$F(A,B,C,D)=\Pi M(0,1,2,3,5,6,7,8,10,13,15)$ 。

3.11　用卡诺图化简以下逻辑函数，求最简的与或表达式和最简的或与表达式。

（1）$F(A,B,C,D)=\Sigma m(0,1,3,5,8)+\Sigma d(10,11,12,13,14,15)$ ；

（2）$F(A,B,C,D)=\Sigma m(2,3,4,7,12,13,14)+\Sigma d(5,6,8,9,10,11)$ ；

（3）$F(A,B,C,D)=\Sigma m(0,2,7,8,13,15)+\Sigma d(1,5,6,8,9,10,11,12)$ ；

（4）$F(A,B,C,D)=\Pi M(1,3,4,9,11,12)\cdot\Pi D(5,7,13,15)$ ；

（5）$F(A,B,C,D)=\Pi M(0,2,3,8)\cdot\Pi D(10,11,12,13,14,15)$ ；

（6）$F(A,B,C,D)=\overline{B}\cdot\overline{C}\cdot\overline{D}+\overline{ABC}\cdot\overline{D}+\overline{A}\cdot B\cdot\overline{D}+\overline{A}\cdot\overline{B}\cdot\overline{C}$ ，且 $AB+AC=0$ ；

（7）$F(A,B,C,D)=\overline{A}\cdot\overline{C}\cdot\overline{D}+A\overline{C}D+AB\overline{C}D+\overline{A}\cdot\overline{B}\cdot CD$ ，且 $(A+B+\overline{D})(\overline{C}+\overline{D})=1$ ；

（8）$F(A,B,C,D)=\overline{AB}\overline{C}+BC\cdot\overline{D}+A\overline{B}\cdot\overline{D}$ ，且 A、B、C、D 不能同时 3 个或 3 个以上为 1。

3.12　已知逻辑函数 $F=\overline{AB}+AC+C(A+B)(\overline{B}+C)$ 。

（1）列出真值表；

（2）分别写出最小项表达式和最大项表达式；

（3）化简为最简与或表达式，并转换成最简与非–与非式。

3.13　已知某逻辑函数真值表如题表 3.1 所示。

（1）写出用编号表示的 F 的最小项表达式及最大项表达式；

（2）写出用逻辑变量 A、B、C 表示的 F 的最小项表达式及最大项表达式；

（3）写出用编号表示的 $\overline{F}$ 的最小项表达式；

（4）用代数法化简，得到 F 的最简的与或表达式，并画出其与非–与非电路。

题表 3.1

ABC	F	ABC	F
000	0	100	1
001	1	101	0
010	0	110	1
011	1	111	1

3.14　写出题图 3.3（a）、（b）所示电路的逻辑表达式并化简，画出相应的与非–与非电路。

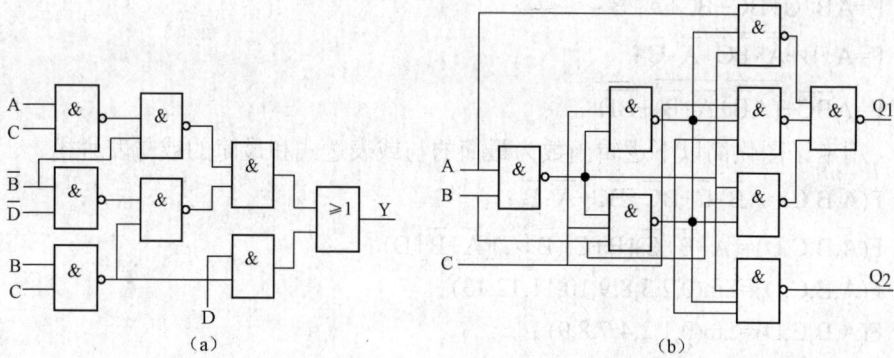

题图 3.3

3.15　逻辑电路如题图 3.4 所示。

（1）写出函数 F 的表达式，并将其化为最简与或式；

（2）输入变量为何种取值时，电路输出高电平；

（3）写出 F 的反函数。

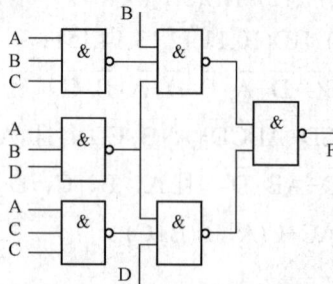

题图 3.4

3.16　某检测电路有 A、B、C、D 四个输入。输出 F_1、F_2、F_3 分别用于判断：①输入中没有 1；②输入有 2 个 1；③输入中有奇数个 1。列出真值表，写出逻辑表达式。

第4章 组合逻辑电路

数字逻辑电路按照输出与输入之间的响应关系分为组合逻辑电路和时序逻辑电路两大类。若一个逻辑电路在任何时刻的稳定输出只取决于这一时刻的输入，而与过去的输入无关，这种逻辑电路称为组合逻辑电路，简称组合电路。本章将简要阐述数字集成电路的相关知识，讨论分析和设计组合电路的一般方法，并介绍常用的 MSI 组合逻辑器件的功能及其应用。

4.1 数字集成电路简介

数字集成电路是一种将多个门电路烧制在一个硅片上的微型电子芯片，用于分析和处理数字信号。数字集成电路自 20 世纪 60 年代开始进入市场，具有体积小、重量轻、性能好及使用寿命长等特点，得到了广泛的应用和发展。

4.1.1 数字集成电路的分类

数字集成电路依据不同的标准有两种常用的分类方法。第一种，根据所集成门电路的规模可分为四大类。小规模集成电路（Small Scale Integration，简称 SSI），集成的门数通常不多于 10 个，常用的各类门电路和触发器器件均属于小规模集成电路，例如 7400 为四 2 输入与非门芯片，芯片内部集成了四个 2 输入与非门。中规模集成电路（Middle Scale Integration，简称 MSI），集成的门数通常在 10～100 个，例如译码器、加法器、计数器等，在本章的后面章节将会详细介绍常用的几种 MSI 组合逻辑模块。大规模集成电路（Large Scale Integration，简称 LSI），大规模集成电路所集成的门数通常在 100～1000 个，超大规模集成电路（Very Large Scale Integration，简称 VLSI），超大规模集成电路所集成的门数通常在 1000 个以上，常用的大规模、超大规模集成电路有可编程逻辑器件、存储器、数字信号处理器等。

第二种，根据内部有源器件的类型，数字集成电路可分为双极性集成电路和绝缘栅场效应管集成电路（MOS）逻辑电路两大类。双极性集成电路的发展过程中先后出现了电阻—晶体管逻辑（RTL）电路、二极管—晶体管逻辑（DTL）电路、晶体管—晶体管逻辑（TTL）电路、发射极耦合逻辑（ECL）电路、集成注入逻辑（I^2L）电路等，其中最常用的是 TTL 电路。而 MOS 逻辑电路中最常用的是互补 MOS 电路即 CMOS 电路，后来在对 CMOS 电路改进基础上又出现了与 TTL 兼容的 HCT 系列、ACT 等系列。目前 TTL 集成电路的主要产品有 74S、74LS、74AS、74ALS 及 74F 等系列，CMOS 集成电路的主要产品有 4000、74C、74HC、74HCT 等系列。TTL 集成电路和 CMOS 集成电路各有优缺点，相对而言，TTL 电路通常速度较快，而 CMOS 电路功耗较低，通常情况下不能随意将两种集成电路混合使用。如图 4.1（a）、（b）所示分别为 5VTTL 非门和 5VCMOS 非门基本电路，可见两类电路所用基本器件不同，工作原理和电气参数也不同，限于篇幅，本书不做详细介绍，若读者想了解详情，可参考相关文献。

4.1.2 数字集成电路的电气指标

在使用数字集成电路时不仅要熟悉器件的逻辑功能，还要考虑各种电气指标，制造工艺不同的集成电路电气指标也不同，具体参数可参考集成电路手册。数字集成电路主要的电气指标包括输入/输出电平参数、噪声容限、输入/输出电流参数、扇入系数、扇出系数、传输延时和速度—功耗积等。下面以5VTTL74系列集成门为例说明。

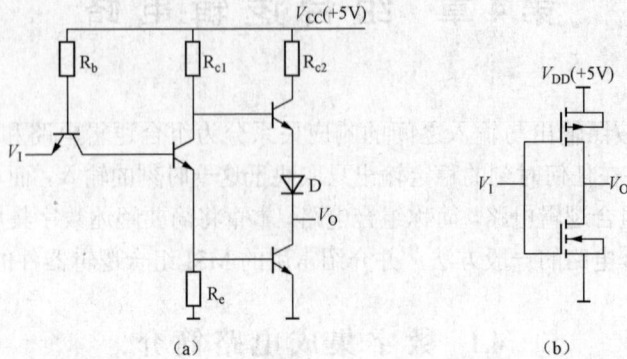

图 4.1   非门基本电路

（a）TTL 非门；（b）CMOS 非门

1. 输入高电平V_{IH}和输入低电平V_{IL}

输入逻辑 1 时对应的输入电压称为输入高电平 V_{IH}，输入高电平的下限称为标准输入高电平V_{IHMIN}，也称开门电平V_{ON}，5VTTL 集成电路的开门电平为 2.0V。

输入逻辑 0 时对应的输入电压称为输入低电平V_{IL}，输入低电平的上限称为标准输入低电平V_{ILMAX}，也称关门电平V_{OFF}，5VTTL 集成电路的关门电平为 0.8V。

2. 输出高电平V_{OH}和输出低电平V_{OL}

输出逻辑 1 时对应的输出电压称为输出高电平V_{OH}，集成电路输出高电平下限称为标准输出高电平V_{OHMIN}，5VTTL 集成电路V_{OHMIN}为 2.4V。

输出逻辑 0 时对应的输出电压称为输出低电平V_{OL}，集成电路输出低电平上限称为标准输出低电平V_{OLMAX}，5VTTL 集成电路V_{OLMAX}为 0.4V。

3. 输入噪声容限

如图 4.2 所示，当多个门级联时，前级门电路的输出电压就是后级电路的输入电压，如果系统存在噪声干扰，则前级电路的输出电压加上噪声电压才是后一级电路的输入电压。为了保证系统逻辑正确，集成电路所能够允许的噪声电压的极限值称为噪声容限，可分为低电平噪声容限和高电平噪声容限。

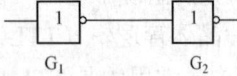

图 4.2   门电路级联电路

低电平噪声容限V_{NL}指输入低电平时所允许的最大噪声电压幅度。如图 4.2 所示，当G_1输出低电平（上限值为V_{OLMAX}）时，为了保证逻辑正确，G_2应输入低电平时，即G_2的输入电压应不超过V_{ILMAX}，因此所允许的噪声极限值$V_{NL}=V_{ILMAX}-V_{OLMAX}$。

高电平噪声容限V_{NH}指输入高电平时所允许的最大噪声电压幅度。如图 4.2 所示，当G_1输出高电平（下限值为V_{OHMIN}）时，为了保证逻辑正确，G_2应输入高电平时，即G_2的输入电压应不低于V_{IHMIN}，因此所允许的噪声极限值$V_{NH}=V_{OHMIN}-V_{IHMIN}$。

【例 4.1】   如图 4.2 所示，G_1、G_2均为 74 系列 TTL 非门，其参数为V_{ILMAX}=0.8V，V_{OLMAX}=0.4V，V_{IHMIN}=2.0V，V_{OHMIN}=2.4V，求噪声容限。

解：低电平噪声容限

$$V_{\text{NL}}=V_{\text{ILMAX}} - V_{\text{OLMAX}}=0.8V - 0.4V=0.4V$$

高电平噪声容限

$$V_{\text{NH}}=V_{\text{OHMIN}} - V_{\text{IHMIN}}=2.4V - 2.0V=0.4V$$

4. 输入、输出电流参数

如图 4.2 所示，门电路级联时，若图中 G_1 输出低电平，则 G_2 输入低电平，电流从 G_2 流向 G_1；若 G_1 输出高电平，则 G_2 输入高电平，电流从 G_1 流向 G_2。

输入低电平电流 I_{IL}，指当输入端接低电平时流出的电流。集成电路所允许的输入低电平电流的最大值为 I_{ILMAX}。

输入短路电流 I_{IS}，指输入端接地时流出的电流，通常可认为 $I_{\text{IL}}=I_{\text{IS}}$。

输入高电平电流 I_{IH}，指输入端接高电平时流入的电流，也称为漏电流。集成电路所允许的输入高电平电流的最大值为 I_{IHMAX}。

输出低电平电流 I_{OL}，指当输出端输出低电平时流入的电流，也称为灌电流。集成电路所允许的输出低电平电流的最大值为 I_{OLMAX}。

输出高电平电流 I_{OH}，指输出端输出高电平时流出的电流，也称为拉电流。集成电路所允许的输出高电平电流的最大值为 I_{OHMAX}。

5. 扇入系数和扇出系数

扇入系数 N_{I} 指门电路允许的输入端的个数，通常不超过 8。实际应用中，所需输入端数目若多于门电路的扇入系数，则可进行扩展或分级实现。

由于受到输入、输出电流参数的限制，门电路的负载能力是有限的。扇出系数 N_{O} 指一个门电路能够驱动同类门电路的个数，反映了门电路的带负载能力，如图 4.3 所示。

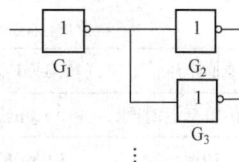

图 4.3 非门驱动多个同类门

电路输出低电平时所能驱动同类门的个数

$$N_{\text{OL}} = \left[\frac{I_{\text{OLMAX}}}{I_{\text{ILMAX}}}\right] \tag{4-1}$$

电路输出高电平时所能驱动同类门的个数

$$N_{\text{OH}} = \left[\frac{I_{\text{OHMAX}}}{I_{\text{IHMAX}}}\right] \tag{4-2}$$

扇出系数 N_{O} 取 N_{OL}、N_{OH} 中较小的一个。

6. 传输延时 t_{pd} 和速度—功耗积

实际逻辑电路中，输入信号发生变化时，输出总是延迟一段时间以后再发生响应。输出由高电平转换到低电平的延迟时间 t_{pHL} 与低电平转换到高电平的延迟时间 t_{pLH} 的平均值称为平均传输延迟时间 t_{pd}。

$$t_{\text{pd}}=\frac{t_{\text{pHL}}+t_{\text{pLH}}}{2} \tag{4-3}$$

传输延迟时间的大小反应门电路的响应速度，t_{pd} 越大，速度越慢，t_{pd} 越小，速度越快。所有器件在工作时都要消耗一定的功率即功耗。速度和功耗总是一对矛盾，比如 TTL 器件通常比 CMOS 器件速度快，但是 TTL 器件的功耗也比 CMOS 器件大，比如 74L 系列比 74S 系列速度慢，但 74L 系列比 74S 系列的功耗小。为了综合评价器件的品质，通常用速度–功耗积（pd 积）来衡量，pd 积就是平均传输延迟时间 t_{pd} 与功耗之积。在 TTL 的各系列产品中，过去很长一段时间的主流系列 74LS 的 pd 积约为 32，其具有功耗小速度快的双重优点；后来推出的 74ALS 系列 pd 积约为 5，目前也得到了越来越广泛的应用。

　　表 4.1 中列出了几种 TTL 和 CMOS 常用系列逻辑门的电气参数，每个厂家生产的器件参数及精度可能略有差别，读者在使用时可查阅相应产品的数据手册。

表 4.1　　　　　　　　　　　　TTL 和 CMOS 集成门的电气指标

系 列 参 数		TTL		CMOS	
		74	74LS	74HC	74HCT
输入、输出、电流	(I_{IHMAX}/mA)	0.04	0.02	0.001	0.001
	(I_{ILMAX}/mA)	1.6	0.4	0.001	0.001
	(I_{OHMAX}/mA)	0.4	0.4	4	4
	(I_{OLMAX}/mA)	16	8	4	4
输入、输出、电压	(V_{IHMIN}/mV)	2.0	2.0	3.5	2.0
	(V_{ILMAX}/mV)	0.8	0.8	1.5	0.8
	(V_{OHMIN}/mV)	2.4	2.7	4.5	4.9
	(V_{OLMAX}/mV)	0.4	0.5	0.1	0.1
电原电压	$(V_{CC}$ 或 $V_{DD}/\text{V})$	4.75～5.25		2.0～6.0	
平均传输延迟时间	(t_{pd}/ns)	9.5	8	10	13
功耗	(P/mW)	10	4	0.8	0.5

4.1.3　数字集成电路的输出结构

数字集成电路常见的输出结构分为三种：推拉式输出、开路输出、三态输出。

1. 推拉式输出结构

数字集成电路大多数都采用推拉式输出结构，其输出端不可并联使用，即两个输出端不能直接连接在一起。推拉式输出结构的输出电阻较小，如果两个输出端直接相连，则当其中一个输出高电平而另一个输出低电平时将产生一个远远大于工作电流的电流流过两个输出门，将会损坏逻辑器件。

2. 开路输出结构

开路输出结构输出端可以相互连接，在 TTL 逻辑器件中有集电极开路输出门，简称 OC 门，在 CMOS 逻辑器件中有漏极开路输出门，简称 OD 门。7403 是一种常用的四 2 输入 OC 与非门器件。如图 4.4 所示，图 4.4（a）为逻辑符号，开路输出的标识符为短横上加菱形。图（b）为 7403 引脚图。

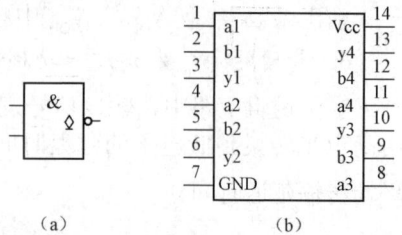

图 4.4　OC 与非门器件

(a) OC 与非门；(b) 7403 引脚图

　　开路输出结构的器件主要有以下两种功能：

　　（1）实现线与。图 4.5 所示为两个开路输出与非门，其输出 F_1、F_2 通过导线连接后，输出 F 电平由 F_1、F_2 决定，且仅当 F_1、F_2 均为高电平时 F 才为高电平，即 $F=F_1 \cdot F_2=\overline{AB} \cdot \overline{CD}$。

这种通过导线连接而实现的与逻辑称为线与。R 为上拉电阻，开路输出端必须通过上拉电阻接到电源，这是由其内部电路特点决定的。

（2）变换输出电压，驱动高电压、大电流负载。开路输出器件可用做驱动器驱动继电器、发光二极管等。图 4.6 所示为开路输出与非门实现电平转换电路，V_{CC} 为与非门的工作电源，V_r 为转换后的电平值。

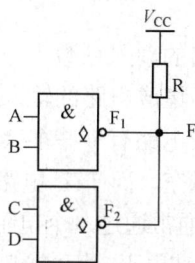

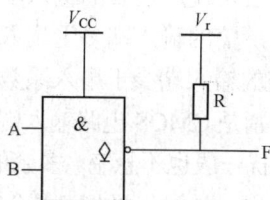

图 4.5　线与电路　　　　图 4.6　电平转换电路

3. 三态输出结构

三态输出结构的输出包括三种状态，即高电平（H）、低电平（L）和高阻态（Z），高电平和低电平为工作状态相当于逻辑"1"和逻辑"0"，高阻态为禁止状态，相当于开路。三态输出结构逻辑器件总有一个使能控制输入端 EN，如图 4.7 所示为三态输出与非门和三态输出非门逻辑符号。向下三角形为三态输出标识符。EN 为使能控制信号。（a）图中，与非门的使能信号高电平有效，记为 EN，当 EN=1 时，$F=\overline{AB}$，当 EN=0 时，呈现高阻态；（b）图中，非门的使能输入端处的小圆圈表示低电平有效，记为 $\overline{EN}$，当 $\overline{EN}$ =0 时，$F=\overline{A}$，当 $\overline{EN}$ =1 时，呈现高阻态。

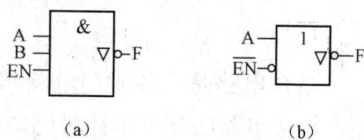

三态门的输出端也可并联使用，但必须保证同时最多只有一个输出不是高阻态。三态门被广泛应用于总线传送，如图 4.8、图 4.9 所示分别为三态门构成的单向总线和双向总线。

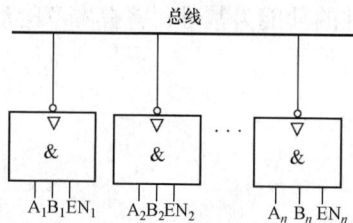

图 4.7　三态输出门
(a) 三态与非门；(b) 三态非门

图 4.8　单向总线　　　　　　图 4.9　双向总线

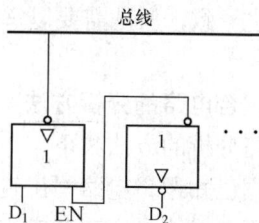

（1）组成单向总线。图 4.8 为三态与非门构成的单向总线结构，可见当 EN_1、EN_2、…、EN_n 中其中一个为 1 时，则将使能信号有效的这个与非门的数据传送到总线，其他与非门输出呈现高阻。

（2）组成双向总线。图 4.9 为三态非门构成的双向总线结构，当 EN 为 1 时数据由 D_1 传到总线，当 EN 为 0 时则将总线上的数据传到 D_2。

4.1.4　数字集成电路的使用方法和注意事项

在各种不同制造工艺的数字集成电路中，最常用的是 TTL 和 CMOS 集成电路，这两类集成电路在使用时有共同点，也有不同之处。

1. 电源

TTL 器件的电源电压应在 5V±0.5V 以内，而 CMOS 器件电压工作范围较宽，大多在 3～18V 范围内均可正常工作。为消除电源的高频干扰，通常在每个芯片的电源与地线之间接一个 0.01～0.1 μF 的电容。

2. 输入端

实际应用中，经常会出现所需要的输入端与门电路的扇入系数不一致的情况，这时应根据具体情况进行处理。若所需的输入端多于扇入系数，即集成电路的输入端不够时，可通过扩展器或分级实现。若所需的输入端少于扇入系数，即集成电路有一些多余不用的输入端，则这些输入端一般不悬空，特别是 CMOS 电路输入端绝不可悬空，而 TTL 电路悬空的输入端相当于接高电平，但为了防止干扰一般也不悬空。多余的输入端通常通过一个电阻接电源或接地，当然也可与其他输入端并联使用。与门和与非门多余输入应接高电平，而或门、或非门则应接低电平。

3. 输出端

根据集成电路输出结构的不同，输出端的连接方式不同。推拉式输出端绝不可直接并联；开路输出端可以并联使用，输出需要通过电阻接电源；三态输出端可以并联使用但在同一时刻只有一个输出不是高阻态，其他均输出高阻态。

4.2　组合电路的分析

组合电路是由各种门电路组合而成，在第三章所出现的各种数字逻辑电路均属于组合电路。组合电路的分析是针对已知的一个组合逻辑电路，通过逻辑表达式、真值表、卡诺图等方法分析得出电路输出与输入之间的逻辑关系。通过对组合电路的分析不仅可以得出电路的逻辑功能以便合理应用，还能发现电路设计中不合理不完善的地方，从而对原有电路进行改进。可见，掌握一定的分析组合电路的方法和技巧是研究数字逻辑系统必须具备的一项基本技能。

本节主要讨论基于 SSI 的组合电路的一般分析方法和技巧，基于 MSI 的组合电路的分析步骤基本与之一致，只是需要以掌握 MSI 组合逻辑器件的功能为基础，将在本章的后面章节详细介绍。

4.2.1　组合电路的分析方法

组合电路分析的方法如下：

（1）根据已知逻辑电路写出输出的逻辑表达式；

（2）利用公式或卡诺图对输出表达式进行化简或变换；

（3）根据得到的表达式列真值表；

（4）分析真值表，归纳出逻辑功能，必要时对原电路进行改善。

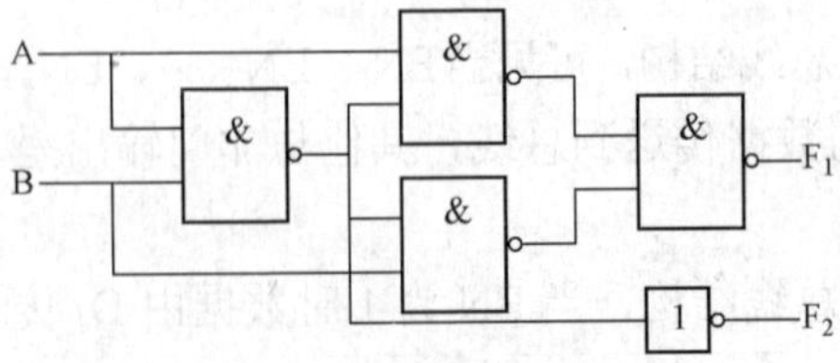

4.2.2　组合电路分析举例

【例 4.2】　分析图 4.10 所示逻辑电路的功能。

图 4.10　[例 4.2] 逻辑电路

解： 由图 4.10 写出输出逻辑表达式并用公式进行变换：

$$F_1 = \overline{\overline{A\overline{AB}} \cdot \overline{B\overline{AB}}} = A\overline{AB} + B\overline{AB} = A(\overline{A} + \overline{B}) + B(\overline{A} + \overline{B}) = A\overline{B} + \overline{A}B$$

$$F_2 = \overline{\overline{AB}} = AB$$

根据表达式可列出真值表见表 4.2。由真值表可看出此电路为 1 位二进制加法器电路，A、B 为被加数、加数，输出 F_1 为相加所得的和数，F_2 为相加所得的进位。这种加法器没有考虑来自低位的进位输入，因此称为半加器。其逻辑符号如图 4.11 所示，其中 S 为本位和数输出，CO 为本位向高位的进位输出。

图 4.11　半加器逻辑符号

表 4.2　　　　　　　　　　　　　　［例 4.2］真 值 表

A B	F_2	F_1
0 0	0	0
0 1	0	1
1 0	0	1
1 1	1	0

【例 4.3】　分析图 4.12 所示逻辑电路的功能。

解： 由图 4.12 写出输出逻辑表达式并用公式进行变换：

$$F_1 = \overline{\overline{AB} \cdot \overline{(A \oplus B)C}} = AB + (A \oplus B)C = AB + A\overline{B}C + \overline{A}BC$$

$$F_2 = A \oplus B \oplus C$$

根据表达式可列出真值表见表 4.3。由真值表可看出此电路为 1 位二进制加法器电路，A、B 为被加数、加数，C 为来自低位的进位输入，输出 F_2 为相加所得的和数，F_1 为相加所得向高位的进位输出。这种加法器考虑来自低位的进位输入，因此称为全加器。其逻辑符号如图 4.13 所示，其中 CI 为低位向本位的进位输入，S 为本位和数输出，CO 为本位向高位的进位输出。

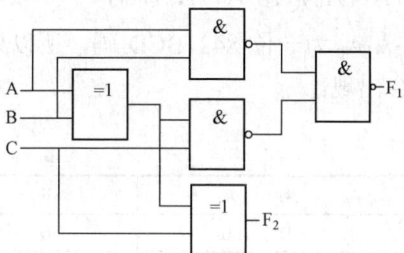

图 4.12　［例 4.3］逻辑电路图

图 4.13　全加器逻辑符号

表 4.3　　　　　　　　　　　　　　［例 4.3］真 值 表

A B C	F_1	F_2	A B C	F_1	F_2
0 0 0	0	0	1 0 0	0	1
0 0 1	0	1	1 0 1	1	0
0 1 0	0	1	1 1 0	1	0
0 1 1	1	0	1 1 1	1	1

【例 4.4】　分析如图 4.14 所示逻辑电路的功能。

解： 由图 4.14 写出输出逻辑表达式并用公式进行变换：

$$F = \overline{A}\,\overline{ABC} + \overline{B}\,\overline{ABC} + \overline{C}\,\overline{ABC} = (\overline{A} + \overline{B} + \overline{C})\overline{ABC} = (A + B + C)(\overline{A} + \overline{B} + \overline{C})$$

根据表达式可列出真值表见表 4.4。

表 4.4　　　　　　　　　　　　　　[例 4.4] 真值表

A B C	F	A B C	F
0 0 0	0	1 0 0	1
0 0 1	1	1 0 1	1
0 1 0	1	1 1 0	1
0 1 1	1	1 1 1	0

由真值表可看出此电路为不一致判别电路。当输入不一致时输出 1，一致时输出 0。

【例 4.5】　电路如图 4.15 所示，输入 $A_3A_2A_1A_0$ 为一位 8421BCD 码，分析其逻辑功能。

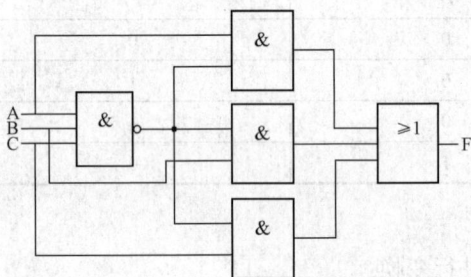

图 4.14　[例 4.4] 逻辑电路　　　　　　　　图 4.15　[例 4.5] 逻辑电路

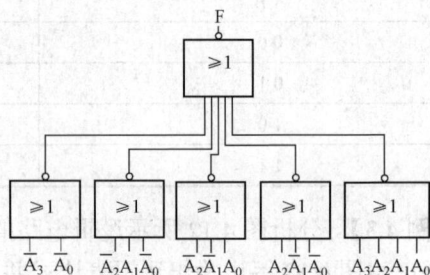

解：由图 4.15 写出输出逻辑表达式并用公式进行变换：

$$F =\overline{\overline{\overline{A_3+\overline{A_0}}+\overline{\overline{A_2}+A_1+\overline{A_0}}+\overline{\overline{A_2}+\overline{A_1}+A_0}+\overline{A_2+\overline{A_1}+\overline{A_0}}+\overline{A_3+A_2+A_1+A_0}}}$$
$$=(\overline{A_3}+A_0)(A_2+\overline{A_1}+\overline{A_0})(\overline{A_2}+\overline{A_1}+A_0)(A_2+\overline{A_1}+\overline{A_0})(A_3+A_2+A_1+A_0)$$

根据表达式可列出真值表见表 4.5，由于输入 $A_3A_2A_1A_0$ 为一位 8421BCD 码，所以只有 0000～1001 十种可能取值，1010～1111 这 6 组取值不会出现。

表 4.5　　　　　　　　　　　　　　[例 4.5] 真值表

A_3	A_2	A_1	A_0	F	A_3	A_2	A_1	A_0	F
0	0	0	0	0	0	1	1	0	0
0	0	0	1	1	0	1	1	1	1
0	0	1	0	1	1	0	0	0	1
0	0	1	1	0	1	0	0	1	0
0	1	0	0	1			其他		×
0	1	0	1	0					

由真值表可看出此电路为奇偶校验电路，当输入里有奇数个 1 时输出 1，有偶数个 1 时输出 0。该电路可用异或门来简化，根据异或运算的性质多个变量异或时输入里有奇数个 1 时输出 1，有偶数个 1 时输出 0，所以利用异或门可以得到简单的奇偶判别电路，如图 4.16 所示。

上述例子说明了组合电路分析的一般方法，对组合

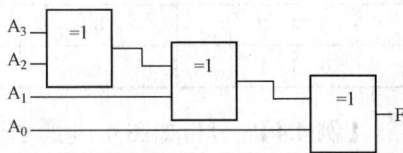

图 4.16　异或门构成的奇偶校验电路

逻辑电路进行分析不但可以找出电路的逻辑功能，还能对电路进行改进和完善，得到新的电路设计方案。

4.3 组合电路的设计

组合电路的设计是根据电路设计要求，正确理解电路的逻辑功能，确定输入变量和输出变量之间的逻辑关系，通过真值表、卡诺图、逻辑表达式等方法最后求出能实现逻辑功能的逻辑电路。组合电路设计是组合电路分析的逆过程。

4.3.1 组合电路的设计方法

组合电路的一般设计方法如下：

（1）逻辑抽象。实际应用中提出的各种设计要求和电路功能通常用文字描述，因此设计电路首先要对给定的问题进行逻辑抽象，正确理解逻辑功能，确定输入变量、输出变量并进行逻辑赋值，即用逻辑"1"和"0"来表示输入输出变量的状态。

（2）列真值表。根据逻辑功能确定输入变量与输出变量之间的对应关系，列出真值表。

（3）写出逻辑表达式。根据真值表可得到逻辑函数表达式，在设计电路的过程中应根据设计要求及所选择的器件的不同来写出适当的表达式。比如用 SSI 器件即各种逻辑门来设计组合电路时通常要求电路最简，也就是使用门个数最少且各门输入端最少，因此应该化简求出最简的与或（或与）表达式，再把最简表达式进行相应的变换。在 4.4 节中将介绍各种常用的 MSI 组合逻辑模块，在用这些器件来设计组合电路时则应根据各种组合逻辑模块的功能写出相应的器件的输入和输出的表达式，以便得到逻辑电路。

（4）画出逻辑电路图。根据所选择的器件和相应的逻辑表达式画出逻辑电路图。

4.3.2 组合电路的设计举例

本节主要通过 SSI 组合电路的的设计举例来说明组合逻辑电路设计的一般方法。用 MSI 设计组合电路将在 4.4 节中介绍。

【例 4.6】 用与非门设计一个三人裁判表决电路，该电路有三个投票人员，其中一个为主裁判，当包含主裁判在内的两个或两个以上裁判赞同时表决通过，否则被否决。

解： 根据设计要求可知该电路有三个输入变量，分别用 A 表示主裁判，B、C 表示副裁判。逻辑"1"表示赞同，逻辑"0"表示反对。电路输出判决结果用 F 表示，逻辑"1"表示通过，逻辑"0"表示否决。真值表见表 4.6。

表 4.6　　　　　　　　　　　**［例 4.6］真 值 表**

A B C	F	A B C	F
000	0	100	0
001	0	101	1
010	0	110	1
011	0	111	1

要用与非门来设计此电路，即要写出该逻辑函数的与非与非表达式，而与非–与非表达式可由与或表达式直接变换得到，所以先由卡诺图化简求出其最简与或表达式，然后再进行转换。卡诺图化简如图 4.17 所示。得出最简与或表达式为 F=AB+AC。

与或表达式可直接对应两级与非—与非电路，可参考［例 3.15］。画出与非—与非电路如图 4.18 所示。

图 4.17 ［例 4.6］卡诺图化简   图 4.18 三人裁判表决电路

【例 4.7】 用或非门设计 1 位全减器电路。

解： 全减器电路是实现一位二进制数减法运算的逻辑电路，根据二进制减法运算的规则可知，其输入应有被减数、减数及来自低位的借位，分别用 X、Y 和 BI 表示，减法运算的输出有差数及向高位的借位输出，分别用 Z 和 BO 表示。根据 1 位二进制减法运算的规则列出真值表见表 4.7。

表 4.7   **［例 4.7］真 值 表**

X	Y	BI	BO	Z	X	Y	BI	BO	Z
0	0	0	0	0	1	0	0	0	1
0	0	1	1	1	1	0	1	0	0
0	1	0	1	1	1	1	0	0	0
0	1	1	1	0	1	1	1	1	1

要用或非门来设计此电路，即要写出该逻辑函数的或非—或非表达式，而或非—或非表达式可由或与表达式直接变换得到，所以先由卡诺图化简求出其最简或与表达式，然后再进行转换。

卡诺图化简如图 4.19 所示。得出最简或与表达式

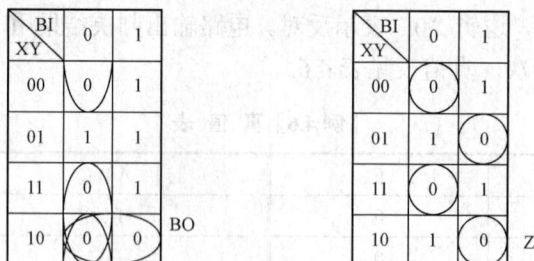

图 4.19 ［例 4.7］卡诺图化简

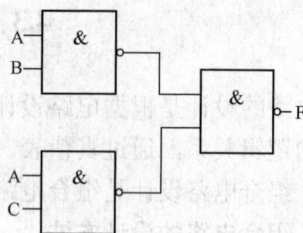

$$BO=(\overline{X}+Y)(Y+BI)(\overline{X}+BI)$$

$$Z=(X+Y+BI)(X+\overline{Y}+\overline{BI})(\overline{X}+Y+\overline{BI})(\overline{X}+\overline{Y}+BI)$$

或与表达式可直接用两级或非门实现，画出或非—或非电路如图 4.20 所示。

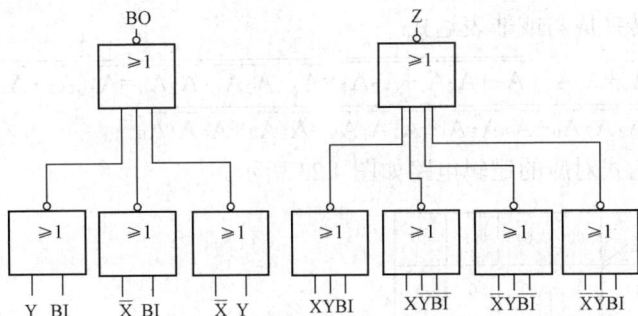

图 4.20　全减器逻辑电路 1

若不化简直接写出输出 BO 和 Z 的最大项表达式

$$BO=(X+Y+BI)(\overline{X}+Y+BI)(\overline{X}+Y+\overline{BI})(\overline{X}+\overline{Y}+BI)$$

$$Z=(X+Y+BI)(X+\overline{Y}+\overline{BI})(\overline{X}+Y+\overline{BI})(\overline{X}+\overline{Y}+BI)$$

画出其或非或非电路如图 4.21 所示，比图 4.20 更简单，是因为 CO 和 Z 有两个共有的最大项，减少了门的个数。由此可见在设计组合电路时若电路有多个输出可利用其共有的与项（或项）来减少逻辑门的个数，从而使电路更简。

【例 4.8】 用与或非门电路设计一个 8421BCD 码的四舍五入电路。

解： 四舍五入电路的逻辑功能为当输入的十进制数小于 5 时输出 0，大于或等于 5 时输出 1。输入的一位 8421BCD 码用 $A_3A_2A_1A_0$ 表示，输出用 F 表示，列出真值表如表 4.8 所示。由于输入 $A_3A_2A_1A_0$ 为一位 8421BCD 码，所以只有 0000～1001 十种可能取值，1010～1111 这 6 组取值不会出现，为无关项。

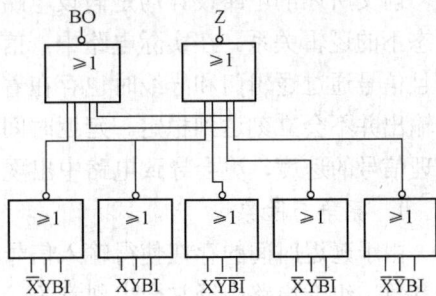

图 4.21　全减器逻辑电路 2

表 4.8　　　　　　　　　　　[例 4.8] 四舍五入电路真值表

$A_3A_2A_1A_0$	F	$A_3A_2A_1A_0$	F
0000	0	0110	1
0001	0	0111	1
0010	0	1000	1
0011	0	1001	1
0100	0	其他	×
0101	1		

要用与或非门来实现组合电路，即需要写出与或非表达式，为使电路最简，可先用卡诺图化简逻辑函数求出最简与或表达式，再将与或表达式转换成与或非表达式，画出对应的逻辑电路。

卡诺图化简如图 4.22 所示，求出最简与或表达式 $F=A_3+A_2A_1+A_2A_0$

将与或表达式转换成与或非表达式

$$F=A_3+A_2A_1+A_2A_0=\overline{\overline{A_3+A_2A_1+A_2A_0}}=\overline{\overline{A_3}\cdot\overline{A_2A_1}\cdot\overline{A_2A_0}}=\overline{\overline{A_3}(\overline{A_2}+\overline{A_1})(\overline{A_2}+\overline{A_0})}$$
$$=\overline{\overline{A_3}\,\overline{A_2}+\overline{A_3}\,\overline{A_2}\,\overline{A_0}+\overline{A_3}\,\overline{A_2}\,\overline{A_1}+\overline{A_3}\,\overline{A_1}\,\overline{A_0}}=\overline{\overline{A_3}\,\overline{A_2}+\overline{A_3}\,\overline{A_1}\,\overline{A_0}}$$

画出与或非表达式对应的逻辑电路如图 4.23 所示。

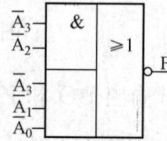

图 4.22　　［例 4.8］卡诺图化简　　　　　　图 4.23　　四舍五入逻辑电路

4.3.3　组合电路的竞争与险象

前文所述的电路设计均是假设电路处在理想状态下，只考虑输入变量和输出变量在稳定状态下的逻辑关系。在实际电路中，信号的变化并不是即时的，总是存在一定的边沿时间，并且信号通过逻辑门和导线时也存在着一定的传输延迟时间，因而会导致输入信号达到稳定时输出并不会立刻达到稳定。延迟时间对数字系统来说是一个不利因素，它不仅会影响系统处理信号的速度，更会导致电路中出现竞争与险象。

1. 竞争与险象

由于延迟时间的存在使得输入信号经过不同途径到达输出的时间有先有后，这种现象称为竞争。组合电路中经常会出现竞争，竞争的存在有可能使电路产生瞬时的错误输出，这种现象称为险象。导致电路产生错误输出的竞争称为临界竞争，不会使电路产生错误输出的竞争称为非临界竞争。险象只是组合电路中由临界竞争导致的瞬时的错误输出，仅仅是一个短暂的干扰脉冲，不一定会造成严重后果，但是组合电路的险象对时序电路却是非常严重的错误，因此需要进一步讨论险象出现的原因和判别消除的方法。

险象按照出现的形式可分为静态险象和动态险象。输入信号变化而输出本不应该发生变化的情况下出现的瞬时错误输出称之为静态险象。输入信号变化而输出也应该发生变化的情况下出现的瞬时错误输出称之为动态险象。

险象按照其产生的原因不同又可分为逻辑险象和功能险象两种。逻辑险象指同一个信号发生变化时经过不同的途径到达输出端时间有先有后，从而导致输出端产生的瞬时错误输出。功能险象是指多个信号发生变化时有快有慢，经不同途径到达电路输出端的时间有先有后，最后导致电路产生的瞬时错误输出。逻辑险象均属于静态险象，而功能险象既有静态险象，也有动态险象。

如图 4.24（a）所示电路，该电路的输出表达式 $F=\overline{\overline{AB}\cdot\overline{BC}}=AB+\overline{BC}$。

根据表达式当 A=C=1 时 $F=B+\overline{B}=1$，即稳定情况下，不管 B 如何变化输出应恒为 1。然而由电路可知输入信号 B 有两条途径到达输出，假设与非门和非门的传输延迟时间均为 t_{pd}，则 B 信号经两条途径到达输出端的时间肯定有时差，因而产生了竞争现象。从图 4.24（b）波形图可见，当 B 由 1 变成 0 时，输出端出现了瞬时错误输出，这种险象是由输入信号 B 的变化引起的，为逻辑险象，且稳定输出恒为 1，所以又为静态险象。在此电路中静态险象产生的是负向窄脉冲，为"0"险象，若产生的是正向窄脉冲则为"1"险象。

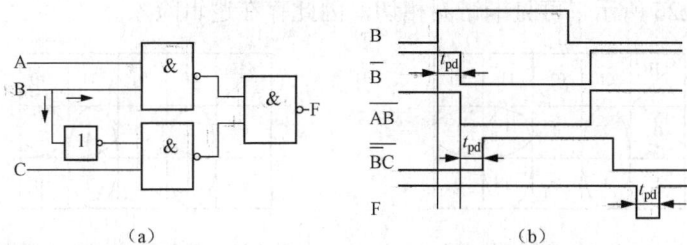

图 4.24　具有险象的逻辑电路

（a）逻辑图；（b）波形图

图 4.24（a）所示电路的卡诺图如图 4.25 所示。由卡诺图可知，当 A、B、C 中有多个输入变量均变化时，由于多个信号变化总是有一定的时差而不可能完全同时，则可能产生功能险象。如图所示，若输入 ABC 从 000 变成 011，由于 B、C 变化有先后时，则可能出现 C 比 B 先变化，则 ABC 变化过程为：000→001→011，输出 F 的变化过程为：0→1→0，这种功能险象属于静态 1 险象。若输入由 010 变成 101，则可能出现 ABC：010→110→100→101，输出 F：0→1→0→1，这种功能险象属于动态险象。

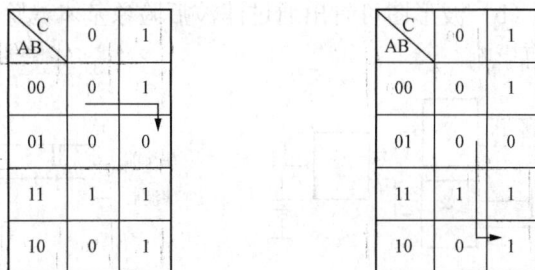

图 4.25　从卡诺图上判断功能险象

2. 险象的判别

险象产生的原因和情况非常复杂，因此很难用严格的数学方法将所有可能产生的险象毫无遗漏地检查出来。在假设所有门的传输延迟时间一致并忽略信号变化的上升时间和下降时间的情况下，判别组合电路是否可能产生险象的方法通常有两种，即代数法和卡诺图法。

（1）代数判别法。代数法主要用于判别逻辑电路中的逻辑险象。若一个逻辑电路对应的表达式中某输入变量同时以原变量或反变量的形式出现，则该变量具备了竞争条件，若在一定输入条件下逻辑表达式能转化成 $F=A+\overline{A}$ 或 $F=A \cdot \overline{A}$ 形式则有逻辑险象存在。

【例 4.9】　已知 $F=\overline{A}B+BC+\overline{B} \cdot \overline{C}$，判别该逻辑函数是否存在逻辑险象。

解：由表达式可知 A 变量只有反变量形式，所以不具备竞争条件；C 虽然有原变量和反变量两种形式，具备竞争条件，但却不能得到 $F=C+\overline{C}$，因此 C 变量的竞争不会导致险象；B 变量也具备竞争条件，且当 A=0，C=0 时 $F=B+\overline{B}$，所以可能产生险象。

（2）卡诺图判别法。卡诺图法既可判别逻辑电路中的逻辑险象，也可用于判别功能险象。

在卡诺图中判别电路是否存在功能险象的方法在前面已经介绍过，不再赘述。卡诺图判别逻辑险象的方法如下：画出逻辑函数的卡诺图，并在卡诺图上画出卡诺圈，若两个卡诺圈相切并且相切的部分没有被其他卡诺圈所包含，则该逻辑函数存在逻辑险象。例 4.9 逻辑函数对应的卡诺图如图 4.26 所示，可见卡诺圈相切，因此存在逻辑险象。

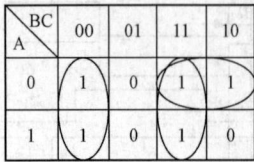

BC\A	00	01	11	10
0	1	0	1	1
1	1	0	1	0

BC\A	00	01	11	10
0	1	0	1	1
1	1	0	1	0

图 4.26　卡诺图判别险象　　　　　图 4.27　增加冗余圈的卡诺图

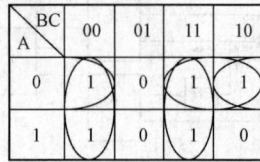

3. 险象的消除

为保证电路的稳定可靠，应采取适当的措施尽量的消除和避免险象的出现。

（1）增加冗余项以消除险象。通过增加冗余项使电路不可能化为 $F=A+\overline{A}$ 或 $F=A \cdot \overline{A}$ 从而消除逻辑险象。从图 4.26 中可看出该卡诺图中存在相切的卡诺圈，且相切的部分不被其他圈包含，因此可以添加一个卡诺圈把相切的部分圈住，如图 4.27 所示，即增加一个冗余项 $\overline{A} \cdot \overline{C}$ 从而消除逻辑险象。

（2）增加滤波电容以减弱干扰。险象产生的错误输出是瞬时的，因此对应的是一个很窄的干扰脉冲，通过在电路输出端接入一个与负载并联的滤波电容就可以大大减弱干扰，如图 4.28（a）所示。从 4.28（b）波形图可看出通过滤波后险象基本滤除，留下的毛刺幅度较小对电路的可靠性基本没有影响。

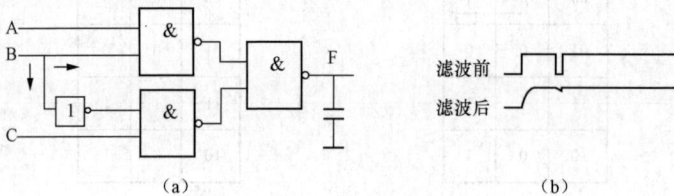

图 4.28　增加滤波电路

（a）电路图；（b）波形图

（3）加入选通脉冲以避开险象。加入选通脉冲控制可能产生险象的输出，如图 4.29 所示。

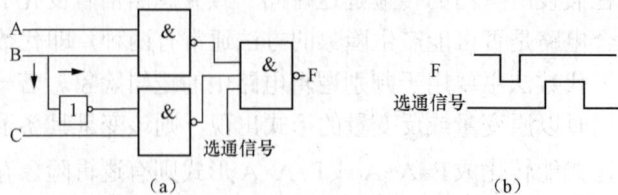

图 4.29　加入选通信号

（a）电路图；（b）波形图

选通信号在出现险象期间将门电路关闭，而在险象过后将门电路打开，允许正常输出，这样通过选通脉冲的控制避开了险象。

4.4　常用组合逻辑器件及其应用

集成电路的发展随着芯片功能的不断增强规模也越来越大，SSI 仅仅是基本逻辑门集成，而 MSI 通常是各种常用逻辑部件的集成。前面几节介绍的是基于 SSI 逻辑门的电路的分析和设计的一般方法，本节将介绍几种常用的 MSI 组合逻辑器件，这些器件均具有很好的通用性和灵活性，既可以作为独立功能的电路来使用，又可以作为设计数字逻辑电路的基本器件，结合一些 SSI 逻辑门，来实现各种功能的逻辑电路。常用的组合逻辑器件有加法器、数值比较器、数据选择器、编码器和译码器等，本节主要介绍其工作原理、器件功能及应用。

4.4.1　加法器

在数字系统中对二进制数的加、减、乘、除算术运算均是转化为加法运算和移位运算来实现，因而加法器是构成运算电路的基本单元，是一种常见的组合逻辑电路。

在例 4.2 和例 4.3 中分别介绍了 1 位二进制半加器和全加器的逻辑电路，其逻辑符号如图 4.30（a）、（b）所示。图 4.30（c）为双全加器器件 74183 的逻辑符号，Σ 为定性符号，表示该器件为加法器，芯片内部集成了两个全加器。

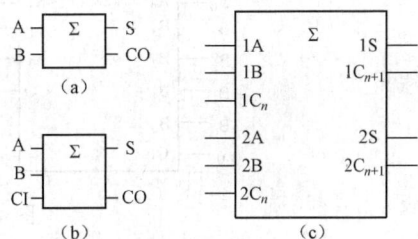

图 4.30　1 位二进制加法器

（a）半加器；（b）全加器；（c）74183 逻辑符号

1. 串行进位加法器

将多个全加器级联可以得到多位二进制串行进位加法器。如图 4.31 所示为全加器级联而成的 4 位二进制串行进位加法器逻辑电路，各位全加器的进位输入按照从低位到高位的顺序逐位传递，高位相加依赖于低位的进位，因而串行进位加法器位数越多，运算速度越慢。

2. 超前进位加法器

超前进位加法器是按照全加器的原理直接计算出各位和数及进位与输入的加数、被加数的逻辑函数关系，因而高位的相加不依赖于低位的进位，和数和输出直接由输入的加数和被加数产生，超前进位加法器的运算速度比串行进位加法器有很大提高。

74283 为常用的 4 位二进制超前进位加法器，其逻辑符号如图 4.32 所示。Σ 为定性符号，$A_3A_2A_1A_0$ 和 $B_3B_2B_1B_0$ 为四位二进制被加数、加数输入，CI 为来自低位的进位输入，$S_3S_2S_1S_0$ 为加法器的和数输出，CO 为相加产生的向高位的进位输出。

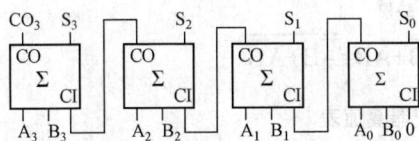

图 4.31　4 位串行进位加法器

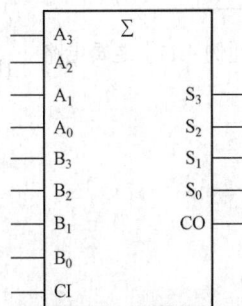

图 4.32　74283 逻辑符号

3. 应用举例

【例 4.10】 用两片加法器 74283 实现两个 8 位二进制数 A（$A_7A_6A_5A_4A_3A_2A_1A_0$）和 B（$B_7B_6B_5B_4B_3B_2B_1B_0$）的加法运算。

解：74283 为 4 位二进制加法器，可用两片 74283 分别实现 A、B 低四位的相加和高四位的相加，如图 4.33 所示。74283（1）实现了低四位 $A_3A_2A_1A_0$ 与的 $B_3B_2B_1B_0$ 的相加，74283（2）实现了高四位 $A_7A_6A_5A_4$ 与的 $B_7B_6B_5B_4$ 的相加，将低四位相加的进位输出 CO 接入高四位相加的进位输入 CI，这样级联之后即得到 8 位二进制加法电路，$S_7S_6S_5S_4S_3S_2S_1S_0$ 为相加得到的和数输出，CO 为进位输出。图 4.33 中，两片 74283 之间采用的是串行级联扩展的方式，也可采用片间并行扩展器实现并行 8 位二进制加法器，读者可查阅相关资料。

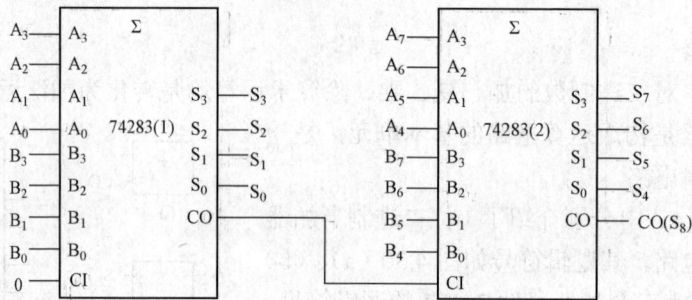

图 4.33　8 位二进制加法电路

【例 4.11】 用加法器 74283 实现 1 位 8421BCD 码到余 3 码的转换电路。

解：输入为 1 位 8421BCD 码，用 X（$X_3X_2X_1X_0$）表示，余 3 码输出用 Y（$Y_3Y_2Y_1Y_0$）表示。余 3 码等于相应的 8421BCD 码加 3，所以有 Y=X+3。用加法器 74283 来实现，输入的被加数、加数分别为 $X_3X_2X_1X_0$ 和 0011，74283 的 4 位和数输出即为 $Y_3Y_2Y_1Y_0$，如图 4.34 所示。

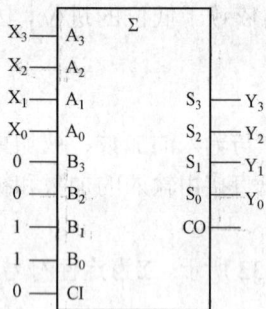

图 4.34　[例 4.11] 逻辑电路

4.4.2　数值比较器

数值比较器是进行两个二进制数大小比较的电路。两个数比较的结果有三种：A>B、A<B、A=B，通常用三个输出 $F_{(A>B)}$、$F_{(A<B)}$、$F_{(A=B)}$ 分别表示三种结果是否成立。

1. 1 位二进制数值比较器

1 位二进制数值比较器的功能是比较两个 1 位二进制数 A、B 的大小，分别用三个输出 $F_{(A>B)}$、$F_{(A<B)}$、$F_{(A=B)}$ 表示三种比较结果，其真值表见表 4.9，由真值表可得出输出的逻辑表达式：

$$F_{(A>B)}=A\overline{B}$$

$$F_{(A<B)}=\overline{A}B$$

$$F_{(A=B)}=A \odot B=\overline{A}\cdot\overline{B}+AB=\overline{\overline{A}B+A\overline{B}}$$

表 4.9　　　　　　　　　　　　　　1 位数值比较器真值表

A　B	$F_{(A>B)}$	$F_{(A<B)}$	$F_{(A=B)}$
0　0	0	0	1

续表

A B	$F_{(A>B)}$	$F_{(A<B)}$	$F_{(A=B)}$
0 1	0	1	0
1 0	1	0	0
1 1	0	0	1

画出对应的逻辑电路图如图 4.35 所示。

2. 多位二进制数值比较器

两个多位二进制数 A、B 比较大小时，按照从高位到低位的顺序，若 A 的高位大于 B 的高位，则 A 大于 B；若 A 高位小于 B 的高位，则 A 小于 B，若 A、B 高位相等，则比较其次高位，依此类推，只有 A、B 每一位都相等两个数才相等。

7485 为常用 4 位二进制数值比较器，其逻辑符号如图 4.36 所示，COMP 为定性符号，表示该器件为比较器。$A_3A_2A_1A_0$ 和 $B_3B_2B_1B_0$ 为被比较的两个 4 位二进制数输入，$F_{(A>B)}$、$F_{(A<B)}$、$F_{(A=B)}$ 为三种比较结果输出端，$I_{(A>B)}$、$I_{(A<B)}$、$I_{(A=B)}$ 为级联输入端，用于输入低位片的比较结果，当本片比较器比较的两个数 A、B 相等时，则输出的比较结果由级联输入即低位比较结果决定。7485 的功能表见表 4.10。

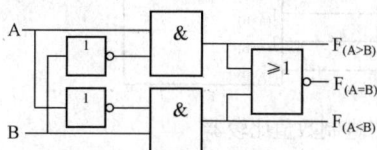

图 4.35 1 位数值比较器电路

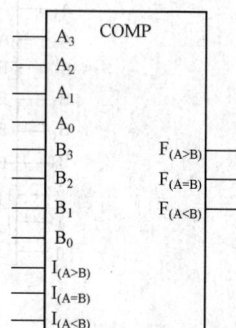

图 4.36 7485 逻辑符号

表 4.10 **4 位数值比较器 7485 真值表**

输入							输出			备注
A_3B_3	A_2B_2	A_1B_1	A_0B_0	$I_{(A>B)}$	$I_{(A=B)}$	$I_{(A<B)}$	$F_{(A>B)}$	$F_{(A=B)}$	$F_{(A<B)}$	
$A_3>B_3$	×	×	×	×	×	×	1	0	0	
$A_3=B_3$	$A_2>B_2$	×	×	×	×	×	1	0	0	
$A_3=B_3$	$A_2=B_2$	$A_1>B_1$	×	×	×	×	1	0	0	比较结果 A>B
$A_3=B_3$	$A_2=B_2$	$A_1=B_1$	$A_0>B_0$	×	×	×	1	0	0	
$A_3=B_3$	$A_2=B_2$	$A_1=B_1$	$A_0=B_0$	1	0	0	1	0	0	
$A_3=B_3$	$A_2=B_2$	$A_1=B_1$	$A_0=B_0$	0 (×)	1	0 (×)	0	1	0	比较结果 A=B
$A_3<B_3$	×	×	×	×	×	×	0	0	1	
$A_3=B_3$	$A_2<B_2$	×	×	×	×	×	0	0	1	
$A_3=B_3$	$A_2=B_2$	$A_1<B_1$	×	×	×	×	0	0	1	比较结果 A<B
$A_3=B_3$	$A_2=B_2$	$A_1=B_1$	$A_0<B_0$	×	×	×	0	0	1	
$A_3=B_3$	$A_2=B_2$	$A_2=B_2$	$A_0=B_0$	0	0	0	0	0	1	
$A_3=B_3$	$A_2=B_2$	$A_2=B_2$	$A_0=B_0$	0	0	1	1	0	1	
$A_3=B_3$	$A_2=B_2$	$A_2=B_2$	$A_0=B_0$	1	0	1	0	0	0	

3. 应用举例

【例 4.12】 用两片比较器 7485 实现 8 位二进制数 A（$A_7A_6A_5A_4A_3A_2A_1A_0$）和 B（$B_7B_6B_5B_4B_3B_2B_1B_0$）的数值比较电路。

解： 7485 为 4 位二进制数值比较器，可用两片 7485 分别实现 A、B 低四位和高四位的比较，如图 4.37 所示。7485（1）实现了低四位 $A_3A_2A_1A_0$ 和 $B_3B_2B_1B_0$ 的比较，7485（2）实现了高四位 $A_7A_6A_5A_4$ 和 $B_7B_6B_5B_4$ 的比较，把低位片的比较结果接入高位片的级联输入端，由高位片输出 A、B 的比较结果，这样级联之后就得到了 8 位二进制数值比较电路。当 $A_7A_6A_5A_4>B_7B_6B_5B_4$ 或者 $A_7A_6A_5A_4<B_7B_6B_5B_4$ 时，比较结果由高位片直接得出；若 $A_7A_6A_5A_4=B_7B_6B_5B_4$，则比较结果取决于高位片的级联输入，即来自低位片的比较结果输出。

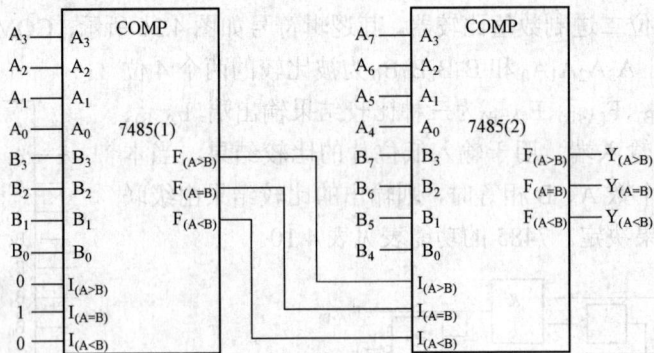

图 4.37　8 位二进制数值比较器

【例 4.13】 用比较器 7485 设计四舍五入电路。输入为 1 位 8421BCD 码表示的十进制数。

解： 设输入的 8421BCD 码用 $A_3A_2A_1A_0$ 表示，输出用 Y 表示。用比较器 7485 来实现四舍五入电路时有两种方案。

方案一：将 $A_3A_2A_1A_0$ 和 0100 作为被比较的两个数输入，由 $F_{(A>B)}$ 输出端作为输出 Y，根据四舍五入电路的功能需要在 $A_3A_2A_1A_0=0100$ 时输出 Y 为 0，查阅 7485 功能表确定级联输入可如图 4.38（a）所示连接。

方案二：将 $A_3A_2A_1A_0$ 和 0101 作为被比较的两个数输入，为简化电路，尽量不增加逻辑门，直接由 $F_{(A>B)}$ 输出端作为输出 Y，则需要在 $A_3A_2A_1A_0=0101$ 时输出 Y 为 1，查阅 7485 功能表确定级联输入可如图 4.38（b）所示连接。

【例 4.14】 用比较器 7485 和加法器 74283 设计 8421BCD 码到 2421BCD 码的转换电路。

解： 设输入的 8421BCD 码用 A（$A_3A_2A_1A_0$）表示，输出的 2421BCD 码用 B（$B_3B_2B_1B_0$）表示。8421BCD 码和 2421BCD 码对应关系见表 2.3。

从表 2.3 可得出输出与输入之间的关系：

$A_3A_2A_1A_0 \leqslant 0100$ 时，$B_3B_2B_1B_0=A_3A_2A_1A_0$（+0000）；

$A_3A_2A_1A_0 > 0100$ 时，$B_3B_2B_1B_0=A_3A_2A_1A_0+0110$。

可用 1 片数值比较器 7485 实现 $A_3A_2A_1A_0$ 与 0100 的比较输出 Y，当 $A_3A_2A_1A_0 \leqslant 0100$ 时 Y=0；当 $A_3A_2A_1A_0>0100$ 时 Y=1。再用 1 片加法器 74283 实现输出 B 与输入 A 之间的相加，

相加的两个数分别为 $A_3A_2A_1A_0$ 与 $0YY0$。最终加法器的四位和数输出就是输入所对应的 2421BCD 码 $B_3B_2B_1B_0$。逻辑电路图如图 4.39 所示。

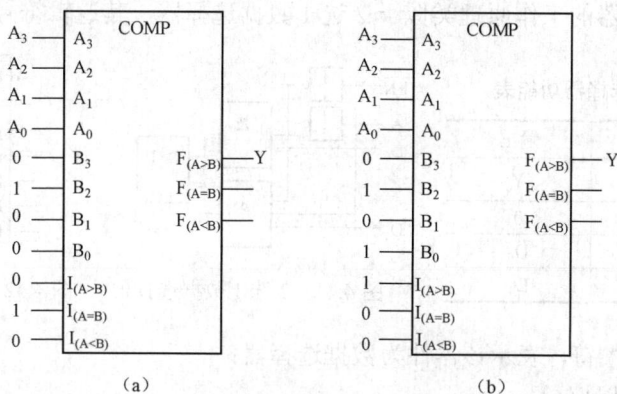

图 4.38　四舍五入电路

（a）方案一；（b）方案二

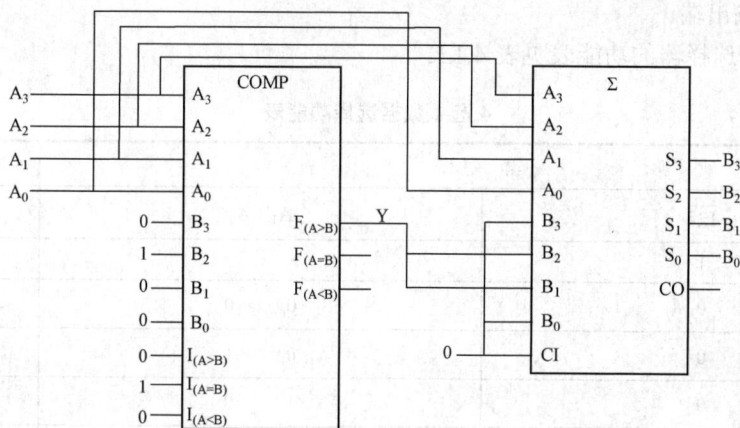

图 4.39　BCD 码转换电路

4.4.3　数据选择器

数据选择器又称为多路开关（Multiplexer，简称 MUX），是根据地址信号从多路输入数据中选择其中一路作为输出的逻辑电路，其功能类似于单刀多掷的开关，如图 4.40 所示。

1. 2 选 1 数据选择器

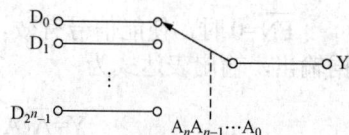

图 4.40　数据选择器示意图

【例 4.15】 设计一个 2 选 1 数据选择器。

解：2 选 1 数据选择器有两路输入数据 D_1、D_0，一个输出 Y，输出 Y 需根据地址信号的取值来分别选择 D_1 或 D_0 作为输出数据，只有两路数据，因此只需 1 位地址输入 A。另设置 1 位低电平有效的使能信号 $\overline{EN}$。功能表见表 4.11。

$\overline{EN}=1$ 时 $Y=0$；$\overline{EN}=0$ 时，则当 A=0 时 $Y=D_0$，当 A=1 时 $Y=D_1$。

输出 Y 的逻辑表达式为 $Y=\overline{\overline{EN}}(\overline{A}D_0+AD_1)=\overline{\overline{EN}}\,\overline{A}D_0+\overline{\overline{EN}}AD_1$，逻辑电路图如图 4.41 所示。

常用的 2 选 1 数据选择器芯片有 74157，芯片内集成了 4 个 2 选 1 数据选择器，具体的引脚图及功能可查阅集成电路手册。

2. 4 选 1 数据选择器

4 选 1 数据选择器的工作原理类似于 2 选 1 数据选择器，其逻辑符号如图 4.42 所示。

表 4.11　2 选 1 数据选择器功能表

输入		输出
$\overline{EN}$	A	Y
1	×	0
0	0	D_0
0	1	D_1

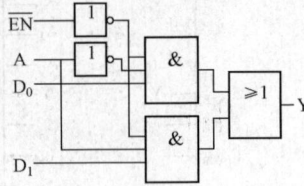

图 4.41　2 选 1 数据选择器　　图 4.42　4 选 1 数据选择器

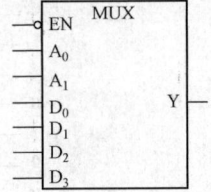

（1）MUX 为定性符，表示该器件为数据选择器；

（2）A_1、A_0 为地址信号；

（3）$\overline{EN}$ 为使能信号，低电平有效；

（4）$D_0 \sim D_3$ 为 4 路数据输入端；

（5）Y 为输出端。

4 选 1 数据选择器的功能表见表 4.12。

表 4.12　　　　　　　　　　　　4 选 1 数据选择功能表

输　　入			输　　出
$\overline{EN}$	A_1	A_0	Y
1	×	×	0
0	0	0	D_0
0	0	1	D_1
0	1	0	D_2
0	1	1	D_3

$\overline{EN}=1$ 时，使能信号无效，Y=0；

$\overline{EN}=0$ 时，使能信号有效，输出 Y 根据地址信号 A_1、A_0 的取值在 $D_0 \sim D_3$ 中选择 1 路数据输出，输出表达式为

$$Y=\overline{A_1}\,\overline{A_0}D_0+\overline{A_1}A_0D_1+A_1\overline{A_0}D_2+A_1A_0D_3=\sum_{i=0}^{3}m_iD_i \tag{4-4}$$

式中：m_i 为地址信号 A_1、A_0 的最小项；D_i 为各路输入数据。

74153 为常用的双 4 选 1 数据选择器，芯片内集成了 2 个 4 选 1 数据选择器，其逻辑符号如图 4.43 所示。

（1）MUX 为定性符，表示该器件为数据选择器；

（2）A_1、A_0 为两个 4 选 1 数据选择器公共的地址信号；

（3）$\overline{1EN}$、$\overline{2EN}$ 分别为两个数据选择器的使能信号，均为低电平有效；

（4）$D_{i0} \sim D_{i3}$ 为 4 路数据输入端；

（5）1Y、2Y 分别为两个数据选择器的输出端。输出表达式类似于式（4-4）。

3. 8 选 1 数据选择器

常用的 8 选 1 数据选择器芯片有 74151，其逻辑符号如图 4.44 所示。$\overline{EN}$ 为低电平有效的使能信号，$D_0 \sim D_7$ 为输入的 8 路数据，A_2、A_1、A_0 为输入的 3 位地址，Y 和 $\overline{W}$ 为互补输出，$\overline{W}=\overline{Y}$。其逻辑功能见表 4.13。

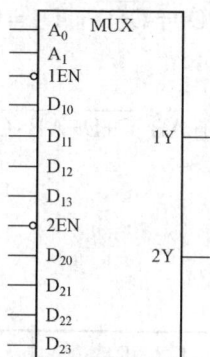

图 4.43 74153 逻辑符号   图 4.44 74151 逻辑符号

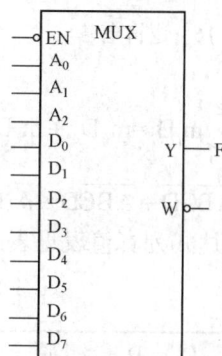

表 4.13   74151 功 能 表

输 入				输 出	
$\overline{EN}$	A_2	A_1	A_0	Y	$\overline{W}$
1	×	×	×	0	1
0	0	0	0	D_0	$\overline{D_0}$
0	0	0	1	D_1	$\overline{D_1}$
0	0	1	0	D_2	$\overline{D_2}$
0	0	1	1	D_3	$\overline{D_3}$
0	1	0	0	D_4	$\overline{D_4}$
0	1	0	1	D_5	$\overline{D_5}$
0	1	1	0	D_6	$\overline{D_6}$
0	1	1	1	D_7	$\overline{D_7}$

$\overline{EN}=1$ 时，使能信号无效，Y=0，$\overline{W}=1$；

$\overline{EN}=0$ 时，使能信号有效，输出 Y 根据地址信号 A_2、A_1、A_0 的取值在 $D_0 \sim D_7$ 中选择 1 路数据输出，输出表达式为

$$Y=\overline{A_2}\,\overline{A_1}\,\overline{A_0}D_0+\overline{A_2}\,\overline{A_1}A_0D_1+\overline{A_2}A_1\overline{A_0}D_2+\overline{A_2}A_1A_0D_3+A_2\overline{A_1}\,\overline{A_0}D_4+A_2\overline{A_1}A_0D_5$$
$$+A_2A_1\overline{A_0}D_6+A_2A_1A_0D_7=\sum_{i=0}^{7}m_iD_i \tag{4-5}$$

m_i 为地址信号 A_2、A_1、A_0 的最小项，D_i 为各路输入数据。

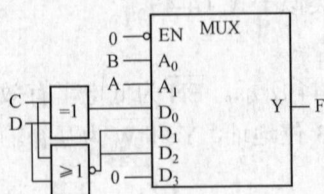

图 4.45　[例 4.16] 逻辑电路

4. 应用举例

【例 4.16】　分析图 4.45 所示逻辑电路的功能。

解：该逻辑电路以 4 选 1 数据选择器为基本部件辅以少量门电路组成，其中数据选择器的使能信号有效，输入 A、B 分别作为地址信号 A_1 和 A_0，4 路数据分别为

$$D_0 = C \oplus D, \quad D_1 = D_2 = \overline{C+D}, \quad D_3 = 0$$

输出 F 的逻辑表达式为

$$F(A,B) = \sum_{i=0}^{3} m_i D_i = m_0 D_0 + m_1 D_1 + m_2 D_2 + m_3 D_3 = \overline{A}\,\overline{B}(C \oplus D) + \overline{A}B \cdot \overline{C+D} + A\overline{B} \cdot \overline{C+D} + AB \cdot 0$$

$$= \overline{A}\,\overline{B}C\overline{D} + \overline{A}B\overline{C}\,\overline{D} + \overline{A}\,\overline{B}\,\overline{C}D + A\overline{B}\,\overline{C}\,\overline{D}$$

由逻辑表达式列真值表见表 4.14。

表 4.14　[例 4.16] 真 值 表

A	B	C	D	F	A	B	C	D	F
0	0	0	0	0	1	0	0	0	1
0	0	0	1	1	1	0	0	1	0
0	0	1	0	1	1	0	1	0	0
0	0	1	1	0	1	0	1	1	0
0	1	0	0	1	1	1	0	0	0
0	1	0	1	0	1	1	0	1	0
0	1	1	0	0	1	1	1	0	0
0	1	1	1	0	1	1	1	1	0

由真值表可看出该电路的逻辑功能是判别输入 A、B、C、D 中是否只有 1 个 1，如果只有一个 1 输出 1，否则输出 0。

【例 4.17】　用数据选择器设计一个交通灯故障检测电路。若 R、G、Y 三盏灯中有且只有一盏灯亮，输出 F=0，表示无故障；若无灯亮或有两盏及两盏以上灯亮，则输出 F=1，表示出现故障。

解：列出真值表见表 4.15。

表 4.15　[例 4.17] 真 值 表

R	G	Y	F	R	G	Y	F
0	0	0	1	1	0	0	0
0	0	1	0	1	0	1	1
0	1	0	0	1	1	0	1
0	1	1	1	1	1	1	1

用多路数据选择器实现逻辑函数时通常有两种方法：表达式法和卡诺图法。根据所选用的数据选择器不同，具体方法略有不同。

（1）选用 8 选 1 数据选择器实现交通灯故障检测电路。

方法一：表达式法。使能信号有效时，8 选 1 数据选择器输出表达式

$$Y=\sum_{i=0}^{7}m_iD_i=m_0D_0+m_1D_1+m_2D_2+m_3D_3+m_4D_4+m_5D_5+m_6D_6+m_7D_7$$

式中，m_i 为地址信号 A_2、A_1、A_0 的最小项，D_i 为各路输入数据。

根据真值表写出最小项表达式 $F(R,G,Y)=m_0+m_3+m_5+m_6+m_7$

比较两个表达式可见，交通灯故障检测电路输入变量的个数与数据选择器地址信号的个数相等，若令 $A_2=R$；$A_1=G$；$A_0=Y$，且 $D_0=D_3=D_5=D_6=D_7=1$；$D_1=D_2=D_4=0$，则有 $Y=F$。

方法二：卡诺图法。使能信号有效时，8 选 1 数据选择器的功能可用卡诺图表示，如图 4.46 所示，交通灯故障检测电路的卡诺图如图 4.47 所示。比较两个卡诺图可知：若令 $A_2=R$；$A_1=G$；$A_0=Y$，且 $D_0=D_3=D_5=D_6=D_7=1$；$D_1=D_2=D_4=0$，则有 $Y=F$。

用 8 选 1 数据选择器实现的交通灯故障检测电路如图 4.48 所示。

图 4.46 8 选 1MUX 卡诺图

图 4.47 交通灯故障检测电路卡诺图

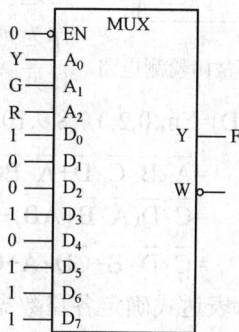

图 4.48 交通灯故障检测电路

（2）选用 4 选 1 数据选择器实现交通灯故障检测电路

方法一：表达式法。使能信号有效时，4 选 1 数据选择器输出表达式

$$Y=\sum_{i=0}^{3}m_iD_i=m_0D_0+m_1D_1+m_2D_2+m_3D_3=\overline{A}_1\overline{A}_0D_0+\overline{A}_1A_0D_1+A_1\overline{A}_0D_2+A_1A_0D_3$$

交通灯故障检测电路的最小项表达式

$$F(R,G,Y)=m_0+m_3+m_5+m_6+m_7=\overline{R}\cdot\overline{G}\cdot\overline{Y}+\overline{R}GY+R\overline{G}Y+RG\overline{Y}+RGY$$

交通灯故障检测电路输入变量为 3 个而 4 选 1 数据选择器的地址信号只有 2 个，因此首先应在 A、B、C 中任选 2 个作为地址信号 A_1、A_0，例如选择 R、G 作为地址信号 A_1、A_0 输入，则将剩余变量 Y 从数据端输入。将逻辑函数表达式进行变换：

$$F(R,G,Y)=\overline{R}\cdot\overline{G}\cdot\overline{Y}+\overline{R}GY+R\overline{G}Y+RG\overline{Y}+RGY=\overline{R}\cdot\overline{G}\cdot\overline{Y}+\overline{R}G\cdot Y+R\overline{G}\cdot Y+RG\cdot1$$

可见，令 $A_1=R$，$A_0=G$；$D_0=\overline{Y}$，$D_1=D_2=Y$，$D_3=1$，则有 $Y=F$。

方法二：卡诺图法。交通灯故障检测电路的卡诺图如图 4.46 所示。使能信号有效时，4 选 1 数据选择器的功能可用卡诺图表示，如图 4.49 所示。可见交通灯故障检测电路卡诺图的自变量有 3 个，多于 4 选 1MUX 卡诺图中的自变量（地址信号），两个卡诺图不能直接比较，此时可对逻辑函数的卡诺图进行降维，如图 4.50 所示，保留 R、G 作为自变量，变量 Y 进入

卡诺图。

可见，令 $A_1=R$，$A_0=G$；$D_0=\overline{Y}$，$D_1=D_2=Y$，$D_3=1$，则有 $Y=F$。

用 4 选 1 数据选择器实现的交通灯故障检测电路如图 4.51 所示。

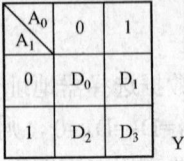

A_0 / A_1	0	1
0	D_0	D_1
1	D_2	D_3

图 4.49　4 选 1MUX 卡诺图

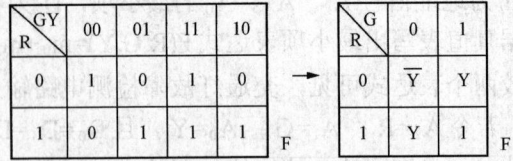

R \ GY	00	01	11	10
0	0	1	0	1
1	0	1	1	1

$\rightarrow$

R \ G	0	1
0	0	$\overline{Y}$	Y
1	1	Y	1

图 4.50　卡诺图降维

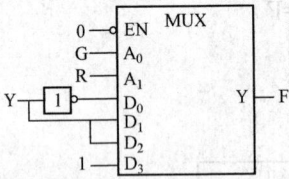

图 4.51　交通灯故障检测电路

【例 4.18】用 4 选 1 数据选择器实现逻辑函数 $F(A,B,C,D)=\Sigma m(0,2,3,7,8,9,10,13)$。

解：方法一：表达式法。函数 F 有 4 个输入变量，4 选 1 数据选择器只有两位地址信号，因此应从 A、B、C、D 中任选两个作为地址信号。例如选择 C、D 作为地址信号，对逻辑表达式进行变换：

$F(A,B,C,D)=\Sigma m(0,2,3,7,8,9,10,13)$

$=\overline{A}\cdot\overline{B}\cdot\overline{C}\cdot\overline{D}+\overline{A}\cdot BC\overline{D}+\overline{A}\cdot BCD+ABCD+A\overline{B}\cdot\overline{C}\cdot\overline{D}+A\overline{B}\cdot\overline{C}D+AB\overline{C}\overline{D}+AB\overline{C}D$

$=\overline{C}\cdot\overline{D}(\overline{A}\cdot\overline{B}+A\overline{B})+\overline{C}D(A\overline{B}+AB)+C\overline{D}(A\overline{B}+\overline{A}\cdot\overline{B})+CD(\overline{A}\cdot B+AB)$

$=\overline{C}\cdot\overline{D}\cdot\overline{B}+\overline{C}D\cdot A+C\overline{D}\cdot\overline{B}+CD\cdot A$

根据逻辑表达式确定各路数据：$D_0=\overline{B}$；$D_1=A$；$D_2=\overline{B}$；$D_3=A$

逻辑电路图如图 4.52（a）所示。

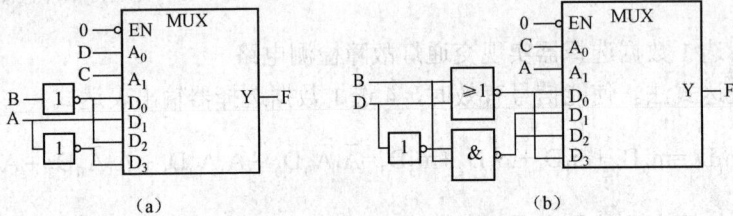

图 4.52　[例 4.18] 逻辑电路图

方法二：卡诺图法。画出 F 的卡诺图并对卡诺图进行降维，转换成 2 个自变量的卡诺图，如图 4.53 所示，保留 A、C 作为自变量，B、D 进入卡诺图。

选择 A、C 分别作为地址信号 A_1、A_0，各路数据分别为 $D_0=\overline{B}\cdot\overline{D}=\overline{B+D}$；$D_1=\overline{B}+D=\overline{B\overline{D}}$；$D_2=\overline{B\overline{D}}$；$D_3=\overline{B+D}$，逻辑电路图如图 4.52（b）所示。

由图 4.52（a）、（b）可见，选择地址信号理论上是任意的，但是选择适当的地址信号可以简化电路。

【例 4.19】用两片 74151 组成 16 选 1 数据选择器。

解：74151 是 8 选 1 数据选择器，要组成 16 选 1 的数据选择器，可以用两片 74151 扩展得到，这种扩展方式属于字扩展。

CD\AB	00	01	11	10
00	1	0	1	1
01	0	0	1	0
11	0	1	0	0
10	1	1	0	1

$\longrightarrow$

C\AB	0	1
00	$\bar{D}$	1
01	0	D
11	D	0
10	1	$\bar{D}$

$\longrightarrow$

A\C	0	1
0	$\bar{B}D$	$\bar{B}+D$
1	$\bar{B}+D$	$\bar{B}\bar{D}$

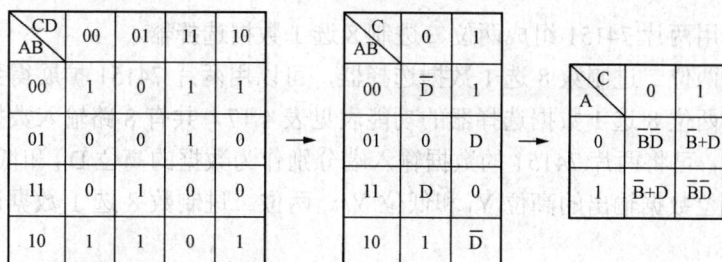

图 4.53 ［例 4.18］卡诺图降维

16 选 1MUX 的功能表见表 4.16。两片 74151 共有 16 路数据输入 $D_0 \sim D_{15}$，作为 16 选 1MUX 的 $D_0 \sim D_{15}$。16 选 1MUX 有 4 位地址信号 $A_3A_2A_1A_0$，低三位的地址 $A_2A_1A_0$ 直接采用 74151 的三位地址输入，最高位地址 A_3 用使能端 $\overline{EN}$ 实现，逻辑电路图如图 4.54 所示。具体功能分析如下：

当 $A_3=0$ 时，低位片 74151（1）使能，根据 $A_2A_1A_0$ 的取值分别选择输出 $D_0 \sim D_7$；

当 $A_3=1$ 时，高位片 74151（2）使能，根据 A2A1A0 的取值分别选择输出 $D_8 \sim D_{15}$。

表 4.16　　　　　　　　　　　　　　**16 选 1MUX 功能表**

A_3	A_2	A_1	A_0	Y	A_3	A_2	A_1	A_0	Y
0	0	0	0	D_0	1	0	0	0	D_8
0	0	0	1	D_1	1	0	0	1	D_9
0	0	1	0	D_2	1	0	1	0	D_{10}
0	0	1	1	D_3	1	0	1	1	D_{11}
0	1	0	0	D_4	1	1	0	0	D_{12}
0	1	0	1	D_5	1	1	0	1	D_{13}
0	1	1	0	D_6	1	1	1	0	D_{14}
0	1	1	1	D_7	1	1	1	1	D_{15}

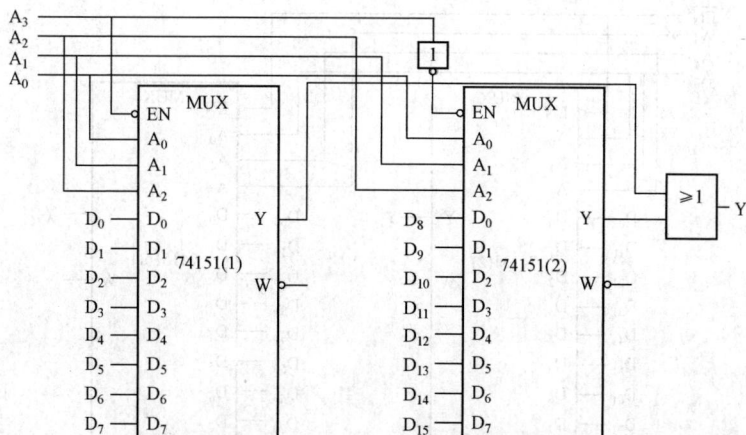

图 4.54　16 选 1 数据选择器

【**例 4.20**】 用两片 74151 组成两位二进制 8 选 1 数据选择器。

解：要组成两位二进制数 8 选 1 数据选择器，可以用两片 74151 扩展得到，这种扩展方式属于位扩展。两位 8 选 1 数据选择器的功能表见表 4.17，共有 8 路输入数据，每路数据均为两位二进制数，可将两片 74151 的数据输入端分别作为数据的高位 D_{i1} 和低位 D_{i0} 输入，输出端分别作为两位数据输出的高位 Y_1 和低位 Y_0。两位二进制数 8 选 1 数据选择器逻辑电路图如图 4.55 所示。

表 4.17   **两位 8 选 1MUX 功能表**

$\overline{EN}$	A_2	A_1	A_0	Y_1	Y_0
1	×	×	×	0	0
0	0	0	0	D_{01}	D_{00}
0	0	0	1	D_{11}	D_{10}
0	0	1	0	D_{21}	D_{20}
0	0	1	1	D_{31}	D_{30}
0	1	0	0	D_{41}	D_{40}
0	1	0	1	D_{51}	D_{50}
0	1	1	0	D_{61}	D_{60}
0	1	1	1	D_{71}	D_{70}

综上可知，在用数据选择器设计电路时主要需要考虑变量的个数及地址信号的位数。若输入变量的个数多于 MUX 地址信号的位数，则可通过降维卡诺图或者字扩展来实现，如［例 4.17］、［例 4.19］。而对于有多个输出的逻辑函数，则可通过位扩展的方式来实现，如［例 4.20］。

4.4.4 编码器

编码是用符号、字符或数字表示某种信息。例如每位学生都有学号，学号就是学生的编码。编码器是将有特定意义的多个输入转换成若干位二进制代码输出的电路。编码器按照被编码的信号是否有优先权分为普通编码器和优先编码器，按照输入和输出的关系又可分为二进制编码器和二—十进制编码器。

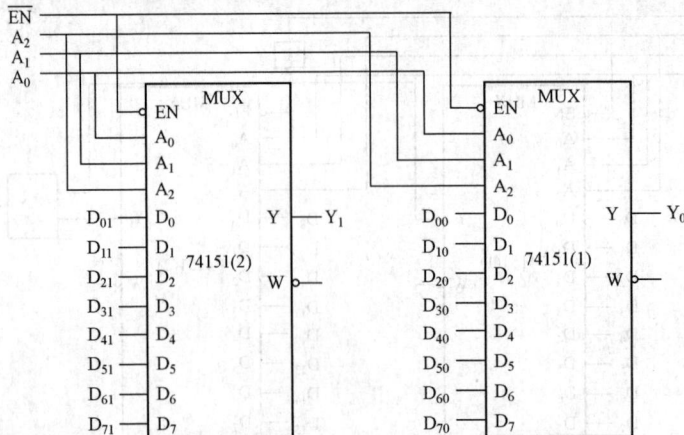

图 4.55   两位 8 选 1 数据选择器

1. 普通编码器

普通编码器的各输入信号中同时只能有一个有效信号，输出的代码是有效输入信号的相应代码。

【例 4.21】 设计一个 4 线—2 线普通编码器。

解： 设 4 线—2 线普通编码器 4 个输入信号为 I_0、I_1、I_2、I_3，输入信号高电平有效，输出代码为两位二进制代码输出 Y_1Y_0，4 线—2 线普通编码器的功能表见表 4.18。

表 4.18　　　　　　　　　　　　　4 线—2 线普通编码器功能表

$I_0\ I_1\ I_2\ I_3$	$Y_1\ \ Y_0$
1　0　0　0	0　　0
0　1　0　0	0　　1
0　0　1　0	1　　0
0　0　0　1	1　　1
其他	×　　×

根据功能表可求出输出表达式：$Y_1 = I_2 + I_3 = \overline{\overline{I_2 \cdot I_3}}$；
$Y_0 = I_1 + I_3 = \overline{\overline{I_1 \cdot I_3}}$。

逻辑电路图如图 4.56 所示分别为或门和与非门实现的 4 线—2 线普通编码器，可见 4 线—2 线普通编码器实际上是对 3 个输入 $I_1 \sim I_3$ 的编码，当 $I_1 \sim I_3$ 均无效时对 I_0进行编码。

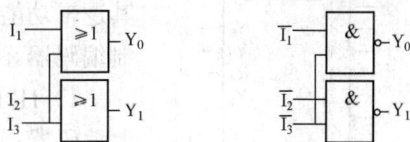

图 4.56　4 线—2 线普通编码器

2. 优先编码器

优先编码器的输入信号允许有多个信号同时有效，编码器对优先级别高的输入信号编码。常用的集成优先编码器有 8 线—3 线编码器 74148 和 10 线—4 线编码器 74147。

（1）8 线—3 线编码器 74148。74148 为常用的 8 线—3 线二进制优先编码器，其逻辑符号如图 4.57 所示，功能表见表 4.19。

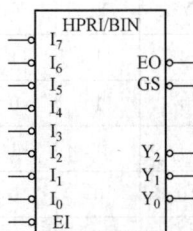

图 4.57　74148 逻辑符号

1）HPRI/BIN 为定性符号，表示该器件为高位优先的二进制编码器。

2）$\overline{I_7} \sim \overline{I_0}$ 为低电平有效的输入信号，高位优先，即 $\overline{I_7}$ 优先级最高，$\overline{I_0}$ 最低；

3）$\overline{Y_2}\ \overline{Y_1}\ \overline{Y_0}$ 为三位二进制编码输出，且为反码输出；

4）$\overline{EI}$ 为低电平有效的使能输入端，$\overline{EI} = 1$ 时禁止编码，$\overline{EI} = 0$ 时允许对输入信号编码；

5）$\overline{EO}$ 为使能输出端，低电平有效，$\overline{EO} = 0$ 表示允许编码，但无有效的编码输入信号；

6）$\overline{GS}$ 为扩展输出端，低电平有效，$\overline{GS} = 0$ 表示允许编码且有有效的编码输入信号。级联扩展时通常接低位片的 $\overline{EI}$。

表 4.19　　　　　　　　　　　　　　74148　功　能　表

输　入									输　出				
$\overline{EI}$	$\overline{I}_7$	$\overline{I}_6$	$\overline{I}_5$	$\overline{I}_4$	$\overline{I}_3$	$\overline{I}_2$	$\overline{I}_1$	$\overline{I}_0$	$\overline{Y}_2$	$\overline{Y}_1$	$\overline{Y}_0$	$\overline{GS}$	$\overline{EO}$
1	×	×	×	×	×	×	×	×	1	1	1	1	1
0	1	1	1	1	1	1	1	1	1	1	1	1	0
0	0	×	×	×	×	×	×	×	0	0	0	0	1
0	1	0	×	×	×	×	×	×	0	0	1	0	1
0	1	1	0	×	×	×	×	×	0	1	0	0	1
0	1	1	1	0	×	×	×	×	0	1	1	0	1
0	1	1	1	1	0	×	×	×	1	0	0	0	1
0	1	1	1	1	1	0	×	×	1	0	1	0	1
0	1	1	1	1	1	1	0	×	1	1	0	0	1
0	1	1	1	1	1	1	1	0	1	1	1	0	1

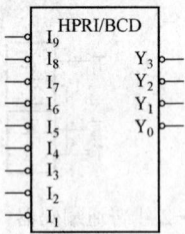

图 4.58　74147 逻辑符号

（2）10 线—4 线编码器 74147。为常用的 10 线—4 线优先编码器，其逻辑功能是将 10 路信号编码成 4 位 BCD 码输出，是一种二—十进制编码器。74147 的逻辑符号如图 4.58 所示。

1）HPRI/BCD 为定性符号，表示该器件为高位优先的二—十进制编码器；

2）$\overline{I}_9 \sim \overline{I}_1$ 为低电平有效的输入信号，高位优先；

3）$\overline{Y}_3 \overline{Y}_2 \overline{Y}_1 \overline{Y}_0$ 为编码输出，且为 8421BCD 反码输出。

74147 的功能见表 4.20，该编码器实际上是对 $\overline{I}_9 \sim \overline{I}_1$ 9 个输入信号进行编码，当 $\overline{I}_9 \sim \overline{I}_1$ 均无效时输出 0000，相当于对隐含输入 $\overline{I}_0$ 的编码。

表 4.20　　　　　　　　　　　　　　74147　功　能　表

输　入									输　出			
$\overline{I}_9$	$\overline{I}_8$	$\overline{I}_7$	$\overline{I}_6$	$\overline{I}_5$	$\overline{I}_4$	$\overline{I}_3$	$\overline{I}_2$	$\overline{I}_1$	$\overline{Y}_3$	$\overline{Y}_2$	$\overline{Y}_1$	$\overline{Y}_0$
1	1	1	1	1	1	1	1	1	1	1	1	1
0	×	×	×	×	×	×	×	×	0	1	1	0
1	0	×	×	×	×	×	×	×	0	1	1	1
1	1	0	×	×	×	×	×	×	1	0	0	0
1	1	1	0	×	×	×	×	×	1	0	0	1
1	1	1	1	0	×	×	×	×	1	0	1	0
1	1	1	1	1	0	×	×	×	1	0	1	1
1	1	1	1	1	1	0	×	×	1	1	0	0
1	1	1	1	1	1	1	0	×	1	1	0	1
1	1	1	1	1	1	1	1	0	1	1	1	0

3. 应用举例

【例 4.22】 用两片 74148 组成 16 线—4 线优先编码器。

解： 用两片 74148 扩展得到 16 线—4 线优先编码器如图 4.59 所示，$\bar{I}_{15}\sim\bar{I}_0$ 为 16 路输入信号，高位优先，即 $\bar{I}_{15}$ 优先级最高。$\bar{Y}_3\bar{Y}_2\bar{Y}_1\bar{Y}_0$ 为 4 位二进制编码输出，且为反码输出，将高位片 74148（2）的 $\overline{EO}$ 接低位片 74148（1）的 $\overline{EI}$。工作状态如下：

（1）$\overline{EI}=1$，两片 74148 均禁止编码，输出全为 1；

（2）$\overline{EI}=0$，允许编码，若 $\bar{I}_{15}\sim\bar{I}_0$ 中无有效信号，则两片 74148 均无有效编码输出，$\overline{EO}=0$，$\overline{GS}=1$，$\bar{Y}_3\bar{Y}_2\bar{Y}_1\bar{Y}_0=1111$；

（3）$\overline{EI}=0$，$\bar{I}_{15}\sim\bar{I}_8$ 中有有效信号，则 74148（2）进行编码，74148（1）禁止编码；

（4）$\overline{EI}=0$，$\bar{I}_{15}\sim\bar{I}_8$ 中无有效信号而 $\bar{I}_7\sim\bar{I}_0$ 中有有效信号，则 74148（2）无有效信号，74148（1）进行编码。

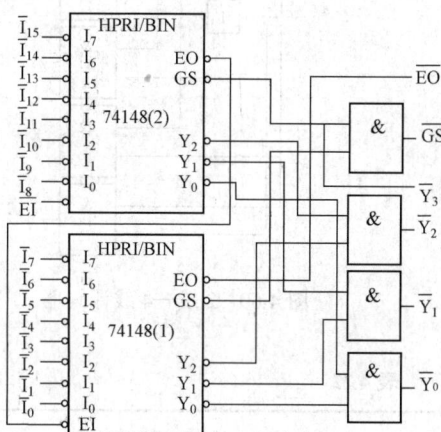

图 4.59　16 线—4 线优先编码器

4.4.5 译码器

译码是编码的逆过程，是将二进制代码转换成高低电平信号输出，实现译码的电路称为译码器。译码器是一种应用非常广泛的电路，常用的译码器有二进制译码器、二—十进制译码器、显示译码器等。

1. 二进制译码器

若译码器输入的二进制代码为 n 位，输出信号个数为 2^n 个，这样的译码器称为二进制译码器，也称 n 线—2^n 线译码器。

【例 4.23】 设计一个 2 线—4 线译码器。

解： 2 线—4 线译码器有 2 位二进制代码输入，设定 4 个输出均高电平有效，真值表如表 4.21 所示。由真值表可得输出逻辑表达式为

$Y_3=A_1A_0=m_3$；　$Y_2=A_1\overline{A}_0=m_2$；

$Y_1=\overline{A}_1A_0=m_1$；　$Y_0=\overline{A}_1\cdot\overline{A}_0=m_0$。

画出逻辑电路图如图 4.60 所示。

表 4.21　　　　　　　　　　　　　　2 线—4 线译码器真值表

A_1 A_0	Y_3 Y_2 Y_1 Y_0
0　0	0　0　0　1
0　1	0　0　1　0
1　0	0　1　0　0
1　1	1　0　0　0

（1）双 2 线—4 线译码器 74139。74139 为常用的双 2 线—4 线译码器，芯片内部集成了两个 2 线—4 线译码器，逻辑符号如图 4.61 所示，功能见表 4.22。

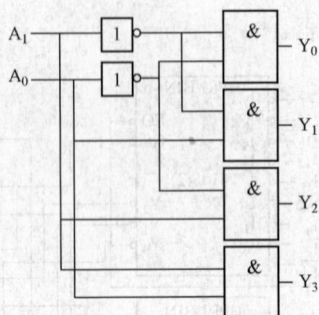

图 4.60　2 线—4 线译码器

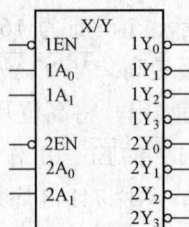

图 4.61　74139 逻辑符号

表 4.22　　　　　　　　　　　　　**74139　功　能　表**

输　　入			输　　出			
$\overline{EN}$	A1	A0	$\overline{Y}_0$	$\overline{Y}_1$	$\overline{Y}_2$	$\overline{Y}_3$
1	×	×	1	1	1	1
0	0	0	0	1	1	1
0	0	1	1	0	1	1
0	1	0	1	1	0	1
0	1	1	1	1	1	0

①X/Y 为定性符；

②$\overline{EN}$ 为低电平有效的使能信号输入；

③$A_1 A_0$ 为两位二进制代码输入，A_1 为高位；

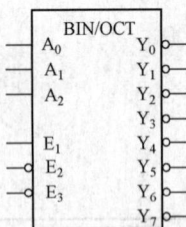

图 4.62　74138 逻辑符号

④$\overline{Y}_3 \sim \overline{Y}_0$ 为低电平有效的译码输出，$\overline{EN}=1$ 时，使能信号无效，禁止译码；$\overline{EN}=0$ 时，允许译码，输出低电平有效，

输出表达式为：$\overline{Y}_i = \overline{m_i}$。$m_i$ 为 A_1、A_0 的最小项。

（2）3 线—8 线译码器 74138。74138 为常用的 3 线—8 线译码器，其逻辑符号如图 4.62 所示，功能见表 4.23。

①BIN/OCT 为定性符；

②$A_2 A_1 A_0$ 为三位二进制代码输入，A_2 为最高位，A_0 为最低位；

③$\overline{Y}_0 \sim \overline{Y}_7$ 为低电平有效的译码输出；E_1 为高电平有效的使能控制端，$\overline{E}_2$、$\overline{E}_3$ 为低电平有效的使能控制端。

$$EN = E_1 \cdot \overline{\overline{E}}_2 \cdot \overline{\overline{E}}_3$$

EN=0 时，使能信号无效，禁止译码；

EN=1 时，允许译码，输出低电平有效，表达式为 $\overline{Y}_i = \overline{m_i}$，$m_i$ 为 A_2、A_1、A_0 的最小项。

表 4.23   **74138 功 能 表**

输 入					输 出							
E_1	$\overline{E}_2+\overline{E}_3$	A_2	A_1	A_0	$\overline{Y}_0$	$\overline{Y}_1$	$\overline{Y}_2$	$\overline{Y}_3$	$\overline{Y}_4$	$\overline{Y}_5$	$\overline{Y}_6$	$\overline{Y}_7$
0	×	×	×	×	1	1	1	1	1	1	1	1
×	1	×	×	×	1	1	1	1	1	1	1	1
1	0	0	0	0	0	1	1	1	1	1	1	1
1	0	0	0	1	1	0	1	1	1	1	1	1
1	0	0	1	0	1	1	0	1	1	1	1	1
1	0	0	1	1	1	1	1	0	1	1	1	1
1	0	1	0	0	1	1	1	1	0	1	1	1
1	0	1	0	1	1	1	1	1	1	0	1	1
1	0	1	1	0	1	1	1	1	1	1	0	1
1	0	1	1	1	1	1	1	1	1	1	1	0

2. 二—十进制译码器

二—十进制译码器是将输入的 8421BCD 码转换成 10 路高/低电平输出信号,也称为 4 线—10 线译码器。7442 为常用的集成二—十进制译码器,其逻辑符号如图 4.63 所示,功能表见表 4.24。

①BCD/DEC 为定性符,表示该器件为二—十进制译码器;

②$A_3 A_2 A_1 A_0$ 为一位 8421BCD 码输入;

③ $\overline{Y}_0 \sim \overline{Y}_9$ 为低电平有效的 10 路译码输出。当输入 0000～1001 时,相应有一个输出低电平有效;当输入 1010～1111 时,即输入禁用码时输出全部无效。

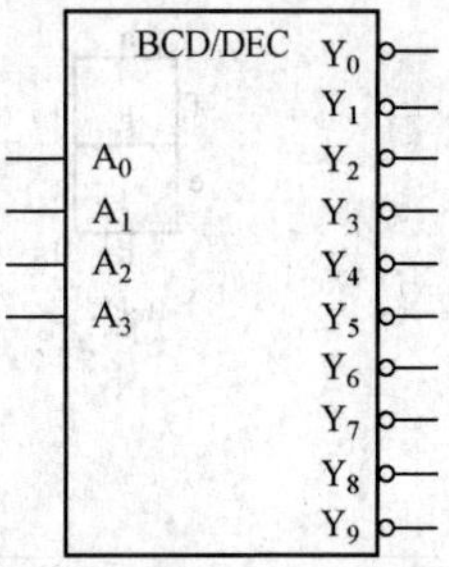

图 4.63   7442 逻辑符号

表 4.24   **7442 功 能 表**

A_3	A_2	A_1	A_0	$\overline{Y}_0$	$\overline{Y}_1$	$\overline{Y}_2$	$\overline{Y}_3$	$\overline{Y}_4$	$\overline{Y}_5$	$\overline{Y}_6$	$\overline{Y}_7$	$\overline{Y}_8$	$\overline{Y}_9$
0	0	0	0	0	1	1	1	1	1	1	1	1	1
0	0	0	1	1	0	1	1	1	1	1	1	1	1
0	0	1	0	1	1	0	1	1	1	1	1	1	1
0	0	1	1	1	1	1	0	1	1	1	1	1	1
0	1	0	0	1	1	1	1	0	1	1	1	1	1
0	1	0	1	1	1	1	1	1	0	1	1	1	1
0	1	1	0	1	1	1	1	1	1	0	1	1	1
0	1	1	1	1	1	1	1	1	1	1	0	1	1
1	0	0	0	1	1	1	1	1	1	1	1	0	1
1	0	0	1	1	1	1	1	1	1	1	1	1	0
	其他			1	1	1	1	1	1	1	1	1	1

3. 显示译码器

在各种数字系统中，能够显示数字、字母或符号的器件称为数字显示器，通常数字显示器不能直接识别二进制码，需通过显示译码器将二进制码转换成数字显示器能识别的信号。

（1）数字显示器。常用的数字显示器有七段数码管、字母数字型显示器及可编程数字点阵显示器等。限于篇幅，仅介绍七段数码管。七段数码管是由 7 个发光二极管排出如图 4.64（a）所示的形状，分别为 a、b、c、d、e、f、g 段，有时还有表示小数点的 DP 段。若 7 段全部点亮则显示十进制数 8，若 a、d、e 不亮则显示数字 4。七段数码管的二极管连接方式有两种：共阴极连接和共阳极连接。共阴极接法是将 7 个发光二极管的阴极连接在一起接低电平，阳极分别接驱动信号，驱动信号高电平点亮二极管，如图 4.64（b）所示。共阳极接法是将 7 个发光二极管的阳极连接在一起接高电平，阴极分别接驱动信号，驱动信号低电平点亮二极管，如图 4.64（c）所示。

（2）显示译码器。数字显示器需要显示译码器来驱动，7447 和 7448 是用于驱动七段数码管的显示译码器，7447 用于驱动共阳极七段数码管，7448 用于驱动共阴极七段数码管。7448 的逻辑符号如图 4.65 所示，功能表见表 4.25。

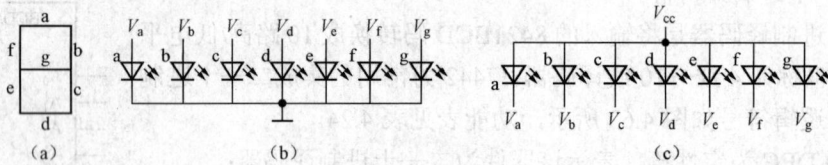

图 4.64　7 段数码管

（a）七段字形；（b）共阴极接法；（c）共阳极接法

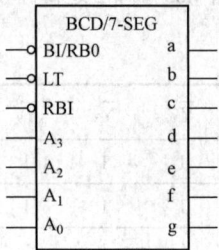

图 4.65　7448 逻辑符号

①BCD/7—SEG 为定性符，表示该器件为 BCD 码输入，用于驱动 7 段数码管；

②$A_3A_2A_1A_0$ 为一位 8421BCD 码输入端；

③a～g 为译码输出，用于驱动七段数码管；

④$\overline{LT}$ 为灯测试端，低电平有效，测试时 a～g 输出全为高电平，数码管显示"8"；

⑤$\overline{RBI}$ 为灭零输入端，低电平有效，灭零是在输入 $A_3A_2A_1A_0$ 为 0000 本应显示"0"时 a～g 输出全为低电平，不显示数码。

⑥$\overline{BI}/\overline{RBO}$ 为灭灯输入/灭零输出双向端口。作为输入端，输入低电平时显示器灭；作为输出端，受控于 $\overline{RBI}$，在灭零状态时输出低电平，可在多位数码显示中作为其他译码器的灭零输入。

表 4.25							7448 功能表							
显示数码	输入						$\overline{BI}/\overline{RBO}$	输出						
	$\overline{LT}$	$\overline{RBI}$	A_3	A_2	A_1	A_0		a	b	c	d	e	f	g
0	1	1	0	0	0	0	1	1	1	1	1	1	1	0
1	1	×	0	0	0	1	1	0	1	1	0	0	0	0

显示数码	输入						$\overline{BI}/\overline{RBO}$	输出						
	$\overline{LT}$	$\overline{RBI}$	A_3	A_2	A_1	A_0		a	b	c	d	e	f	g
2	1	×	0	0	1	0	1	1	1	0	1	1	0	1
3	1	×	0	0	1	1	1	1	1	1	1	0	0	1
4	1	×	0	1	0	0	1	0	1	1	0	0	0	1
5	1	×	0	1	0	1	1	1	0	1	1	0	0	1
6	1	×	0	1	1	0	1	0	0	1	1	1	1	1
7	1	×	0	1	1	1	1	1	1	1	0	0	0	0
8	1	×	1	0	0	0	1	1	1	1	1	1	1	1
9	1	×	1	0	0	1	1	1	1	1	1	0	1	1
10~15 禁用码	1	×	1	0	1	0	1	0	0	0	1	1	0	1
	1	×	1	0	1	1	1	0	0	1	1	0	0	1
	1	×	1	1	0	0	1	0	1	0	0	0	1	1
	1	×	1	1	0	1	1	1	0	0	1	0	1	1
	1	×	1	1	1	0	1	0	0	0	1	1	1	1
	1	×	1	1	1	1	1	0	0	0	0	0	0	0
试灯	0	×	×	×	×	×	1	1	1	1	1	1	1	1
灭零	1	0	0	0	0	0	（输出）0	0	0	0	0	0	0	0
灭灯	×	×	×	×	×	×	（输入）0	0	0	0	0	0	0	0

4. 应用举例

【例 4.24】 用译码器 74138 实现 3 位自然二进制码到格雷码的转换电路。

解： 设 3 位自然二进制码输入为 $A_2A_1A_0$，3 位格雷码输出为 $G_2G_1G_0$，自然二进制码与格雷码的逻辑关系为：$G_2=A_2$；$G_1=A_2 \oplus A_1$；$G_0=A_1 \oplus A_0$。其真值表见表 4.26。

表 4.26   [例 4.24] 真 值 表

A_2	A_1	A_0		G_2	G_1	G_0		A_2	A_1	A_0		G_2	G_1	G_0
0	0	0		0	0	0		1	0	0		1	1	0
0	0	1		0	0	1		1	0	1		1	1	1
0	1	0		0	1	1		1	1	0		1	0	1
0	1	1		0	1	0		1	1	1		1	0	0

译码器 74138 在使能信号有效时，输出表达式为 $\overline{Y_i}=\overline{m_i}$，$m_i$ 为输入的 3 位二进制代码的最小项，可见只要将逻辑函数的输入 $A_2A_1A_0$ 作为 74138 的 3 位代码输入，这样在 74138 的输出端就可以得到 $\overline{m_0} \sim \overline{m_7}$，再辅以适当的逻辑门就可以实现逻辑函数。通常用 74138 实现逻辑函数有两种方法。

方法一：实现逻辑函数的最小项表达式

写出输出的最小项表达式并进行转换：

$$G_2=m_4+m_5+m_6+m_7=\overline{\overline{m_4} \cdot \overline{m_5} \cdot \overline{m_6} \cdot \overline{m_7}}=\overline{\overline{Y_4} \cdot \overline{Y_5} \cdot \overline{Y_6} \cdot \overline{Y_7}}$$

$$G_1=m_2+m_3+m_4+m_5=\overline{\overline{m_2} \cdot \overline{m_3} \cdot \overline{m_4} \cdot \overline{m_5}}=\overline{\overline{Y_2} \cdot \overline{Y_3} \cdot \overline{Y_4} \cdot \overline{Y_5}}$$

$$G_0=m_1+m_2+m_5+m_6=\overline{\overline{m_1}\cdot\overline{m_2}\cdot\overline{m_5}\cdot\overline{m_6}}=\overline{\overline{Y_1}\cdot\overline{Y_2}\cdot\overline{Y_5}\cdot\overline{Y_6}}$$

可见用 74138 实现逻辑函数最小项表达式时应辅以与非门，逻辑电路如图 4.66（a）所示。

方法二：实现逻辑函数的最大项表达式

写出输出的最大项表达式并进行转换：

$$G_2=M_0\cdot M_1\cdot M_2\cdot M_3=\overline{m_0}\cdot\overline{m_1}\cdot\overline{m_2}\cdot\overline{m_3}=\overline{Y_0}\cdot\overline{Y_1}\cdot\overline{Y_2}\cdot\overline{Y_3}$$

$$G_1=M_0\cdot M_1\cdot M_6\cdot M_7=\overline{m_0}\cdot\overline{m_1}\cdot\overline{m_6}\cdot\overline{m_7}=\overline{Y_0}\cdot\overline{Y_1}\cdot\overline{Y_6}\cdot\overline{Y_7}$$

$$G_0=M_0\cdot M_3\cdot M_4\cdot M_7=\overline{m_0}\cdot\overline{m_3}\cdot\overline{m_4}\cdot\overline{m_7}=\overline{Y_0}\cdot\overline{Y_3}\cdot\overline{Y_4}\cdot\overline{Y_7}$$

可见用 74138 实现逻辑函数的最大项表达式应辅以与门，逻辑电路如图 4.66（b）所示。

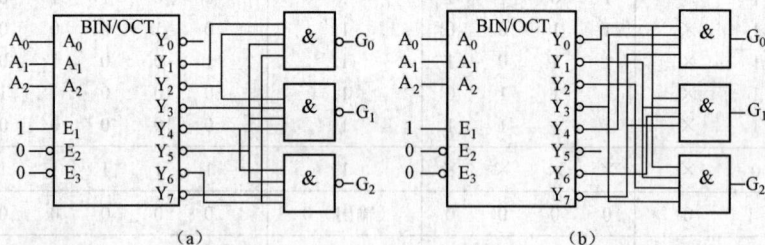

图 4.66　［例 4.24］逻辑电路

【例 4.25】 分析图 4.67 所示电路功能。

解： 根据 74138 的功能可列出电路的功能表如表 4.27 所示。此电路为用译码器 74138 实现的 1 线—8 线数据分配器，D 为输入的 1 路数据，$A_2A_1A_0$ 为三位地址信号，根据地址码将数据 D 分配到 $D_0\sim D_7$ 8 路输出的其中一路。

表 4.27　　　　　　　　　　　　［例 4.25］功 能 表

输入				输	出			
$A_2\ A_1\ A_0$	D_0	D_1	D_2	D_3	D_4	D_5	D_6	D_7
0　0　0	D	1	1	1	1	1	1	1
0　0　1	1	D	1	1	1	1	1	1
0　1　0	1	1	D	1	1	1	1	1
0　1　1	1	1	1	D	1	1	1	1
1　0　0	1	1	1	1	D	1	1	1
1　0　1	1	1	1	1	1	D	1	1
1　1　0	1	1	1	1	1	1	D	1
1　1　1	1	1	1	1	1	1	1	D

【例 4.26】 分析如图 4.68 所示电路功能。

解： 该电路中译码器的使能信号有效，因此译码器各输出表达式为 $\overline{Y_i}=\overline{m_i}$，$m_i$ 为输入 A、

B、C 的最小项。电路的 3 位输出信号的逻辑表达式分别为

$$Y_1(A,B,C)=\Sigma m(3,5,6,7)$$

$$Y_0(A,B,C)=\Sigma m(1,2,4,7)$$

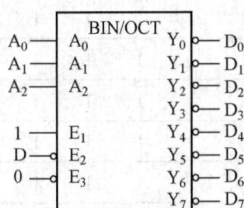

图 4.67 ［例 4.25］逻辑电路

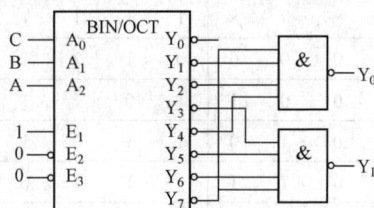

图 4.68 ［例 4.26］逻辑电路

根据输出表达式列出真值表见表 4.28。

表 4.28 ［例 4.26］真 值 表

A B C	Y₁ Y₀	A B C	Y₁ Y₀
0 0 0	0 0	1 0 0	0 1
0 0 1	0 1	1 0 1	1 0
0 1 0	0 1	1 1 0	1 0
0 1 1	1 0	1 1 1	1 1

从真值表可看出该逻辑电路可作为全加器电路，输入 A、B、C 分别为被加数、加数和来自低位的进位输入，输出 Y_1、Y_0 分别为进位输出和数输出。此外，该逻辑电路也可作为计 1 器电路，即输出 Y_1Y_0 表示输入 A、B、C 中 1 的个数。由此可见，对于同一个逻辑电路，可以从不同的方面去理解其逻辑功能并加以应用。

【例 4.27】 用两片译码器 74138 实现 4 线—16 线译码器。

解：4 线—16 线译码器有 4 位二进制代码输入，16 路译码输出，两片译码器 74138 共有 16 个输出端分别作为 $\overline{Y}_{15}\sim\overline{Y}_0$，74138 的 3 位代码输入端作为 4 位二进制代码的低三位输入 $A_2A_1A_0$，最高位地址 A_3 由 74138 的使能控制端输入。4 线—16 线译码器电路如图 4.69 所示，其功能表见表 4.29。

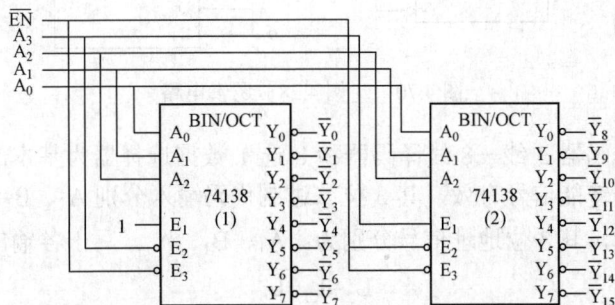

图 4.69 4 线—16 线译码器电路

表 4.29   4 线—16 线译码器功能表

输入					输出															
$\overline{EN}$	A_3	A_2	A_1	A_0	$\overline{Y}_0$	$\overline{Y}_1$	$\overline{Y}_2$	$\overline{Y}_3$	$\overline{Y}_4$	$\overline{Y}_5$	$\overline{Y}_6$	$\overline{Y}_7$	$\overline{Y}_8$	$\overline{Y}_9$	$\overline{Y}_{10}$	$\overline{Y}_{11}$	$\overline{Y}_{12}$	$\overline{Y}_{13}$	$\overline{Y}_{14}$	$\overline{Y}_{15}$
1	×	×	×	×	1	1	1	1	1	1	1	1	1	1	1	1	1	1	1	1
0	0	0	0	0	0	1	1	1	1	1	1	1	1	1	1	1	1	1	1	1
0	0	0	0	1	1	0	1	1	1	1	1	1	1	1	1	1	1	1	1	1
0	0	0	1	0	1	1	0	1	1	1	1	1	1	1	1	1	1	1	1	1
0	0	0	1	1	1	1	1	0	1	1	1	1	1	1	1	1	1	1	1	1
0	0	1	0	0	1	1	1	1	0	1	1	1	1	1	1	1	1	1	1	1
0	0	1	0	1	1	1	1	1	1	0	1	1	1	1	1	1	1	1	1	1
0	0	1	1	0	1	1	1	1	1	1	0	1	1	1	1	1	1	1	1	1
0	0	1	1	1	1	1	1	1	1	1	1	0	1	1	1	1	1	1	1	1
0	1	0	0	0	1	1	1	1	1	1	1	1	0	1	1	1	1	1	1	1
0	1	0	0	1	1	1	1	1	1	1	1	1	1	0	1	1	1	1	1	1
0	1	0	1	0	1	1	1	1	1	1	1	1	1	1	0	1	1	1	1	1
0	1	0	1	1	1	1	1	1	1	1	1	1	1	1	1	0	1	1	1	1
0	1	1	0	0	1	1	1	1	1	1	1	1	1	1	1	1	0	1	1	1
0	1	1	0	1	1	1	1	1	1	1	1	1	1	1	1	1	1	0	1	1
0	1	1	1	0	1	1	1	1	1	1	1	1	1	1	1	1	1	1	0	1
0	1	1	1	1	1	1	1	1	1	1	1	1	1	1	1	1	1	1	1	0

【例 4.28】 分析如图 4.70 所示逻辑电路的功能。

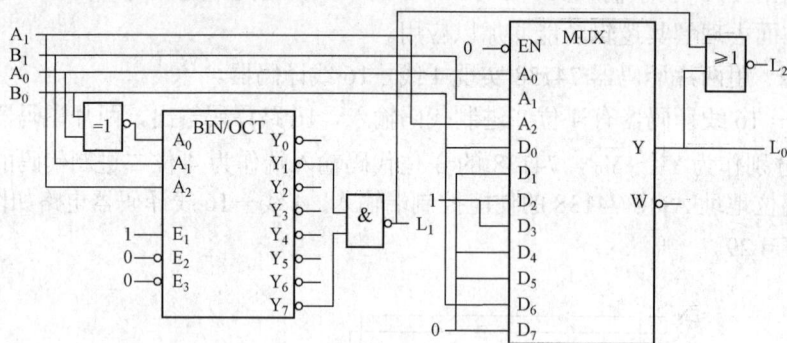

图 4.70   ［例 4.28］逻辑电路

解：该电路以译码器 3 线—8 线译码器和 8 选 1 数据选择器为基本部件，辅以少量门电路组合而成。译码器使能信号有效，其 3 位二进制代码输入分别 A_1、B_1 和 $A_0 \odot B_0$。数据选择器的使能信号有效，其 3 位地址信号分别为：A_1、B_1、A_0。写出各输出的逻辑表达式

$$L_2 = \overline{L_1 + L_0}$$

$$L_1(A_1, B_1, A_0 \odot B_0) = \overline{\overline{m_1} \cdot \overline{m_7}} = m_1 + m_7 = \overline{A_1} \cdot \overline{B_1} \cdot A_0 \odot B_0 + A_1 \cdot B_1 \cdot (A_0 \odot B_0)$$

$$= (A_1 \odot B_1) \cdot (A_0 \odot B_0)$$

5 or

$$L_0(A_1,B_1,A_0)=\sum_{i=0}^{7} m_i D_i = m_0 D_0 + m_1 D_1 + m_2 D_2 + m_3 D_3 + m_4 D_4 + m_5 D_5 + m_6 D_6 + m_7 D_7$$

$$=\overline{A_1}\cdot\overline{B_1}\cdot\overline{A_0}\cdot B_0 + \overline{A_1}B_1\overline{A_0} + \overline{A_1}B_1 A_0 + A_1 B_1 \overline{A_0} B_0$$

根据逻辑表达式列出真值表见表 4.30。

表 4.30　　　　　　　　　　　　［例 4.28］真 值 表

$A_1\ B_1\ A_0\ B_0$	$L_2\ L_1\ L_0$	$A_1\ B_1\ A_0\ B_0$	$L_2\ L_1\ L_0$
0 0 0 0	0 1 0	1 0 0 0	1 0 0
0 0 0 1	0 0 1	1 0 0 1	1 0 0
0 0 1 0	1 0 0	1 0 1 0	1 0 0
0 0 1 1	0 1 0	1 0 1 1	1 0 0
0 1 0 0	0 0 1	1 1 0 0	0 1 0
0 1 0 1	0 0 1	1 1 0 1	0 0 1
0 1 1 0	0 0 1	1 1 1 0	1 0 0
0 1 1 1	0 0 1	1 1 1 1	0 1 0

　　由真值表可看出该逻辑电路为两位二进制数值比较器。当 $A_1A_0>B_1B_0$ 时，L_2 输出 1，其余输出 0；当 $A_1A_0=B_1B_0$ 时，L_1 输出 1，其余输出 0；当 $A_1A_0<B_1B_0$ 时，L_0 输出 1，其余输出 0。

　　【例 4.29】　画出两位十进制数码显示电路，输入为 8421BCD 码。

　　解：如图 4.71 所示为两位数码显示电路，$S_3S_2S_1S_0$ 为十位输入，$G_3G_2G_1G_0$ 为个位输入。7448（1）和 7448（2）分别将个位和十位 BCD 码输入转换成七段数码管的驱动电平，两位 7 段数码管分别显示个位和十位。7448（2）的测试端 $\overline{LT}$ 和灭零输入端 $\overline{RBI}$ 均接高电平即无效，因此其 $\overline{BI}/\overline{RBO}$ 输出 1 并送到 7448（1）的灭零输入端 $\overline{RBI}$ 使之无效，且 7448（1）的测试端 $\overline{LT}$ 也接高电平即无效，因此该数码显示电路不具备测试和灭零功能。

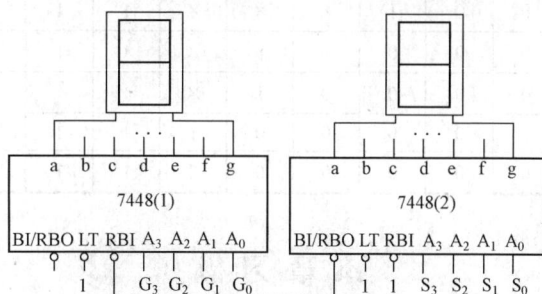

图 4.71　两位数码显示电路

　　【例 4.30】　分析如图 4.72 所示的 0～9 键盘编码显示电路。

　　解：该键盘编码显示电路主要由键盘输入电路、10 线—4 线优先编码器 74147、译码驱动器 7448 及 LED 七段数码显示器构成。74147 为低电平有效且高位优先的编码器，输出为低电平有效的 1 位 8421BCD 码，7448 为 BCD 显示译码器。

　　若按键 1～9 中有按键按下时，相应的编码器输入端接低电平，74147 其中最高位（即最大的数按键）进行编码并输出相应的 BCD 码，由于 74147 为 BCD 反码输出，通过非门之后转换成 BCD 原码输入到 7448，7448 进行译码并驱动七段数码管显示。

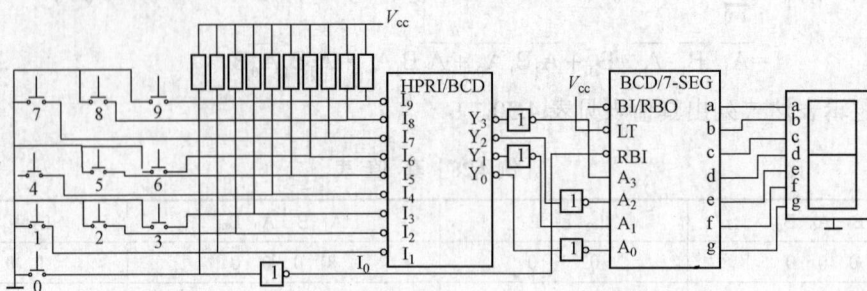

图 4.72　键盘编码显示电路

若按键 1～9 均未按下，则由按键 0 是否按下决定数码管是否显示 0。当按键 0 按下时，$I_0=1$，7448 的灭零输入 $\overline{\text{RBI}}$ 无效，则数码管显示 0；当按键 0 也未按下时，$I_0=0$，7448 的灭零输入 $\overline{\text{RBI}}$ 有效，因此数码管熄灭。

用 1 表示按键按下，0 表示不按下，该电路功能见表 4.31。

表 4.31　　　　　　　　　　　　　　键盘显示电路功能表

按 键 状 态										74147 译码输出				显示数码
9	8	7	6	5	4	3	2	1	0	$\overline{Y_3}$	$\overline{Y_2}$	$\overline{Y_1}$	$\overline{Y_0}$	
1	×	×	×	×	×	×	×	×	×	0	1	1	0	9
0	1	×	×	×	×	×	×	×	×	0	1	1	1	8
0	0	1	×	×	×	×	×	×	×	1	0	0	0	7
0	0	0	1	×	×	×	×	×	×	1	0	0	1	6
0	0	0	0	1	×	×	×	×	×	1	0	1	0	5
0	0	0	0	0	1	×	×	×	×	1	0	1	1	4
0	0	0	0	0	0	1	×	×	×	1	1	0	0	3
0	0	0	0	0	0	0	1	×	×	1	1	0	1	2
0	0	0	0	0	0	0	0	1	×	1	1	1	0	1
0	0	0	0	0	0	0	0	0	1	1	1	1	1	0
0	0	0	0	0	0	0	0	0	0	1	1	1	1	不显示

本 章 习 题

4.1　分析并计算题图 4.1 所示电路中 G_M 能够驱动多少同类非门？已知所有非门均为 74LS 系列电路。$I_{OLMAX}=8\text{mA}$，$I_{OHMAX}=0.4\text{mA}$，$I_{ILMIN}=0.4\text{mA}$，$I_{IHMIN}=20\mu\text{A}$。

4.2　某 TTL 门电路如题图 4.2 所示，列出 F 的真值表。

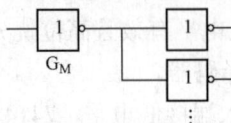

题图 4.1

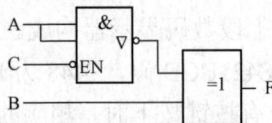

题图 4.2

4.3 分析题图 4.3（a）、（b）所示逻辑运算电路的功能。

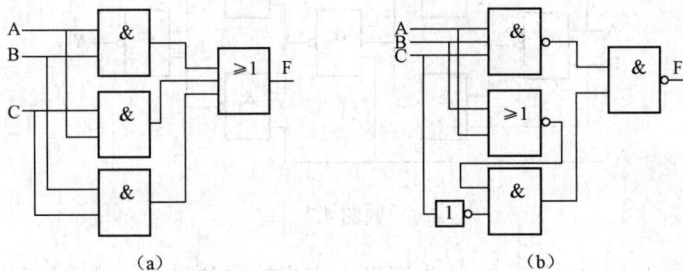

（a）   （b）

题图 4.3

4.4 分析题图 4.4 所示逻辑运算电路的功能。$C_2C_1C_0$ 为模式选择信号，分析此电路可以实现哪些逻辑运算？

4.5 分析题图 4.5 所示逻辑电路的功能。写出逻辑表达式，列出真值表，并指出 M=1 和 M=0 时电路分别实现了什么功能。

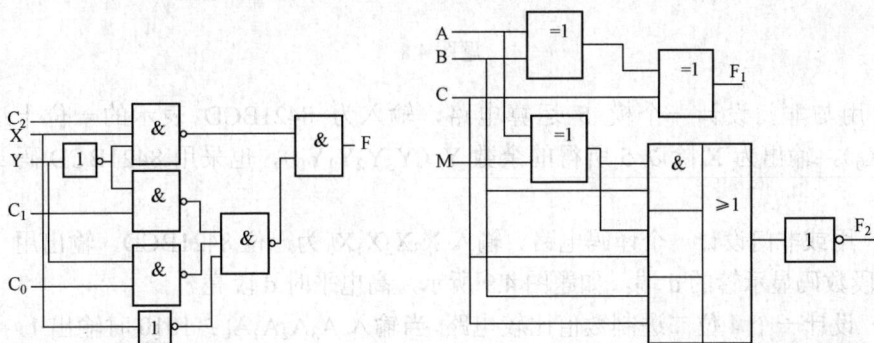

题图 4.4   题图 4.5

4.6 分析题图 4.6 所示电路。

（1）写出 F 和 G 的逻辑表达式；

（2）列出真值表，判断电路的功能；

（3）改用与非门实现此逻辑电路；

（4）改用或非门实现此逻辑电路。

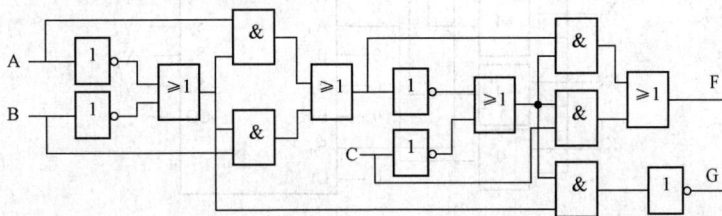

题图 4.6

4.7 分析题图 4.7 电路的逻辑，写出逻辑函数，列出真值表，说明电路逻辑功能的特点。

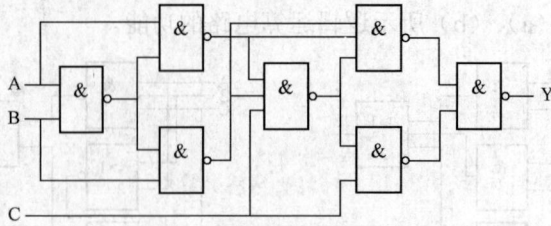

题图 4.7

4.8 在输入信号 A、B、C、D 的作用下，产生输出信号 F，波形如题图 4.8 所示。试用与非门设计完成该功能的组合逻辑电路。

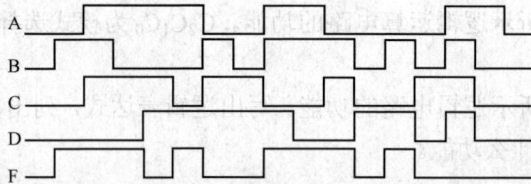

题图 4.8

4.9 用与非门设计一个模 5 运算电路，输入为 8421BCD 表示的一位十进制数 X（$X_3X_2X_1X_0$），输出为 X 除以 5 所得的余数 Y（$Y_3Y_2Y_1Y_0$），也采用 8421BCD 码表示。

4.10 用或非门设计一个译码电路。输入 $X_3X_2X_1X_0$ 为一位 8421BCD，输出用于控制七段数码显示管的 d 端，如题图 4.9 所示，高电平时 d 段亮。

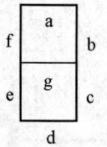

题图 4.9

4.11 设计一个 4 位二进制数值比较电路，当输入 $A_3A_2A_1A_0 \geqslant 1010$ 时输出 1，否则输出 0。

（1）用比较器 7485 实现；

（2）用加法器 74283 实现。

4.12 分析题图 4.10 所示电路的功能。

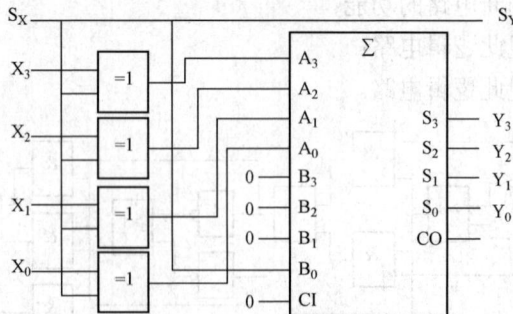

题图 4.10

4.13 以加法器 74283 为基本器件设计一位 BCD 码转换电路。输入 X 为控制信号，当 X=0 时，电路将输入的 8421 码，转换成余 3 码输出；当 X=1 时，电路将输入的余 3 码转换成 8421 码输出。

4.14　以 1 片 74283 加法器为基本器件实现 4×2 乘法器。被乘数和乘数分别为 $A_3A_2A_1A_0$ 和 B_1B_0。

4.15　设计一数据处理电路，其输入为 8421BCD 码，如果输入为 3 的倍数输出为 1，否则输出为 0。列出真值表，用 4 选 1MUX74153 实现。

4.16　某逻辑电路如题图 4.11 所示，A1A0 为控制信号，分析逻辑电路功能。

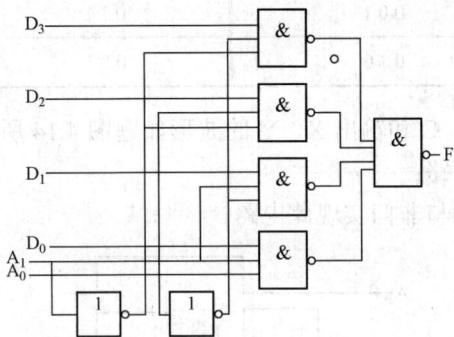

题图 4.11

4.17　分析题图 4.12 所示电路。

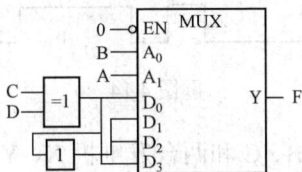

题图 4.12

4.18　用 4 选 1MUX74153 设计一个多功能逻辑运算电路。M_1、M_0 为功能控制输入信号，A、B 为输入逻辑变量，F 为输出，要求 M_1、M_0 取不同值电路分别具有不同逻辑功能如题表 4.1 所示。

题表 4.1

$M_1 M_0$	F	$M_1 M_0$	F
0　0	A	1　0	A+B
0　1	AB	1　1	A⊕B

4.19　用 8 选 1MUX74151 实现题 4.18 中的多功能逻辑运算电路。

4.20　用 8 选 1MUX74151 设计两位无符号二进制数 X（X_1X_0）、Y（Y_1Y_0）比较器，当 X>Y 时输出 1，否则输出 0。

4.21　分析题图 4.13 所示的逻辑电路，输入 DCBA 为 8421BCD 码，列出真值表，分析输出 F 所实现的电路功能。

4.22　设计一个代码转换电路，要求将 3 位步进码转换成

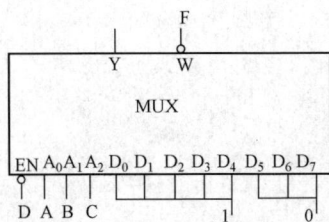

题图 4.13

二进制码。编码对应关系见题表 4.2。

题表 4.2

步进码	二进制码	步进码	二进制码
000	000	111	011
100	001	011	100
110	010	001	101

4.23 电路输入 A、B、C 和输出 X、Y 的波形如题图 4.14 所示。

（1）用与非门实现此电路；

（2）用译码器 74138 和与非门实现此电路。

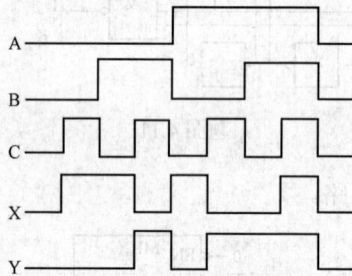

题图 4.14

4.24 某工厂有 3 个车间 A、B、C 和两台发电机 X、Y。若只有一个车间开工则启动 X，若有两个车间开工则启动 Y，若三个车间全部开工则 X、Y 均启动。用译码器 74138 和少量与门设计一个发电机控制电路。

4.25 某一热水器蓄水罐如题图 4.15 所示，A、B、C 电极被水浸没时会有信号输出。水面在 B 与 A 之间时为正常状态，绿灯 G 亮；水面在 BC 之间为异常状态，黄灯 Y 亮；水面在 A 以上或 C 以下时，为危险状态，红灯 R 亮。例如题图 4.15 中所示虚线水位时 A、B、C 输出分别为 0、1、1，绿灯 G 亮。设计实现该逻辑功能的电路。

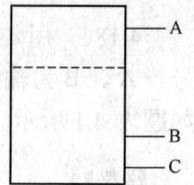

题图 4.15

（1）列出真值表；

（2）求出输出的最简与或表达式，用与非门实现；

（3）写出输出的最小项表达式，用译码器 74138 实现和少量门电路。

4.26 分析题图 4.16 所示电路功能。

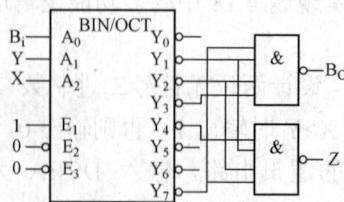

题图 4.16 题 4.26 逻辑电路

4.27 用编码器 74148 和译码器 74138 设计一个 8 线—3 线格雷码编码器，即编码器 3 位编码输出采用格雷码。3 位自然二进制码 $A_2A_1A_0$ 与格雷码 $B_2B_1B_0$ 的关系为：$B_2=A_2$，$B_1=A_2 \oplus A_1$，$B_0=A_1 \oplus A_0$。

4.28 用 74138 和少量门电路设计一个加/减法器。该电路在 M 控制下进行加/减法运算。当 M=0 时实现全加器功能；当 M=1 时实现全减器功能。

4.29 设计一个交通灯故障检测电路。若 R、G、Y 三盏灯中有且只有一盏灯亮，输出 L=0，表示无故障；若无灯亮或有两盏及两盏以上灯亮，则输出 L=1，表示出现故障。

（1）列出真值表；

（2）用与非门实现该电路；

（3）用译码器 74138 和少量门电路实现该电路；

4.30 用 74139 为基本器件组成 4—16 译码器。

4.31 用 4 选 1 数据选择器实现 4 变量不一致判别电路。

4.32 分析题图 4.17 所示电路的逻辑功能。

4.33 分析题图 4.18 所示电路的逻辑功能。

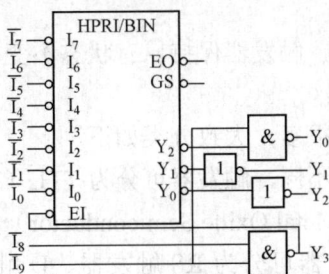

题图 4.17

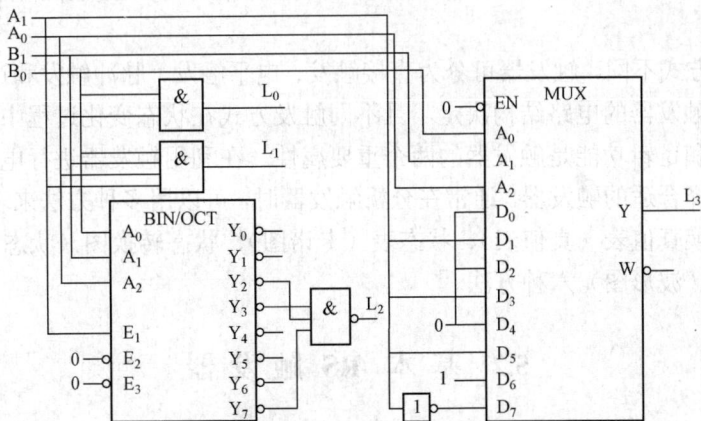

题图 4.18

第 5 章 触 发 器

5.1 概 述

触发器（Flip-Flop，简称 FF）是数字电路中基本逻辑单元之一，是存储一位二值信息的单元电路，能够接收、保存和输出二进制数码 0 和 1。

1. 触发器的特点

数字电路的基本工作信号是二进制数字信息，为了实现对一位二进制信号的记忆功能，触发器应具有以下特点。

（1）具有两个稳定状态，分别为 0 状态和 1 状态。

（2）在触发信号作用下，根据不同的输入信号可将触发器输出状态置成"0"稳态和"1"稳态。

（3）在没有触发信号作用时，触发器保持原有状态不变，即触发器具有记忆功能。

2. 触发器的类型

目前，触发器的类型和种类很多，大致分类如下。

（1）按电路使用的开关元件不同，触发器可分为 TTL（Transistor-Transistor Logic）型触发器和 CMOS（Complementary Metal Oxide Semiconductor）型触发器。

（2）按逻辑功能不同，触发器可分为 RS 触发器、D 触发器、JK 触发器、T 触发器和 T′触发器。

（3）按电路结构不同，触发器可分为基本 RS 触发器、同步触发器、主从触发器和边沿触发器。

（4）按触发方式不同，触发器可分为直接触发、电平触发、脉冲触发和边沿触发触发器。

触发方式由触发器的电路结构决定，且不同触发方式在状态变化过程中具有不同的动作特点。触发方式和逻辑功能是触发器的两个重要属性。在利用触发器进行电路设计时，需要根据设计要求选择合适的触发器。通常在分析触发器时，可以用多种方法来表示其逻辑功能。一般使用状态转换真值表（真值表）、状态表（卡诺图）、状态转换图（状态图）、状态方程、激励表及时序图（波形图）六种方法。

5.2 基 本 RS 触 发 器

基本 RS 触发器（RS 锁存器）是各种触发器中最简单的一种，是构成其他各种功能触发器的基本单元，它可由或非门或与非门构成，其工作特性略有不同。本节主要讨论由与非门组成的基本 RS 触发器。

5.2.1 与非门组成的基本 RS 触发器

1. 电路结构与逻辑符号

基本 RS 触发器又称直接置位—直接复位触发器，可由两个与非门交叉耦合构成，其逻辑电路如图 5.1（a）所示。从图 5.1（a）中可以看出，电路结构特点为 $\bar{S}$ 和 $\bar{R}$ 是触发器的两个输入端，又称激励端或控制端。其中，$\bar{S}$ 为置位（Set）端，又称置"1"端，$\bar{R}$ 为复位（Reset）端，又称置"0"端。Q 和 $\bar{Q}$ 是触发器的两个互补输出端，且用 Q 端的逻辑电平表示触发器所处的状态。当 Q=1、$\bar{Q}$=0 时，触发器处于 1 状态。当 Q=0、$\bar{Q}$=1 时，触发器处于 0

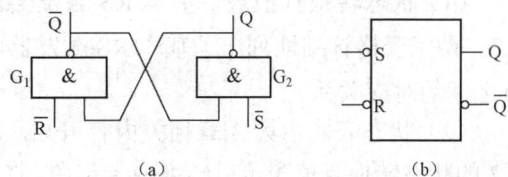

图 5.1　与非门构成的基本 RS 触发器及逻辑符号
(a) 与非门逻辑电路；(b) 逻辑符号

状态。图 5.1（b）为其逻辑符号。逻辑符号中的小圆圈表示为低电平有效，即输入信号为低电平时对触发器起作用，这是由与非门的逻辑特点决定的。

2. 触发器工作原理

基本 RS 触发器具有两个输入端，所以共有 4 种组合输入信号，其工作原理具体如下。

（1）若 $\bar{R}$=1、$\bar{S}$=1 时，两输入与非门的输出为另一端输入的反变量，而与非门 G_2 的另一端输入为 $\bar{Q}$，与非门 G_1 的另一端输入为 Q，经过与非门之后，输出状态稳定在原有状态不变。

（2）若 $\bar{R}$=0、$\bar{S}$=1 时，因为 $\bar{R}$=0，与非门 G_1 的输出与另一端输入无关，即 $\bar{Q}$=1，又因为 $\bar{S}$=1，故与非门 G_2 的两个输入全为高电平 1，所以 Q=0，即触发器置 0。

（3）若 $\bar{R}$=1、$\bar{S}$=0 时，因为 $\bar{S}$=0，与非门 G_2 的输出与另一端输入无关，即 Q=1，又因为 $\bar{R}$=1，故与非门 G_1 的两个输入全为高电平 1，所以 $\bar{Q}$=0，即触发器置 1。

（4）若 $\bar{R}$=0、$\bar{S}$=0 时，触发器不允许出现此类情况。原因有两方面，一方面，当 $\bar{R}$=0、$\bar{S}$=0 时，两个与非门的输出 Q=$\bar{Q}$=1，这破坏了触发器的两个输出应该是互补的逻辑关系。另一方面，$\bar{R}$ 和 $\bar{S}$ 同时由 0 跃变为 1 时，因为与非门 G_1 和 G_2 的传输延时时间不可能完全相同，故触发器的状态输出不固定。设与非门 G_1 和 G_2 的传输延时时间分别为 t_{pd1} 和 t_{pd2}，若 $t_{pd1}<t_{pd2}$，则 $\bar{Q}$ 先跃变为 0，从而触发器输出 Q=1 保持不变；若 $t_{pd1}>t_{pd2}$，则 Q 先跃变为 0，从而触发器输出 $\bar{Q}$=1 保持不变。因为两个与非门的传输延时时间难以固定，故触发器的状态难以预测。

综上分析，当输入 $\bar{R}$ 和 $\bar{S}$ 取不同的状态组合时，基本 RS 触发器实现不同的功能，其功能描述见表 5.1。

3. 逻辑功能描述

在工作原理分析过程中可知，当输入不同的状态组合时，输出状态不同。为更清楚地描述触发器的工作特性，将触发器在变化前后的状态分别称为现态和次态。

输入信号作用的 t 时刻，触发器所处的状态称为现态，用 Q^n 表示。t 时刻输入信号作用后，触发器获得的新状态称为次态，用 Q^{n+1} 表示。

表 5.1　　　　　　　　　　　　　基本 RS 触发器的功能表

$\bar{R}$	$\bar{S}$	Q	$\bar{R}$	$\bar{S}$	Q
0	0	1（不允许）	1	0	置 1
0	1	置 0	1	1	保持

下面分别从状态转换真值表、状态表、状态图、状态方程、激励表及时序图六个方面进行功能描述。

（1）状态转换真值表。基本 RS 触发器的状态转换真值表见表 5.2，其简化真值表见表 5.3。两张表格详细地列出了基本 RS 触发器的次态 Q^{n+1} 和现态 Q^n 以及触发器的两个输入 $\overline{R}$、$\overline{S}$ 之间的对应关系。

（2）状态表。由第 3 章相关内容可知，真值表可以转换成卡诺图进行分析。同样，见表 5.2 的状态转换真值表可以转换成卡诺图，在时序电路中的卡诺图称为状态表，如图 5.2 所示。该图的横坐标为触发器的四种输入组合，纵坐标为现态。每个小方格里的状态值为该小方格对应的现态和输入组合作用下的次态。由基本 RS 触发器的功能分析可知，$\overline{R}$ 和 $\overline{S}$ 不能同时为 0，即为约束条件（约束项），在状态表中对应的小方格内填 "×"。

表 5.2　　　　　　　　　　　　　基本 RS 触发器的状态转换真值表

$\overline{R}$	$\overline{S}$	Q^n	Q^{n+1}	$\overline{R}$	$\overline{S}$	Q^n	Q^{n+1}
0	0	0	1（不允许）	1	0	0	1
0	0	1	1（不允许）	1	0	1	1
0	1	0	0	1	1	0	0
0	1	1	0	1	1	1	1

表 5.3　　　　　　　　　　　　　基本 RS 触发器的状态转换简化真值表

$\overline{R}$	$\overline{S}$	Q^{n+1}	$\overline{R}$	$\overline{S}$	Q^{n+1}
0	0	1（不允许）	1	0	1
0	1	0	1	1	Q^n

（3）状态图。基本 RS 触发器的状态表的图形描述方式，称为状态转换图（状态图），如图 5.3 所示。图 5.3 中，圆圈及其中的数码表示触发器的状态。一个触发器有两个状态，分别为 0 和 1，所以对应两个圆圈。每一根指向线表示在某一现态及某一输入组合共同作用下应达到的次态。

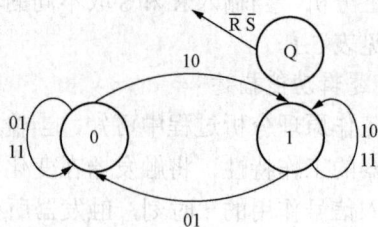

图 5.2　基本 RS 触发器的状态表　　　　　图 5.3　基本 RS 触发器的状态图

当现态 $Q^n=0$，$\overline{R} \cdot \overline{S}=01$ 或 11 时，指向线应指向（即达到）次态 $Q^{n+1}=0$。

当现态 $Q^n=0$，$\overline{R} \cdot \overline{S}=10$ 时，指向线应指向次态 $Q^{n+1}=1$。

当现态 $Q^n=1$，$\overline{R} \cdot \overline{S}=01$ 时，指向线应指向次态 $Q^{n+1}=0$。

当现态 $Q^n=1$，$\overline{R} \cdot \overline{S}=10$ 或 11 时，指向线应指向次态 $Q^{n+1}=1$。

（4）状态方程及约束方程。描述触发器逻辑功能的函数表达式称为状态方程或特征方程。对图 5.2 所示的状态表按卡诺图化简，可得出基本 RS 触发器的状态方程及约束方程为

$$Q^{n+1}=\overline{S}+\overline{R}Q^n \qquad (5\text{-}1)$$

约束条件为 $\overline{R}+\overline{S}=1$ ，其表示触发器的输入不能同时为 0。

（5）激励表。激励表（又称驱动表）表示触发器由现态 Q^n 转移至次态 Q^{n+1} 时所需要的外部输入信号。基本 RS 触发器的激励表见表 5.4。

由表 5.4 可知，当现态 $Q^n=0$ 欲转移至次态 $Q^{n+1}=0$ 时，所需触发器的外部输入信号 $\overline{R}=1$、$\overline{S}=1$，即触发器保持原来的状态 0；或者 $\overline{R}=0$、$\overline{S}=1$，即触发器置 0。因此，只要 $\overline{S}=1$，无论 $\overline{R}$ 为 0 还是 1，即 $\overline{R}=\times$，触发器均能实现现态 0 到次态 0 的转移。

表 5.4　　　　　　　　　　　　　基本 RS 触发器的激励表

Q^n	Q^{n+1}	$\overline{R}$	$\overline{S}$	Q^n	Q^{n+1}	$\overline{R}$	$\overline{S}$
0	0	×	1	1	0	0	1
0	1	1	0	1	1	1	×

当现态 $Q^n=0$ 欲转移至次态 $Q^{n+1}=1$ 时，所需触发器的外部输入信号 $\overline{R}=1$、$\overline{S}=0$，即触发器置 1。

当现态 $Q^n=0$ 欲转移至次态 $Q^{n+1}=1$ 时，所需触发器的外部输入信号 $\overline{R}=0$、$\overline{S}=1$，即触发器置 0。

当现态 $Q^n=0$ 欲转移至次态 $Q^{n+1}=1$ 时，所需触发器的外部输入信号 $\overline{R}=1$、$\overline{S}=1$，即触发器保持原来的状态 1；或者 $\overline{R}=1$、$\overline{S}=0$，即触发器置 1。因此，只要 $\overline{R}=1$，无论 $\overline{S}$ 为 0 还是 1，即 $\overline{S}=\times$，触发器都能实现现态 1 到次态 1 的转移。

（6）时序图。时序逻辑电路中的工作波形图又称时序图，也可以描述触发器的逻辑功能。如图 5.4 所示为基本 RS 触发器的时序图，该图反映了基本 RS 触发器的输出 Q 和 $\overline{Q}$ 随输入 $\overline{R}$ 和 $\overline{S}$ 的变化情况。

上述描述的是由与非门构成的基本 RS 触发器。而由两个或非门交叉连接构成的基本 RS 触发器的工作原理和与非门构成的基本 RS 触发器相似，只是输入信号为高电平或正脉冲触发。如图 5.5～图 5.7 所示分别为由或非门构成的基本 RS 触发器及逻辑符号、状态表及状态图，表 5.5～表 5.7 分别为功能表、简化真值表和激励表。具体分析过程请读者自行分析。

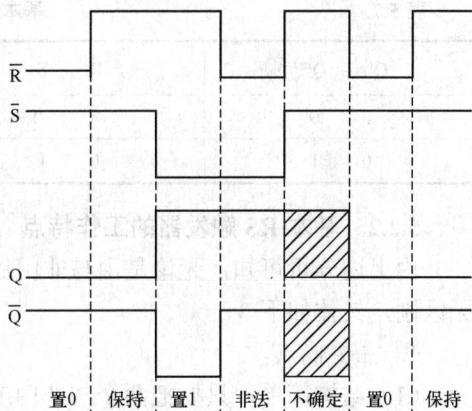

图 5.4　基本 RS 触发器的时序图

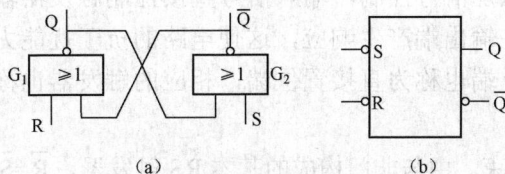

图 5.5　或非门构成的基本 RS 触发器及逻辑符号

（a）或非门结构；（b）逻辑符号

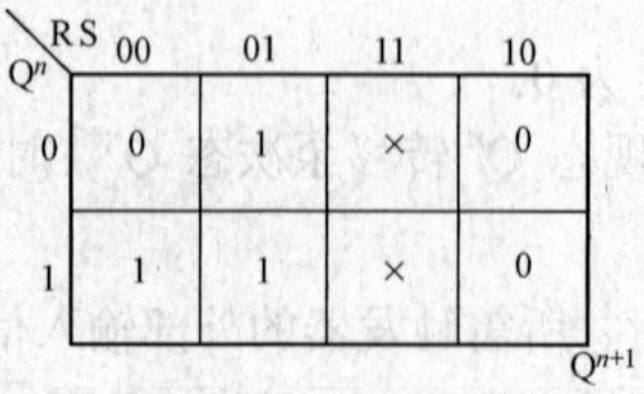

Q^n \ RS	00	01	11	10
0	0	1	×	0
1	1	1	×	0

Q^{n+1}

图 5.6　基本 RS 触发器状态表

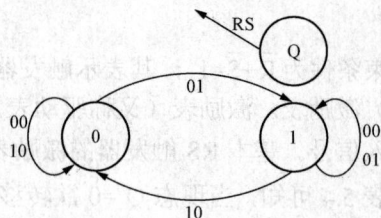

图 5.7　基本 RS 触发器状态图

表 5.5　　　　　　　　　　　基本 RS 触发器功能表

R	S	Q	R	S	Q
0	0	保持	1	0	置0
0	1	置1	1	1	0(不允许)

表 5.6　　　　　　　　　　　基本 RS 触发器简化真值表

R	S	Q^{n+1}	R	S	Q^{n+1}
0	0	Q^n	1	0	0
0	1	1	1	1	0(不允许)

表 5.7　　　　　　　　　　　基本 RS 触发器激励表

Q^n	Q^{n+1}	R	S	Q^n	Q^{n+1}	R	S
0	0	×	0	1	0	1	0
0	1	0	1	1	1	0	×

5.2.2　基本 RS 触发器的工作特点

由上述分析可知，无论是由与非门还是由或非门构成的基本 RS 触发器，其优、缺点并无区别，具体如下。

1. 主要优点

（1）结构简单，只要把两个与非门或者或非门相互交叉连接即可，是构成其他类型触发器的基础结构形式。

（2）具有置 0、置 1 和保持功能。

2. 存在问题

（1）在电路中没有触发信号控制，输入信号直接控制触发器输出端状态，任何时间输入信号发生变化会立刻在输出端产生响应，这使电路的抗干扰能力下降。触发器的复位端也称为直接复位端，置位端也称为直接置位端，相应的触发器也称为直接置位—直接复位 RS 触发器。

（2）$\overline{R}$、$\overline{S}$ 之间有约束。由与非门构成的基本 RS 触发器，$\overline{R}=\overline{S}=0$ 时，$Q=\overline{Q}=1$，由或非门构成的基本 RS 触发器，R=S=1 时，$Q=\overline{Q}=1$，在触发器使用过程中禁止出现这种情况。显然，这个缺点也限制了基本 RS 触发器的使用范围。

5.2.3　集成基本 RS 触发器

在实际电路设计中，集成芯片的使用率很高，一块集成芯片中包含多个基本 RS 触发器。表 5.8 中列出了几种典型的集成基本 RS 触发器。

表 5.8　　　　　　　　　　　　　典型集成基本 RS 触发器

型　号	特　性	输　入	输　出
74279	4RS、与非门结构	R、S 低电平有效	Q
CD4043B	4RS、或非门结构	R、S 高电平有效	Q（三态输出）
CD4044B	4RS、与非门结构	R、S 低电平有效	Q（三态输出）

1．74279

74279 为 TTL 集成基本 RS 触发器，$\bar{S}$、$\bar{R}$ 端低电平有效。其逻辑电路图及引脚图如图 5.8 所示。在一块芯片内，同时集成了四个基本 RS 触发器，分别为两个如图 5.8（a）所示的电路结构和两个如图 5.8（b）所示的电路结构。74279 的真值表见表 5.9。

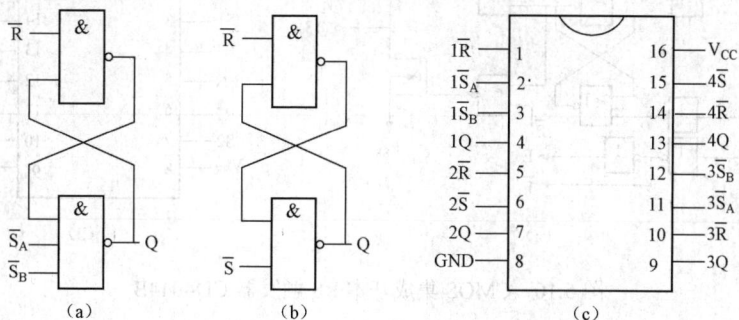

图 5.8　TTL 集成基本 RS 触发器 74279

（a）逻辑电路图 1；（b）逻辑电路图 2；（c）引脚图

表 5.9　　　　　　　　　　　　　54/74279 真 值 表

$\bar{S}$	$\bar{R}$	Q	$\bar{S}$	$\bar{R}$	Q
0	0	×	1	0	0
0	1	1	1	1	Q^n

对于有 $\bar{S}_A$、$\bar{S}_B$ 的锁存器，1 表示 $\bar{S}_A$ 和 $\bar{S}_B$ 均为高电平 1；0 表示 $\bar{S}_A$ 和 $\bar{S}_B$ 均为低电平 0 或者 $\bar{S}_A$ 和 $\bar{S}_B$ 之一为低电平 0；×表示状态不确定；Q^n 表示保持。

2．CD4043B/CD4044B

CD4043 为四交叉耦合三态 CMOS 或非门 RS 锁存触发器，高电平触发；CD4044 为四交叉耦合三态 CMOS 与非门锁存触发器，低电平触发。均具有独立 Q 输出端和单独的置位 S 和复位 R 输入端。Q 输出有三态功能，由公共的三态控制输入端 EN 控制。当 EN 为高电平时，Q 端输出内部锁存器的状态；当 EN 为低电平时，Q 端呈高阻抗状态。CD4043B 和 CD4044B 的逻辑电路图、引脚图以及功能表分别如图 5.9、图 5.10 及表 5.10 和表 5.11 所示。

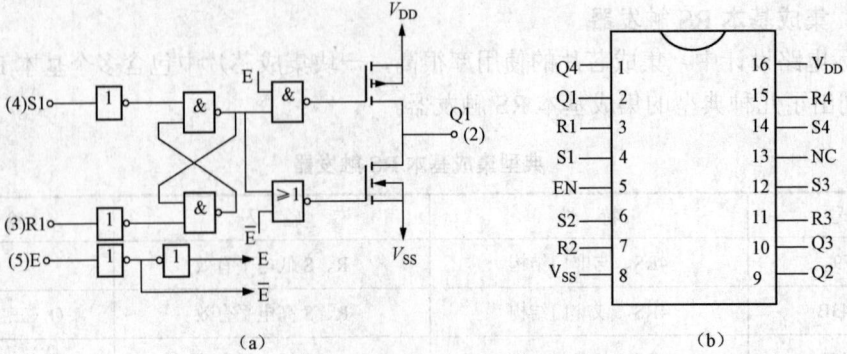

图 5.9　CMOS 集成基本 RS 触发器 CD4043B

（a）逻辑电路图；（b）引脚图

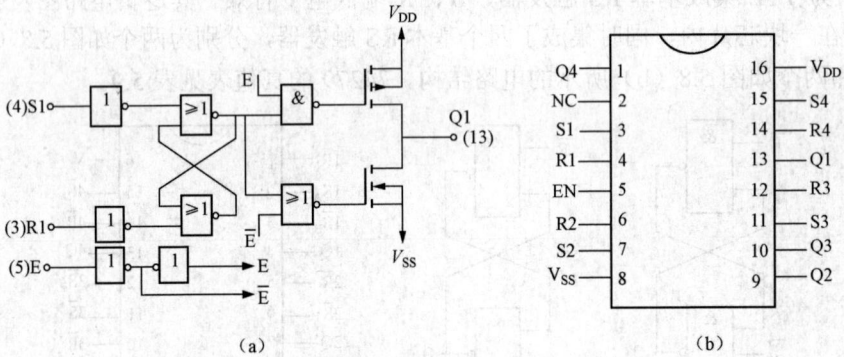

图 5.10　CMOS 集成基本 RS 触发器 CD4044B

（a）逻辑电路图；（b）引脚图

表 5.10　　　　　　　　　　CD4043B 功 能 表

S	R	E	Q		S	R	E	Q
×	×	0	高阻态		0	1	1	0
0	0	1	保持		1	1	1	1（不允许）
1	0	1	1					

表 5.11　　　　　　　　　　CD4044B 功 能 表

S	R	E	Q		S	R	E	Q
×	×	0	高阻态		1	0	1	0
1	1	1	保持		0	0	1	0（不允许）
0	1	1	1					

3. 应用举例

利用基本 RS 触发器置 0、置 1 的功能，可以消除机械开关的抖动。机械开关的触点通常由金属片组成，在两触点接触或脱离的瞬间，可能会出现抖动的现象。如图 5.11 所示为开关 K 离开 1 到接触 2 的过程中，由于开关的机械抖动，信号 A 和 $\overline{A}$ 的示意图。这种抖动由于连续产生了一系列的寄生脉冲，有可能引起电路的误动作，因此要消除。如图 5.12 所示为一种利用基本 RS 触发器消除机械抖动的电路。在该电路中，在开关 K 离开 1 的瞬间，尽管 1 端电平产生抖动，但由于 2 端电平仍为 1（对应的 $\overline{S}=1$），所以 Q 保持 0 不变。当 K 接触到 2 端时，第一个负脉冲将 Q 置 1，此后由于 1 端电平为 1（对应的 $\overline{R}=1$），所以 Q 保持 1 不变，从而消除了机械开关动作时所产生的信号抖动。

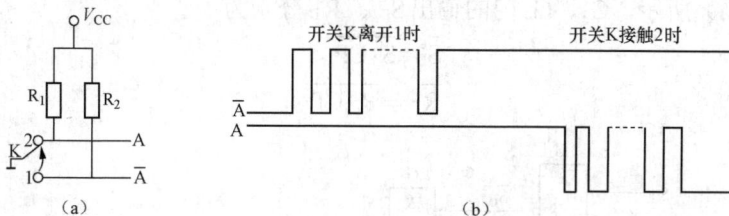

图 5.11 机械开关的接触抖动现象

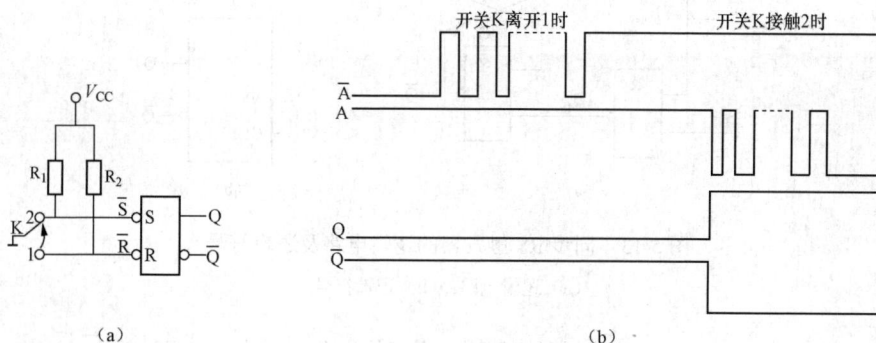

图 5.12 机械开关抖动的消除

5.3 同 步 触 发 器

因为基本 RS 触发器会出现动作混乱、节拍不一致的现象。为克服这种不足，在触发器输入端增加时钟控制信号 CP（Clock Pulse），使触发器按照一定的时间节拍动作。这种触发器称为钟控触发器。分为时钟脉冲和控制信号两种输入。当时钟脉冲信号输入有效时，触发器的输出取决于控制信号的状态；当时钟信号输入无效时，触发器的输出不受控制信号状态的影响，保持原来状态不变。根据 CP 触发方式的不同，钟控触发器包括同步时钟触发器、主从时钟触发器和边沿时钟触发器。本节主要介绍同步时钟触发器，简称同步触发器。

同步触发器由 CP 电平控制触发，根据触发方式的不用，分为高电平触发和低电平触发两种类型。根据控制信号的不同，分为 RS、D、JK、T 和 T′等多种逻辑功能电路。

5.3.1 同步 RS 触发器

1. 电路结构与逻辑符号

同步 RS 触发器是在基本 RS 触发器的基础上构成，逻辑电路和逻辑符号如图 5.13 所示。如图 5.13（a）所示，逻辑电路包括两个部分：一部分由与非门 G₁、G₂ 构成基本 RS

触发器；另一部分由与非门 G_3、G_4 构成输入控制电路。其中 R、S 为控制信号输入端，R 为置 0 端、S 为置 1 端，CP 为时钟脉冲输入端。如图 5.13（b）所示，逻辑符号中的 C1 表示 CP 的编号，是时钟脉冲信号的输入端。而 1S、1R 分别表示受 C1 端的 CP 控制的两个输入信号。

2. 触发器工作原理

如图 5.13（a）所示，G_3、G_4 门的输出 $\overline{S}_D$、$\overline{R}_D$ 分别为

$$\overline{S}_D = \overline{S \cdot CP}$$

$$\overline{R}_D = \overline{R \cdot CP}$$

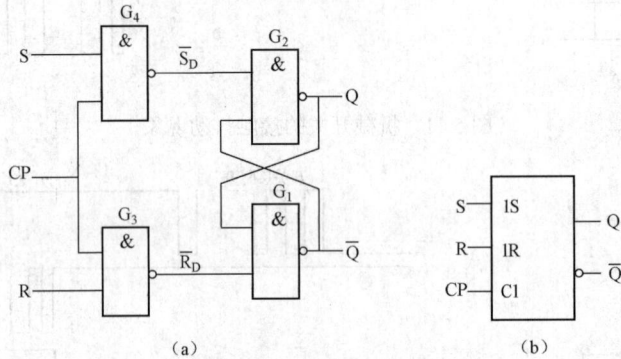

图 5.13　同步 RS 触发器的逻辑电路及逻辑符号

（a）逻辑电路；（b）逻辑符号

（1）当 CP=0 时，G_3、G_4 门被封锁，两个门的输出均为高电平，即 $\overline{S}_D = \overline{R}_D = 1$。此时，输入信号 R、S 不起作用，无论其为何值，触发器的输出状态 Q、$\overline{Q}$ 保持不变。

（2）当 CP=1 时，G_3、G_4 门封锁解除，输入信号 R、S 通过 G_3、G_4 作用于 G_1、G_2，此时，$\overline{S}_D = \overline{S}$、$\overline{R}_D = \overline{R}$，触发器的状态按照基本 RS 触发器的规律变化。

综上所述，同步 RS 触发器在 CP=1 期间与基本 RS 触发器的功能相同，而在 CP=0 期间，触发器的输出维持原来状态不变。其功能表见表 5.12。

表 5.12　　　　　　　　　　　　同步 RS 触发器的功能表

GP	R S	Q
0	× ×	保持
1	0 0	保持
1	0 1	置 1
1	1 0	置 0
1	1 1	1（不允许）

把 CP=1 期间工作，而 CP=0 期间输出状态保持不变的这类触发器称为高电平触发的触发器。其逻辑符号表示如图 5.13（b）所示，外部时钟信号直接连在时钟输入端 C1。相反，把 CP=0 期间工作，而 CP=1 期间输出状态保持不变的这类触发器称为低电平触发的触发器。在

逻辑符号表示中，时钟输入信号 C1 端加一个小圆圈，其表示形式
如图 5.14 所示。

3. 逻辑功能描述

同步 RS 触发器状态转换真值表见表 5.13。由表 5.13 可知，在
CP=1 时，同步 RS 触发器具有保持、置 0、置 1 的功能。激励表见
表 5.14，如图 5.15 所示为其状态表，如图 5.16 所示为其状态图，特
性方程如式为（5-2）。

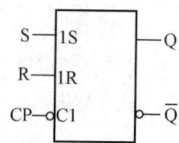

图 5.14　低电平触发的
RS 触发器逻辑符号

表 5.13　　　　　　　　　　　　同步 RS 触发器的状态转换真值表

CP	R	S	Q^n	Q^{n+1}
1	0	0	0	0
1	0	0	1	1
1	0	1	0	1
1	0	1	1	1
1	1	0	0	0
1	1	0	1	0
1	1	1	0	1（不允许）
1	1	1	1	1（不允许）

表 5.14　　　　　　　　　同步 RS 触发器的激励表（CP=1 期间）

Q^n	Q^{n+1}	R	S	Q^n	Q^{n+1}	R	S
0	0	×	0	1	0	1	0
0	1	0	1	1	1	0	×

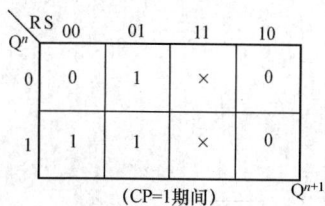

图 5.15　同步 RS 触发器的状态表

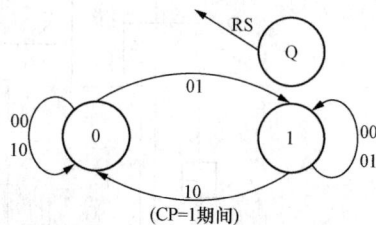

图 5.16　同步 RS 触发器的状态图

对图 5.15 进行卡诺图化简，可得同步 RS 触发器状态方程

$$Q^{n+1}=S+\overline{R}Q^n \quad (CP=1) \tag{5-2}$$

约束方程为 RS=0 。

同步 RS 触发器的时序图如图 5.17 所示。从该图中可以清晰地观察到时钟信号 CP 对触
发器状态转换的影响。当 CP 由 1 变化为 0 时，若 S=R=1，则触发器状态不确定。

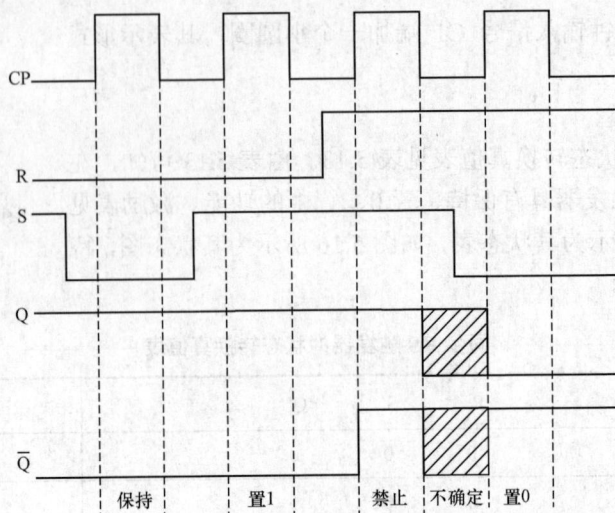

图 5.17 同步 RS 触发器的时序图

5.3.2 同步 D 触发器

1. 电路结构和逻辑符号

由上述分析可知，同步 RS 触发器在工作过程中存在约束条件，使其应用受到了局限。为克服触发器对输入信号的限制，将同步 RS 触发器的电路结构稍加改动即可。电路结构如图 5.18（a）所示，只要将触发器的 S 和 R 通过一个反相器连接，然后将 S 更名为 D。当 CP=1 时，$\overline{S_D}=\overline{S}=\overline{D}$，$\overline{R_D}=\overline{R}=D$，即 S 和 R、$\overline{S_D}$ 和 $\overline{R_D}$ 始终为互反状态，也排除了 R=S=1 出现的可能性，即解除了同步 RS 触发器的约束条件。这种只有一个输入的触发器，称为同步 D 触发器（或 D 锁存器）。逻辑符号如图 5.18（b）所示。

2. 触发器工作原理

如图 5.18（a）所示，G_3、G_4 门的输出 $\overline{S_D}$、$\overline{R_D}$ 分别为

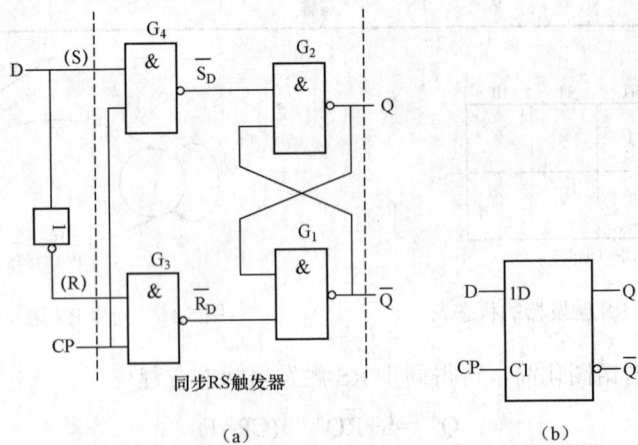

图 5.18 同步 D 触发器的电路结构与逻辑符号

（a）电路结构；（b）逻辑符号

$$\overline{S_D}=\overline{D \cdot CP} \tag{5-3}$$

$$\overline{R_D}=\overline{\overline{D}\cdot CP}$$ (5-4)

（1）当 CP=0 时，G_3、G_4 门被封锁，两个门的输出均为高电平，即 $\overline{S_D}=\overline{R_D}=1$。此时，输入信号 D 不起作用，触发器的输出状态 Q、$\overline{Q}$ 保持不变。

（2）当 CP=1 时，G_3、G_4 门封锁解除，输入信号 D 通过 G_4 作用于 G_2，$\overline{D}$ 通过 G_3 作用于 G_1，此时，$\overline{S_D}=\overline{D}$、$\overline{R_D}=D$，由基本 RS 触发器的变化规律可知，输出信号 Q 的状态始终和输入信号 D 的状态保持一致。

综上所述，同步 D 触发器的功能见表 5.15。

表 5.15   同步 D 触发器的功能表

CP	D	Q
0	×	保持
1	0	0
1	1	1

3. 逻辑功能描述

如图 5.19 所示为同步 D 触发器的状态表，如图 5.20 所示为其状态图。表 5.16 是状态转换真值表，激励表见表 5.17。特性方程为式（5-5）。

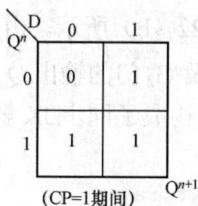

图 5.19 同步 D 触发器的状态表

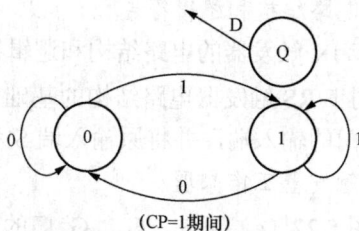

图 5.20 同步 D 触发器的状态图

表 5.16   同步 D 触发器的状态转换真值表

CP	D	Q^n	Q^{n+1}
1	0	0	0
1	0	1	0
1	1	0	1
1	1	1	1

表 5.17   同步 D 触发器的激励表（CP=1 期间）

Q^n	Q^{n+1}	D	Q^n	Q^{n+1}	D
0	0	0	1	0	0
0	1	1	1	1	1

对图 5.19 进行卡诺图法化简，可得同步 D 触发器的状态方程为

$$Q^{n+1}=D \quad (CP=1) \tag{5-5}$$

同步 D 触发器的时序图如图 5.21 所示。

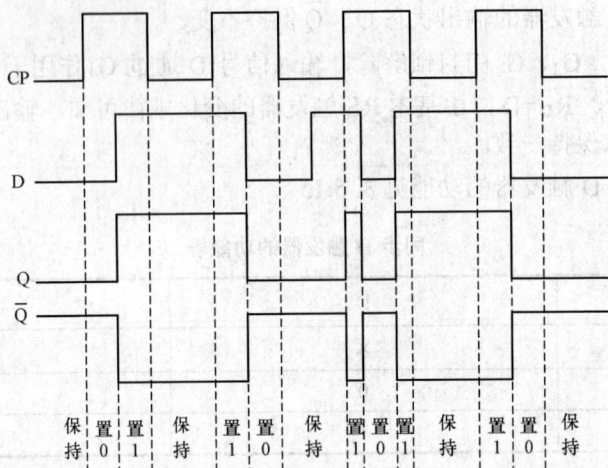

图 5.21　同步 D 触发器的时序图

5.3.3　同步 JK 触发器

1. 电路结构和逻辑符号

同步 JK 触发器的电路结构和逻辑符号如图 5.22（a）、5.22（b）所示。由图 5.22（a）可见，在同步 RS 触发器电路结构的基础上，将 G_1 门的输出 $\overline{Q}$ 及 G_2 门的输出 Q 分别连接到 G_4 门和 G_3 门的输入端，并将原输入端 S 和 R 更名为 J 和 K，即构成了同步 JK 触发器。

2. 触发器工作原理

由图 5.22（a）可知，G_3、G_4 门的输出 $\overline{S}_D$、$\overline{R}_D$ 分别为

$$\overline{S}_D=\overline{J \cdot \overline{Q^n} \cdot CP} \tag{5-6}$$

$$\overline{R}_D=\overline{K \cdot Q^n \cdot CP} \tag{5-7}$$

（1）当 CP=0 时，G_3、G_4 门被封锁，$\overline{S}_D=\overline{R}_D=1$，触发器的输出状态 Q、$\overline{Q}$ 保持不变。

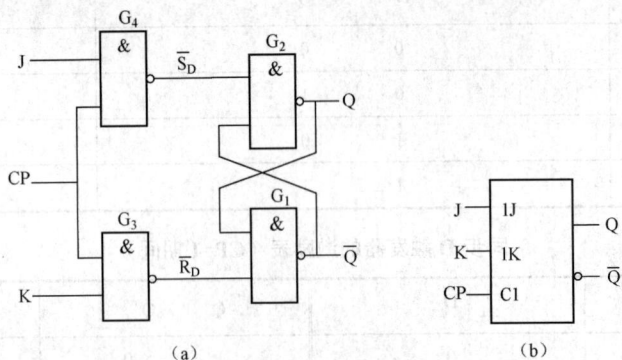

图 5.22　同步 JK 触发器的电路结构和逻辑符号

（a）电路结构；（b）逻辑符号

（2）当 CP=1 时，G_3、G_4 门封锁解除，$\overline{S}_D=\overline{J\overline{Q^n}}$，$\overline{R}_D=\overline{KQ^n}$。将此基本 RS 触发器的特征方程式（5-2），得出同步 JK 触发器的状态方程为

$$Q^{n+1}=\overline{\overline{S}+\overline{R}Q^n}=J\overline{Q^n}+\overline{KQ^n}Q^n=J\overline{Q^n}+\overline{K}Q^n \tag{5-8}$$

由式（5-8）可知，Q、$\overline{Q}$ 的条件互补，约束条件自动满足，因此也解决了 R、S 的约束问题。

3. 逻辑功能描述

由状态方程（5-8）可得同步 JK 触发器的状态转换真值表，见表 5.18。归纳出其功能见表 5.19。同时，还可列出在 CP=1 期间的状态表、状态图及激励表，分别如图 5.23、图 5.24、表 5.20 所示。

表 5.18　　　　　　　　　　　同步 JK 触发器的状态转换真值表

CP	J	K	Q^n	Q^{n+1}
1	0	0	0	0
1	0	0	1	1
1	0	1	0	0
1	0	1	1	0
1	1	0	0	1
1	1	0	1	1
1	1	1	0	1
1	1	1	1	0

表 5.19　　　　　　　　　　　同步 JK 触发器的功能表

CP	J	K	Q
0	×	×	保持
1	0	0	保持
1	0	1	0
1	1	0	1
1	1	1	取反

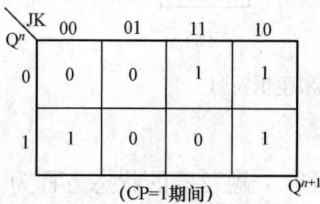

图 5.23　同步 JK 触发器的状态表

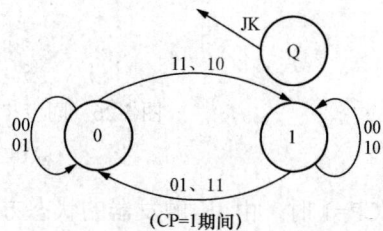

图 5.24　同步 JK 触发器的状态图

表 5.20 同步 JK 触发器的激励表（CP=1 期间）

Q^n	Q^{n+1}	J	K	Q^n	Q^{n+1}	J	K
0	0	0	×	1	0	×	1
0	1	1	×	1	1	×	0

同步 JK 触发器的时序图如图 5.25 所示。从时序图中可以清晰地观察到时钟信号 CP 对触发器状态转换的影响。在 CP 有效期间，输入端 J、K 的变化会反映到输出 Q 的变化。

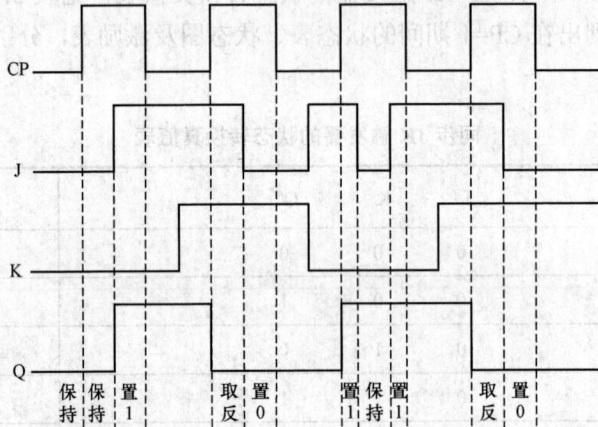

图 5.25　同步 JK 触发器的时序图

5.3.4　同步 T 触发器和 T′ 触发器

将 JK 触发器的 J、K 输入端连接在一起，命名为 T，则构成了 T 触发器。同步 T 触发器的电路结构及逻辑符号如图 5.26（a）、5.26（b）所示。

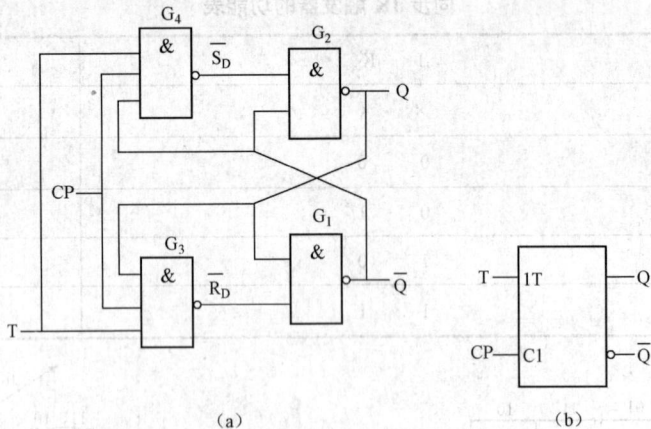

图 5.26　同步 T 触发器的电路结构和逻辑符号

（a）电路结构；（b）逻辑符号

当 CP=1 时，由 JK 触发器的状态方程式（5-8）得同步 T 触发器的状态方程为

$$Q^{n+1}=J\overline{Q^n}+\overline{K}Q^n=T\overline{Q^n}+\overline{T}Q^n=T \oplus Q^n \tag{5-9}$$

由式（5-9）的异或表达式可知，当 T=0 时，$Q^{n+1}=0 \oplus Q^n=Q^n$，即触发器的状态保持不变；

当 T=1 时，$Q^{n+1}=1\oplus Q^n=\overline{Q^n}$，即触发器的状态取反。

同步 T 触发器的时序图如图 5.27 所示，从图中可以清晰地看出触发器的状态变化。把 T=1 时的 T 触发器称为 T'触发器，显然，T'触发器只有一种功能，即取反功能，其用途广泛。综上所述，T 触发器称和 T'触发器均是 JK 触发器的特殊情况，在实际应用中，T 和 T'触发器一般由 D、JK 触发器产品构成。

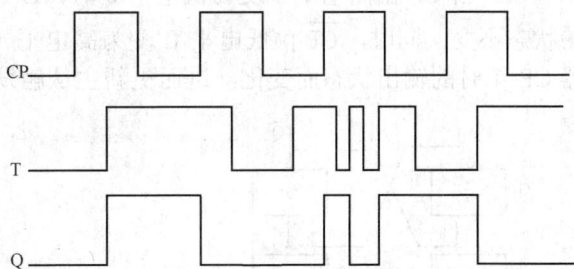

5.3.5 同步触发器的工作特点

综上所述，同步触发器的工作特点总结如下。

图 5.27 T 触发器的时序图

（1）同步触发器均为时钟脉冲电平触发，因此又称电平触发器。当 CP=1 时，触发器的输出状态取决于输入信号的状态；当 CP=0 时，不论输入信号为何种状态，输出信号的状态都保持不变。因此，同步触发器的抗干扰能力比基本 RS 触发器强。

（2）同步 RS 触发器工作时仍存在约束条件 RS=0，即 CP=1 时，不允许 R=S=1。

（3）存在空翻现象。如图 5.27 所示，在第 3 个 CP=1 期间，当 T 由 1→0→1→0→1 变化时，输出 Q 由状态 1→0→1→0→1 变化，因此在同一个 CP 脉冲作用期间，触发器发生了多次翻转。通常把在同一个 CP 脉冲有效作用期间，触发器的输出状态随着输入信号的变化发生两次或两次以上翻转的现象称为空翻。空翻有时会引起电路的误动作，因此在实际使用中是不允许的。

引起空翻现象的主要原因是时钟脉冲 CP 的有效时间过长，因此采用时钟脉冲 CP 边沿触发的各类触发器应运而生。这类触发器的共同特点是仅在 CP 的上升沿或下降沿到来时，触发器的状态才发生变化，而在 CP=1 和 CP=0 期间，触发器的状态均不发生改变，此类结构既提高了触发器的可靠性，又增强了抗干扰能力。这类触发器的电路结构通常采用主从型结构、维持阻塞型结构以及边沿触发等方式。通常的触发器都是指无空翻触发器，由电路结构保证。

5.4 主 从 触 发 器

5.4.1 主从 RS 触发器

1. 电路结构和逻辑符号

主从 RS 触发器的电路结构如图 5.28（a）所示，由图 5.28（a）可以看出，主从 RS 触发器由两个相同的同步 RS 触发器组成，其时钟脉冲 CP 相位相反。其中将 $G_1 \sim G_4$ 构成的同步 RS 触发器称为主触发器，时钟脉冲 CP 高电平触发；将 $G_5 \sim G_8$ 构成的同步 RS 触发器称为从触发器，时钟脉冲低电平触发。简化的逻辑电路图如图 5.28（b）所示，逻辑符号如图 5.28（c）所示，其中，方框内的符号"」"表示输出延迟，在图 5.28（a）中，当 CP=1 时，G_1、G_2 门被打开，信号 R、S 输入到主触发器，但此时从触发器的时钟脉冲为低电平，G_5、G_6 门被关闭，直到 CP 由高电平变为低电平时，G_5、G_6 门被打开，输出端 Q、$\overline{Q}$ 才会改变状态，即主从触发器的状态滞后于主触发器。时钟脉冲 C1 下降沿有效。

2. 触发器工作原理

（1）当 CP=1 时，G_1、G_2 门被打开，主触发器输出根据 R、S 的状态发生变化；此时从

触发器的时钟脉冲 $\overline{CP}=0$（不考虑 G_9 的延时），G_5、G_6 门被关闭，从触发器不工作，主从触发器的输出状态保持不变。

（2）当 CP 由高电平 1 变为低电平 0 时，G_1、G_2 门被封锁，主触发器状态保持 CP=1 时的状态不变；同时，$\overline{CP}$ 由低电平 0 变为高电平 1，G_5、G_6 门被解锁，从触发器按照主触发器 CP=1 时的输出状态而变化，进而更新主从触发器的状态。

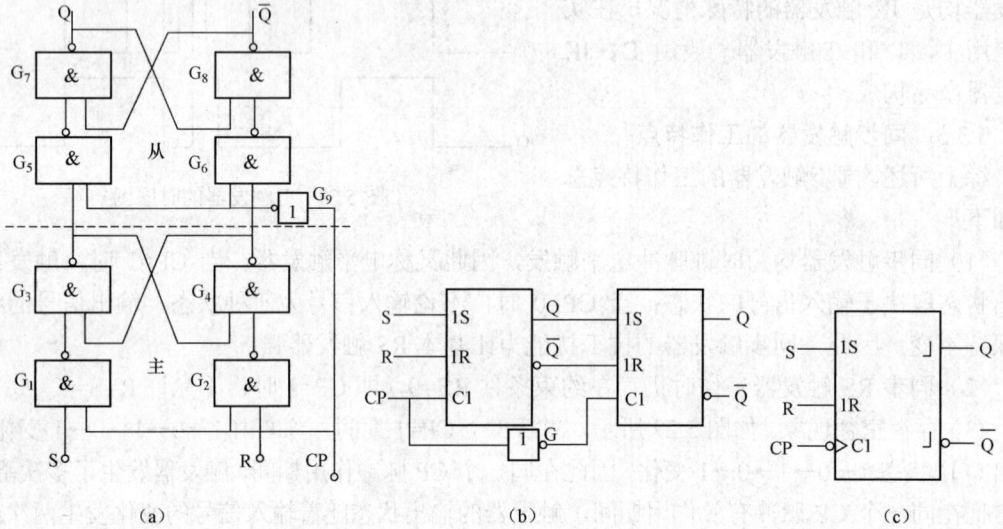

图 5.28　主从 RS 触发器

（a）电路结构；（b）逻辑电路图；（c）逻辑符号

3. 逻辑功能描述

主从触发器的功能表见表 5.21，状态转换真值表见表 5.22，状态表、状态图分别如图 5.29、图 5.30 所示。

表 5.21　　　　　　　　　　　　　主从 RS 触发器的功能表

CP	R　S	Q
↓	0　0	保持
↓	0　1	1
↓	1　0	0
↓	1　1	状态不定

表 5.22　　　　　　　　　　　　主从 RS 触发器的状态转换真值表

CP	R　S　Q^n	Q^{n+1}
↓	0　0　0	0
↓	0　0　1	1
↓	0　1　0	1
↓	0　1　1	1

续表

CP	R	S	Q^n	Q^{n+1}
↓	1	0	0	0
↓	1	0	1	0
↓	1	1	0	×
↓	1	1	1	×

图 5.29 主从 RS 触发器的状态表

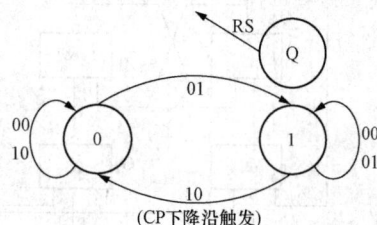

图 5.30 主从 RS 触发器的状态图

由图 5.29 可得，主从 RS 触发器的状态方程为

$$Q^{n+1} = S + \overline{R}Q^n$$

约束方程为 RS=0。其中 CP 下降沿触发。

主从 RS 触发器的时序图如图 5.31 所示。显然，主从触发器解决了同步 RS 触发器的空翻问题，同时也在一定程度上解决了 R、S 输入端直接控制输出状态，增强了抗干扰能力，但是 R、S 之间仍然存在约束条件。

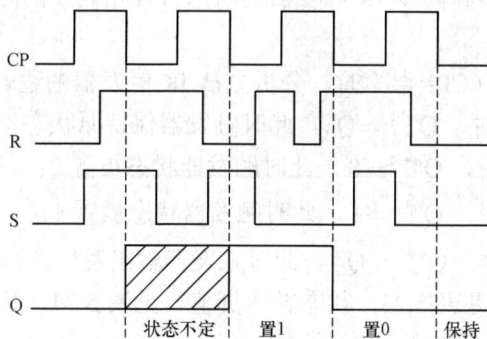

图 5.31 主从 RS 触发器的时序图

5.4.2 主从 JK 触发器

为解决主从 RS 触发器的约束条件，设计了主从 JK 触发器。

1. 电路结构和逻辑符号

主从 JK 触发器的电路结构、逻辑电路图及逻辑符号如图 5.32（a）、（b）、（c）所示。由图 5.32（c）可知，主从 JK 触发器是在主从 RS 触发器的基础上改进得到的，将主从 RS 触发器的输出 Q、$\overline{Q}$ 分别反馈到 G_2、G_1 的输入端，再将原来的 R、S 端改名为 K、J 端。显然，在 CP=1 期间，G_1、G_2 门的输出不可能同时为 0，从触发器的输入不可能同时为 1，这就解除了主从 RS 触发器的约束问题。

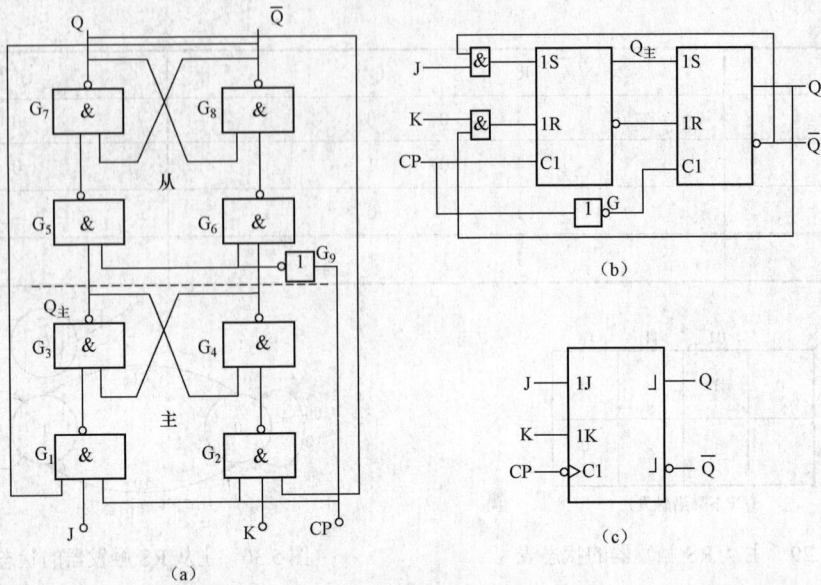

图 5.32　主从 JK 触发器

（a）电路结构；（b）逻辑电路图；（c）逻辑符号

2．触发器工作原理

主从 JK 触发器的状态方程为

$$Q^{n+1} = S + \overline{R}Q^n = J\overline{Q^n} + \overline{KQ^n}Q^n = J\overline{Q^n} + \overline{K}Q^n \qquad （CP=\downarrow） \qquad (5\text{-}10)$$

显然，主从 JK 触发器和同步 JK 触发器的状态方程相同，同时也不存在约束条件。

3．逻辑功能描述

根据公式（5-5），当（CP=↓）时，分析主从 JK 触发器的逻辑功能共有四种情况：

（1）当 $J=0$、$K=0$ 时，$Q^{n+1}=Q^n$，此时触发器保持原状态不变；

（2）当 $J=0$、$K=1$ 时，$Q^{n+1}=0$，此时触发器状态被置 0；

（3）当 $J=1$、$K=0$ 时，$Q^{n+1}=1$，此时触发器状态被置 1；

（4）当 $J=1$、$K=1$ 时，$Q^{n+1}=\overline{Q^n}$，此时触发器输出发生翻转。

主从触发器的功能表见表 5.23，状态转换真值表见表 5.24，状态表、状态图、时序图分别如图 5.33、图 5.34、图 5.35 所示。

在记忆输入信号与触发器状态对应关系时要关注两点：一是 J 端称为置 1 端，K 端称为置 0 端；二是 J、K 端都是高电平有效。

表 5.23　　　　　　　　　　　　　主从 JK 触发器的功能表

CP	J	K	Q
↓	0	0	保持
↓	0	1	0
↓	1	0	1
↓	1	1	翻转

表 5.24　　　　　　　　　**主从 JK 触发器的状态转换真值表**

CP	J	K	Q^n	Q^{n+1}
↓	0	0	0	0
↓	0	0	1	1
↓	0	1	0	0
↓	0	1	1	0
↓	1	0	0	1
↓	1	0	1	1
↓	1	1	0	1
↓	1	1	1	0

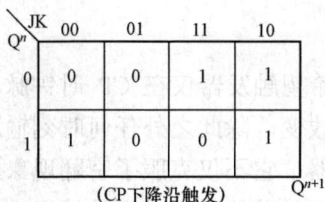

图 5.33　主从 JK 触发器的状态表　　　　　图 5.34　主从 JK 触发器的状态图

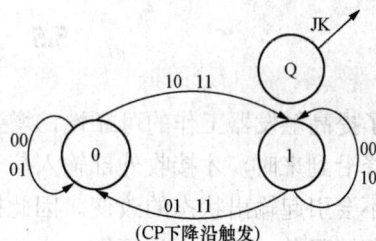

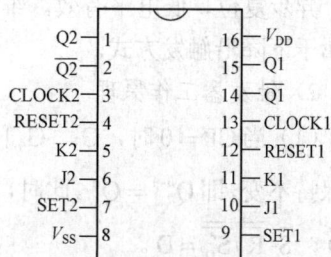

　　主从 JK 触发器的输入端无约束条件，逻辑功能完善，因此是一种应用灵活和方便的集成触发器。但抗干扰能力不强，因为主从 JK 触发器接收外部信号的主触发器是一个电平触发的同步 RS 触发器，在 CP=1 的半个周期里，输入信号都将对主触发器起控制作用，这时如果有干扰将可能造成主触发器误动作；当 CP 下降沿到来时，干扰可能被送入到从触发器使输出发生错误。

5.4.3　集成主从触发器

　　图 5.36 为集成主从 JK 触发器 CD4027 引脚图，它包含两个相互独立、互补对称的主从 JK 触发器，每个触发器分别提供了 J、K、CP 时钟脉冲输入信号端及经过缓冲的 Q、$\overline{Q}$ 互补输出信号。J、K 接输入信号，高电平有效，Q、$\overline{Q}$ 为互补输出端，时钟脉冲 CP 上升沿触发，同时电路中分别有两个异步置位 Set 端和异步复位 Reset 端，高电平有效，置位与复位功能与时钟脉冲无关。CD4027 的真值表见表 5.25。

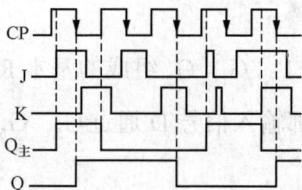

图 5.35　主从 JK 触发器的时序图　　　　　图 5.36　CD4027 引脚图

表 5.25　　　　　　　　　　　**CD4027 真 值 表**

CLOCK	J	K	SET	RESET	Q^n	Q^{n+1}	$\overline{Q^{n+1}}$
↑	1	×	0	0	0	1	0
↑	×	0	0	0	1	1	0
↑	0	×	0	0	0	0	1
↑	×	1	0	0	1	0	1
↓	×	×	0	0	×	Q^n	$\overline{Q^n}$
×	×	×	1	0	×	1	0
×	×	×	0	1	×	0	1
×	×	×	1	1	×	1	1

5.5　边 沿 触 发 器

为了提高触发器工作的可靠性，增强抗干扰能力，希望触发器仅在 CP 时钟脉冲的上升沿或下降沿到来时，才接收外部输入信号，状态才随之改变，除此之外任何时刻输入信号的变化都不会引起输出状态的改变。因此提出了边沿触发器，它不仅克服了空翻现象，也避免了一次翻转现象，工作更为可靠。为此，研制出各种边沿触发器，集成产品较多，本节只介绍维持—阻塞式边沿 D 触发器及利用门延时的边沿 JK 触发器。

5.5.1　维持—阻塞 D 触发器

维持—阻塞式触发器是利用直流反馈维持翻转后的新状态，阻塞触发器在同一时钟周期内再次发生翻转。利用触发器发生翻转时的内部反馈信号把引起空翻的信号传送通道锁住，克服了空翻和振荡现象。维持—阻塞触发器是边沿触发器的一种结构形式，利用这种结构构成的有 RS、JK、D、T、T′触发器，目前维持—阻塞式 D 触发器被大量生产和使用。

1. 电路结构和逻辑符号

维持—阻塞 D 触发器的电路结构如图 5.37 所示，由图 5.37（a）可知，D 触发器是在同步 RS 触发器的基础上增设两个控制门 G_5、G_6 和四根直流反馈线①②③④组成的。其逻辑符号如图 5.37（b）所示。在实际应用中，维持—阻塞 D 触发器都设有置位、复位端，其电路结构及逻辑符号如图 5.38（a）、（b）所示，其置位、复位功能与时钟信号无关，属于异步置位、异步复位，低电平有效。维持—阻塞 D 触发器属于上升沿触发翻转的边沿触发器，也有些属于下降沿触发方式。

2. 触发器工作原理

（1）当 CP = 0 时，G_3、G_4 门被封锁，$\overline{S'_D}=\overline{R'_D}=1$。$G_1$、$G_2$ 组成的基本 RS 触发器输出状态保持不变，即 $Q^{n+1}=Q^n$。此时，G_5、G_6 门打开，外部输入信号 D 通过 G_5、G_6 门，使 $\overline{R}=\overline{D\cdot\overline{R'_D}}=\overline{D}$，$\overline{S}=\overline{\overline{R}\cdot\overline{S'_D}}=D$。

（2）当 CP 上升沿到来时，G_3、G_4 门被打开，接收 G_5、G_6 门的输出信号，此时，$\overline{S'_D}=\overline{CP\cdot\overline{S}}$

$=\overline{D}$，$\overline{R'_D}=\overline{CP \cdot \overline{R} \cdot \overline{S'_D}} = D$，即 $\overline{S'_D}$、$\overline{R'_D}$ 的状态由输入信号 D 的状态决定。触发器状态方程转移为

$$Q^{n+1} = \overline{\overline{S'_D}} + \overline{R'_D}Q^n = \overline{\overline{D}} + DQ^n = D \qquad (5\text{-}11)$$

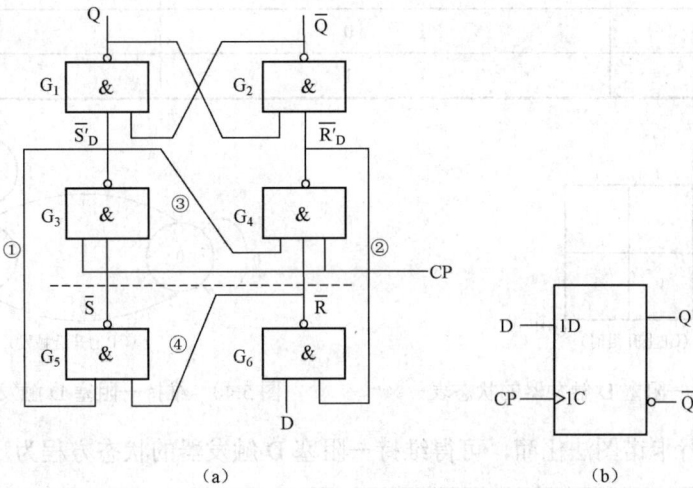

图 5.37　维持—阻塞 D 触发器

（a）电路结构；（b）逻辑符号

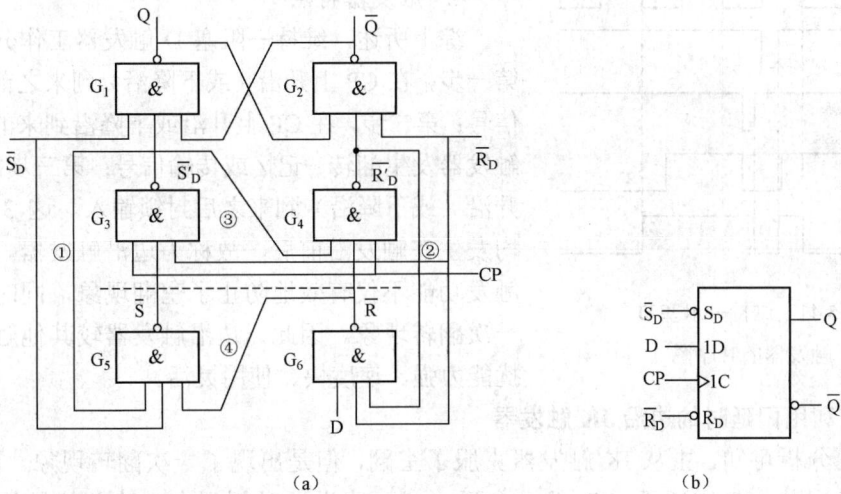

图 5.38　带有置位、复位的维持—阻塞 D 触发器

（a）电路结构；（b）逻辑符号

即触发器的输出状态由 CP 时钟脉冲上升沿到达前瞬间的输入信号 D 的值来决定。

3. 逻辑功能描述

维持—阻塞 D 触发器的真值表见表 5.26，图 5.39 是其状态表，图 5.40 是其状态图。状态方程式为（5-12）。上述三种仅是在时钟信号上升沿作用期间。

表 5.26　　　　　　　　　　　　　　维持—阻塞 D 触发器真值表

CP	D	Q^n	Q^{n+1}
↑	0	0	0
↑	0	1	0
↑	1	0	1
↑	1	1	1

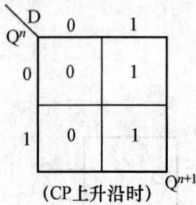

图 5.39　维持—阻塞 D 触发器的状态表　　　　图 5.40　维持—阻塞 D 触发器的状态图

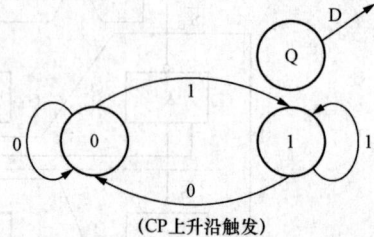

对图 5.39 进行卡诺图法化简，可得维持—阻塞 D 触发器的状态方程为

$$Q^{n+1} = D \quad (CP=↑) \tag{5-12}$$

维持—阻塞 D 触发器的时序图如图 5.41 所示。在时序图中也画出了异步置位、异步复位的功能，请读者自行分析。

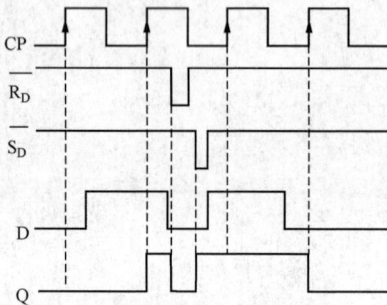

图 5.41　维持—阻塞 D
触发器的时序图

4. 触发器特点

综上所述，维持—阻塞 D 触发器工作分为 3 步。第一步，在 CP 上升沿（或下降沿）到来之前接收输入信号；第二步，在 CP 上升沿或下降沿到来的那个时刻触发器发生翻转、记忆或传输信号；第三步，在 CP 上升沿（或下降沿）到来之后封锁输入。这 3 步的完成均发生在触发沿前后，故称为边沿触发器。这一边沿触发功能不仅有效地防止了空翻现象，同时也克服了一次翻转现象。因此，边沿触发器较其他触发器抗干扰能力强、速度快、使用灵活。

5.5.2　利用门延时的边沿 JK 触发器

由前面分析可知，主从 JK 触发器克服了空翻，但是出现了一次翻转现象。而边沿 JK 触发器的输出状态仅取决于 CP 的上升沿（或下降沿）时刻到来时输入信号的状态，在 CP=0 或 CP=1 期间，输入信号变化不会引起触发器输出状态改变。因此，不仅克服了空翻，还提高了它的抗干扰能力，但制造工艺要求比较严格。本节主要介绍利用门延时的边沿 JK 触发器。

1. 电路结构和逻辑符号

利用门的传输延迟时间构成的下降沿触发的边沿 JK 触发器如图 5.42 所示。其中图 5.42（a）为电路结构，图 5.42（b）为逻辑符号。它由两部分组成：输出级是由与或非门组成的基本 RS 触发器；输入级由两个与非门 G_7、G_8 构成的控制门组成，时钟脉冲 CP 下降沿触发。在电路设计制作时，与非门的延迟时间大于与门的传输延迟时间。

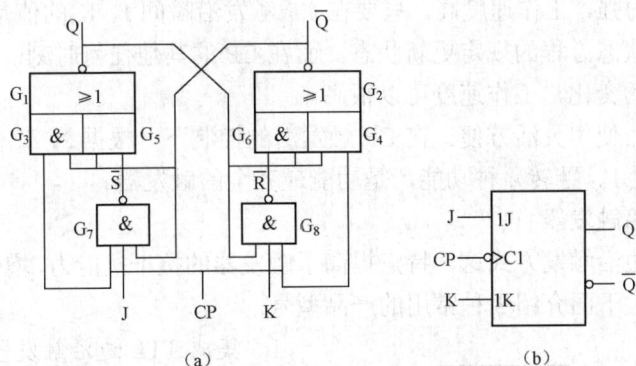

图 5.42 下降沿触发的边沿 JK 触发器

（a）电路结构；（b）逻辑符号

2. 触发器工作原理

（1）当 CP=0 时，G_7、G_8 门被关闭，输入信号 J、K 被封锁。此时，$\bar{S}=\bar{R}=1$，G_3 门的输出 $Q_3=CP\cdot\overline{Q^n}=0$，$G_5$ 门的输出 $Q_5=\bar{S}\cdot\overline{Q^n}=\overline{Q^n}$，触发器的输出 $Q^{n+1}=\overline{Q_3+Q_5}=Q^n$，即触发器保持原来状态不变。

（2）当 CP 由 0 变为 1 时，与门 G_3、G_4 比与非门 G_7、G_8 先打开，$\bar{S}=\bar{R}=1$ 的状态还短暂保存，$Q_3=CP\cdot\overline{Q^n}=\overline{Q^n}$，$Q_5=\bar{S}\cdot\overline{Q^n}=\overline{Q^n}$，$Q^{n+1}=\overline{Q_3+Q_5}=Q^n$，即触发器保持原来状态仍不变。

（3）当 CP=1 时，G_3、G_4、G_7、G_8 门均被打开，此时，$\bar{S}=\overline{J\cdot\overline{Q^n}}$，$\bar{R}=\overline{K\cdot Q^n}$，触发器的输出为

$$Q^{n+1}=\overline{\overline{Q^n\cdot CP}+\bar{S}\cdot\overline{Q^n}}=Q^n$$

$$\overline{Q^{n+1}}=\overline{Q^n\cdot CP+\bar{R}\cdot Q^n}=\overline{Q^n}$$

由此可知，当 CP=1 时，触发器仍保持原来状态不变，输入信号 J、K 仍不起作用。

（4）当 CP 由 1 变为 0 时，由于门 G_7、G_8 的延时时间长于 G_3、G_4 门，因此 G_3、G_4 门先关闭，即 $Q_3=Q_4=0$，门 G_1、G_5 实现了一个两输入与非门的功能，门 G_2、G_6 实现了另一个两输入与非门的功能，这两个与非门相互交叉连接，其外部输入分别为门 G_7、G_8 的输出 $\bar{S}$、$\bar{R}$。因此，门 G_1、G_2、G_5、G_6 构成了基本 RS 触发器的形式。此时，$\bar{S}=\overline{J\cdot\overline{Q^n}}$，$\bar{R}=\overline{K\cdot Q^n}$ 将短暂保存，故触发器的输出为

$$Q^{n+1}=\bar{\bar{S}}+\overline{\bar{R}}Q^n=\overline{\overline{J\cdot\overline{Q^n}}}+\overline{\overline{KQ^n}}\cdot Q^n=J\cdot\overline{Q^n}+\bar{K}\cdot Q^n$$

边沿 JK 触发器的逻辑功能与主从 JK 触发器相同，所不同的是其逻辑功能的实现是在 CP 下降沿到来时刻，而在 CP=0、CP=1 和 CP 上升沿时刻，外部输入信号 J、K 均不起作用。

值得一提的是，边沿 JK 触发器的功能表、真值表、状态表、状态图及时序图与主从 JK 触发器相同，请读者自行分析。

3. 触发器特点

（1）时钟脉冲边沿控制。在时钟脉冲 CP 下降沿（或上升沿）到来时刻，边沿 JK 触发器

的输出状态随着 CP 触发沿到来之前的瞬间输入信号 J、K 的变化而变化。

（2）抗干扰能力强，工作速度高。只要在 CP 触发沿瞬间 J、K 的值是稳定的，触发器就能够可靠地按照其状态方程的规定更新状态。而在 CP 的其他任何时刻，J、K 信号的任何变化都不会引起输出的变化，工作速度可以很高。

（3）功能齐全，使用灵活方便。在 CP 触发沿的控制下，根据 J、K 值，边沿 JK 触发器具有保持、置 0、置 1、翻转 4 种功能，是功能最齐全的触发器。

5.5.3 集成边沿触发器

边沿触发器的边沿触发方式这一特点提高了触发器的抗干扰能力，增强了工作的可靠性，使其用途更为广泛。下面介绍 3 种常用的产品型号。

1. 集成 TTL 边沿触发器 74LS112

74LS112 为双下降沿 JK 触发器，它由 2 个独立的下降沿触发的边沿 JK 触发器组成，并且每个 JK 触发器都设有直接置位、直接复位功能。其逻辑符号及引脚图分别如图 5.43（a）、（b）所示，其中，CLK 为时钟脉冲输入端，下降沿触发；CLR 为直接复位端，低电平有效；PR 为直接置位端，低电平有效；J、K 为数据输入端；Q、$\overline{Q}$ 为互补输出端。其功能表见表 5.27，其中，H 表示高电平、L 表示低电平、×表示任意、↓表示下降沿、＊表示状态不定、Q^n 表示原端输出、$\overline{Q^n}$ 表示反端输出。

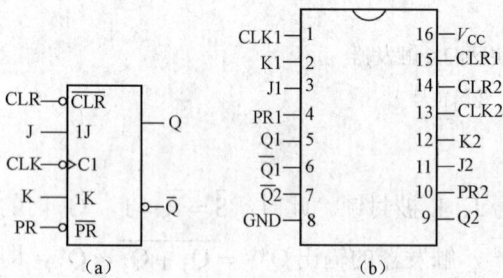

图 5.43 74LS112 逻辑符号及引脚图
(a) 逻辑符号；(b) 引脚图

表 5.27 74LS112 功能表

CLK	PR	CLR	J	K	Q	$\overline{Q}$
×	L	H	×	×	H	L
×	H	L	×	×	L	H
×	L	L	×	×	＊	＊
↓	H	H	L	L	Q^n	$\overline{Q^n}$
↓	H	H	L	H	L	H
↓	H	H	H	L	H	L
↓	H	H	H	H	$\overline{Q^n}$	Q^n
H	H	H	×	×	Q^n	$\overline{Q^n}$

2. 集成 TTL 维持—阻塞 D 触发器 74LS74

74LS74 为双上升沿 D 触发器，它由 2 个独立的上升沿触发的维持—阻塞 D 触发器组成，且每个 D 触发器都设有直接置位、直接复位功能。其逻辑符号及引脚图分别如图 5.44（a）、（b）所示，其中，CLK 为时钟脉冲输入端，上升沿触发；CLR 为直接复位端，低电平有效；PR 为直接置位端，低电平有效；D 为数据输入端；Q、$\overline{Q}$ 为互补输出端。其功能表见表 5.28，其中，H 表示高电平、L 表示低电平、×表示任意、↓ 表示下降沿、＊表示状态不定、Q^n 表示原态、$\overline{Q^n}$ 表示原态取反。边沿触发器也有 CMOS 工艺类型的，请读者参阅相关器件手册。

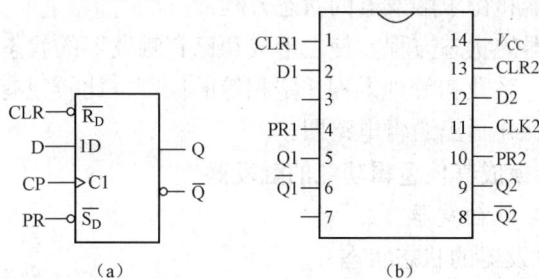

图 5.44　74LS74 逻辑符号及引脚图

（a）逻辑符号；（b）引脚图

表 5.28　　　　　　　　　　　　　　　74LS74 功 能 表

CLK	PR	CLR	D	Q^n	Q^{n+1}
×	L	H	×	H	L
×	H	L	×	L	H
×	L	L	×	＊	＊
↑	H	H	H	H	L
↑	H	H	L	L	H
L	H	H	×	Q^n	$\overline{Q^n}$

5.6　不同类型时钟触发器之间的相互转换

5.6.1　触发器电路结构和逻辑功能的关系

综上分析可知，每一个时钟触发器都有一定的电路结构形式和逻辑功能。必须指出，触发器的电路结构形式和逻辑功能是两个截然不同的概念。所谓逻辑功能指触发器的次态、现态和输入信号在稳态下的逻辑关系，这种逻辑关系可以用状态方程、真值表、状态表和状态图表示。根据逻辑功能的不同，触发器可分为 RS、JK、D、T 和 T′ 等几种类型。基本 RS 触发器、同步触发器、主从触发器和边沿触发器是指电路结构的几种不同类型。不同的电路结构形式有不同的动作特点。

同一种逻辑功能的触发器可以用不同的电路结构形式来实现。反过来，同一种电路结构形式可以构成各种具有不同逻辑功能的触发器。如同步触发器有 RS、JK、D、T 和 T 等多种逻辑功能。可见，电路结构和逻辑功能并无固定的对应关系。

5.6.2　不同逻辑功能时钟触发器之间的相互转换

从基本 RS 触发器出发，可以得到几种不同逻辑功能的触发器，说明不同触发器间是可以通过引入附加电路和连线转换成其他类型的触发器。数字系统中往往需要各种逻辑功能的触发器，而市场上的触发器多为性能优越的集成 JK 触发器和 D 触发器，这要求必须掌握 JK

或 D 触发器转换成其他几种逻辑功能的触发器的方法。

触发器逻辑功能转换的步骤如下：

（1）写出已有触发器和待求触发器的状态方程；

（2）变换待求触发器的状态方程，使之形式和已有触发器的状态方程一致；

（3）根据变量相同、系数相等则方程一定相等的原则，比较已有和待求触发器的状态方程，求出转换逻辑关系，并画出逻辑电路图。

5.6.3　JK 触发器转换成其他逻辑功能的触发器

1. JK 触发器转换成 D 触发器

（1）写出已知 JK 触发器的状态状态

$$Q^{n+1} = J\overline{Q^n} + \overline{K}Q^n \tag{5-13}$$

（2）写出待求 D 触发器的状态方程 $Q^{n+1} = D$；

（3）变换待求 D 触发器的状态方程，使之形式和 JK 触发器状态方程一致

$$Q^{n+1} = D = D(Q^n + \overline{Q^n}) = DQ^n + D\overline{Q^n} \tag{5-14}$$

（4）比较式（5-13）和式（5-14）得 $J = D, K = \overline{D}$。逻辑电路图如图 5.45 所示。

2. JK 触发器转换成 T 触发器

写出待求 T 触发器的状态方程

$$Q^{n+1} = T\overline{Q^n} + \overline{T}Q^n \tag{5-15}$$

比较式（5-13）和式（5-15）得 $J = K = T$。逻辑电路图如图 5.46 所示。

3. JK 触发器转换成 T 触发器

写出待求 T 触发器的状态方程

$$Q^{n+1} = \overline{Q^n} \tag{5-16}$$

比较式（5-13）和式（5-16）得 $J = K = 1$。逻辑电路图如图 5.47 所示。

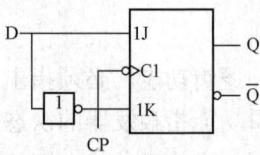

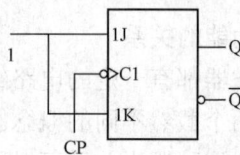

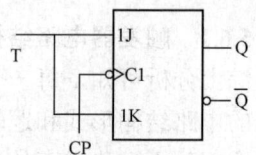

图 5.45　JKFF→DFF 逻辑电路图　　图 5.46　JKFF→TFF 逻辑电路图　　图 5.47　JKFF→T'FF 逻辑电路图

5.6.4　D 触发器转换成其他逻辑功能的触发器

1. D 触发器转换成 JK 触发器

写出已有 D 触发器的状态方程

$$Q^{n+1} = D \tag{5-17}$$

写出待求 JK 触发器的状态方程

$$Q^{n+1} = J\overline{Q^n} + \overline{K}Q^n \tag{5-18}$$

比较式（5-17）和式（5-18）得 $D = J\overline{Q^n} + \overline{K}Q^n$。逻辑电路图如图 5.48 所示。

2. D 触发器转换成 T 触发器

写出待求 T 触发器的状态方程

$$Q^{n+1} = T\overline{Q^n} + \overline{T}Q^n = T \oplus Q^n \tag{5-19}$$

比较式（5-17）和式（5-19）得 $D = T \oplus Q^n$。逻辑电路图如图 5.49 所示。

3. D 触发器转换成 T′ 触发器

写出待求 T 触发器的状态方程

$$Q^{n+1} = \overline{Q^n} \tag{5-20}$$

比较式（5-17）和式（5-20）得 $D = \overline{Q^n}$。逻辑电路图如图 5.50 所示。

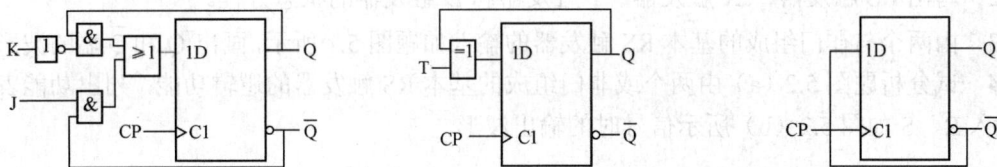

图 5.48   DFF→JKFF 逻辑电路图   图 5.49   DFF→TFF 逻辑电路图   图 5.50   DFF→ T′ FF 逻辑电路图

同理，利用上述方法还可以实现其他触发器间的相互转换，这里不再赘述。但必须说明，转换只是不同触发器逻辑功能的等效互换，其触发方式（即电路结构类型）是不能转换的。转换后所得的新触发器的触发方式与原触发器的触发方式相同。

5.7 触发器的脉冲工作特性

为保证集成触发器可靠工作，输入信号和时钟信号以及电路的特性应有一定的相互配合。触发器对输入信号和时钟脉冲之间的时间关系的要求称为触发器的脉冲工作特性。触发器的脉冲工作特性主要包括建立时间 t_{set}、保持时间 t_h、时钟高电平持续时间 T_{WH}、时钟低电平持续时间 T_{WL}、平均传输延迟时间 t_{pd} 以及最高工作频率 f_{max} 等。

1. 建立时间 t_{set}

在有些时钟触发器中，输入信号必须先于 CP 脉冲信号建立起来，电路才能可靠地工作。输入信号必须提前建立的这段时间称为建立时间，用 t_{set} 表示，如图 5.51 所示。必须指出，在各种触发器都不允许 $t_{set}=0$。

2. 保持时间 t_h

为了保持触发器可靠地翻转，输入信号的状态在 CP 脉冲信号到来后还必须保持足够长的时间不变，这段时间称为保持时间，用 t_h 表示，如图 5.51 所示。在某些结构的触发器允许 $t_h=0$，如 SN74LS374。

图 5.51   D 触发器

的脉冲工作特性

3. 平均传输延迟时间 t_{pd}

从 CP 触发沿到达开始，至输出端 Q 到达新的状态为止，期间所需的时间称为传输延迟时间，通常用平均传输延时时间表示，记成 t_{pd}。

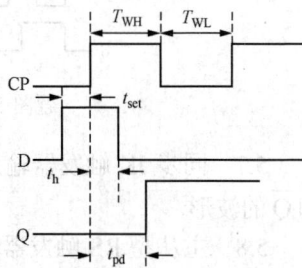

4. 最高工作频率 f_{max}

由于时钟触发器的状态改变需要一定的时间，当时钟脉冲频率升高到一定程度后，触发器就来不及翻转了。显然，在保证触发器正常翻转条件下，时钟信号的频率有一个上限值，该上限值就是触发器的最高工作时钟频率，用 f_{max} 表示。如 SN74LS74 的最高工作频率为 25MHz。

本章习题

5.1　触发器按电路结构可以分为几种类型？它们各有什么样的动作特点？

5.2　写出 RS 触发器、JK 触发器、T 触发器和 D 触发器的状态方程。

5.3　由两个与非门组成的基本 RS 触发器的输入如题图 5.1 所示，画出 Q 和 $\overline{Q}$ 端的波形。

5.4　试分析题图 5.2（a）由两个或非门组成的基本 RS 触发器的逻辑功能，列出功能表，画出输入 R、S 如图 5.2（b）所示信号时的输出波形。

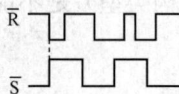

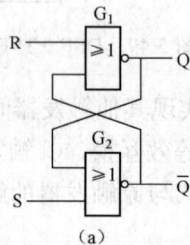

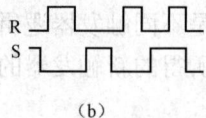

题图 5.1　题 5.3 图　　　　　　　　　题图 5.2　或非门构成的基本 RS 触发器及逻辑符号

5.5　同步 RS 触发器输入信号波形如题图 5.3 所示，假设触发器初始状态为 0，试画出 Q 和 $\overline{Q}$ 的波形。

5.6　同步 D 触发器输入信号波形如题图 5.4 所示，假设触发器初始状态为 0，试画出 Q 和 $\overline{Q}$ 的波形。

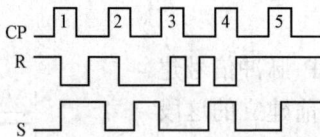

题图 5.3　题 5.5 图　　　　　　　　　题图 5.4　题 5.6 图

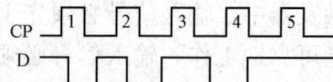

5.7　同步 JK 触发器输入信号波形如题图 5.5 所示，假设触发器初始状态为 0，试画出 Q 和 $\overline{Q}$ 的波形。

5.8　主从型 RS 触发器输入信号波形图如题图 5.6 所示，假设触发器初始状态为 0，试画出输出端 Q 和 $\overline{Q}$ 的波形。

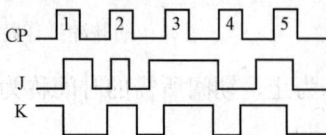

题图 5.5　题 5.7 图　　　　　　　　　题图 5.6　题 5.8 图

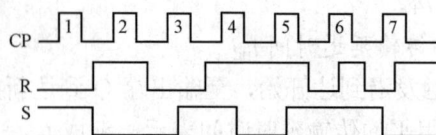

5.9 主从型 JK 触发器输入信号波形图如题图 5.7 所示，假设触发器初始状态为 0，试画出输出端 Q 和 $\overline{Q}$ 的波形。

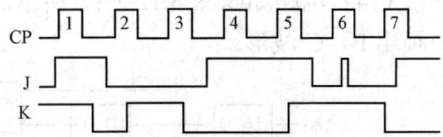

5.10 主从型 JK 触发器输入信号波形如题图 5.8 所示，试画出主触发器 Q′输出波形和从触发器 Q 输出波形。

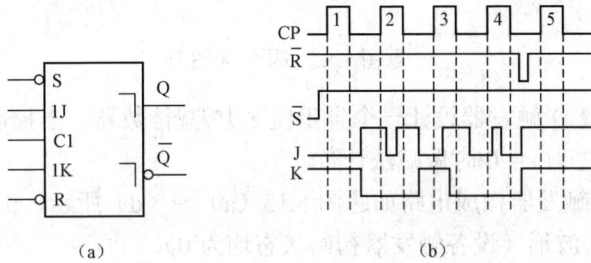

题图 5.7 题 5.9 图

题图 5.8 题 5.10 图

5.11 主从型 JK 触发器组成的电路和输入波形分别如题图 5.9（a）和（b）所示。设初始状态均为 0，试画出 Q_1 和 Q_2 的波形。

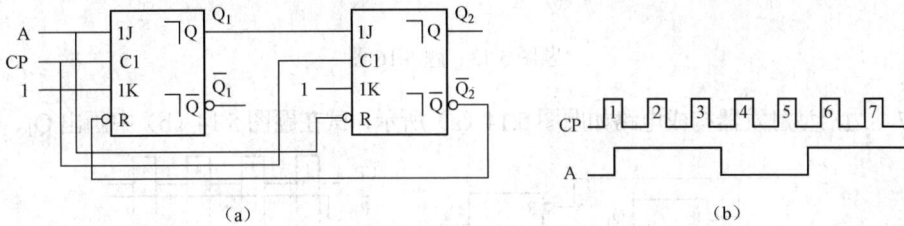

题图 5.9 题 5.11 图

5.12 边沿型 D 触发器如题图 5.10（a）～（d）所示，是画出各触发器在 5 个 CP 脉冲作用下 Q 端的波形（设备触发器初始状态均为 0）。

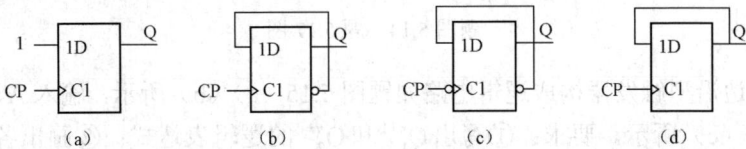

题图 5.10 题 5.12 图

5.13 画出题图 5.11（a）～（c）中各不同触发方式的 D 触发器在输入信号作用下的输出波形（设初态为 0）。

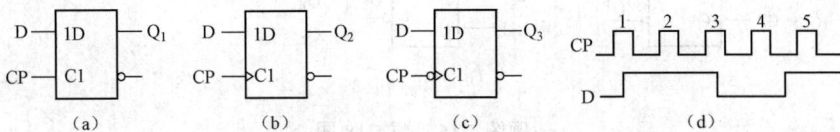

题图 5.11 题 5.13 图

5.14　电路如题图 5.12（a）所示。设两个边沿型触发器初态均为 0，试在题图 5.5（b）中画出 B、C 波形。

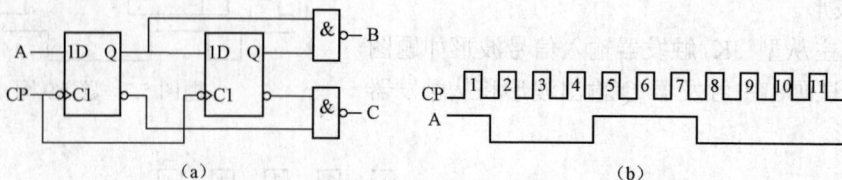

题图 5.12　题 5.14 图

5.15　试用边沿型 D 触发器设计一个异步模 8 加/减计数器。当控制信号 $x=1$ 时，计数器进行加法计数，反之当 $x=0$ 时做减法计数。

5.16　边沿型 JK 触发器构成电路如题图 5.13（a）～（d）所示，试画出各触发器在 5 个 CP 脉冲作用下 Q 端的波形（设各触发器初始状态均为 0）。

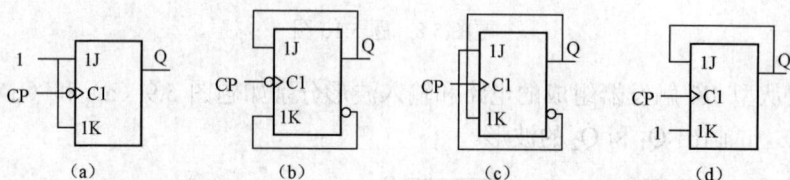

题图 5.13　题 5.16 图

5.17　边沿型触发器构成电路如题图 5.14（a）所示，试在题图 5.14（b）中画出 Q_1、Q_2 波形。

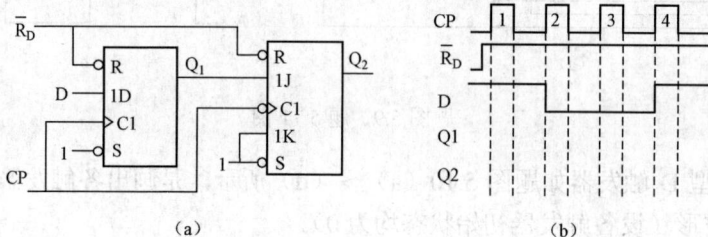

题图 5.14　题 5.17 图

5.18　已知边沿型触发器构成逻辑电路如题图 5.15（a）（b）所示，输入 A、B 及 CP 的波形如题图 5.15（c）所示。要求：①写出 Q_1^{n+1} 和 Q_2^{n+1} 的逻辑表达式；②画出各触发器的输出 Q_1 和 Q_2 的波形，设触发器的初始状态均为 0。

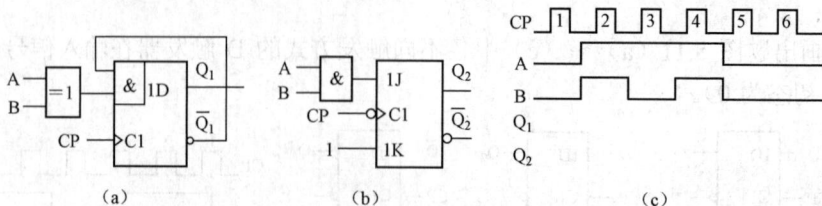

题图 5.15　题 5.18 图

5.19 试用两个边沿型 JK 触发器构成模 4 加法计数器？

5.20 完成触发器之间的变换。

（1）试用 JK 触发器构成 T 触发器。

（2）试用 JK 触发器构成 D 触发器。

（3）试用 D 触发器构成 T'触发器。（要求写出变换过程，画出电路图）。

5.21 如题图 5.16（a）和（b）所示为 TTL 维阻 DFF 和 TTL 主从 JKFF，输入信号 A、B、C、D 和 CP 波形如题图 5.16（c）所示，试画出触发器 Q_1 和 Q_2 的波形。

5.22 设计一个 4 人抢答器，要求：①主持人控制一个按钮，用于电路复位；②每个参赛队员控制一个按钮，用于抢答；③当电路复位后，先按动按钮者点亮相应 LED 灯，并发出警报声，此后其他三人再按对电路不起作用。

5.23 试用主从 JK 触发器设计一个串行数据检测电路，要求：连续输入 3 个 1 或者 3 个以上 1 时输出为 1，其他情况下为 0。

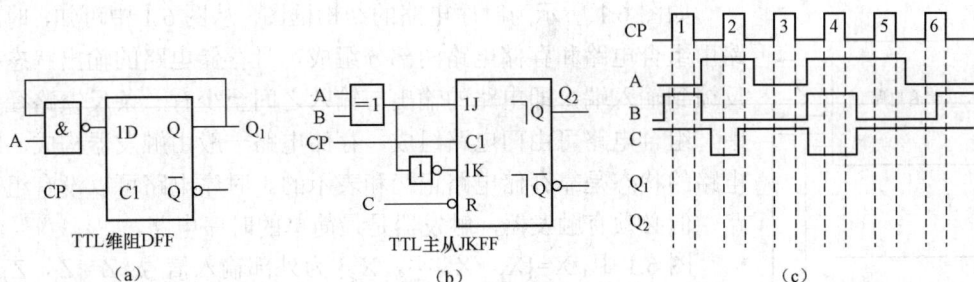

题图 5.16 题 5.21 图

第6章 时序逻辑电路

6.1 概　　述

数字电路按照逻辑功能分为两大类：一类为组合逻辑电路（简称组合电路），这一类电路在前面章节已经介绍过；另一类是时序逻辑电路（简称时序电路）。本章介绍的时序电路基本单元是前面章节所述的触发器，故其特点是电路任一时刻的输出状态不仅取决于该时刻的输入信号，且与该时刻之前的历史输入有关，即用"状态"记忆过往的输入。时序电路的"记忆"功能是它与组合电路的本质区别。

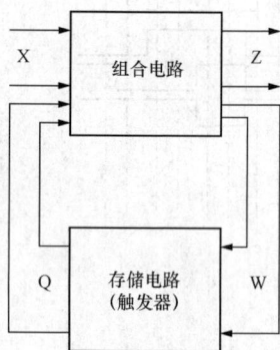

如图 6.1 所示为时序电路的结构框图。从图 6.1 中可知，时序电路由组合电路和存储电路两部分组成，且存储电路的输出状态必须反馈到输入端，即电路的输出与输入之间至少有一条反馈路径。其中，组合电路可由门电路组成，存储电路一般由触发器构成，时序电路的状态是靠存储电路记忆和表示的。时序电路可以没有组合电路，但必须有触发器，触发器是最简单的时序电路。

图 6.1 中，$X=\{X_1, X_2,\cdots, X_k\}$ 为外部输入信号；$Z=\{Z_1, Z_2,\cdots, Z_r\}$ 为对外部输出信号；$W=\{W_1, W_2,\cdots, W_m\}$ 为存储电路的输入信号，习惯上称为激励输入信号，它也是组合电路的输出信号；$Q=\{Q_1, Q_2,\cdots, Q_n\}$ 为存储电路的输出信号，也是组合电路的输入信号，它代表了时序电路在某时刻所处的状态，因此也称为状态信号。这些信号之间的关系可以用下列三个表达式表示。

图 6.1 时序电路结构框图

输出方程

$$Z=f_1(X,Q^n) \tag{6-1}$$

驱动（激励）方程

$$W=f_2(X,Q^n) \tag{6-2}$$

触发器状态（特征）方程

$$Q_i^{n+1}=f_3(W,Q_i^n) \quad (i=1, 2, 3, \cdots, n) \tag{6-3}$$

在上述三个方程中的 Q^n 和 Q^{n+1} 分别表示现态和次态。

将激励方程代入到触发器的状态方程就可得到时序电路的次态方程：$Q_i^{n+1}=f_4(X,Q^n)$。在描述时序电路的功能时通常用电路的次态方程和输出方程。

按照输出信号的特点，时序电路可以分为米里（mealy）型和摩尔（moore）型。米里型时序电路指电路的输出信号 Z 不仅与电路的状态 Q 有关，且也与外部输入信号 X 有关，表达式为 $Z=f(X,Q^n)$；摩尔型时序电路指电路的输出信号 Z 仅仅与电路的状态 Q 有关，表达式为 $Z=f(Q^n)$。摩尔型时序电路是米里型时序电路的特例。

按照存储电路（触发器）状态变化的时间节拍是否一致，时序电路又可以分为同步时序电路和异步时序电路。所谓同步时序电路指电路中只存在一个统一的公共时钟脉冲信号，所有触发器的状态更新都是在同一时钟脉冲控制下同时发生的,即电路的状态转换同步完成,在电路结构中,将所有触发器的时钟控制端都连接在一起,外接同一个时钟脉冲信号;异步时序电路指电路中的触发器的状态变化不同步,在电路结构中,并非所有触发器的时钟控制端都连接在一起。

6.2 同步时序逻辑电路的分析

由于同步时序电路和异步时序电路结构不同,因此两种电路的分析也不同,本节只介绍同步时序电路的分析方法,异步时序电路后续进行介绍。

为保证同步时序电路可靠地工作,要求时钟脉冲信号的间隔不能太短,只有在前一个时钟脉冲信号引起的电路响应完全稳定后,下一个时钟脉冲信号才能到来,否则电路状态将发生混乱。在对同步时序电路进行分析和设计时一般不把时钟脉冲信号看成为时序电路的输入变量,因为它不能改变时序电路的输出状态,所以只把它看成为时间基准,在列写方程时不写入其中。

6.2.1 同步时序电路的分析方法

同步时序电路的分析就是通过一定的方法,求出已知电路的输出方程、次态方程,列出状态表、状态图和时序图,最终确定电路的逻辑功能和工作特点。具体地说,就是找出电路的状态和外部输出在输入信号和时钟信号作用下的变化规律。

一般来说,同步时序电路的分析可分为以下几个步骤:

(1)列出电路的输出方程,并确定电路所属类型是米里型还是摩尔型电路;

(2)根据电路图,列出各个触发器的激励方程,导出各触发器的次态方程;

(3)将次态方程和输出方程填入到由输入变量和现态变量组成的卡诺图,即可得到状态表,再由状态表画出状态图,并判断电路是否具有自启动能力;

(4)进一步根据状态表或状态图画出时序图,要求该时序图足以反映电路的功能特点,进而归纳总结电路的逻辑功能。画图表时应该注意状态转换由现态到次态;输出为现态函数,非次态函数;时序图中,只有当时钟脉冲触发沿到来时,相应触发器才会更新状态。

这些步骤不是必须遵守的固定程序,应该具体问题具体分析。

6.2.2 同步时序电路的分析举例

【例 6.1】 分析图 6.2 所示电路的逻辑功能。

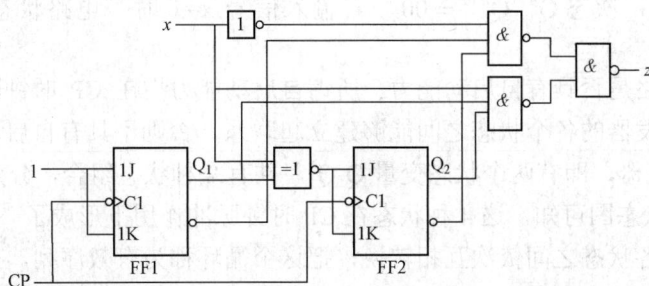

图 6.2 [例 6.1] 逻辑电路图

解:

(1)此电路有两个 JK 触发器(状态变量为 Q_2Q_1),共用同一个 CP 时钟脉冲信号触发,

一个输入信号 x 和一个输出信号 z。电路的输出方程

$$z = \overline{\overline{Q_2^n \cdot \overline{Q_1^n} x} \cdot \overline{\overline{Q_2^n} Q_1^n x}} = \overline{Q_2^n} \cdot \overline{Q_1^n} \overline{x} + \overline{Q_2^n} Q_1^n x \tag{6-4}$$

由式（6-4）可以看出输出信号 z 与外部输入信号 x 有关，因此电路为米里型时序电路。

（2）列出电路激励方程，分别为式（6-5）、式（6-6），并求出电路的次态方程，分别如式（6-7）、式（6-8）

$$J_1 = K_1 = 1 \tag{6-5}$$

$$J_2 = K_2 = \overline{x \oplus Q_1^n} \tag{6-6}$$

$$Q_2^{n+1} = J_2 \overline{Q_2^n} + \overline{K_2} Q_2^n = (x \oplus Q_1^n) \oplus Q_2^n \tag{6-7}$$

$$Q_1^{n+1} = J_1 \overline{Q_1^n} + \overline{K_1} Q_1^n = \overline{Q_1^n} \tag{6-8}$$

（3）画出电路状态表和状态图，并判断是否具有自启动能力。

米里型电路的状态表形式如图 6.3（a）所示。其中，状态表的横坐标是外部输入变量的各种取值组合，纵坐标是电路的状态，横纵坐标均按照格雷码的顺利列写。小方格中的斜线上方为各次态的值，下方为输出的值，具体格式如图 6.3（a）所示。

根据式（6-4）、式（6-7）和式（6-8）可以分别列出对应的卡诺图，分别如图 6.3（b）、(c)、(d) 所示。当 x = 0，$Q_2^n Q_1^n$ = 00 时，由 3 张卡诺图可知，$Q_2^{n+1}=1$，$Q_1^{n+1}=1$，z = 1，将此值填入到图 6.3（e）中的 x=0，$Q_2^n Q_1^n$=00 对应的小方格中，书写顺序是 $Q_2^{n+1} Q_1^{n+1} / z$，依此类推，就可以导出完整的状态表。

从图 6.3（e）所示状态表中，已经基本上可以分析出已知电路的逻辑功能，但是为进一步确定，可在状态表基础上列出状态图，如图 6.3（f）所示。图 6.3（f）中，圆圈以及圈中的数字表示电路的状态，既为现态也为次态；箭头表示状态转换的方向，指向线上的标注表明了输入组合及由该输入组合和现态所确定的电路的输出，两者分别位于斜线的上方和下方。该状态图右上角到出了表示输入/输出的信号名及触发器状态排列顺序的图例。

如图 6.3（f）所示状态图显示电路状态变化规律为若输入信号 x=0，当现态 $Q_2^n Q_1^n = 00$ 时，当前的外部输出 z=1，在一个 CP 时钟脉冲下降沿到来时，次态 $Q_2^{n+1} Q_1^{n+1} = 11$；当现态 $Q_2^n Q_1^n = 11$ 时，当前的外部输出 z=0，在一个 CP 时钟脉冲下降沿到来时，次态 $Q_2^{n+1} Q_1^{n+1} = 10$；当现态 $Q_2^n Q_1^n = 10$ 时，当前的外部输出 z=0，在一个 CP 时钟脉冲下降沿到来时，次态 $Q_2^{n+1} Q_1^{n+1} = 01$；当现态 $Q_2^n Q_1^n = 01$ 时，当前的外部输出 z=0，在一个 CP 时钟脉冲下降沿到来时，次态 $Q_2^{n+1} Q_1^{n+1} = 00$。若输入信号 x=1 时，电路状态转换的方向与上述方向相反。

接下来分析电路是否具有自启动能力。所谓自启动能力指在 CP 时钟脉冲信号即输入信号作用下，所有触发器的各个状态之间能够建立起联系，否则不具有自启动能力。本例中，电路有两个 JK 触发器，即有两个状态变量 $Q_2 Q_1$，共有 4 种状态组合，分别为 00、01、10、11，如图 6.3（f）状态图可知，这 4 种状态在 CP 时钟脉冲作用下形成了一个循环，当 CP 时钟下降沿到来时，各状态之间依次互相转换，把这个循环称为有效序列，有效序列内的每一个状态组合称为有效状态，因为全部状态均为有效序列内的有效状态，因此电路称为具有自启动特性。同时把不在有效序列内的状态组合称为无效状态，若无效状态在 CP 时钟脉冲作用下回到有效序列中，则也称电路具有自启动能力，否则电路不具有自启动能力。显然图 6.3（f）所示的状态图对应的电路具有自启动特性。

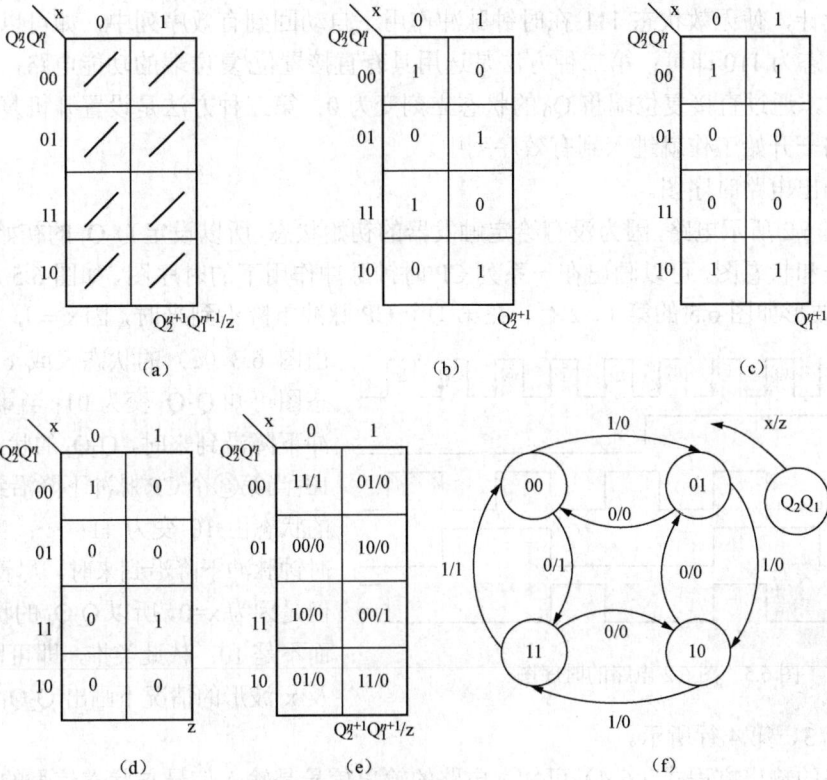

图 6.3　［例 6.1］题的状态表和状态图

如图 6.4 所示的状态转换图，共有 $Q_2Q_1Q_0$ 三个状态变量，在图 6.4（a）中，可以看到，在时钟脉冲作用下，状态 $001 \rightarrow 010 \rightarrow \cdots \rightarrow 111$ 共 7 个状态为有效状态，它们构成了一个有效序列，而第 8 个状态 000 为无效状态，但是在时钟脉冲作用下，这个无效状态能自动回到有效序列中，因此图 6.4（a）所示的状态图对应的电路具有自启动特性。而在图 6.4（b）所示状态图中，无效状态 111 在时钟脉冲作用下不能回到有效序列中，因此该状态图对应的电路不具有自启动能力。如果要使电路具有自启动能力，则有如下三种方法：第一种是通过修

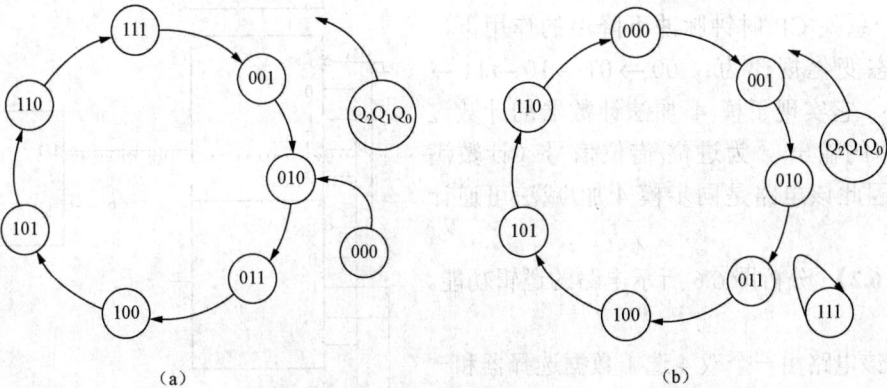

图 6.4　某种电路状态图

（a）具有自启动能力的状态图；（b）不具有自启动能力的状态图

改原电路设计，使无效状态 111 在时钟脉冲作用下自动回到有效序列中，如可以改动电路，使 111 的次态为 110 即可；第二种方法是选用具有直接置位/复位端的功能电路，在电路状态进入 111 时，通过直接复位端将 Q_0 的状态立刻变为 0；第三种方法是设置开机复位、置位电路，使电路一开始工作就进入到有效序列中。

（4）画出电路时序图。

对于图 6.2 所示电路，因为没有给定触发器的初始状态，所以设定 Q_2Q_1 的初始状态为 00。根据状态表和状态图，可以画出在一系列 CP 时钟脉冲作用下的时序图，如图 6.5 所示。其中，CP 及 x 的波形如图 6.5 的第 1、2 行，在第①个 CP 脉冲下降沿到来时，因 x=1，$Q_2Q_1=00$，

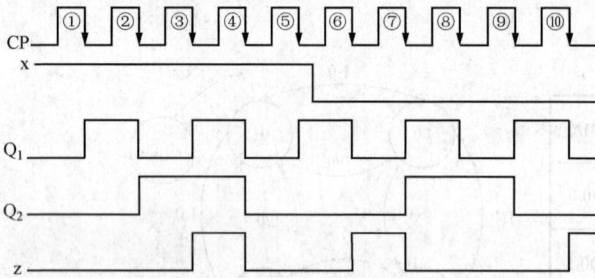

图 6.5　图 6.2 电路的时序图

由图 6.3（e）的状态表或 6.3（f）的状态图可知 Q_2Q_1 变为 01；当第②个 CP 脉冲下降沿到来时，Q_2Q_1 的状态由 01 变为 10；当第③个 CP 脉冲下降沿到来时，Q_2Q_1 的状态由 10 变为 11；…；当第⑥个 CP 时钟脉冲下降沿到来时，尽管 $Q_2Q_1=01$，但是因为 x=0，所以 Q_2Q_1 的状态变为 00，而不是 10；依此类推，即可以在已知 CP 及 x 波形的情况下画出 Q_2Q_1 的波形，如时序图的第 3、第 4 行所示。

由电路的输出方程式（6-4）可知，电路的输出信号是输入信号与状态信号的函数，他们之间满足式（6-4）所示的组合逻辑关系，因此根据输入信号与状态信号的波形、状态表和状态图能够比较容易的画出输出波形。如在第①个 CP 时钟周期内，x=1，$Q_2Q_1=00$，查状态表或状态图可知 z=0；在第⑦个 CP 时钟周期内，x=0，$Q_2Q_1=00$，查状态表或状态图可知 z=1；依此类推，也会比较容易的画出电路的输出信号波形，如时序图的第 5 行所示。

最后，综合分析，确定电路的逻辑功能。由状态表、状态图或时序图可知，当 x=0 时，在一系列 CP 时钟脉冲下降沿的作用下，电路状态变化规律为：11→10→01→00→11……它实现了模 4 减法计数器的计数过程；当 x=1 时，在一系列 CP 时钟脉冲下降沿的作用下，电路状态变化规律为：00→01→10→11→00→……它实现了模 4 加法计数器的计数过程。电路的输出 z 为进位/借位信号（计数满标志）。因此该电路是同步模 4 加/减法可逆计数器。

【例 6.2】 分析图 6.6 所示电路的逻辑功能。

解：

（1）该电路由一个双 4 选 1 数据选择器和一个下降沿触发的 D 触发器组成，x、y 是其外部输入信号，z 为外部输出信号。

电路的输出方程

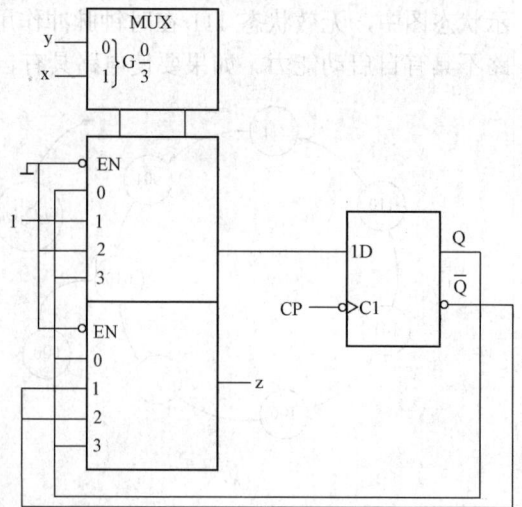

图 6.6　[例 6.2] 逻辑电路图

$$z = \overline{x} \cdot \overline{y} Q^n + \overline{x} y \overline{Q^n} + x \overline{y} \cdot \overline{Q^n} + x y Q^n = x \oplus y \oplus Q^n \qquad (6\text{-}9)$$

显然，电路为米里型时序电路。

（2）触发器的激励方程如式（6-10），次态方程如式（6-11）所示。

$$D = \overline{x} \cdot \overline{y} Q^n + \overline{x} y + x y Q^n = \overline{x} y + \overline{x} Q^n + y Q^n \qquad (6\text{-}10)$$

$$Q^{n+1} = D = \overline{x} y + \overline{x} Q^n + y Q^n \qquad (6\text{-}11)$$

（3）由式（6-11）次态方程和式（6-9）输出方程可得电路状态表，如图 6.7（a）所示，并导出状态图，如图 6.7（b）所示。

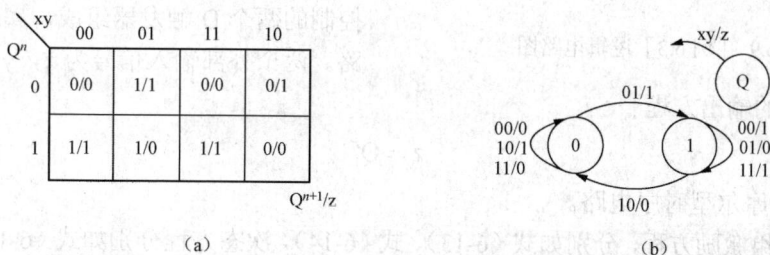

图 6.7　[例 6.2] 电路的状态表和状态图

（a）状态表；（b）状态图

由状态图可知电路具有自启动能力。通过状态表和状态图很难判断出电路的逻辑功能，需要画出电路的时序图。

（4）画电路的时序图，并分析电路的逻辑功能。

设定电路初始状态为 0，CP 时钟信号及外部输入信号 x、y 的波形如图 6.8 第 1、第 2、第 3 行所示。在第①个 CP 脉冲下降沿到来时，因 xy = 00，$Q^n = 0$，由图 6.7 的状态表或状态图可知 $Q^{n+1}=0$，z = 0；当第②个 CP 下降沿到来时，因 xy = 01，$Q^n = 0$，则 $Q^{n+1}=1$，z = 1；当第③个 CP 下降沿到来时，因 xy = 10，$Q^n = 1$，则 $Q^{n+1}=0$，z = 0；……依此类推，即可在已知 CP 及 x，y 波形的情况下画出 Q 的波形，如时序图第 4、5 行所示。

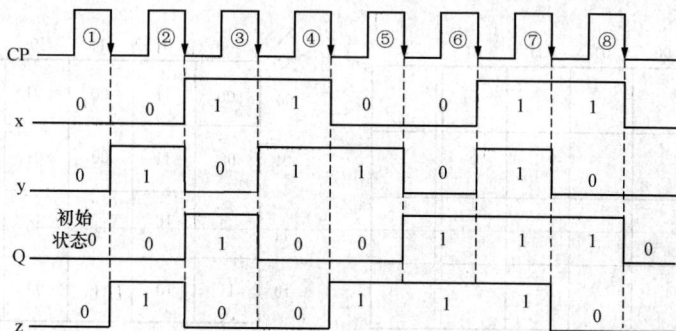

图 6.8　[例 6.2] 电路的时序图

综合分析，确定电路的逻辑功能。由时序图可知，该电路实现串行减法器功能。其中 x 为被减数、y 是减数，输出 z 为差，低位在前、高位在后，状态 Q 表示借位。时序图 6.8 表示两个二进制数 x = 11001100 和 y = 01011010 相减后得到差 z = 01110010 和向高位借位

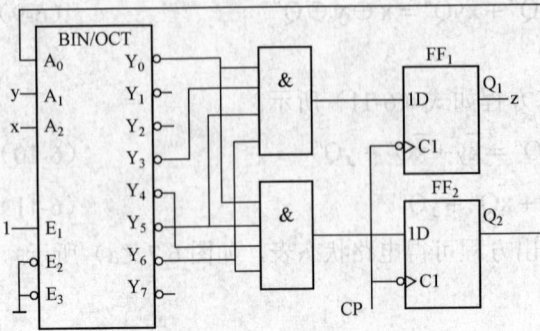

图 6.9 ［例 6.3］逻辑电路图

$Q = 01110010$。在电路中，输出信号 z 的状态的改变与输入信号 x，y 同步，而 Q 的状态的改变要在 CP 下降沿到来时才改变，所以要比输出 z 晚一个 CP 周期。

【例 6.3】 分析图 6.9 所示电路的逻辑功能。

解：

（1）电路由 3-8 译码器和同一个 CP 时钟控制的两个 D 触发器组成，属于同步时序电路。两个外部输入信号为 x，y，外部输出信号为 z。电路的输出方程

$$z = Q_1^n \tag{6-12}$$

显然，电路为摩尔型时序电路。

（2）列两组激励方程，分别如式（6-13）、式（6-14），次态方程分别如式（6-15）、式（6-16）所示。

$$D_1 = \overline{Y_0} \cdot \overline{Y_3} \cdot \overline{Y_5} \cdot \overline{Y_6} = \overline{m_0} \cdot \overline{m_3} \cdot \overline{m_5} \cdot \overline{m_6} = M_0 \cdot M_3 \cdot M_5 \cdot M_6 = \Pi M(0,3,5,6) \tag{6-13}$$

$$D_2 = \overline{Y_0} \cdot \overline{Y_4} \cdot \overline{Y_5} \cdot \overline{Y_6} = \overline{m_0} \cdot \overline{m_4} \cdot \overline{m_5} \cdot \overline{m_6} = M_0 \cdot M_4 \cdot M_5 \cdot M_6 = \Pi M(0,4,5,6) \tag{6-14}$$

$$Q_1^{n+1} = \Pi M(0,3,5,6) = (x + y + Q_2^n)(x + \overline{y} + \overline{Q_2^n})(\overline{x} + y + \overline{Q_2^n})(\overline{x} + \overline{y} + Q_2^n) \tag{6-15}$$

$$Q_2^{n+1} = \Pi M(0,4,5,6) = (x + y + Q_2^n)(\overline{x} + y + Q_2^n)(\overline{x} + y + \overline{Q_2^n})(\overline{x} + \overline{y} + Q_2^n) \tag{6-16}$$

（3）列状态表，导出状态图，并分析是否具有自启动能力。

摩尔型时序电路的输出是现态的函数，与外部输入无关，因此状态表与米里型略有不同，具体画法如图 6.10（a）所示，电路的输出部分单独列在状态表的右列。将式（6-15）、式（6-16）所示的次态方程和式（6-12）所示的输出方程代入到填入到空白表，即可得电路的状态表，如图 6.10（b）所示。

$Q_2^n Q_1^n$ \ xy	00	01	11	10	z
00	00	11	00	01	0
01	00	11	00	01	1
11	11	11	11	00	1
10	11	10	11	00	0

$Q_2^{n+1} Q_1^{n+1}$

（a）　　　　　　　　　　（b）

图 6.10 摩尔型时序电路的状态表

摩尔型时序电路状态图与米里型时序电路状态图也有所不同。圆圈中除表示出电路的状态外，还有与状态伴随的输出，两者用斜线分开，指向线上仅标出输入组合。具体状态图如

图 6.11 所示。可见，电路具有自启动能力。

（4）画出电路的时序图，并确定电路的逻辑功能。

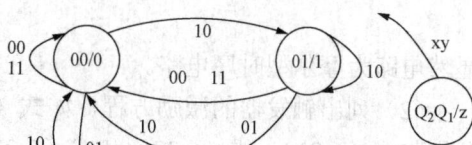

图 6.11　[例 6.3] 电路的状态图

设定加在该电路的 CP 和输入信号 x、y 与图 6.8 所示的相同，且设 Q_2，Q_1 的初始状态均为 0。当第①个 CP 时钟脉冲下降沿到来时，因 xy=00，$Q_2^n Q_1^n = 00$，通过查状态表或状态图可知，次态 $Q_2^{n+1} Q_1^{n+1} = 00$，输出 z=0。当第②个 CP 时钟脉冲下降沿到来时，因 xy=01，$Q_2^n Q_1^n = 00$，通过查状态表或状态图可知，次态 $Q_2^{n+1} Q_1^{n+1} = 11$，输出 z=1。由此可见，对输入信号 x、y 运算的结果 z 要滞后 x，y 一段时间，等 CP 时钟下降沿到来后才能得到 z 的值，而不是随着输入信号 x、y 的变化而变化，这是摩尔型时序电路的工作特点。依此类推，可以得到图 6.12 所示时序图。

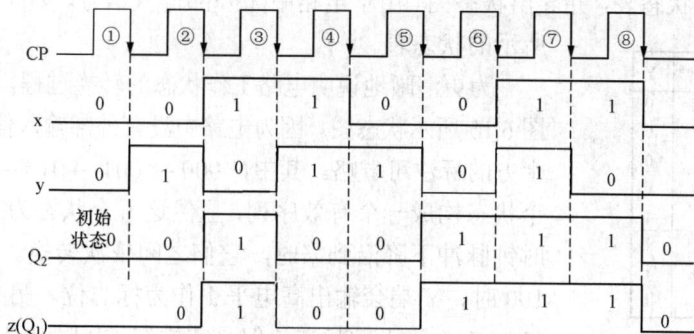

图 6.12　[例 6.3] 电路的时序图

将图 6.12 与图 6.8 所示的时序图对比发现，该逻辑电路也是一个串行减法器，低位在前、高位在后的串行输入和串行输出。但是这里的差数 z 先存储在 Q_1 中再输出，所以滞后于 x、y 一个 CP 周期，Q_2 表示低位向高位的借位。

【例 6.4】　分析图 6.13 所示电路的逻辑功能。

解：

（1）分析电路结构。电路由三个 JK 触发器组成，且它们共用一个外部时钟脉冲信号，属于同步时序电路。有一个输出信号 Y，但没有外部输入信号。电路的外部输出方程

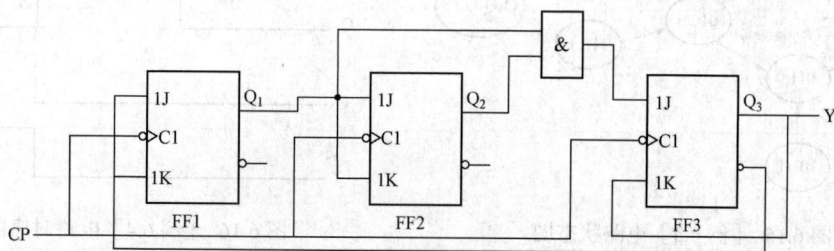

图 6.13　[例 6.4] 电路逻辑电路图

$$Y = Q_3^n \tag{6-17}$$

显然电路为摩尔型时序电路。

（2）列出触发器的激励方程，如式（6-18）、式（6-19）和式（6-20），并求出次态方程，分别如式（6-21）、式（6-22）和式（6-23）所示。

$$J_1 = K_1 = \overline{Q_3^n} \tag{6-18}$$

$$J_2 = K_2 = Q_1^n \tag{6-19}$$

$$J_3 = Q_2^n Q_1^n, \quad K_3 = Q_3^n \tag{6-20}$$

$$Q_1^{n+1} = J_1 \overline{Q_1^n} + \overline{K_1} Q_1^n = \overline{Q_3^n} \cdot \overline{Q_1^n} + Q_3^n Q_1^n = Q_3^n \odot Q_1^n \tag{6-21}$$

$$Q_2^{n+1} = J_2 \overline{Q_2^n} + \overline{K_2} Q_2^n = Q_1^n \overline{Q_2^n} + \overline{Q_1^n} Q_2^n = Q_1^n \oplus Q_2^n \tag{6-22}$$

$$Q_3^{n+1} = J_3 \overline{Q_3^n} + \overline{K_3} Q_3^n = \overline{Q_3^n} Q_2^n Q_1^n + Q_3^n \overline{Q_3^n} = \overline{Q_3^n} Q_2^n Q_1^n \tag{6-23}$$

（3）画电路的状态表，并导出状态图。由于电路中无外部输入信号，因此可画成如图 6.14 所示的状态表。

$Q_3^n Q_2^n Q_1^n$	$Q_3^{n+1} Q_2^{n+1} Q_1^{n+1}$	Y
0 0 0	0 0 1	0
0 0 1	0 1 0	0
0 1 0	0 1 1	0
0 1 1	1 0 0	0
1 0 0	0 0 0	1
1 0 1	0 1 1	1
1 1 0	0 1 0	1
1 1 1	0 0 1	1

图 6.14　［例 6.4］电路的状态表

为更清晰地说明电路工作状态的转换过程，可由状态表导出图 6.15 所示状态图。因为电路中没有外部输入信号，因此指向线上方的标注可省略。其中，$000 \rightarrow 001 \rightarrow 010 \rightarrow 011 \rightarrow 100$ 这五个状态构成一个有效序列，显然这五个状态为有效状态，在 CP 时钟脉冲下降沿到来时，它们之间依次转换。当电路状态变为 100 时，Y 端会输出高电平 1 作为标志位。另外三个状态 101、110、111 为无效状态，但是它们在 CP 时钟脉冲作用下会自动转换到有效序列中，因此电路具有自启动能力。

（4）由电路的状态表和状态图可以画出电路的时序图，如图 6.16 所示。通过对状态表、状态图及时序图的分析，可以总结出每 5 个 CP 时钟脉冲下降沿到来后，电路完成一个循环，并且输出 Y 标志这一循环结束。因此该电路功能为模 5 加法计数器，Y 为进位输出标志位。

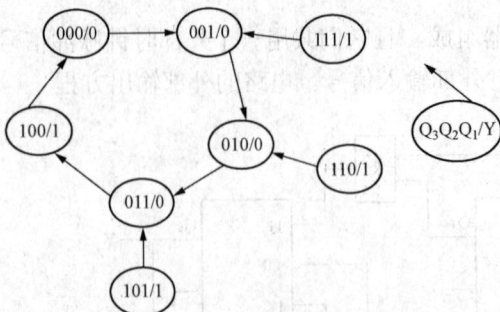

图 6.15　［例 6.4］电路状态图

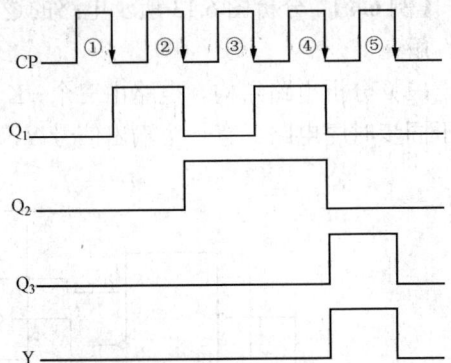

图 6.16　［例 6.4］电路时序图

6.3 常用时序逻辑电路

常用的同步时序逻辑电路有计数器、寄存器，下面分别进行讨论。

6.3.1 计数器

计数器是数字系统中广泛应用的时序电路之一，一般由若干个逻辑门和相应的触发器组成。计数器的基本功能是对 CP 时钟脉冲的个数进行计数，因此，也将时钟脉冲也称为计数脉冲，除计数外，还具有分频、定时、信号产生以及执行数字运算等功能。

计数器种类繁多，分类方法也各有不同，常用分类方法如下：

（1）按照触发器触发时间不同，计数器可分为同步计数器和异步计数器。同步计数器指计数器电路中所有触发器的时钟端都连在一起，由一个外部 CP 时钟脉冲信号统一进行控制；相反，计数器电路中只要有一个触发器的时钟端信号与其他时钟来源不同即为异步计数器。

（2）按照计数值增减规律不同，计数器可分为加法计数器、减法计数器、加/减可逆计数器。加法计数器指对输入脉冲进行递增计数；相反，减法计数器是对输入脉冲进行递减计数；同理，加/减可逆计数器是指在外部控制信号的作用下，计数器既可以进行加法计数，也可以进行减法计数。

（3）按照计数值编码方式不同，计数器可分为二进制计数器（$N = 2^n$）和非二进制计数器（$N \neq 2^n$）。其中，N 表示计数器的模或计数长度；n 表示计数器电路中触发器的个数。

（4）按照容量不同，计数器可分为二进制计数器、十进制计数器和 N 进制计数器。

下面按照上述几种分类方法分别对计数器进行详细介绍。

1. 二进制计数器（$N = 2^n$）

二进制计数器由 n 个触发器和一些附加的组合逻辑电路构成，n 个触发器表示 n 位二进制数，共有 2^n 个状态，实现 2^n 进制计数。二进制计数器按照触发器时间不同，分为同步二进制计数器和异步二进制计数器，下面分别进行介绍。

（1）同步二进制计数器。若所有触发器状态的改变受同一外部 CP 时钟脉冲控制称为同步二进制计数器，其工作速度较高，但控制电路较复杂。按照增减计数规律，同步二进制计数器又可分为同步二进制加法计数器、同步二进制减法计数器和同步二进制加/减可逆计数器。

1）同步二进制加法计数器。加法计数器是对输入的时钟脉冲进行递增计数。根据二进制加法的运算规则，多位二进制数加 1 时，若比第 i 位低的所有位都为 1 时，则第 i 位改变状态，即从 0 到 1 或者从 1 到 0，否则保持不变，而最低位的状态在每次加 1 时都要改变。显然要求电路中的触发器只要具有翻转功能即可，所以构成同步二进制加法计数器的触发器可以为 T 触发器、JK 触发器及 D 触发器。如果用 T 触发器构成，则每次 CP 时钟脉冲到达时，应使翻转的触发器的输入信号 $T_i = 1$，不翻转的触发器的输入信号 $T_i = 0$；如果用 JK 触发器或 D 触发器构成时，则应该先将 JK 触发器或 D 触发器转换成 T 触发器，然后按照 T 触发器的方法构成。

由此可见，当二进制加法计数器用 T 触发器构成时，第 i 位触发器输入端的逻辑表达式

$$T_i = Q_0^n Q_1^n \cdots Q_{i-2}^n Q_{i-1}^n \qquad (i = 0, 1, 2, 3, \cdots, n-1) \tag{6-24}$$

只有最低位除外，按照计数器计数规则，每次输入计数脉冲时，它都要翻转，故 $T_0=1$。

如图 6.17 所示为 4 位同步二进制加法计数器逻辑电路。电路由 4 个 JK 触发器构成，其中 J、K 输入端连在一起构成了 T 触发器，CP 为计数脉冲的输入端，显然 4 个触发器共用一个外部时钟信号，$Q_1 \sim Q_4$ 为计数状态的输出，四位二进制数为 $Q_3 Q_2 Q_1 Q_0$，C_o 为进位输出端。

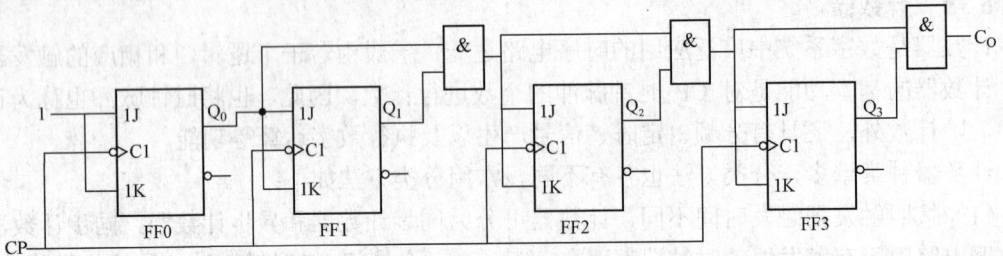

图 6.17　4 位同步二进制加法计数器逻辑电路

由图 6.17 可知，JK 触发器的外部输出方程 $Co = Q_3^n Q_2^n Q_1^n Q_0^n$。显然电路为摩尔型同步时序电路。

JK 触发器的激励方程

$$\begin{cases} J_0 = K_0 = 1 \\ J_1 = K_1 = Q_0^n \\ J_2 = K_2 = Q_1^n Q_0^n \\ J_3 = K_3 = Q_2^n Q_1^n Q_0^n \end{cases} \tag{6-25}$$

将式（6-25）代入 JK 触发器的状态方程 $Q^{n+1} = J\overline{Q^n} + \overline{K}Q^n$，可得 4 个触发器的次态方程

$$\begin{cases} Q_0^{n+1} = \overline{Q_0^n} \\ Q_1^{n+1} = Q_0^n \overline{Q_1^n} + \overline{Q_0^n} Q_1^n = Q_0^n \oplus Q_1^n \\ Q_2^{n+1} = Q_1^n Q_0^n \overline{Q_2^n} + \overline{Q_1^n Q_0^n} Q_2^n = (Q_1^n Q_0^n) \oplus Q_2^n \\ Q_3^{n+1} = Q_2^n Q_1^n Q_0^n \overline{Q_3^n} + \overline{Q_2^n Q_1^n Q_0^n} Q_3^n = (Q_2^n Q_1^n Q_0^n) \oplus Q_3^n \end{cases} \tag{6-26}$$

假设电路的初始状态 $Q_3 Q_2 Q_1 Q_0 = 0000$，则在 CP 时钟脉冲下降沿触发时，电路的状态表如图 6.18 所示，进而画出电路的状态转换图，如图 6.19 所示，时序图如图 6.20 所示。

由图 6.18 状态表可知，在 CP 时钟脉冲下降沿触发下，触发器的输出 $Q_3 Q_2 Q_1 Q_0$ 从 0000～1111，且每 16 个 CP 时钟脉冲到来时，电路工作 1 个循环，即逢 16 进 1，最大计数为 15，所以称为十六进制加法计数器（又称模 16 同步二进制加法计数器）。

4 个 JK 触发器的 4 个输出端的逻辑组合共有 $2^4 = 16$ 种。在如图 6.19 所示的状态转换图中，16 种状态组合均为有效状态，所以该电路具有自启动特性。

由图 6.20 时序图中可以直观的观察到，在 CP 时钟脉冲作用下，各个触发器的状态输出端和进位输出端对应的波形变换关系。每 1 个 CP 时钟下降沿到来时，Q_0 翻转为相反状态；每 2 个 CP 时钟下降沿到来时，Q_1 翻转为相反状态；每 4 个 CP 时钟下降沿到来时，Q_2 翻转为相反状态；每 8 个 CP 时钟下降沿到来时，Q_3 翻转为相反状态。若 CP 时钟脉冲的频率为 f_0，则 Q_0、Q_1、Q_2、Q_3 的频率分别为 f_0 的 1/2、1/4、1/8、1/16，因此，Q_0、Q_1、Q_2 和 Q_3 分

别为 CP 时钟脉冲的 2 分频、4 分频、8 分频和 16 分频，所以该电路也称为 16 分频器。例如，假设输入的 CP 时钟信号为 16kHz，则 Q_0、Q_1、Q_2 和 Q_3 频率分别为 8kHz、4kHz、2kHz 和 1kHz。

序号	CP	$Q_3^n Q_2^n Q_1^n Q_0^n$	$Q_3^{n+1} Q_2^{n+1} Q_1^{n+1} Q_0^{n+1}$	C_O
1	↓	0 0 0 0	0 0 0 1	0
2	↓	0 0 0 1	0 0 1 0	0
3	↓	0 0 1 0	0 0 1 1	0
4	↓	0 0 1 1	0 1 0 0	0
5	↓	0 1 0 0	0 1 0 1	0
6	↓	0 1 0 1	0 1 1 0	0
7	↓	0 1 1 0	0 1 1 1	0
8	↓	0 1 1 1	1 0 0 0	0
9	↓	1 0 0 0	1 0 0 1	0
10	↓	1 0 0 1	1 0 1 0	0
11	↓	1 0 1 0	1 0 1 1	0
12	↓	1 0 1 1	1 1 0 0	0
13	↓	1 1 0 0	1 1 0 1	0
14	↓	1 1 0 1	1 1 1 0	0
15	↓	1 1 1 0	1 1 1 1	0
16	↓	1 1 1 1	0 0 0 0	1

图 6.18　4 位同步二进制加法计数器状态表

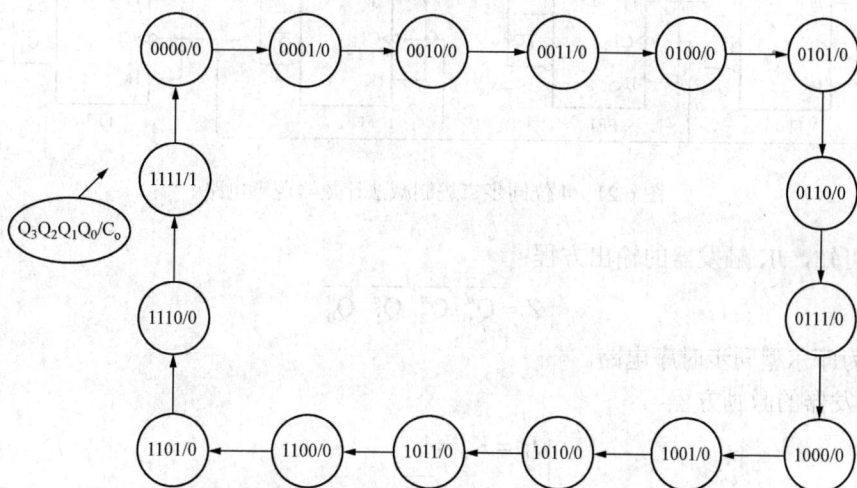

图 6.19　4 位同步二进制加法计数器状态转换图

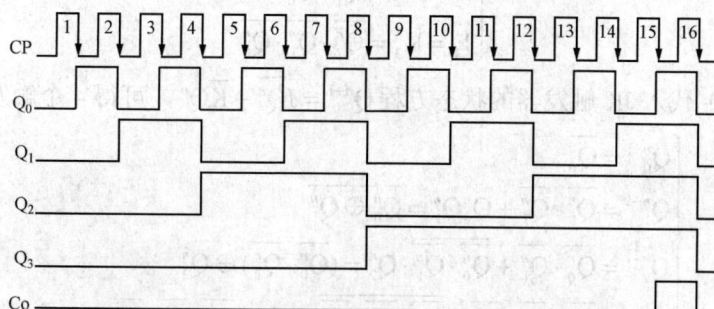

图 6.20　4 位同步二进制加法计数器时序图

综上分析可知，将 n 个 JK 触发器或其他类型的触发器转换成 T 触发器的形式，第 n 个 T 输入端连接前面（$n-1$）个触发器输出端相与运算的结果，利用这种方法可以实现任意 2^n 进制的加法计数或者实现 $1/2^n$ 的分频。

2）同步二进制减法计数器。减法计数器是对输入的计数脉冲进行递减计数。根据二进制减法的运算规则，多位二进制数减 1 时，若比第 i 位低的所有位均为 0 时，则第 i 位应改变状态，即由 0 变 1 或由 1 变 0，否则保持不变，而最低位的状态在每次减 1 时都要改变。显然只要电路具有翻转功能即可，因此构成同步二进制减法计数器的触发器也可以为 T 触发器、T' 触发器、JK 触发器及 D 触发器。由此可见，当二进制减法计数器用 T 触发器构成时，第 i 位触发器输入端的逻辑表达式

$$\begin{cases} T_i = \overline{Q_0^n} \cdot \overline{Q_1^n} \cdots \overline{Q_{i-1}^n} \cdot \overline{Q_{i-2}^n} \quad (i=0,\ 1,\ 2,\ 3\cdots,\ n-1) \\ T_0 = 1 \end{cases} \tag{6-27}$$

因此，只要将前级触发器的反相输出端 $\overline{Q}$ 相与送到后级触发器的输入端 T，便可构成 4 位同步二进制减法计数器，电路如图 6.21 所示。

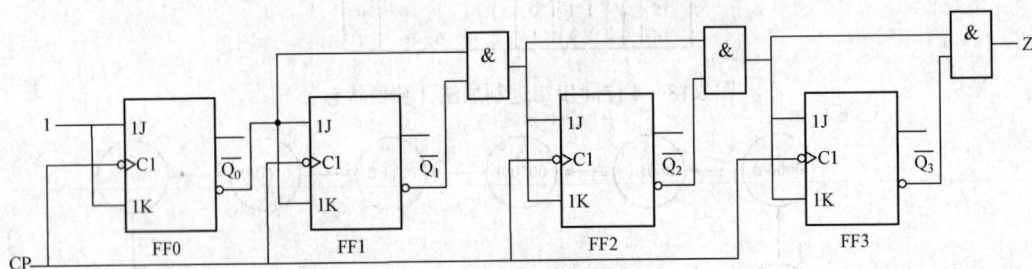

图 6.21　4 位同步二进制减法计数器逻辑电路

如图可知，JK 触发器的输出方程

$$Z = \overline{Q_3^n} \cdot \overline{Q_2^n} \cdot \overline{Q_1^n} \cdot \overline{Q_0^n} \tag{6-28}$$

显然电路为摩尔型同步时序电路。

JK 触发器的激励方程

$$\begin{cases} J_0 = K_0 = 1 \\ J_1 = K_1 = \overline{Q_0^n} \\ J_2 = K_2 = \overline{Q_1^n} \cdot \overline{Q_0^n} \\ J_3 = K_3 = \overline{Q_2^n} \cdot \overline{Q_1^n} \cdot \overline{Q_0^n} \end{cases} \tag{6-29}$$

将式（6-29）代入 JK 触发器的状态方程 $Q^{n+1} = J\overline{Q^n} + \overline{K}Q^n$，可得 4 个触发器的次态方程

$$\begin{cases} Q_0^{n+1} = \overline{Q_0^n} \\ Q_1^{n+1} = \overline{Q_0^n} \cdot \overline{Q_1^n} + Q_0^n Q_1^n = \overline{Q_0^n \oplus Q_1^n} \\ Q_2^{n+1} = \overline{Q_0^n} \cdot \overline{Q_1^n} + \overline{\overline{Q_0^n} \cdot \overline{Q_1^n}} \cdot Q_2^n = (\overline{Q_0^n} \cdot \overline{Q_1^n}) \oplus Q_2^n \\ Q_3^{n+1} = \overline{Q_0^n} \cdot \overline{Q_1^n} \cdot \overline{Q_3^n} + \overline{\overline{Q_0^n} \cdot \overline{Q_1^n} \cdot \overline{Q_2^n}} \cdot Q_2^n = (\overline{Q_0^n} \cdot \overline{Q_1^n} \cdot \overline{Q_2^n}) \oplus Q_3^n \end{cases} \tag{6-30}$$

假设电路的初始状态 $Q_3Q_2Q_1Q_0=0000$，由式（6-28）、式（6-30）可画出在 CP 时钟脉冲作用下，电路的状态表如图 6.22 所示。状态转换图和时序图请读者自行分析。

值得提出的是，状态转换表和状态转换图的变化方向与加法计数器刚好相反，输出 Z 为借位输出端，状态态 $Q_3Q_2Q_1Q_0=0000$ 时，$Z=1$。

用二进制加法器同样的方法进行分析，可知 4 位同步二进制减法计数器称为十六进制同步减法计数器，也称为模 16 同步二进制减法计数器，或 16 分频器。

3）同步二进制加/减可逆计数器。将同步二进制加法计数器和减法计数器合并在一起，设置加减控制信号或采用加/减双时钟脉冲控制，则可构成单时钟或者

序号	CP	Q_3^n	Q_2^n	Q_1^n	Q_0^n	Q_3^{n+1}	Q_2^{n+1}	Q_1^{n+1}	Q_0^{n+1}	Z
1	↓	0	0	0	0	1	1	1	1	1
2	↓	0	0	0	1	0	0	0	0	0
3	↓	0	0	1	0	0	0	0	1	0
4	↓	0	0	1	1	0	0	1	0	0
5	↓	0	1	0	0	0	0	1	1	0
6	↓	0	1	0	1	0	1	0	0	0
7	↓	0	1	1	0	0	1	0	1	0
8	↓	0	1	1	1	0	1	1	0	0
9	↓	1	0	0	0	0	1	1	1	0
10	↓	1	0	0	1	1	0	0	0	0
11	↓	1	0	1	0	1	0	0	1	0
12	↓	1	0	1	1	1	0	1	0	0
13	↓	1	1	0	0	1	0	1	1	0
14	↓	1	1	0	1	1	1	0	0	0
15	↓	1	1	1	0	1	1	0	1	0
16	↓	1	1	1	1	1	1	1	0	0

图 6.22　4 位同步二进制减法计数器状态表

双时钟结构电路。集成同步二进制加/减可逆计数器多采用单时钟结构，如 54/74191。相关内容会在后续介绍，这里不再赘述。

（2）异步二进制计数器。异步二进制计数器中的每一级触发器均由 T′触发器构成，其特征方程为 $Q^{n+1}=\overline{Q^n}$。T′触发器可以由 JK、D、T 触发器组成，其中 JK 触发器的 $J=K=1$，D 触发器的 $D=\overline{Q^n}$，T 触发器的 $T=1$，逻辑电路分别如图 6.23（a）、（b）、（c）所示，时序图如图（d）所示。

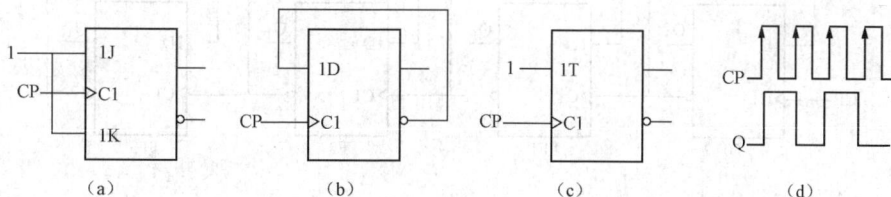

图 6.23　各种 T′触发器逻辑电路及时序图

（a）JK→T′触发器；（b）D→T′触发器；（c）T→T′触发器；（d）时序图

将 k（$k=1$，2，3，…）个 T′触发器按照相应的方法级联起来，则可构成 2^k 进制计数器。

1）异步二进制加法计数器。根据二进制加法计数规律可知，每有 1 个 CP 计数脉冲到来，则最低位就要翻转 1 次，最高位只有在相邻低位由 1→0 时才翻转。因此，对于下降沿触发的触发器，其高位的 CP 端应与其邻近低位的 Q 端相连，即 $CP_i=Q_{i-1}$；对于上升沿触发的触发器，其高位的 CP 端应与其邻近低位的反相输出 $\overline{Q}$ 端相连，即 $CP_i=\overline{Q_{i-1}}$，而外部 CP 计数脉冲连接到最低位触发器的时钟脉冲输入端。以 16 进制加法计数器为例进行介绍。

16 进制异步二进制加法计数器的逻辑电路图如图 6.24（a）和图 6.25（a）所示。图中最低位触发器的 CP 时钟信号也就是记录的计数输入脉冲。

一般情况下，计数器在开始计数时要设置初始状态，因此在触发器逻辑电路中要设置异

步复位和异步置位端，使计数器开始工作时设置一个初始状态，通常为 0 态，又称为清 0 或置 0。如图 6.24（b）和 6.25（b）所示时序图中的初始状态均为 0，在 CP 计数脉冲触发下，各触发器的输出状态 $Q_3Q_2Q_1Q_0$ 从状态 0000～1111 的循环变化，实现了加法计数。图 6.24（a）和图 6.25（a）逻辑电路的状态转换图及状态转换表与 16 进制同步二进制加法计数器相同，这里不再详述。

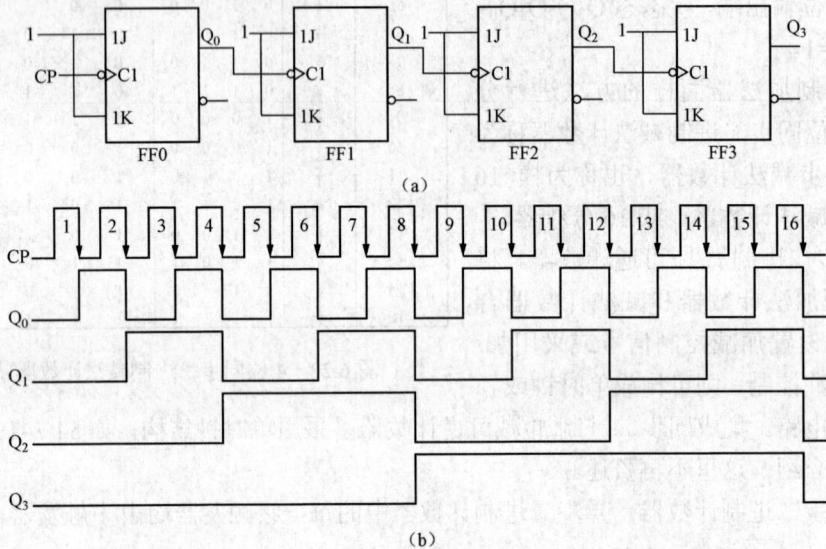

图 6.24   16 进制加法计数器逻辑电路和时序图（下降沿触发）

（a）逻辑电路图；（b）时序图

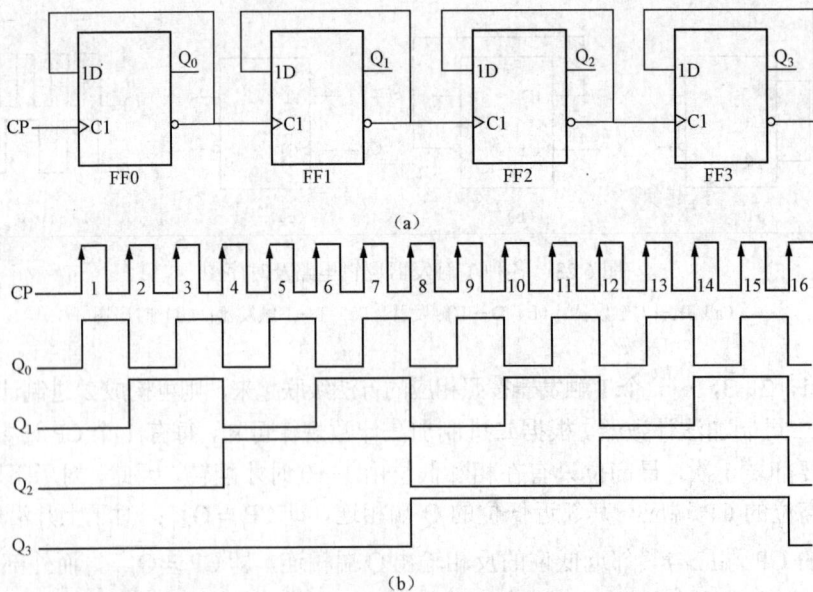

图 6.25   16 进制加法计数器逻辑电路和时序图（上升沿触发）

（a）逻辑电路图；（b）时序图

2）异步二进制减法计数器。根据二进制减法计数规律可知，每有一个 CP 计数脉冲到来，最低位就要翻转 1 次，低位由 0→1 时向高位产生借位，高位才会翻转。对于下降沿触发的触发器，其高位的 CP 端应与其邻近低位的反相输出 $\overline{Q}$ 端相连，即 $CP_i = \overline{Q_{i-1}}$；对于上升沿触发的触发器，其高位的 CP 端应与其邻近低位的原输出 Q 端相连，即 $CP_i = Q_{i-1}$，而外部 CP 计数脉冲连接到最低位触发器的时钟脉冲输入端。图 6.26（a）和图 6.27（a）分别为下降沿触发和上升沿触发的 16 进制异步二进制减法计数器逻辑电路图，图 6.26（b）和图 6.27（b）分别为其时序图，两个图的区别仅为触发边沿不同。

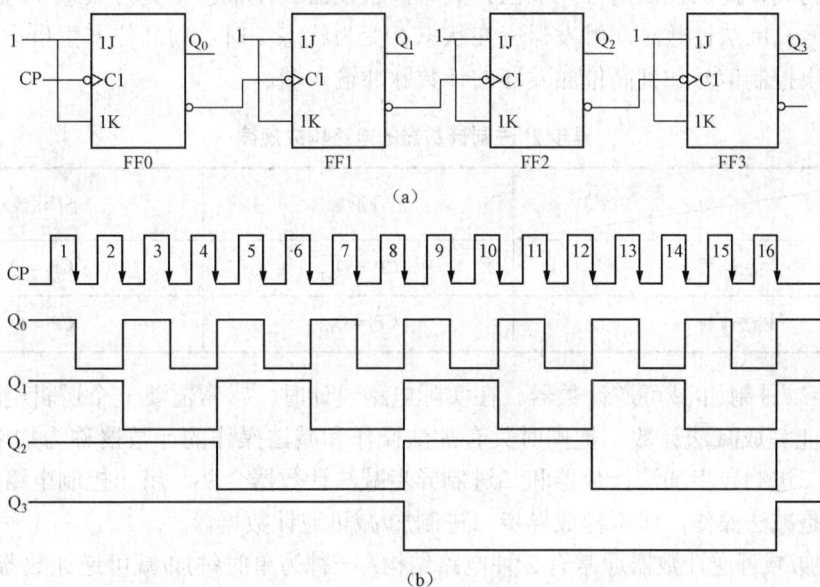

图 6.26 16 进制异步二进制减法计数器逻辑电路及时序图（下降沿触发）

(a) 逻辑电路图；(b) 时序图

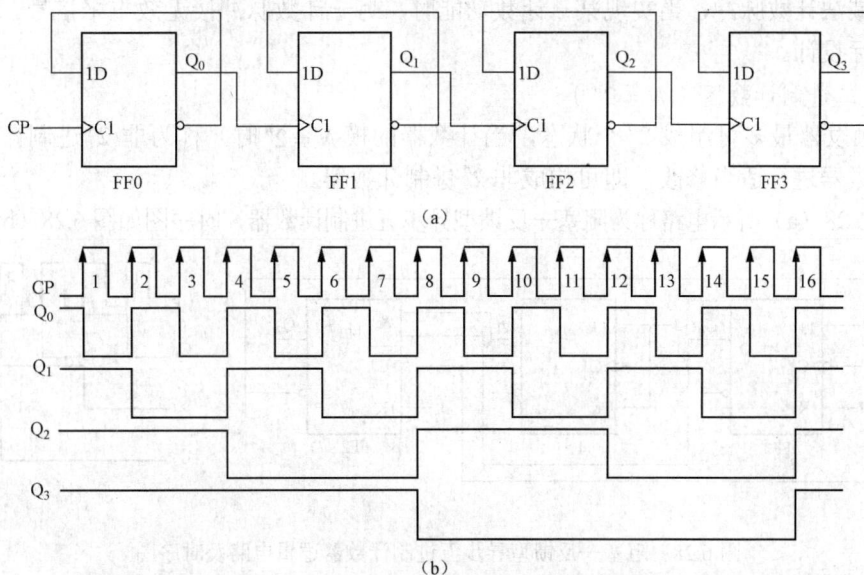

图 6.27 16 进制异步二进制减法计数器逻辑电路及时序图（上升沿触发）

(a) 逻辑电路图；(b) 时序图

综上所述，可以归纳出用触发器构成异步 2^k 进制计数器的规律，见表 6.1。首先，将每个触发器构成 T' 触发器，即二进制计数器，每个触发器的次态方程为 $Q^{n+1} = \overline{Q^n}$，这样，每一个触发器在接收到一个计数脉冲时，都应该翻转一次。然后，若欲实现加法计数器，则对于上升沿触发的触发器，使 $CP_i = \overline{Q_{i-1}}$，反之，使 $CP_i = Q_{i-1}$；若欲实现减法计数器，则对于上升沿触发的触发器，使 $CP_i = Q_{i-1}$；反之，使 $CP_i = \overline{Q_{i-1}}$。当触发器状态转换时，根据计数要求向高位提供控制信号，加法计数时，触发器应在状态 1 变为状态 0 时，产生向高位的进位信号；减法计数时，触发器应在状态 0 变为状态 1 时，向高位产生借位信号；低位触发器的输出控制信号加到高位触发器的计数脉冲输入端。

表 6.1　　　　　　　　　　异步 2^k 进制计数器的电路构成规律

计数规律 ＼ 触发方式	上升沿触发	下降沿触发
加法计数	$CP_i = \overline{Q_{i-1}}$	$CP_i = Q_{i-1}$
减法计数	$CP_i = Q_{i-1}$	$CP_i = \overline{Q_{i-1}}$

3）异步二进制加/减可逆计数器。在实际电路设计时，常常需要一个逻辑电路既能完成加法计数又能完成减法计数。把同时具有加法操作和减法操作的计数器称为加/减可逆计数器。显然将二进制异步加法计数器和二进制异步减法计数器合并，用一控制电路控制其实现加法操作还是减法操作，即可构成异步二进制加/减可逆计数器。

二进制加/减可逆计数器通常有 2 种电路结构：一种为单时钟加/减可逆计数器，即设置加减控制信号进行控制实现加法或减法操作，加法和减法计数共用一个计数脉冲信号；另一种为双时钟输入式二进制加/减可逆计数器，即电路中有两个计数脉冲，一个为加法计数脉冲，另一个为减法计数脉冲，当实现某一计数功能时，另一计数脉冲接无效电平信号。具体电路读者可自行设计。

2. 非二进制计数器（$N \neq 2^n$）

n 个触发器最多可组成 2^n 个状态，当计数器的模 $N \neq 2^n$ 时，称为非 2^n 进制计数器。对 2^n 进制计数器进行适当修改，即可构成非 2^n 进制计数器。

如图 6.28（a）所示电路称为阻塞—反馈型异步五进制计数器，时序图如图 6.28（b）所示。

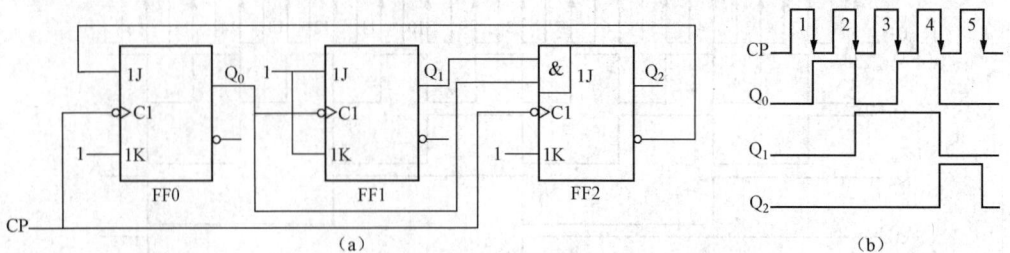

图 6.28　阻塞—反馈型异步五进制计数器逻辑电路及时序图

（a）逻辑电路图；（b）时序图

分析可得逻辑电路的激励方程

$$\begin{cases} J_0 = \overline{Q_2^n}, \quad K_0 = 1 \\ J_1 = K_1 = 1 \\ J_2 = Q_1^n Q_0^n, \quad K_2 = 1 \end{cases} \tag{6-31}$$

将式（6-31）代入到 JK 触发器的状态方程可得触发器的激励方程

$$\begin{cases} Q_0^{n+1} = \overline{Q_2^n} \cdot \overline{Q_0^n} \\ Q_1^{n+1} = \overline{Q_1^n} \\ Q_2^{n+1} = Q_2^n Q_1^n Q_0^n \end{cases} \tag{6-32}$$

由图 6.28（a）可知，FF1 的 CP 脉冲信号来自于 FF0 的信号输出 Q_0，即只有当 Q_0 出现下降沿时，FF1 才被触发，FF0 和 FF2 的触发信号来自于外部 CP 时钟脉冲信号。

设电路的初始状态 $Q_2Q_1Q_0 = 000$，当第一个 CP 脉冲下降沿到来时只作用到 FF0 和 FF2 上，由式（6-26）可知，$Q_2^{n+1} = 0$，$Q_0^{n+1} = 1$，此时，FF1 的时钟脉冲 Q_0^n 由 $0 \to 1$，接收到的计数脉冲信号为上升沿，因此，电路输出状态保持不变，即 $Q_1^{n+1} = Q_1^n = 0$，即逻辑电路的输出状态 $Q_2Q_1Q_0 = 0001$；当第二个 CP 脉冲下降沿到来时，$Q_2^{n+1} = 0$，$Q_0^{n+1} = 0$，此时，FF1 的时钟脉冲 Q_0^n 由 $1 \to 0$，接收到的计数脉冲信号为下降沿，因此，电路输出状态翻转，即 $Q_1^{n+1} = \overline{Q_1^n} = 1$，即逻辑电路的输出状态 $Q_2Q_1Q_0 = 010$；依此类推，当第五个 CP 脉冲下降沿到来时，$Q_2^{n+1} = 0$，$Q_0^{n+1} = 0$，此时，FF1 的时钟脉冲 Q_0^n 继续保持 0 状态，因此，电路输出状态不变，$Q_1^{n+1} = Q_1^n = 0$，即逻辑电路的输出状态 $Q_2Q_1Q_0 = 000$。因此，电路状态在第五个时钟脉冲到来时又回到了初始状态。

由此可见，在 CP 脉冲及 Q_0 的共同作用下，电路输出状态由 $000 \to 001 \to 010 \to 011 \to 100 \to 000 \to \cdots\cdots$ 循环变换，因此称为异步五进制计数器。

通过电路级联的方式可以实现较高模数的异步计数器。如图 6.29（a）所示逻辑电路即为异步十进制计数器，它由模二计数器和图 6.27 所示的异步模五计数器构成的，时序图如图 6.29（b）所示。由时序图可知，该电路为 8241BCD 码加法计数器。

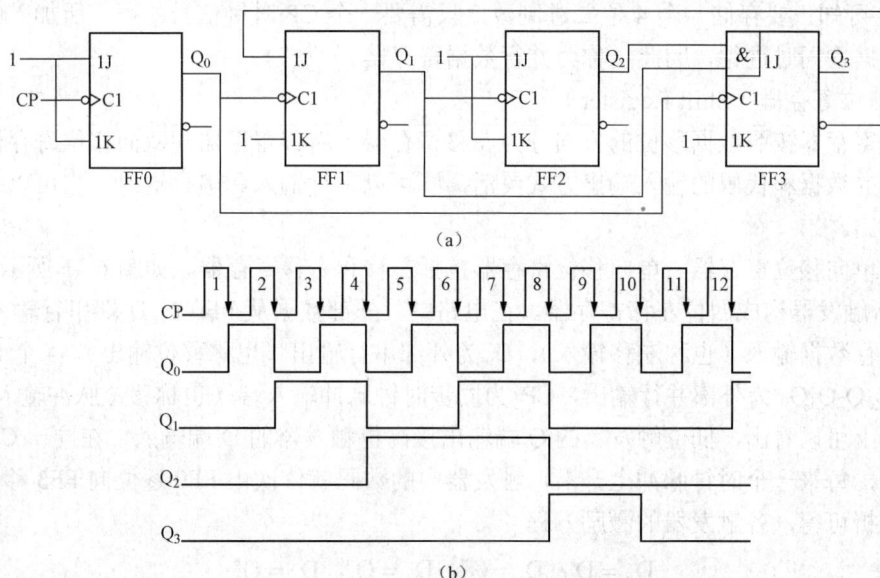

(a)

(b)

图 6.29　异步十进制计数器逻辑电路及时序图
(a) 逻辑电路图；(b) 时序图

6.3.2　寄存器

在数字系统中，经常需要把某些数据或中间结果暂时存储起来，这种暂时存储称为寄存。具有寄存功能的逻辑电路称为寄存器（Register）。寄存器按照组成器件的不同可分为 TTL 寄存器和 CMOS 寄存器，按功能不同可分为数据寄存器和移位寄存器。数据寄存器只能用于存放数据，而移位寄存器既可以存放数据，又可以在时钟信号控制下实现移动数据的功能，即可以将各位数据依次从高位到低位或者从低位到高位进行移位。

1. 数据寄存器（Data Register）

数据寄存器又称状态寄存器，由触发器和控制门组成，其作用是在 CP 脉冲作用下，接收、存储和输出一组二进制数码。因为一个触发器只能存储 1 位二进制代码 "1" 或 "0"，所以要存储 n 位二进制代码需要由 n 个触发器构成的寄存器才能完成。如图 6.30 所示电路即为一种由 D 触发器构成的四位数据寄存器。其中，用 4 个 D 触发器实现了 4 位二进制数据的存储。D 触发器的时钟端连接在一起，为同步时序电路，4 位数据输入端为 $D_0 \sim D_3$，4 位数据输出端为 $Q_0 \sim Q_3$。由图可知，电路的次态方程 $Q_i^{n+1} = D_i$（$i=0，1，2，3$）。

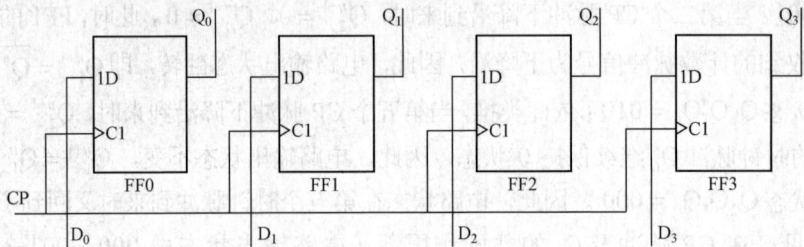

图 6.30　四位数据寄存器

将需存储的数据加在输入端，当 CP 时钟信号上升沿到来时，可将输入端的数据送到输出端并保存下来，直到下一个 CP 时钟信号上升沿到来时才会根据此时的输入数据而改变。从图 6.30 可知，要存储一个 4 位二进制数，只需要一个 CP 时钟信号即可，所加入的数据和输出的数据均同时进行，因此也称为并行数据寄存器。

2. 移位寄存器（Shift Register）

移位寄存器按照数据移位的方向分为左移寄存器、右移寄存器和双向移位寄存器。移位寄存器中的数据和代码的输入输出方式灵活，既可以串行输入和串行输出，也可以并行输入和并行输出。

（1）单向移位寄存器。单向移位寄存器包括左移和右移寄存器。如图 6.31 所示电路由 4 个边沿 D 触发器构成四位左移寄存器。在电路中，外部数据从 FF0 的 D 端串行输入，即 D_i 为外部串行数据输入（也称左移输入），D_o 为外部串行输出（也称移位输出），4 个 D 触发器的输出 $Q_3Q_2Q_1Q_0$ 为外部并行输出，CP 为同步时钟脉冲输入端（也称移位脉冲输入端）。从电路结构上可以看出，低位触发器的 Q 端输出接高位触发器的 D 端输入，在同一 CP 时钟脉冲作用下，每来一个时钟脉冲上升沿，触发器中的数码就依次由 FF0 逐位向 FF3 移动 1 位。

经分析可得，各触发器的激励方程

$$D_0 = D_i，\ D_1 = Q_0^n，\ D_2 = Q_1^n，\ D_3 = Q_2^n \tag{6-33}$$

由 D 触发器的状态方程及式（6-33）可得各触发器的次态方程

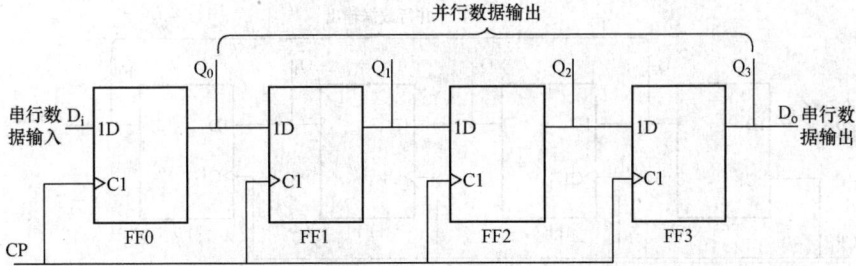

图 6.31 四位左移寄存器

$$Q_0^{n+1} = D_i, \quad Q_1^{n+1}=Q_0^n, \quad Q_2^{n+1}=Q_1^n, \quad Q_3^{n+1}=Q_2^n \qquad (6\text{-}34)$$

从次态方程可以看出，在 CP 时钟脉冲上升沿作用下，外部串行数据输入 D_i 移动给 Q_0，Q_0 移动给 Q_1，Q_1 移动给 Q_2，Q_2 移动给 Q_3，总体效果是 4 个 D 触发器输出的现态依次向高位移位了 1 位，即左移了 1 位。

在如图 6.31 所示电路中，假设电路的初始状态为 $Q_3^n Q_2^n Q_1^n Q_0^n = 0000$，如果要输入的 4 位二进制数 1101，则在 CP 时钟脉冲作用下依次将 1、1、0、1 送到串行数据输入 D_i 端。移位寄存器数码移位情况见表 6.2，各触发器输出端 $Q_3 Q_2 Q_1 Q_0$ 的工作波形如图 6.32 所示。

表 6.2 　　　　　　　　　　　移位寄存器数码移位情况

CP	输入数据 D_i	左移移位寄存器输出			
		Q_0	Q_1	Q_2	Q_3
0	0	0	0	0	0
1	1	1	0	0	0
2	1	1	1	0	0
3	0	0	1	1	0
4	1	1	0	1	1

由表 6.2 和图 6.32 可知，经过 4 个 CP 脉冲上升沿触发后，依次输入的代码 1101 全部移入到如图 6.31 所示的左移寄存器电路中，这种每到来 1 个 CP 脉冲，数据移动 1 位的数据输入方式，称为串行输入。数据输出有两种方式，若数据从 $Q_3 Q_2 Q_1 Q_0$ 端同时输出，称为并行输出；若数据依次从最右端的 D_o 输出，称为串行输出。图 6.31 所示电路，实现了依次输入 4 个代码，又在 4 个触发器的输出端同时输出，因此实现了串行—并行转换，并且由表 6.2 和图 6.32 可知，并行输出只需 4 个 CP 脉冲就可以完成转换。

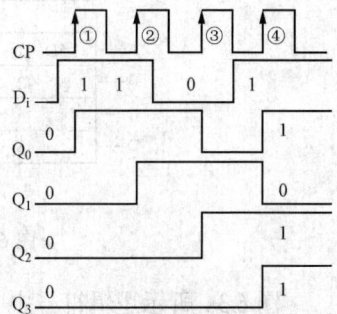

图 6.32 移位寄存器工作波形

若将 4 个触发器中存储的代码从串行输出端 D_o 依次取出，则需要再来 4 个 CP 时钟脉冲上升沿，进而实现了并行—串行转换。由此可见，若要串行输入到串行输出则需要经过 8 个 CP 脉冲上升沿的到来。

若将图 6.31 所示电路中的 FF3 的输入作为串行数据输入端，将 FF0 的输出作为串行数据输出端，就可以构成右移寄存器，电路如图 6.33 所示。具体功能请读者自行分析，这里不再赘述。

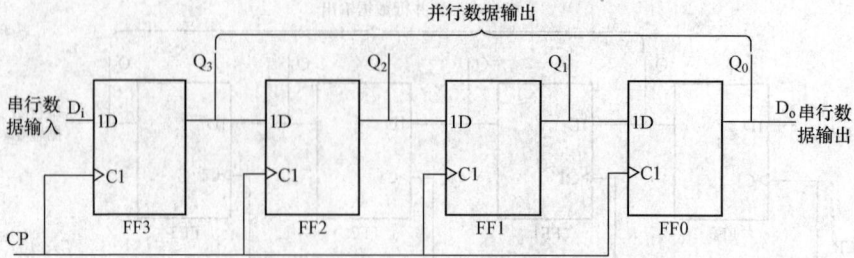

图 6.33　四位右移寄存器

（2）双向移位寄存器。在左移和右移寄存器电路基础上，增加控制信号和门电路，即可构成双向移位寄存器。集成移位寄存器，如 74LS194 等常采用此法设计，具体内容详见6.4.3 节。

6.4　集成时序电路模块

在 6.3 节中介绍了常用的时序逻辑电路，即计数器和寄存器，但是在实际应用过程中，集成电路模块使用较多，因此本节介绍几种常用的集成时序电路模块。

6.4.1　同步加法计数器 74163

1. 逻辑符号与功能

集成模块 74163 为 4 位同步二进制加法计数器，其标准的逻辑符号如图 6.34（a）所示，惯用逻辑符号如图 6.34（b）所示。标准的逻辑符号能基本表达该模块的功能及应用，但为了简洁画图过程，常采用图 6.34（b）所示逻辑电路符号。

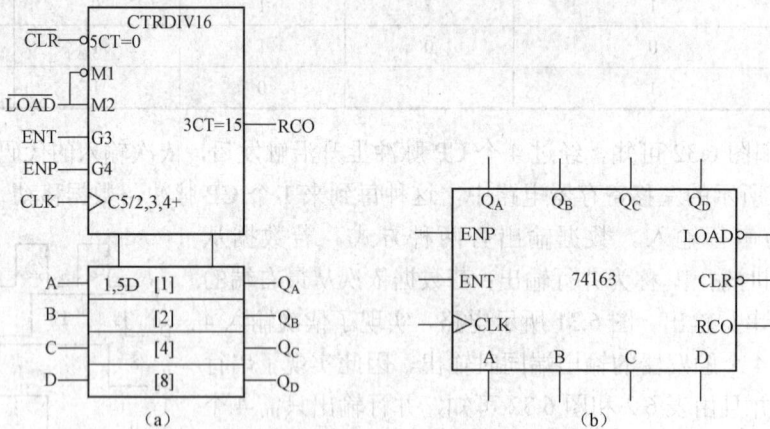

图 6.34　74163 的标准逻辑符号及惯用逻辑符号

图 6.34 所示逻辑符号中各部分说明如下。

（1）CTRDIV16（Counter Divide）：定性符，表明为十六进制计数器。

（2）$\overline{\text{CLR}}$（Clear）：清零端（又称复位端），低电平有效。

5CT=0：表示在时钟 C5 上升沿触发下电路的输出状态 $Q_D Q_C Q_B Q_A = 0000$（同步复位）。故这是一个同步清零器件。

（3） $\overline{\text{LOAD}}$ （Load）：置数控制端，低电平有效。

M1 和 M2 称为方式关联符：M1=1（即 $\overline{\text{LOAD}}=0$）——置数操作（Load）

M2=1（即 $\overline{\text{LOAD}}=1$）——计数操作

即，当 $\overline{\text{LOAD}}=0$ 时，M2M1=01，电路实现置数功能，$Q_DQ_CQ_BQ_A=DCBA$；当 $\overline{\text{LOAD}}=1$ 时，M2M1=10，电路实现计数功能。

（4）ENT，ENP：计数控制信号。

当 $\overline{\text{CLR}}=\overline{\text{LOAD}}=1$，且 ENT=ENP=1 时，电路实现加法计数；当 $(ENT)\cdot(ENP)=0$（ENT=0或ENP=0）时，$Q_DQ_CQ_BQ_A$ 保持不变。G3，G4 是与关联符。

（5）CLK：计数脉冲输入端。

＞C5：时钟编号为 5，且上升沿触发；

2，3，4+：表示当 M2=1，G3=1，G4=1 时进行加法计数。

（6）Q_D，Q_C，Q_B，Q_A：计数器状态输出端。

[1]，[2]，[4]，[8]：表示输出端 Q_A，Q_B，Q_C，Q_D 的权分别为 1，2，4，8。

（7）A，B，C，D：并行数据输入端。

1，5D：表示当 M1=1，C5 上升沿触发时，电路实现置数操作。

（8）RCO：进位输出端。

3CT=15：G3=1（即 ENT=1），且计数器状态为 15（即 $Q_DQ_CQ_BQ_A$=1111）时产生进位 RCO=1。

假设电路的初始状态 $Q_DQ_CQ_BQ_A$=1001，74163 的时序图如图 6.35 所示。图 6.35 中，第 1～9 个时钟脉冲上升沿到来时，因 $\overline{\text{CLR}}=\overline{\text{LOAD}}=ENT=ENP=1$，故计数器实现加法计数操作，计数器输出状态 $Q_DQ_CQ_BQ_A$ 从 1001→1010→1011→1100→1101→1110→1111→0000，同时也可以看到，当第 8 个时钟脉冲到来时，因 ENT=1，且 $Q_DQ_CQ_BQ_A$=1111，所以 RCO=1，进位输出波形为高电平。当第 10 个时钟脉冲上升沿到来时，$\overline{\text{LOAD}}=0$，计数器实现置数操作，将预置数 DCBA=1111 预置给计数器的输出端，此时 $Q_DQ_CQ_BQ_A$=DCBA=1111，同时 ENT=1，故 RCO=1，在第 10 个脉冲作用期间，因有一段时间 ENT=0，故 RCO=0，计数器输出状态保持。在第 13 个时钟脉冲上升沿到来时，因 $\overline{\text{CLR}}=0$，故计数器实现清零（或称复位）操作，此时计数器的输出状态 $Q_DQ_CQ_BQ_A$=0000。第 11，第 12，第 14，第 15 个时钟脉冲上升沿到来时，因 $\overline{\text{CLR}}=\overline{\text{LOAD}}=ENT=ENP=1$，故计数器实现加法计数操作。74163 的功能表见表 6.3。

表 6.3   74163 的 功 能 表

输　　入									输　　出			
CLK	$\overline{\text{CLR}}$	$\overline{\text{LOAD}}$	ENT	ENP	D	C	B	A	Q_D	Q_C	Q_B	Q_A
↑	0	×	×	×	×	×	×	×	0	0	0	0
↑	1	0	×	×	D	C	B	A	D	C	B	A
×	1	1	0	×	×	×	×	×	保持			
×	1	1	×	0	×	×	×	×	保持			
↑	1	1	1	1	×	×	×	×	加法计数			
进位输出：RCO = $Q_DQ_CQ_BQ_A \cdot$ ENT												

根据 74163 的逻辑符号、时序图及功能表，可以归纳其具体的功能如下：

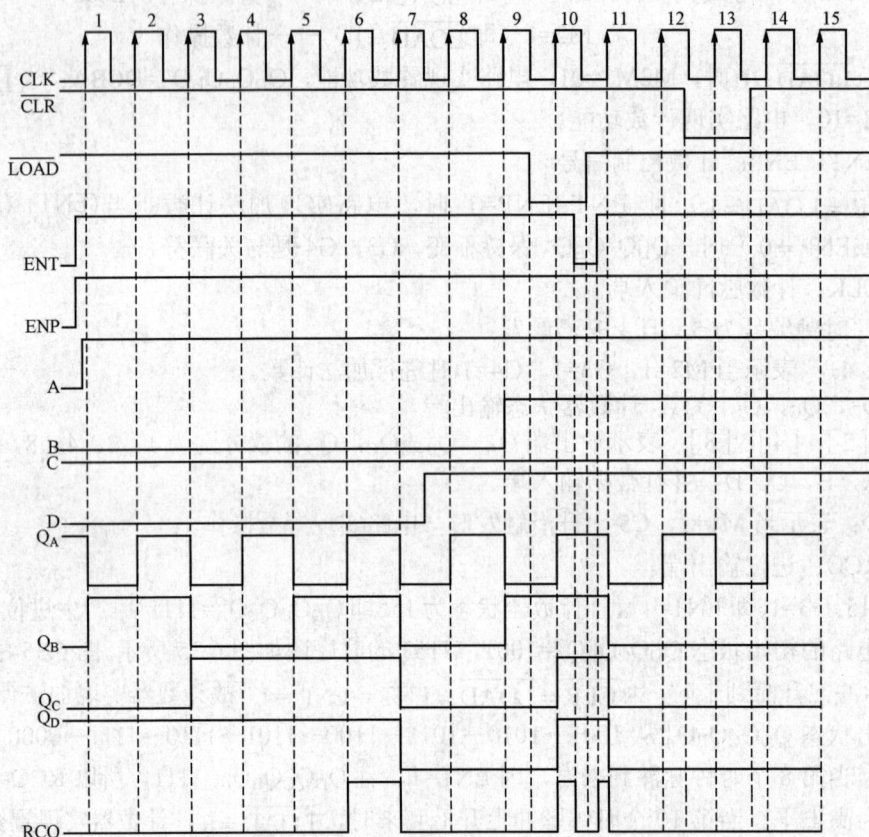

图 6.35　74163 的时序图

（1）同步清零功能。当 $\overline{\text{CLR}}=0$，且时钟脉冲 CLK 上升沿到来时，计数器清零，即 $Q_DQ_CQ_BQ_A=0000$，因此属于同步清零。

（2）同步并行置数功能。当 $\overline{\text{CLR}}=1,\overline{\text{LOAD}}=0$，且时钟脉冲 CLK 上升沿到来时，计数器的并行数据输入 D～A 分别传送给计数器输出状态端 Q_D～Q_A。计数器要实现置数操作，必须有时钟脉冲上升沿配合，置数与时钟脉冲上升沿同步，因此属于同步置数。由于数据 D～A 是同时置入给计数器的输出端，故又称为并行置数。

（3）同步二进制加法计数功能。当 $\overline{\text{CLR}}=\overline{\text{LOAD}}=1$，且计数控制端 ENT=ENP=1 时，计数器对计数脉冲 CLK 实现同步 4 位二进制加法计数。此时，进位输出 RCO=$Q_DQ_CQ_BQ_A\cdot$ENT，这表明，只有当 ENT=1，且计数器输出状态 $Q_DQ_CQ_BQ_A=1111$ 时，RCO=1，否则全为 0。

（4）保持功能。当 $\overline{\text{CLR}}=\overline{\text{LOAD}}=1$，且 ENT·ENP，即 ENT=0 或 ENP=0，不管时钟脉冲 CLK 为何值（即 CLK=×），计数器输出状态保持原来不变。ENT 和 ENP 的区别是 ENT 影响进位输出 RCO，而 ENP 不影响。当 ENT=1，ENP=0，保持状态和进位；当 ENT=0，ENP=1，保持状态，但进位为 0。

综上所述，74163 是具有同步清零、同步置数功能的 4 位二进制同步计数器。

与 74163 功能类似的集成模块还有 74161，两者的唯一区别是 74161 为异步清零。

2. 应用

（1）构成任意模的计数器。将 74163 与少量的逻辑门结合，可构成任意模 M（M<16）计数器。常用的方法有复位法和置数法两种。

方法一：复位法。复位法又称反馈清 0 法，基本思想是：计数器总是从 $Q_DQ_CQ_BQ_A$=0000 状态开始计数，当计数到设定值（即为 M-1）时，由计数器状态端 $Q_DQ_CQ_BQ_A$ 产生清零信号给复位端 $\overline{CLR}$，使计数器状态 $Q_DQ_CQ_BQ_A$ 恢复到初始状态 0000，然后再重复上述过程。

方法二：置数法。置数法与复位法不同，由于置数数据由 4 位并行数据端 A、B、C、D 输入，因此计数器不一定从 0000 状态开始计数。

置数法的基本思想是：通过置数功能使计数器从某个预置状态 S_i 开始计数，当计数到设定值 S_{i+M-1}（共 M 个计数状态）时，由状态端 $Q_DQ_CQ_BQ_A$ 产生置位信号给置数端 $\overline{LOAD}$，使计数器状态 Q_D～Q_A 恢复到起始状态 S_i，然后再重复上述过程。

综上所述，采用复位法或者置数法设计任意模计数器都要经过下列 3 个步骤：

a．选择模 M 计数器的计数范围，确定初始状态态和最终状态；

b．确定产生清 0 或置数信号的计数器输出端的状态，然后根据此状态设计清零或置数电路；

c．画出模 M 计数器的逻辑电路。

【例 6.5】　用 74163 实现模 6 计数器。

解：

方法一：复位法。

用复位法现实模 6 计数器，初始状态为 0000，则模 6 计数器的状态图如图 6.36（a）所示。

如图 6.36（a）可知，当计数器输出状态 $Q_DQ_CQ_BQ_A$=0101 时，使 $\overline{CLR}$ =0，当计数脉冲上升沿到来时，计数器输出状态就可以恢复到初始状态 1111。因此通过 $\overline{CLR} = \overline{Q_CQ_A}$ 即可实现，其逻辑电路如图 6.37（a）所示，时序图如图 6.37（b）所示。

方法二：置数法。

用置数法实现模 6 计数器，初始状态可以自己设定，因此假设计数器的初始状态为 0001，则模 6 计数器的状态图如图 6.36（b）所示。

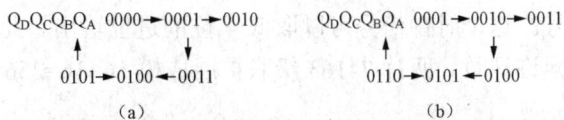

$Q_DQ_CQ_BQ_A$ 0000→0001→0010

0101→0100←0011

（a）

$Q_DQ_CQ_BQ_A$ 0001→0010→0011

0110→0101←0100

（b）

图 6.36　复位法和置数法实现模 6 计数器的状态图

（a）复位法；（b）置数法

如图 6.36（b）可知，当计数器输出状态 $Q_DQ_CQ_BQ_A$=0110 时，使 $\overline{LOAD} = 0$，当计数脉冲上升沿到来时，计数器输出状态就可以恢复到初始状态 0001。因此通过 $\overline{LOAD} = \overline{Q_CQ_B}$，且并行置数端 DCBA=0001 即可实现，其逻辑电路如图 6.38（a）所示，时序图如图 6.38（b）所示。

（2）计数器的扩展。设集成计数器的模为 N，欲设计的计数器的模为 M，若 M>N 时，则需要利用级联的方法对计数器的容量进行扩展。级联法分为异步级联和同步级联 2 种方式。

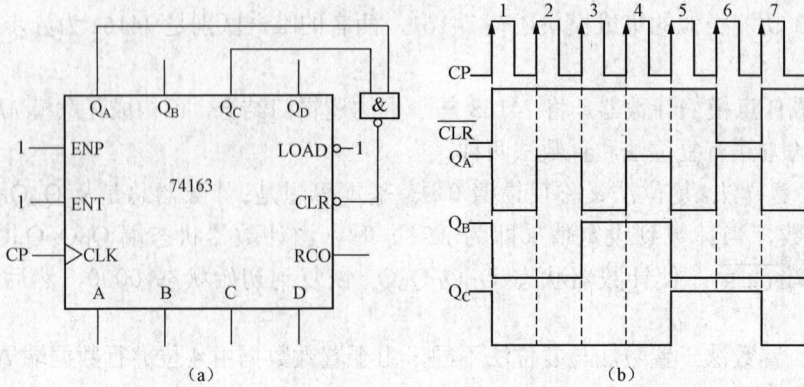

图 6.37 复位法实现模 6 计数器的逻辑电路及时序图

（a）逻辑电路；（b）时序图

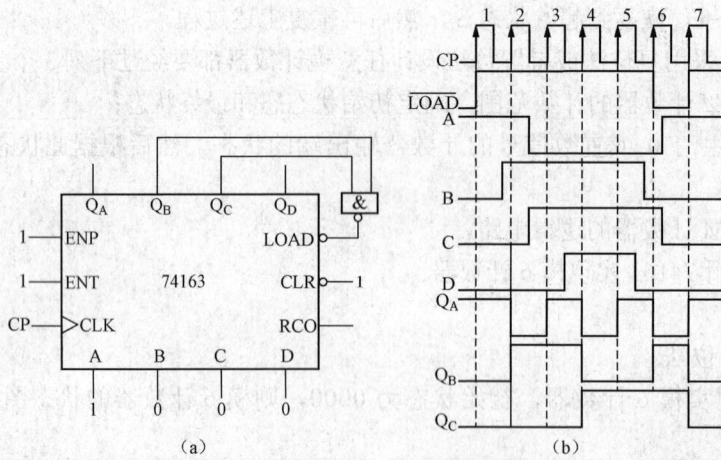

图 6.38 置数法实现模 6 计数器的逻辑电路及时序图

（a）逻辑电路；（b）时序图

异步级联又称串联进位，异步级联是用低 4 位计数器的输出作为高 4 位计数器的时钟信号。这个时钟信号可以取低 4 位的进位输出。此时计数器的计数允许控制端接高电平，使其允许计数。两片 74163 级联扩展成模 16×16=256 的异步计数器的电路如图 6.39 所示。

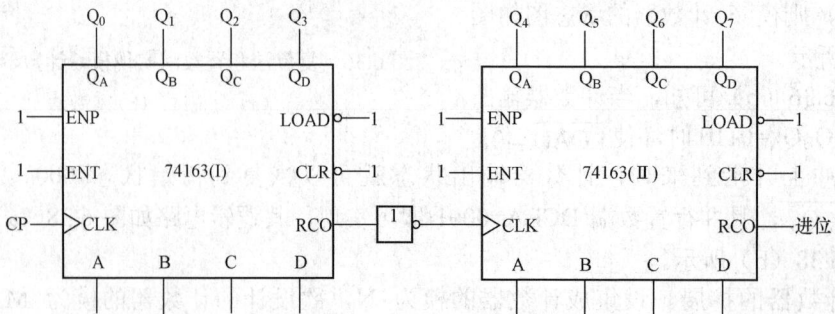

图 6.39 74163 的异步扩展

由图 6.39 可知，74163（I）为计数器的低 4 位，时钟脉冲为外部输入计数脉冲 CP，74163（II）为计数器的高 4 位，其时钟脉冲为低位计数器的进位输出经过非门取反后的脉冲信号，其进位输出为异步计数器的进位输出端，两片芯片的 ENT = ENP = $\overline{CLR}$ = $\overline{LOAD}$ = 1，满足计数操作要求。

从电路结构上可知，每片 74163 本身实现的是模 16 加法计数操作，关键要考虑在计数脉冲上升沿的触发时刻。74163（I）的计数脉冲为外部时钟信号 CP，因此每 16 个计数脉冲上升沿，74163（I）完成从 0000～1111 的加法计数，期间，其进位输出信号 RCO 没有给 74163（II）的时钟输入端一个上升沿，所以 74163（II）保持初始状态 0000 不变，当第 17 个外部 CP 上升沿到来时，74163（I）的输出状态由 1111 变为 0000，开始新的一个周期的循环，同时，它的进位输出信号 RCO 由高电平"1"变为低电平"0"，经非门取反后输出上升沿触发 74163（II），使其进行加 1 操作，由初始状态 0000 变为 0001，以此类推，74163（II）要完成从 0000～1111 的加法计数操作，需要 74163（I）的进位输出端给它 16 个脉冲上升沿，74163（I）要完成 16 个周期的循环计数，即需要外部计数脉冲 CP 的个数为 16×16=256，完成了 256 分频的加法计数操作。

同步级联又称为并行进位，同步级联时，外部计数脉冲 CP 信号同时作用到各片 74163 的时钟输入端，用低 4 位的进位输出信号 RCO 控制高 4 位的 ENT 或 ENP。由 74163 的功能表可知，只有低 4 位的进位输出信号 RCO=1 时，ENT=1 或 ENP=1，外部计数脉冲 CP 才对高 4 位计数器起作用。三片 74163 同步级联扩展成模 16×16×16=4096=2^{12} 加法计数器的常用电路如图 6.40（a）、（b）所示。

图 6.40（a）所示电路中，外部计数脉冲信号 CP 同时作用于三片 74163，低 4 位的进位输出端顺次连接于相邻高 4 位的计数控制端 ENT，因此，74163（I）～（III）的 ENT 端的控制方程分别为：

$$ENT1 = 1$$
$$ENT2 = RCO1 = Q_3 Q_2 Q_1 Q_0 \cdot ENT1 = Q_3 Q_2 Q_1 Q_0$$
$$ENT3 = RCO2 = Q_7 Q_6 Q_5 Q_4 \cdot ENT2 = Q_7 Q_6 Q_5 Q_4 Q_3 Q_2 Q_1 Q_0$$

由此可见，74163（I）本身的电路结构满足加法计数操作要求，所以每来一个计数脉冲 CP，74163（I）就进行加 1 计数操作，而对于 74163（II）而言，当且仅当 74163（I）的状态输出全为高电平 1111 时，ENT2 才为 1，满足加法计数操作要求，当下一个 CP 计数脉冲上升沿到来，才进行加 1 计数操作，同时 74163（I）又开始新的一个周期的循环计数。以此类推，只有当 74163（I）和（II）的输出状态同时全为高电平 1 时，ENT3 才为 1，74163（III）电路结构满足计数操作要求，在下一个 CP 计数脉冲上升沿到来时实现加 1 计数操作。同时 74163（I）又开始新的一个周期的循环计数。由此可见，三片 74163 要完成整个一个循环的操作，即完成从全 0 到全 1 的加法计数操作，需要计数脉冲 CP 的个数为 16×16×16=4096=2^{12} 个，即实现了 4096 分频的加法计数。

在图 6.40（a）中，因为三片芯片是通过 RCO 逐级连接的，因此工作速度低。例如，当 Q_7～Q_0 为 1111110 时，ENT3=0，此时若 CP 上升沿到来，使 Q_0 由 0→1，则经 74163（I）延迟建立 RCO1，再经 74163（II）延迟建立 RCO2，74163（III）才由 0→1，待 74163（III）内部稳定后，才在下一个 CP 上升沿触发下开始加法计数。因此，计数的最高频率将受到片数的限制，片数越多，技术频率越低。为了改变这一缺点，提出了如图 6.40（b）所示电路。在

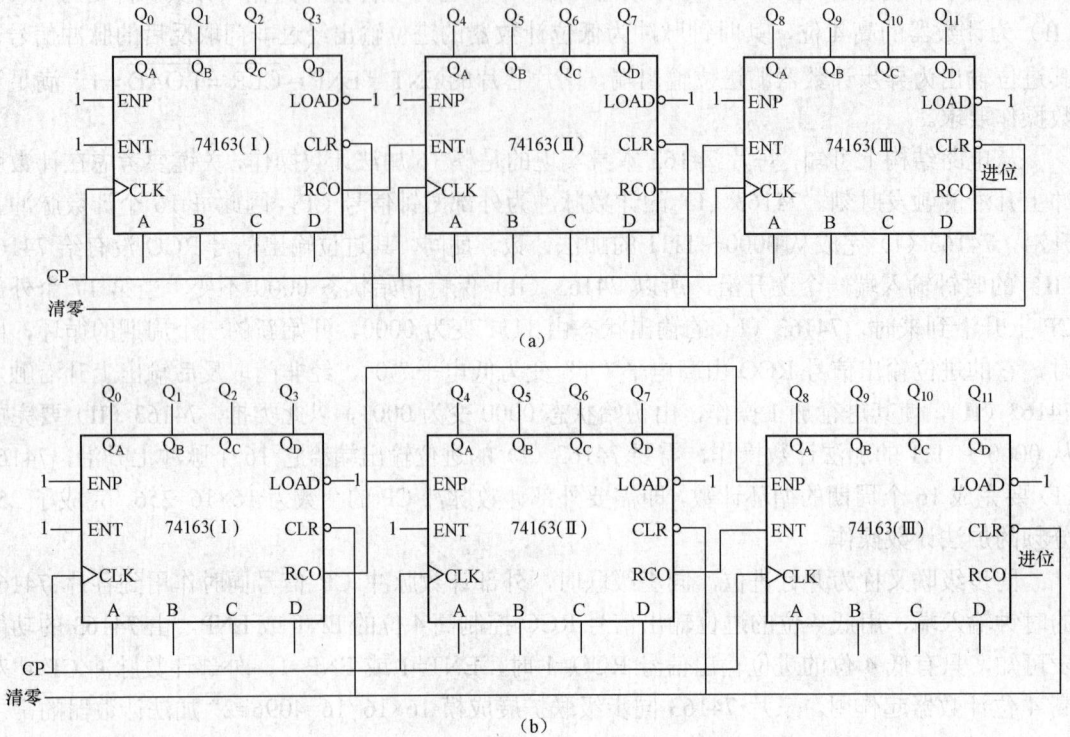

图 6.40　74163 的同步扩展

图（b）所示电路中，电路结构采用 ENT 和 ENP 双重控制，最低位的 RCO1 并行接到其他所有高位的 ENP 端，只有 ENT2=1，其他高位片的 ENT 端端均与相邻低位片的 RCO 相连。因此，74163（I）～（III）的 ENT 和 ENP 端的控制方程分别为：

$$ENT1 = ENT2 = 1$$

$$ENP2 = ENP3 = RCO1 = Q_3Q_2Q_1Q_0 \cdot ENT1 = Q_3Q_2Q_1Q_0$$

$$ENT3 = RCO2 = Q_7Q_6Q_5Q_4 \cdot ENT2 = Q_7Q_6Q_5Q_4$$

从方程可知，当 74163（II）的输出状态为全 1 时，ENT3=1，一旦 74163（I）的输出状态为全 1 时，ENP3=1，并且该信号直接作用于 74163（III）的 ENP 端，而不像图 6.40（a）所示那样，需要经过 74163（II）的传输，才能到达 74163（III），从而提高了电路的工作速度，且级数越多，优越性越明显。

值得注意的是，在图 6.40（b）所示电路中，最高位的进位输出 RCO3=1 并不是计数器已计数到最大值，只有将最高位片的进位输出 RCO3 和最低位片的进位输出 RCO1 相与，其输出才能作为整个计数器的进位输出。

可以通过复位法或置数法将上述电路构成 $2 \sim 2^{12}$ 之间的任意进制计数器。

（3）可编程分频器。模 M 的计数器实际上就是对计数脉冲进行 M 分频，使输出信号的循环频率（或进位输出的脉冲频率）变为计数脉冲频率的 1/M，称 M 为分频比。因此改变了计数器的模就改变了计数器的分频比。显然分频器可以用集成计数器构成，将分频比可变的分频器称为可编程分频器。

图 6.41（a）即为分频比为 5 的可编程分频器电路。计数脉冲信号 CP 作用于 74163 的时钟信号 CLK 端，因 74163 为 4 位二进制计数器，每一片芯片最高可实现模 16 的计数器，因此分频比 M 与预置数 N 之间的关系

$$M=16-N$$

显然，图示电路的分频比为 5，预置数 N=10（即 1011）。图 6.41（b）为电路时序图，其中进位输出信号 RCO 就可以作为分频输出。RCO 的脉冲重复率为计数脉冲 CP 的 1/5。通过改变 N 的值就可以改变分频比。

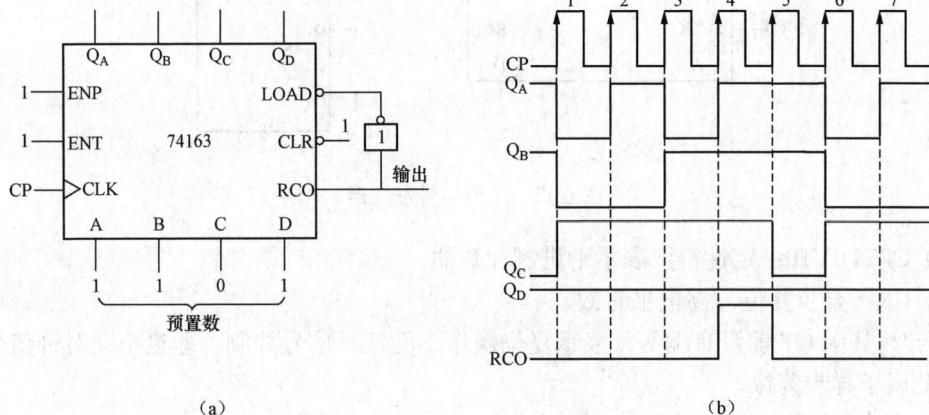

图 6.41　可编程分频器

（4）序列信号发生器。序列信号是指在时钟信号作用下产生一串周期性的二进制信号。序列信号的位数即为序列长度，用 P 表示。能够循环产生一组或多组序列信号的时序电路称为序列信号发生器。它的电路构成方式较多，这里介绍一种利用计数器和数据选择器组成的序列信号发生器。具体步骤如下：

第一步：设序列信号的长度为 P，则先构成一个模 P 的计数器。

第二步：选择合适的数据选择器，把要产生的序列信号按规定的顺序加在数据选择器的数据输入端，而地址输入端与计数器的输出端适当地连接，即可产生需要的序列信号。

【例 6.6】 利用计数器 74163 和数据选择器 74151 构成一个序列信号发生器，使产生的序列信号为 01001101。

解：由题意可知，要产生的序列信号的长度 P=8，因此，

第一步：利用复位法构成一个模 8 的计数器，使 $\overline{\text{CLR}}=\overline{Q_CQ_BQ_A}$，计数器的输出状态为 0000→0001→…→0111，当 $Q_CQ_BQ_A$=111 时，使计数器清零，重新开始新的一周的计数。

第二步：将计数器的状态输出端分别与数据选择器的地址端连接，即 $Q_A=A_0$，$Q_B=A_1$，$Q_C=A_2$，同时把要产生的序列信号 01001101 分别加在数据选择器的数据输入端 $D_0\sim D_7$ 上即可，具体电路如图 6.42 所示。

6.4.2　异步加/减可逆计数器 74192

1. 逻辑符号与功能

74192 的标准逻辑符号与惯用逻辑符号分别如图 6.43（a）、（b）所示。

图 6.43 所示逻辑符号中各部分说明如下：

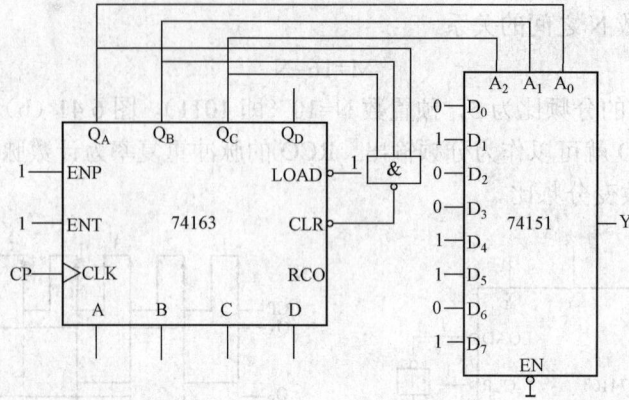

图 6.42　序列信号发生器

（1）CRTDIV10：定性符，表示十进制计数器。

（2）CR：异步复位，高电平有效。

CT=0，其中 CT 前没有编号，表示复位操作不受任一信号控制，即也不受时钟信号的控制，因此属于异步复位。

（3）有 2 个 CP 时钟控制端。

CP$_U$（即>2+，G1）：当 CP$_D$=1（即 G2=1），且 CP$_U$↑，计数器实现加法计数；

CP$_D$（即>1-，G2）：当 CP$_U$=1（即 G1=1），且 CP$_D$↑，计数器实现减法计数。

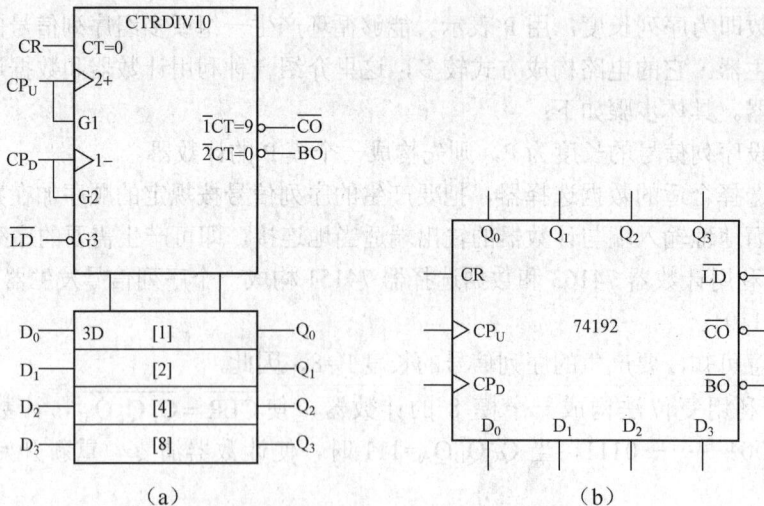

图 6.43　74192 标准逻辑符号及惯用逻辑符号

（4）$\overline{\text{LD}}$：预置数控制端，低电平有效，置数功能不受时钟信号的控制，因此属于异步置数。

（5）D$_3$、D$_2$、D$_1$、D$_0$：并行数据输入端。

3D：表示 G3=1（即 $\overline{LD}=0$）时立刻对 $Q_0 \sim Q_3$ 置数，使 $Q_3Q_2Q_1Q_0=D_3D_2D_1D_0$。

（6）$\overline{CO}$：计数器的进位输出端，低电平有效。

$\overline{1CT}=9$：当 G1=0（即 $CP_U=0$）且计数器状态 $Q_3Q_2Q_1Q_0=1001$（即为 9）时，$\overline{CO}=0$。

（7）$\overline{BO}$：计数器的借位输出端，低电平有效。

$\overline{2CT}=0$：当 G2=0（即 $CP_D=0$）且计数器状态 $Q_3Q_2Q_1Q_0=0000$（即为 0）时，$\overline{BO}=0$。

（8）Q_3、Q_2、Q_1、Q_0：计数器状态输出端。

[1][2][4][8]：表示输出端 Q_0、Q_1、Q_2、Q_3 的权依次为 1、2、4、8。

为了能够清晰地反映 74192 的逻辑功能，下面分别给出时序图 6.44 及逻辑功能表 6.4。

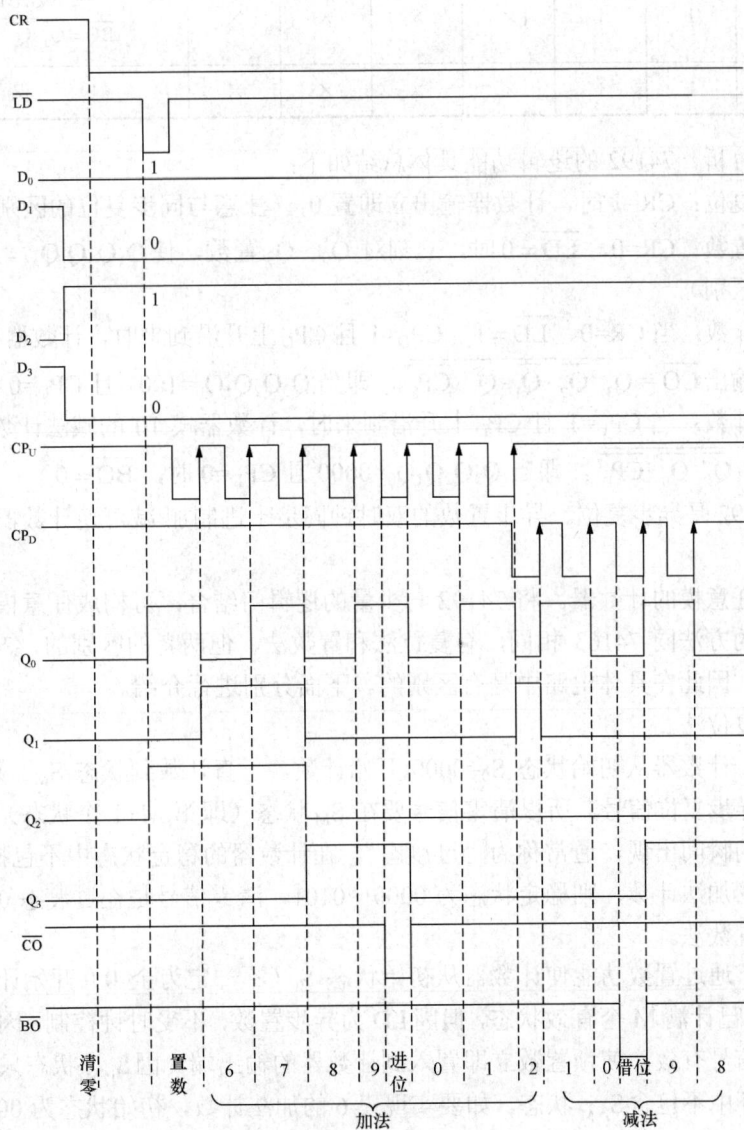

图 6.44 74192 时序图

表 6.4 **74192 功 能 表**

输 入								输 出			
CR	$\overline{\text{LD}}$	CP_U	CP_D	D_3	D_2	D_1	D_0	Q_3	Q_2	Q_1	Q_0
1	×	×	×	×	×	×	×	0	0	0	0
0	0	×	×	D_3	D_2	D_1	D_0	D_3	D_2	D_1	D_0
0	1	↑	1	×	×	×	×	加法计数, $\overline{\text{CO}} = \overline{Q_3 \cdot \overline{Q_2} \cdot \overline{Q_1} \cdot Q_0 \cdot \overline{CP_U}}$			
0	1	1	↑	×	×	×	×	减法计数, $\overline{\text{BO}} = \overline{\overline{Q_3} \cdot \overline{Q_2} \cdot \overline{Q_1} \cdot Q_0 \cdot \overline{CP_D}}$			
0	1	1	1	×	×	×	×	保 持			

根据上述分析，74192 的逻辑功能具体总结如下：

（1）异步复位：CR=1 时，计数器输出立即置 0；（注意与同步复位的区别）。

（2）异步置数：CR=0、$\overline{\text{LD}} = 0$ 时，立刻对 $Q_0 \sim Q_3$ 置数，使 $Q_3 Q_2 Q_1 Q_0 = D_3 D_2 D_1 D_0$（注意与同步置数区别）。

（3）加法计数：当 CR=0、$\overline{\text{LD}} = 1$、$CP_D=1$ 且 CP_U 上升沿到来时，计数器模 10 的加法计数操作。进位输出 $\overline{\text{CO}} = \overline{Q_3 \cdot \overline{Q_2} \cdot \overline{Q_1} \cdot Q_0 \cdot \overline{CP_U}}$，即当 $Q_3 Q_2 Q_1 Q_0$=1001 且 CP_U=0 时，$\overline{\text{CO}} = 0$。

（4）减法计数：当 CP_U=1 且 CP_D 上升沿到来时，计数器模 10 的减法计数操作。借位输出 $\overline{\text{BO}} = \overline{\overline{Q_3} \cdot \overline{Q_2} \cdot \overline{Q_1} \cdot Q_0 \cdot \overline{CP_D}}$，即当 $Q_3 Q_2 Q_1 Q_0$=0000 且 CP_D=0 时，$\overline{\text{BO}} = 0$。

因此，74192 是异步复位、异步置数的双时钟同步十进制加/减可逆计数器。

2．应用

（1）构成任意模的计数器。将 74192 与少量的逻辑门结合，可构成任意模 M（M＜10）计数器。常用的方法同 74163 相同，有复位法和置数法，但两者的区别的，74192 是异步复位和异步置数，因此在具体电路中是有区别的。下面分别进行介绍。

方法一：复位法。

基本思想：计数器从初始状态 S_0=0000 开始计数，一直计数到状态 S_{M-1} 共 M 个状态，但因为 CR 为异步复位信号，所以清零信号要在 S_M 状态（即第 M+1 个状态）产生，且这个状态只在极短的瞬间出现，通常称为"过渡态"。在计数器的稳定状态中不包括 S_M 状态。例如要实现模 6 的加法计数，则稳定状态为 0000～0101，清零信号是在过渡态 0110 时产生。

方法二：置数法。

基本思想：通过置数功能使计数器从初始状态 S_i（不一定为全 0）开始计数，当计数到状态 S_{i+M-1} 时即已计满 M 个有效状态，但因 $\overline{\text{LD}}$ 为异步置数，不受时钟控制，因此要计到 S_{i+M} 状态时让置位信号有效，使预置数立即置入到计数器的输出端。因 S_{i+M} 状态只瞬间出现，因此稳定状态循环中不包含 S_{i+M} 状态。如要实现模 6 的加法计数，初始状态为 0001，则有效状态应计数到 0110，过渡态为 0111，即出现 0111 时，使 $\overline{\text{LD}} = 0$。

采用复位法或置数法设计任意模计数器的步骤同 74163，在此不再赘述。

【例 6.7】 用 74192 实现模 6 加法计数器。

解:

方法一：复位法。

用复位法实现模 6 计数器，初始状态为 0000，则模 6 计数器的状态图如图 6.45（a）所示。如图可知，计数器的稳定状态为 0000～0101，而虚线框内的 0110 为过渡态。当 $Q_3Q_2Q_1Q_0=0110$ 时，使 CR=1，计数器输出状态立即恢复到初始状态 0000。因此通过 $CR=Q_2Q_1$ 即可实现，其逻辑电路如图 6.46（a）所示，时序图如图 6.46（b）所示。

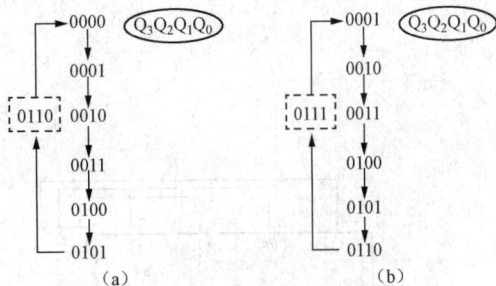

图 6.45 异步复位法和异步置数法
实现模 6 计数器的状态图

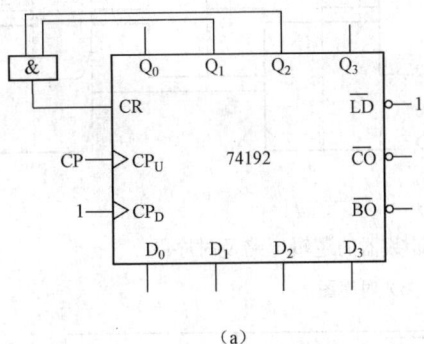

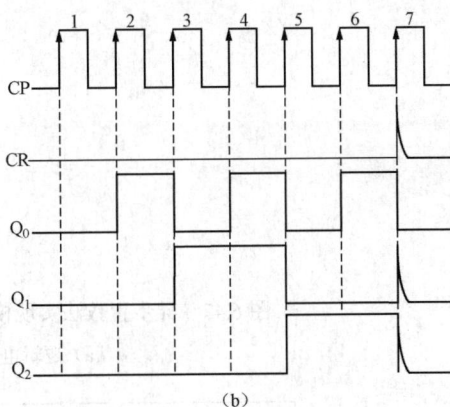

（a）复位法；（b）置数法

图 6.46 异步复位法实现模 6 计数器的逻辑电路及时序图

（a）逻辑电路；（b）时序图

方法二：置数法。

用置数法实现模 6 计数器，初始状态可以自己设定，因此假设计数器的初始状态为 0001，计数器有效状态计到 0110，而虚线框内状态 0111 为过渡态，当 $Q_3Q_2Q_1Q_0=0111$ 时，使 $\overline{LD}=0$，计数器输出状态立即恢复到初始状态 0001。因此通过 $\overline{LD}=\overline{Q_2Q_1Q_0}$ 即可实现，异步置数法实现模 6 计数器的状态图如图 6.45（b）所示。其逻辑电路如图 6.47（a）所示，时序图如图 6.47（b）所示。

（2）74192 扩展。用两块 74192 级联就可以扩展成模 100 的加/减可逆计数器，电路如图 6.48 所示。电路中，低位片的 74192（I）的加计数脉冲信号与减计数脉冲信号分别来自于外部计数脉冲信号，用 74192（I）的进位信号 $\overline{CO}$ 控制高位 74192（II）的加法计数的时钟控制端 CP_U，用 74192（I）的借位信号 $\overline{BO}$ 控制 74192（II）的减法计数的时钟控制端 CP_D，两块 74192 的 $\overline{LD}=1$，CR=0。

由此电路基础上再加上相应的逻辑门电路可以实现模 2～100 之间的任意模加/减可逆计数器，这里不再赘述，请读者自行分析。

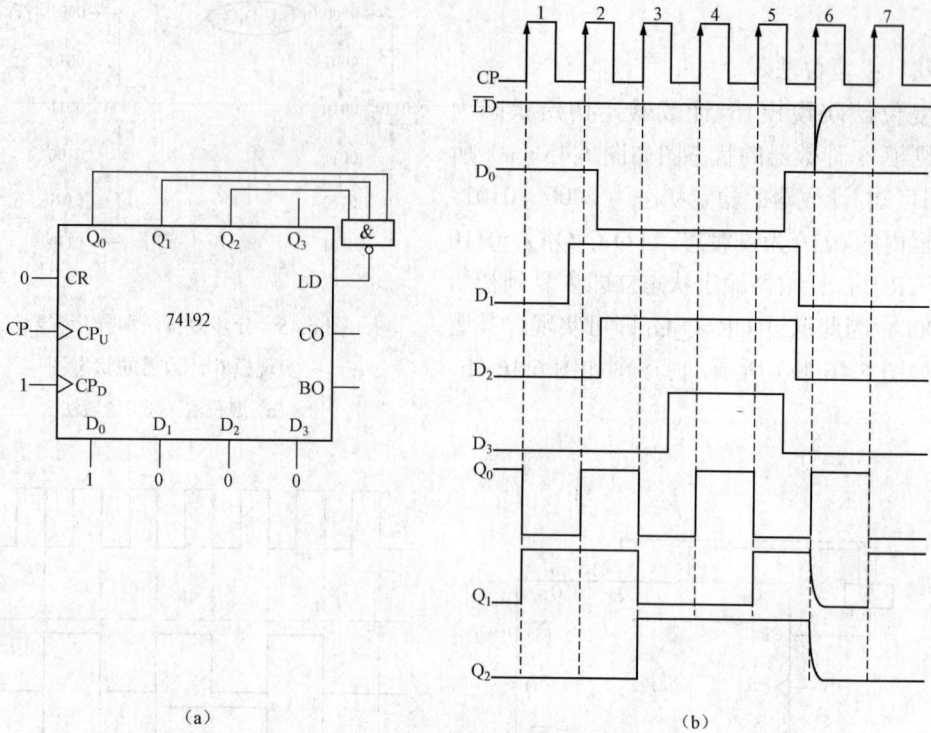

（a）

（b）

图 6.47　异步置数法实现模 6 计数器的逻辑电路及时序图

（a）逻辑电路；（b）时序图

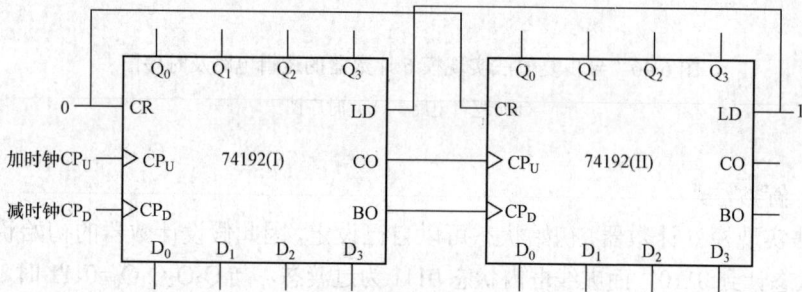

图 6.48　74192 扩展

6.4.3　四位双向移位寄存器 74194

在前面章节介绍的左移和右移寄存器电路的基础上，增加适当的逻辑门电路，就可构成双向集成移位寄存器，下面具体介绍集成双向移位寄存器 74194。

1. 逻辑符号与功能

如图 6.49（a）、（b）所示分别为四位双向移位寄存器 74194 的标准逻辑符号和惯用逻辑符号。

图 6.49 中逻辑符号的各部分介绍如下：

（1）SRG m：总限定符号。SRG 的中文为：移位寄存器，英文为：Shift Register；m 是指移位寄存器的位数，74194 的 m=4，表示它是四位移位寄存器。

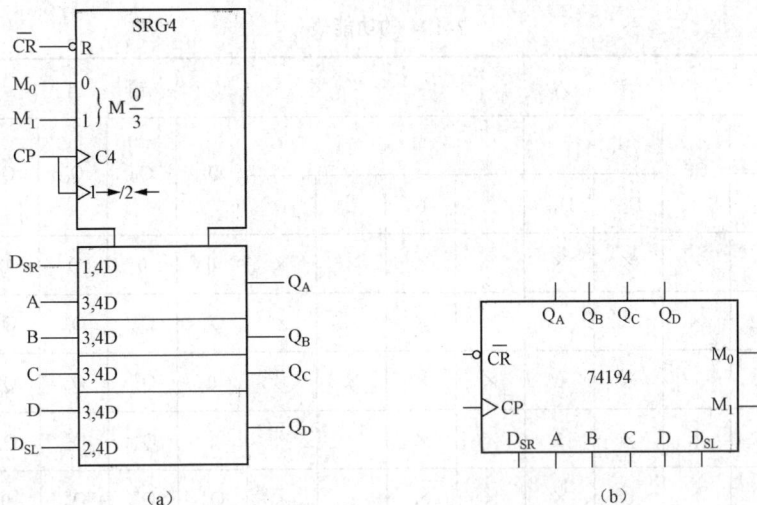

图 6.49   74194 标准逻辑符号及惯用逻辑符号

(a)标准逻辑符号；(b)惯用逻辑符号

(2) $\overline{CR}$：异步复位，低电平有效。

R：表示异步复位。

(3) M_1，M_0：输入控制端。M_1M_0 的不同组合控制 74194 的不同操作方式，具体见表 6.5。

表 6.5   **M_1M_0 的不同组合控制表**

M_1M_0	00	01	10	11
操作方式	保持	右移	左移	置数

$M\dfrac{0}{3}$：位组合符号，表示 4 种方式关联的控制作用。

(4) CP：时钟信号控制端。

>C4：时钟信号上升沿触发，关联编号为 4。

>1→/2←：分别表示受相应关联控制的右移和左移的移位触发信号（上升沿触发）。其中，"1→"表示当 $M_1M_0=01$，时钟脉冲上升沿到来时，实现右移操作；"2←"表示当 $M_1M_0=10$，时钟脉冲上升沿到来时，实现左移操作。

(5) D_{SR}：串行数据右移输入端。其中，"SR"英文为：Shfte Right。

D_{SL}：串行数据左移输入端。其中，"SL"英文为：Shfte Left。

(6) A，B，C，D：并行数据输入端。

(7) 1，4D、2，4D、3，4D：表示输入/输出数据受两种并联控制。其中，1，4D：表示在 M1M0=01，C4↑时，数据 D（Data）从 D_{SR} 端右移输入；

2，4D：表示在 $M_1M_0=10$，C4↑时，数据 D（Data）从 D_{SL} 端右移输入；

3，4D：表示在 $M_1M_0=11$，C4↑时，并行数据从 A、B、C、D 端输入。

(8) Q_A，Q_B，Q_C，Q_D：状态输出端。

寄存器 674194 的逻辑功能可以通过图 6.50 的时序图及表 6.6 的功能表进行分析。

表 6.6　　　　　　　　　　　　　74194 的功能表

| $\overline{CR}$ | 操作模式 | | CP | 串　行 | | 并　行 | | | | Q_A | Q_B | Q_C | Q_D | 实现操作 |
	M_1	M_2		D_{SL}	D_{SR}	A	B	C	D					
0	×	×	×	×	×	×	×	×	×	0	0	0	0	清零
1	0	0	×	×	×	×	×	×	×	Q_A^n	Q_B^n	Q_C^n	Q_D^n	保持
1	0	1	↑	×	0	×	×	×	×	0	Q_A^n	Q_B^n	Q_C^n	右移
1	0	1	↑	×	1	×	×	×	×	1	Q_A^n	Q_B^n	Q_C^n	
1	1	0	↑	0	×	×	×	×	×	Q_B^n	Q_C^n	Q_D^n	0	左移
1	1	0	↑	1	×	×	×	×	×	Q_B^n	Q_C^n	Q_D^n	1	
1	1	1	↑	×	×	A	B	C	D	A	B	C	D	置数

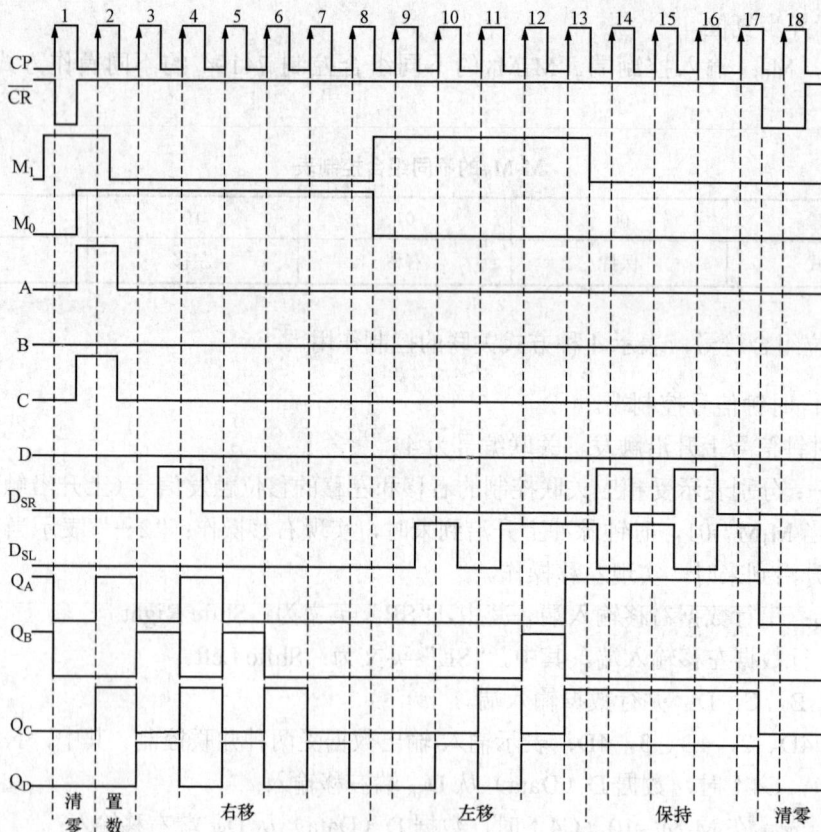

图 6.50　74194 时序图

分析时序图和功能表，可得 74194 的逻辑功能如下：

（1）异步清零功能。

当 $\overline{CR}=0$ 时，寄存器的输出状态立即清零，即 $Q_AQ_BQ_CQ_D=0$。

（2）保持功能。

当 $\overline{CR}=1$，$M_1M_0=00$，CP↑或 CP 上升沿没有到来时，寄存器的输出状态保持不变，即 $Q_A^{n+1}Q_B^{n+1}Q_C^{n+1}Q_D^{n+1}=Q_A^nQ_B^nQ_C^nQ_D^n$。

（3）右移功能：也称右移串行数据输入功能。

当 $\overline{CR}=1$，$M_1M_0=01$，CP↑时，寄存器实现右移功能。在每一个 CP 脉冲上升沿到来时，D_{SR} 的值传送给 Q_A，Q_A 的值传送给 Q_B，Q_B 的值传送给 Q_C，Q_C 的值传送给 Q_D，Q_D 的值串行输出，即 $Q_A^{n+1}Q_B^{n+1}Q_C^{n+1}Q_D^{n+1}=D_{SR}Q_A^nQ_B^nQ_C^n$。

（4）左移功能：也称左移串行数据输入功能。

当 $\overline{CR}=1$，$M_1M_0=10$，CP↑时，寄存器实现左移功能。在每一个 CP 脉冲上升沿到来时，D_{SL} 的值传送给 Q_D，Q_D 的值传送给 Q_C，Q_C 的值传送给 Q_B，Q_B 的值传送给 Q_A，Q_A 的值串行输出，即 $Q_A^{n+1}Q_B^{n+1}Q_C^{n+1}Q_D^{n+1}=Q_B^nQ_C^nQ_D^nD_{SL}$。

（5）并行置数功能。

当 $\overline{CR}=1$，$M_1M_0=11$，CP↑时，寄存器实现并行置数功能。在 CP 脉冲上升沿到来时，将预置数 A，B，C，D 传送到寄存器的输出，即 $Q_A^{n+1}Q_B^{n+1}Q_C^{n+1}Q_D^{n+1}=ABCD$。

综上所述，寄存器 74194 具有异步清零、保持、右移、左移和并行置数功能。

2. 寄存器的扩展

将 2 片 74194 级联，就可以扩展成 8 位双向移位寄存器，具体电路如图 6.51 所示。

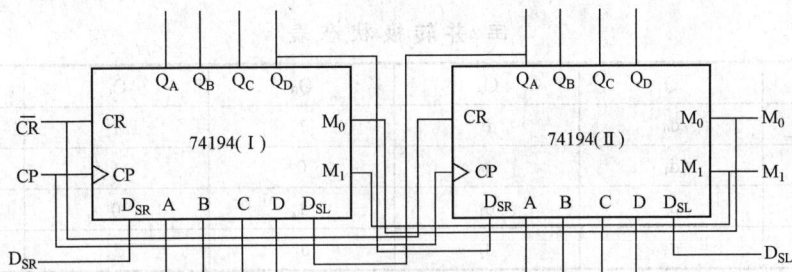

图 6.51 74194 扩展成 8 位双向移位寄存器

在电路中可以看到，两片 74194 共用 CP 时钟、清零信号及工作方式端，同时将 74163（Ⅰ）的右移串行数据输入端 D_{SR} 作为 8 位移位寄存器的右移输入端，将它的 Q_D 输出端与 74163（Ⅱ）的右移输入端相连。将 74163（Ⅱ）的左移串行数据输入端 D_{SL} 作为 8 位移位寄存器的左移输入端，将它的 Q_A 与 74163（Ⅰ）的左移输入端相连，这样就构成了 8 位双向移位寄存器。可以用同样的方法进行更多片的级联扩展成更高位数的移位寄存器。

3. 应用

集成移位寄存器也是一种应用非常广泛的电子器件，下面将介绍其在数据传送及构成移位计数器方面的应用。

（1）串/并变换电路和并/串变换电路。在数字系统中，常需要传送数据。数据传送方式分为并行传送和串行传送 2 种。并行传送是指每个 CP 时钟脉冲触发下同时传送 n 个数据；串行传送指每个 CP 时钟脉冲触发下只传送 1 位数据，则 n 位数据就需要 n 个时钟脉冲触发。

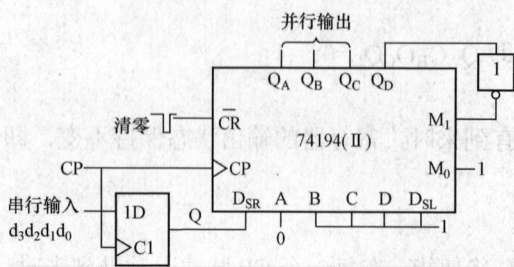

图 6.52　4 位串/并转换电路

串/并变换电路和并/串变换电路是两种常用的基本电路，下面分别进行介绍。

1）串/并变换电路。由 74194 构成的 4 位串/并变换电路如图 6.52 所示。

通过图 6.52 可以分析可得串/并转换过程如下：

a）首先利用 $\overline{CR} = 0$，使 74194 输出端清零。此时，$Q_A Q_B Q_C Q_D = 0000$，$M_1 = \overline{Q_D} = 1$，所以 $M_1 M_0 = 11$。

b）第 1 个 CP 时钟脉冲上升沿到来时，因为 $M_1 M_0 = 11$，所以 74194 实现并行置数操作，$Q_A Q_B Q_C Q_D = 0111$，$M_1 = \overline{Q_D} = 0$，故 $M_1 M_0 = 01$，同时 D 触发器的状态输出端 $Q = d_0$。

c）第 2 个 CP 时钟脉冲上升沿到来时，因为 $M_1 M_0 = 01$，所以 74194 实现右移操作，$Q_A Q_B Q_C Q_D = d_0 011$，$M_1 = \overline{Q_D} = 0$，故 $M_1 M_0 = 01$，同时 D 触发器的状态输出端 $Q = d_1$。

d）第 3 个 CP 时钟脉冲上升沿到来时，因为 $M_1 M_0 = 01$，所以 74194 仍实现右移操作，$Q_A Q_B Q_C Q_D = d_1 d_0 01$，$M_1 = \overline{Q_D} = 0$，故 $M_1 M_0 = 01$，同时 D 触发器的状态输出端 $Q = d_2$。

e）第 4 个 CP 时钟脉冲上升沿到来时，因为 $M_1 M_0 = 01$，所以 74194 仍实现右移操作，D 触发器的状态输出端 $Q = d_2$，$Q Q_A Q_B Q_C Q_D = d_3 d_2 d_1 d_0 0$，此时 4 位串行输入数据全部移入到移位寄存器中，实现了 4 位数据的并行输出。因 $M_1 = \overline{Q_D} = 1$，故 $M_1 M_0 = 11$，电路又开始相同的循环。其串/并转换过程也可以通过转换状态表见表 6.7。

表 6.7　　　　　　　　　　　　串 / 并 转 换 状 态 表

CP	Q	Q_A	Q_B	Q_C	Q_D
1	d_0	0	1	1	1
2	d_1	d_0	0	1	1
3	d_2	d_1	d_0	0	1
4	d_3	d_2	d_1	d_0	0

2）并/串变换电路。下面以 8 位并/串变换电路来介绍其变换过程，电路如图 6.53 所示。

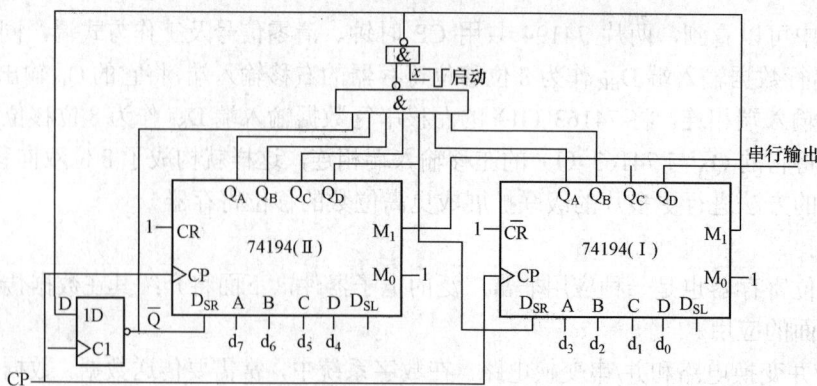

图 6.53　8 位并/串变换电路

并行数据 $d_7d_6d_5d_4d_3d_2d_1d_0$ 加在两块 74194 的并行置数输入端 $A_2B_2C_2D_2A_1B_1C_1D_1$，变换后的串行数据由 Q_{D1} 输出，D 触发器的激励方程 $D = x \cdot \overline{\overline{Q_{A2}Q_{B2}Q_{C2}Q_{D2}Q_{A1}Q_{B1}\overline{Q}}}$，两块 74194 的工作方式控制端 M_1=D，则变换过程具体如下：

a）首先利用启动信号低电平，则 D 触发器的激励方程 D=1，两块 74194 的工作方式控制信号 M_1M_0=11。

b）第 1 个 CP 脉冲上升沿到来时，因 M_1M_0=11，两块 74194 都实现并行置数操作，将并行数据传送到输出端，即 $Q_{A2}Q_{B2}Q_{C2}Q_{D2}Q_{A1}Q_{B1}Q_{D1}=d_7d_6d_5d_4d_3d_2d_1d_0$，同时 D 触发器的反端输出 Q=1，74163（II）的右移串行数据输入 $D_{SR} = \overline{Q} = 0$。此时，串行输出 Q_{D1} 输出第 1 个数据 d_0。

c）第 2 个 CP 脉冲上升沿到来之前，启动信号变为高电平，则 D=0，M_1M_0=01。

d）第 2 个 CP 脉冲上升沿到来时，因 M_1M_0=01，两块 74194 都实现右移操作，即 $Q_{A2}Q_{B2}Q_{C2}Q_{D2}Q_{A1}Q_{B1}Q_{C1}Q_{D1}=0d_7d_6d_5d_4d_3d_2d_1$，同时 D 触发器的输出 Q=0，74163（II）的右移串行数据输入 $D_{SR} = \overline{Q} = 1$。此时，串行输出 Q_{D1} 输出第 2 个数据 d_1。

e）第 3~8 个 CP 脉冲上升沿到来时，D 恒为 0，M_1M_0 恒为 01，电路保持右移操作，串行输出 Q_{D1} 分别输出数据 d_2~d_7。

f）在第 8 个 CP 脉冲到来后，因 D=1，M_1M_0=11，电路又开始新的一个循环的变换。具体见表 6.8。

表 6.8 并/串变换电路状态表

CP	$\overline{Q}$	Q_{A2}	Q_{B2}	Q_{C2}	Q_{D2}	Q_{A1}	Q_{B1}	Q_{C1}	Q_{D1}	输出
1	0	d_7	d_6	d_5	d_4	d_3	d_2	d_1	d_0	d_0
2	1	0	d_7	d_6	d_5	d_4	d_3	d_2	d_1	d_1
3	1	1	0	d_7	d_6	d_5	d_4	d_3	d_2	d_2
4	1	1	1	0	d_7	d_6	d_5	d_4	d_3	d_3
5	1	1	1	1	0	d_7	d_6	d_5	d_4	d_4
6	1	1	1	1	1	0	d_7	d_6	d_5	d_5
7	1	1	1	1	1	1	0	d_7	d_6	d_6
8	1	1	1	1	1	1	1	0	d_7	d_7

（2）移位型计数器。如果把寄存器 74194 的 4 位输出 $Q_AQ_BQ_CQ_D$ 以一定的方式反馈到串行输入端（即右移或左移串行输入端），则构成闭环电路，寄存器的输出状态形成循环，这显然是一种计数器，称为移位寄存器型计数器，简称移位型计数器。移位型计数器电路简单、用途广泛，这里介绍两种典型的结构，即环形计数器和扭环形计数器。

1）环形计数器。将 74194 的最末级 Q_D 通过反馈连接到串行输入端 D_{SR} 或 D_{SL}，构成单向移位寄存器，这种结构的移位型计数器称为环形计数器。例如将 D_D 与 D_{SR} 相连，即 $D_{SR}=Q_D$，就可以构成 4 位环形计数器，电路如图 6.54（a）所示。

根据电路结构，其计数过程如下：

首先：利用启动信号的高电平，使 M_1M_0=11，在第 1 个 CP 时钟脉冲上升沿触发下，74194 实现置数操作，$Q_AQ_BQ_CQ_D$=1000，之后，启动信号低电平，M_1M_0=01，在第 2~4 个 CP 时钟脉冲上升沿触发下，电路实现右移操作，寄存器输出 $Q_A Q_B Q_C Q_D$ 由状态 1000→0100→ 0010→0001。再来一个 CP 时钟脉冲上升沿，寄存器输出状态又回到 1000，又开始新的循环。电路状态图如图 6.55 所示。

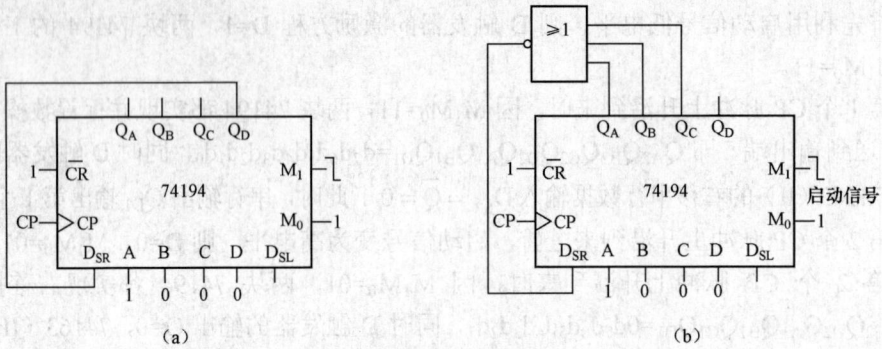

图 6.54　4 位环形计数器

（a）不能自启动；（b）能自启动

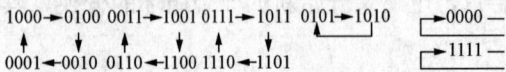

图 6.55　4 位环形计数器状态图

从图 6.55 的状态图可知，图 6.54（a）的环形计数器结构不具有自启动能力，通过对电路的设计修正，使那些无效状态在 CP 时钟脉冲作用下自动进入到有效循环中去就可以实现自启动特性。在电路结构中，只要使 $D_{SR} = \overline{\overline{Q_A} \cdot \overline{Q_B} \cdot \overline{Q_C}} = \overline{Q_A + Q_B + Q_C}$，就能实现具有自启动能力的 4 位环形计数器，电路如图 6.54（b）所示。

综上分析，4 位移位寄存器只能构成模 4 的计数器，只有 4 个有效状态，有 $2^4-4=12$ 个无效状态，所以状态利用率低，但结构简单，不需译码电路。

2）扭环形计数器。为提高电路的利用率，设计了扭环形计数器，又称为约翰逊计数器。与环形计数器不同的是，扭环形计数器的电路输出要经过逻辑门反馈到串行输入端。电路如图 6.56 所示。

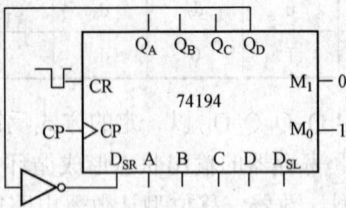

图 6.56　4 位扭环形计数器

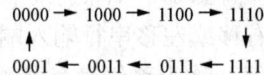

图 6.57　4 位环形计数器状态图

由电路结构可知，在清零信号作用下，74194 输出端状态为 0000，之后在 CP 时钟脉冲上升沿作用下，寄存器实现右移操作。状态转换过程如图 6.57 所示。如状态图可知，4 位移位寄存器可以构成模 8 的计数器，显然电路也不具有自启动能力。读者可自行设计具有自启动能力的电路。

综合分析，N 位移位寄存器可以构成模 N 的环形计数器，构成模 2N 的扭环形计数器。

6.5 同步时序逻辑电路设计

同步时序逻辑电路设计是分析的逆过程。根据逻辑问题的具体要求，结合同步时序逻辑电路的特点，设计出能够实现该逻辑功能的最简（或满足设计要求）的同步时序逻辑电路。设计同步时序逻辑电路的器件为组合逻辑电路和相应的集成时序电路。当选用的是小规模集成电路进行设计时，电路最简的标准是所用的触发器和门电路的个数最少，且触发器和门电路的输入端数目最少，当两者不能兼顾时选前者；当使用中大规模集成电路时，电路最简的标准是所用的集成模块最少，且相互间的连线最少。

6.5.1 同步时序逻辑电路设计的一般步骤

同步时序逻辑电路设计的一般过程如图 6.58 所示。

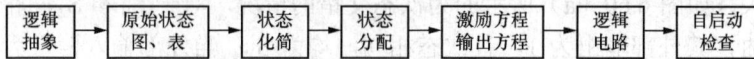

图 6.58 同步时序逻辑电路设计步骤框图

具体步骤如下：

1. 根据设计要求，建立原始状态图和原始状态表

在进行同步时序逻辑电路设计时首先必须把描述电路功能的"文字"转换为能够准确反映该电路功能要求的状态表或状态图，这种初步画出的状态图和状态表，称为原始状态图和原始状态表。从文字描述的命题到原始状态图的建立没有固定的规律可循，这一步为同步时序电路的建模，是整个设计过程最重要、最困难的一步。

画出原始状态图、列原始状态表一般按如下步骤进行。

（1）确定输入、输出变量的个数并进行定义。根据所给逻辑设计的要求，进行逻辑抽象，将实际问题总结为逻辑问题，确定输入量和输出量，并定义输入和输出量逻辑值的含义，用字母表示出这些变量。如：输入量用 X 表示，输出量用 Y 或 Z 表示。

（2）确定电路的原始状态数，用字母表示这些原始状态，并将电路状态顺序标号，通常用 S_0、S_1、…、S_m 表示。

（3）确定状态之间的转换关系，建立原始状态图或原始状态表，并标出相应的输入条件和输出值。

2. 状态化简

在确定原始状态的个数时，主要是为了反映逻辑电路的设计要求，定义的原始状态图可能比较复杂，含有较多的状态，而有些状态可能是重复的、不必要的。在设计中要用最少的元器件实现逻辑功能要求，如果状态较多，需要的触发器就多，设计的电路势必复杂。为此，要进行电路的化简，消去多余的状态，从而得到最简的状态图。

所谓的状态化简就是要找出原始状态中的等价状态并进行合并，用一个状态来代替其等价状态。

状态化简通常有两种方法，分别为观察法和隐含表法。在状态化简过程中，可以用其中的一种，也可以两种方法结合。具体方法在下一节例题中进行介绍。

一般来说，对于完全规定的状态表（即状态表中没有任意项"×"），两个状态等价的条件为：

1）在所有可能的输入条件下有完全相同的输出；

2）在所有可能的输入条件下次态满足三个条件之一，即次态相同、次态交错、次态互为隐含条件。

只有满足上述两个条件的状态才是等价状态，就可以将这些等价状态合并成一个状态。

为了更清楚的说明次态满足的三个条件，现通过一个例子进行分析。假设有 5 个状态，分别为 S_0、S_1、S_2、S_3、S_4，状态转换关系如图 6.59（a）所示的为次态相同的情况，对于 S_0 和 S_2 两个状态，当外部输入信号为 0 时，其输出为 1，且次态相同，均为 S_1；当外部输入信号为 1 时，其输出均为 0，且次态相同，均为 S_3，因此状态 S_0 和 S_2 是等价的，记为 $S_0 \approx S_2$。那么就可以用 S_0 替代 S_2，也可以写成 $S_0=\{S_0\ \ S_2\}$ 或者用 S_2 替代 S_0，可以写成 $S_2=\{S_0\ \ S_2\}$，其中把 $\{S_0\ \ S_2\}$ 称为一个等价类，状态合并转换图如图 6.59（b）所示。

状态转换关系如图 6.60（a）所示的为次态交错的情况，对于 S_0 和 S_2 两个状态，当外部输入信号为 0 时，其外部输出为 1，且次态相同，均为 S_1；当外部输入信号为 1 时，其外部输出均为 0，且 S_0 的次态为 S_2，S_2 的次态为 S_0，这就说明状态 S_0 和 S_2 是等价的，用 $S_0\{S_0\ \ S_2\}$，则状态合并转换图如图 6.60（b）所示。

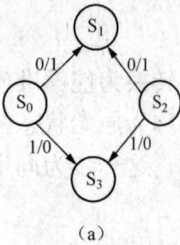

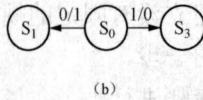

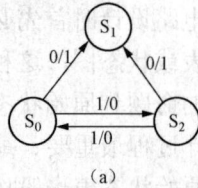

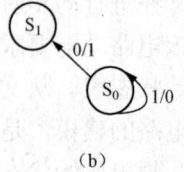

图 6.59　次态相同的状态转换关系及等价合并
（a）次态相同的状态转换关系；（b）等价合并

图 6.60　次态交错的状态转换关系及等价合并
（a）次态交错的状态转换关系；（b）等价合并

状态转换关系如图 6.61（a）所示的为次态互为隐含条件的情况，对于 S_0 和 S_2 两个状态，当外部输入信号为 0 时，其外部输出为 1，且次态相同，均为 S_1；当外部输入信号为 1 时，其外部输出均为 0，且 S_0 的次态为 S_4，S_2 的次态为 S_3，那么就说明如果状态 S_0 和 S_2 是等价的，那么 S_3 和 S_4 就等价；如果 S_3 和 S_4 等价，那么 S_0 和 S_2 也等价。从上述分析可知，$\{S_0\ \ S_2\}$ 为一个等价类，$\{S_3\ \ S_4\}$ 为一个等价类。这里用 $S_0=\{S_0\ \ S_2\}$、$S_3=\{S_3\ \ S_4\}$，则状态合并转换图如图 6.61（b）所示。

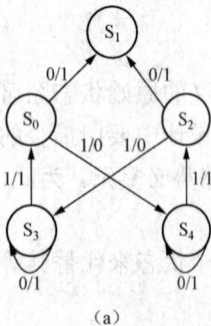

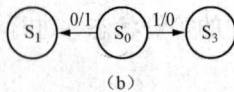

经过分析可以，状态化简之后电路的状态数目减少，可以在一定程度上减少所需要的触发器的个数。

3. 状态分配

状态分配是指将化简后的状态表中

图 6.61　次态互为隐含条件的状态转换关系及等价合并
（a）次态互为隐含条件；（b）等价合并

的各个状态用二进制代码来表示，从而得到代码形式的状态表，称为二进制状态表或状态编码表，状态分配也称为状态编码。

时序电路的状态通常由触发器的状态来表示，状态分配的一般步骤如下：

（1）确定触发器的数目 r。设化简之后的时序电路的状态数为 q 个，则 r 和 q 之间必须满足

$$2^{r-1} < q \leqslant 2^r$$

（2）给每一个状态分配一个二进制代码。触发器的个数为 r，则有 2^r 种不同的代码组合，将 2^r 种代码分配给 q 个状态，则共有 $2^r!/(2^r-q)$ 种分配方案。方案选择的不同，所得电路不同，激励方程和输出函数的复杂程度不同，但触发器的数目不变。因此设计中要遵循一定的技巧。到目前为止，确定分配方案还没有严格的系统方法可依，要凭一般原则和一定的实践经验，通常采用相邻法。它的基本思想是：状态分配时，让两个状态的二进制编码只有 1 位数码不同，就相当于卡诺图中的相邻格，并形成最大的卡诺圈。其原则主要如下：

1）在同一输入条件下，两个现态的次态相同，则这两个现态分配相邻的二进制代码；

2）在相邻输入条件下，同一个现态有两个次态，则这两个次态分配相邻二进制代码；

3）在所有输入条件下，两个现态的输出完全相同，则这两个现态分配相邻二进制代码。

需要注意的是，设计中并不是三原则都会同时满足的，这时三条原则的优先顺序为 1）、2）、3）。

4. 导出激励方程和输出方程

首先要确定触发器的类型，然后根据状态编码表，逐步写出电路的激励方程、输出方程。

5. 画出逻辑电路图

6. 检查电路的自启动特性

画出电路的状态图，若有无效状态不能自动进入到有效循环中，则电路不具有自启动能力。可通过修改状态转换关系，将无效状态引入到有效循环中去，并对逻辑电路做出相应修改，也可开机异步清零或置数，使电路进入到有效循环。

6.5.2 用触发器设计同步时序逻辑电路

【例 6.8】 设计一个串行数据检测器，该电路具有一个输入信号 X 和一个输出信号 Z。输入为一连串随机信号，当出现"1111"序列时，检测器输出信号 Z=1，对其他任何输入序列，输出均为 0。试用 JK 触发器设计该功能的逻辑电路。

解：根据同步时序逻辑电路的设计步骤，解题如下。

第一步：建立原始状态图和状态表。

设初始状态为 S_0，表示没有接收到待检测的有效序列信号。此时，当输入信号 X=0 时，状态仍为 S_0，输出信号 Z=0；如输入信号 X=1 时，表示已经收到第一个有效的"1"，其状态应为一新状态 S_1，输出信号 Z=0。

状态 S_1，当 X=0 时，此序列不是目标序列"1111"，故状态返回 S_0，Z=0；如 X=1 时，表示已经连续收到第二个有效的"1"，其状态应为一新状态 S_2，Z=0。

状态 S_2，当 X=0 时，状态返回 S_0，Z=0；如 X=1 时，表示已经连续收到第三个有效的"1"，其状态应为一新状态 S_3，Z=0。

状态 S_3，当 X=0 时，状态返回 S_0，Z=0；如 X=1 时，表示已经连续收到第四个有效的"1"，其状态应为一新状态 S_4，Z=1。

状态 S_4，当 X=0 时，状态返回 S_0，Z=0；如 X=1 时，上述的三个连续的"1"与本次的"1"仍可构成连续的四个"1"，其状态仍为 S，Z=1。

原始状态图如图 6.62 所示，原始状态表如图 6.63 所示。

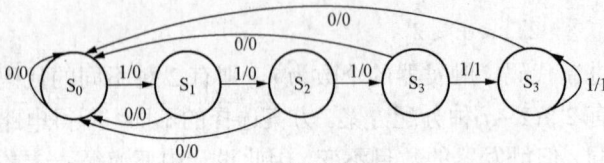

PS \ X	0	1
S_0	$S_0/0$	$S_1/0$
S_1	$S_0/0$	$S_2/0$
S_2	$S_0/0$	$S_3/0$
S_3	$S_0/0$	$S_4/0$
S_4	$S_0/0$	$S_4/0$

NS/Z

图 6.62　原始状态图　　　　　　图 6.63　原始状态表

第二步：状态化简。

本例中的原始状态只有 5 个，因此可以通过观察的方法，利用状态等价原则进行化简。

由图 6.62 和图 6.63 可知，状态 S_3 和 S_4 满足等价状态的第一条，即在所有输入情况下，外部输出相同，同时也满足第二条，即在所有可能的输入条件下满足次态相同，因此 S_3 和 S_4 为等价状态，$S_3=\{S_3，S_4\}$。其他状态互不等价，因此化简后的状态表如图 6.64 所示。

PS \ X	0	1
S_0	$S_0/0$	$S_1/0$
S_1	$S_0/0$	$S_2/0$
S_2	$S_0/0$	$S_3/0$
S_3	$S_0/0$	$S_3/0$

NS/Z

Q_1 \ Q_0	0	1
0	S_0	S_1
1	S_2	S_3

$Q_1^n Q_0^n$ \ X	0	1
00	00/0	01/0
01	00/0	10/0
11	00/0	11/1
10	00/0	11/0

$Q_1^{n+1}Q_0^{n+1}/Z$

图 6.64　简化状态表　　　图 6.65　状态分配表　　　图 6.66　二进制状态表

经化简后，状态只有 4 个，因此在利用触发器实现时可以只用两个触发器即可，而原始状态共 5 个，在硬件电路设计时，至少要用 3 个触发器。证实了状态化简的重要性。

第三步：状态分配。

因为只用两个触发器就可以，共有 4 种状态即"00""01""10""11"，因此将这 4 种状态分配给 S_0、S_1、S_2、S_3。但有多种分配方法，一般要按照以下状态分配原则进行。

（1）在同一输入条件下，两个现态的次态相同，则这两个现态分配相邻的二进制代码。满足此条件的状态对有 S_0S_1、S_0S_2、S_0S_3、S_1S_3、S_2S_3。

（2）在相邻输入条件下，同一个现态有两个次态，则这两个次态分配相邻二进制代码。满足此条件的状态对有 S_0S_1、S_0S_2、S_0S_3。

（3）在所有输入条件下，两个现态的输出完全相同，则这两个现态分配相邻二进制代码。满足此条件的状态对有 S_0S_1、S_0S_2、S_1S_2。

综合上述三条原则，状态分配可为：S_0=00、S_1=01、S_2=10、S_3=11，状态分配表如图 6.65 所示。因此状态分配后的二进制状态表如图 6.66 所示。为便于后续进行电路设计，编码状态表的输入采用格雷码排列。

第四步：确定触发器，导出激励方程和输出方程。

将图 6.66 的二进制状态表分裂成三张卡诺图，如图 6.67（a）、（b）、（c）所示，分别求出 Q_1^{n+1}、Q_0^{n+1} 和 Z 的方程，最后确定激励方程。

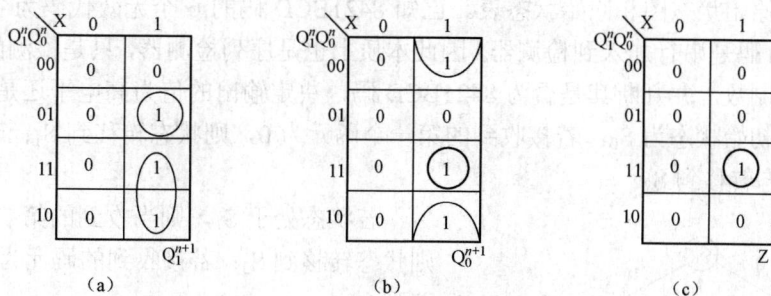

图 6.67　激励方程、输出方程的确定

（a）Q_1^{n+1} 的卡诺图；（b）Q_0^{n+1} 的卡诺图；（c）Z 的卡诺图

在根据卡诺图写次态方程时，不一定要求最简，而是变换到与所选择触发器的状态方程一致，这样才能获得最佳激励函数。本题选用 JK 触发器，其特征方程为：

$$Q^{n+1} = J\overline{Q^n} + \overline{K}Q^n$$

因此上述卡诺图的圈法可以得到与 JK 触发器状态方程一致的次态方程

$$\begin{cases} Q_1^{n+1} = XQ_0^n\overline{Q_1^n} + XQ_1^n \\ Q_0^{n+1} = X\overline{Q_0^n} + XQ_1^nQ_0^n \end{cases} \tag{6-35}$$

将式（6-35）与 JK 触发器的状态方程相比较得激励方程

$$\begin{cases} J_1 = XQ_0^n \\ K_1 = \overline{X} \end{cases} \text{ 及 } \begin{cases} J_0 = X \\ K_0 = \overline{XQ_1^n} \end{cases} \tag{6-36}$$

输出方程由卡诺图得　　　　　　　　$Z = Q_1^nQ_0^nX$

第五步：画出逻辑图。

逻辑电路图如图 6.68 所示。

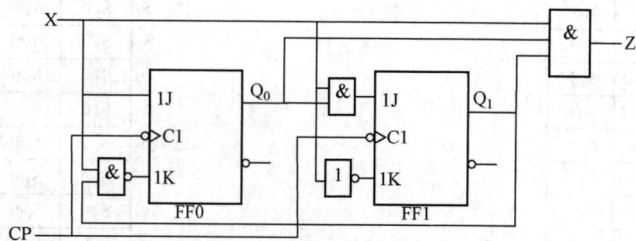

图 6.68　[例 6.8] 电路图

第六步：自启动特性的检查。

本电路没有无效状态，因此电路能够自启动。

【例 6.9】　选用 JK 触发器，完成 8421BCD 码误码检测器的设计。要求 8421BCD 码低位在前、高位在后串行加到该检测器的输入端。若收到一个错误的代码，则最高位到来时输出为 1，否则输出为 0。每检测完一个代码电路便复位，并开始接收下一个代码。

解：

（1）建立原始状态图和原始状态表。已知 8421BCD 码的 6 个无效代码为 1010～1111。因为 8421BCD 码是串行加入到检测器，因此本质上也是序列检测器，只是检测的序列是检测一组 4 位二进制数，并判断其是否为 8421BCD 码，决定输出的值为高电平还是低电平。

设电路的初始状态为 S_0，若接收到的第一个码元为 0，则状态转移到 S_1；若接收到的码元为 1，则状态转移到 S_2。

若状态处于 S_1，则当收到的第二个码元为 0，则状态转移到 S_3；若接收到的码元为 1，则状态转移到 S_4。

若状态处于 S_2，则当收到的第二个码元为 0，则状态转移到 S_5；若接收到的码元为 1，则状态转移到 S_6。

依此类推，可以导出 8421BCD 码误码检测器的原始状态图，如图 6.69 所示。原始状态表如图 6.70 所示。

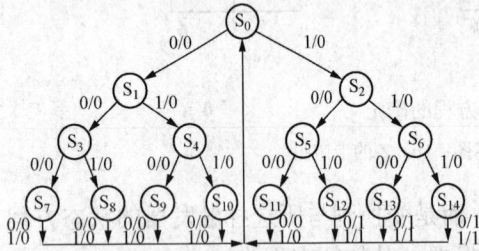

图 6.69　8421BCD 码误码检测器原始状态图

（2）状态化简。本例中的状态共有 15 个，因此在化简过程中采用观察法与隐含表法结合进行状态化简。由图 6.70 的原始状态表，可以明显观察到，状态 S_8、S_9、S_{10}、S_{12}、S_{13}、S_{14} 为等价状态，用 S_8 替代；状态 S_7、S_{11} 为等价状态，用 S_7 替代；得到图 6.71 所示的初步化简表格。该表格还可以进一步化简，继续用观察法进行化简，容易出现疏漏的地方，因此采用隐含表法化简。隐含表法化简的基本原理是根据状态等价的概念，将各对状态进行系统比较，并把观察比较的结果填入到特定的表格里，从中准确地找出等价状态，进而进行合并。

PS ＼ X	0	1
S_0	$S_1/0$	$S_2/0$
S_1	$S_3/0$	$S_4/0$
S_2	$S_5/0$	$S_6/0$
S_3	$S_7/0$	$S_8/0$
S_4	$S_9/0$	$S_{10}/0$
S_5	$S_{11}/0$	$S_{12}/0$
S_6	$S_{13}/0$	$S_{14}/0$
S_7	$S_0/0$	$S_0/0$
S_8	$S_0/0$	$S_0/1$
S_9	$S_0/0$	$S_0/1$
S_{10}	$S_0/0$	$S_0/1$
S_{11}	$S_0/0$	$S_0/0$
S_{12}	$S_0/0$	$S_0/1$
S_{13}	$S_0/0$	$S_0/1$
S_{14}	$S_0/0$	$S_0/1$

NS/Z

图 6.70　5421BCD 码误码检测器原始状态表

PS ＼ X	0	1
S_0	$S_1/0$	$S_2/0$
S_1	$S_3/0$	$S_4/0$
S_2	$S_5/0$	$S_6/0$
S_3	$S_7/0$	$S_8/0$
S_4	$S_8/0$	$S_8/0$
S_5	$S_7/0$	$S_8/0$
S_6	$S_8/0$	$S_8/0$
S_7	$S_0/0$	$S_0/0$
S_8	$S_0/0$	$S_0/1$

NS/Z

图 6.71　图 6.29 的化简

隐含表法化简一般分为三步，具体如下：

第一步：做状态对图。

目的是保证状态表中的状态两两比较。状态对图的绘制方法是做出一张纵坐标缺头、横坐标缺尾的梯形表格，如图 6.72（a）所示。图 6.71 中，梯形表格的纵坐标从 S_1 开始，缺头 S_0；横坐标以 S_7 结束，少尾 S_8。状态对图的每一个格子对应了它的纵坐标和横坐标决定的一对状态。

第二步：对状态表中的各对状态一一比较，把比较结果填入状态对图。

比较从最左列的最上格开始到最右列最下格结束。比较的结果有三种。第一种比较结果是两个状态肯定不等价，此时在对应的小方格中填"×"；第二种比较结果是两个状态肯定等价，此时在对应的小方格中填"√"；第三种比较结果是状态是否等价取决于隐含条件是否满足，此时将隐含条件填入到对应的小方格中。由于状态对图列出了各状态等价的隐含条件，所以常把状态对图称为隐含表，如图 6.72（b）所示。

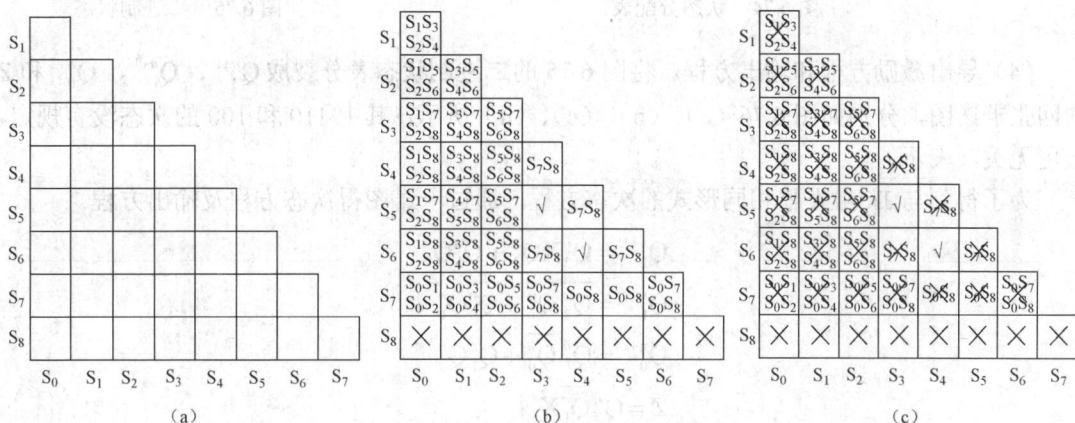

图 6.72　用隐含表化简状态表过程

（a）状态对图（隐含表）绘制方法；（b）状态表填入隐含表；（c）隐含表最终化简结果

第三步：检查隐含条件。

在填满隐含表后，还必须继续检查填有隐含条件的小方格。若进一步判断出隐含条件肯定不满足，则在该小方格内填"×"，若隐含条件判断出状态等价，则在对应的小方格内填"√"，检查过程一直进行到各个小方格都被填"√"或"×"，即明确状态是否等价，如图 6.72（c）所示。

第四步：求出全部等价状态类，进行状态合并，并画出简化状态表。

隐含表中未填"×"的格子表示对应的状态对是等价的。由图 6.72（c）可知 S_1、S_2 为等价状态类；S_3、S_5 为等价状态类；S_4、S_6 为等价状态类；设 $S_0' = S_0$、$S_1' = \{S_1, S_2\}$、$S_2' = \{S_3, S_5\}$、$S_3' = \{S_4, S_6\}$、$S_4' = S_7$、$S_5' = S_6$，这样便可得到最简状态表，如图 6.73 所示，化简后只有 6 个状态，因此三个 D 触发器即可实现，化简之前是 15 个状态，至少需要 4 个 D 触发器。

（3）状态分配。按照状态分配原则进行。第一条原则是在同一输入条件下，具有相同次态的现态分配成相邻的二进制代码，因此 S_3 与 S_4、S_7 与 S_8 应分配相邻二进制代码；第二条原则是在相邻输入条件下，同一个现态的次态分配成相邻的二进制代码，因此 S_1 与 S_2、S_3 与 S_4、S_4 与 S_6、S_7 与 S_8 应分配相邻二进制代码；第三条原则是在所有输入条件下，

PS	X	0	1
S_0'		$S_1'/0$	$S_1'/0$
S_1'		$S_2'/0$	$S_3'/0$
S_2'		$S_4'/0$	$S_5'/0$
S_3'		$S_5'/0$	$S_5'/0$
S_4'		$S_0'/0$	$S_0'/0$
S_5'		$S_0'/0$	$S_0'/1$

NS/Z

图 6.73　最简状态表

具有相同输出的现态分配相邻二进制代码，因此 $S_0S_1S_2S_3S_4S_6S_8$ 应分配相邻二进制代码。因此可得图 6.74 所示的状态分配图，这种状态分配只为其中的一种，读者可以再进行其他分配。并由此得到二进制状态表，如图 6.75 所示。

$Q_2^n Q_1^n Q_0^n$ ╲ X	0	1
000	010/0	010/0
001	000/0	000/0
011	001/0	101/0
010	011/0	111/0
110	×××/×	×××/×
111	101/0	101/0
101	000/0	000/1
100	×××/×	×××/×

$Q_2^{n+1}Q_1^{n+1}Q_0^{n+1}/Z$

Q_2 ╲ Q_1Q_2	00	01	11	10
0	S_0'	S_4'	S_2'	S_1'
1		S_5'	S_3'	

图 6.74　状态分配表　　　　　　　图 6.75　二进制状态表

（4）导出激励方程和输出方程。将图 6.75 的二进制状态表分裂成 Q_2^{n+1}、Q_1^{n+1}、Q_0^{n+1} 和 Z 的四张卡诺图，分别如图 6.76（a）、（b）、（c）、（d）所示，其中 110 和 100 的次态没有规定，故用无关项表示。

为了得到与 JK 触发器相同形式的次态方程，通过卡诺图得次态方程及输出方程

$$Q_2^{n+1} = Q_2^n X \overline{Q_2^n} + Q_1^n Q_2^n$$
$$Q_1^{n+1} = \overline{Q_2^n}\ \overline{Q_1^n} + \overline{Q_0^n} Q_1^n$$
$$Q_0^{n+1} = Q_1^n \overline{Q_0^n} + Q_1^n Q_0^n \qquad (6\text{-}37)$$
$$Z = Q_2^n \overline{Q_1^n} X$$

$Q_2^n Q_1^n Q_0^n$ ╲ X	0	1
000	0	0
001	0	0
011	0	0
010	0	1
110	×	×
111	1	1
101	0	0
100	×	×

Q_2^{n+1}　（a）

$Q_2^n Q_1^n Q_0^n$ ╲ X	0	1
000	1	1
001	0	0
011	1	1
010	1	1
110	×	×
111	0	0
101	0	0
100	×	×

Q_1^{n+1}　（b）

$Q_2^n Q_1^n Q_0^n$ ╲ X	0	1
000	0	0
001	0	0
011	1	1
010	1	1
110	×	×
111	1	1
101	0	0
100	×	×

Q_0^{n+1}　（c）

$Q_2^n Q_1^n Q_0^n$ ╲ X	0	1
000	0	0
001	0	0
011	0	0
010	0	0
110	×	×
111	0	0
101	0	1
100	×	×

Z　（d）

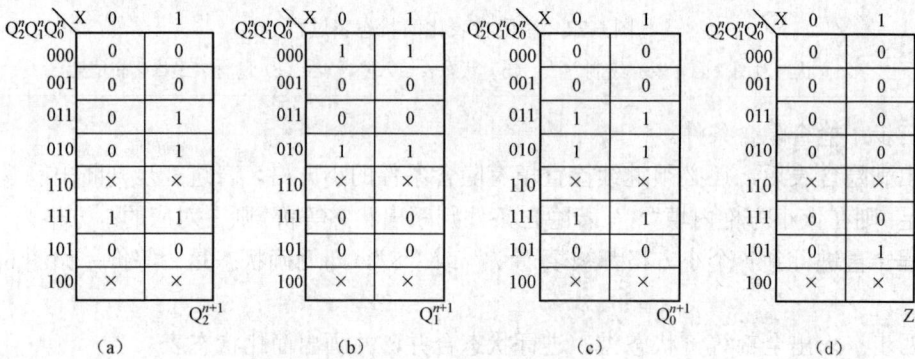

图 6.76　次态方程和输出方程的导出

由于 JK 触发器的状态方程为 $Q^{n+1} = J\overline{Q^n} + \overline{K}Q^n$，故三个触发器的激励方程

$$J_2 = Q_1^n X \qquad\qquad K_2 = \overline{Q_1^n}$$
$$J_1 = \overline{Q_0^n} \qquad\qquad K_1 = Q_0^n \qquad (6\text{-}38)$$
$$J_2 = Q_0^n \qquad\qquad K_0 = \overline{Q_1^n}$$

（5）画出逻辑电路图。逻辑电路图如图 6.77 所示。

（6）自启动特性检查。三个触发器共有 8 种状态，图 6.75 的二进制状态表列出了 6 种状态有明确的转移方向，还有 2 种状态 100 和 110 没有规定其明确的转移方向，称 100 和 110 为无效状态。分别将 100 和 110 代入到上述次态方程，就可以计算出次态。电路状态转换图

如图 6.78 所示。显然无效状态能够进入到有效循环中，故电路具有自启动特性。

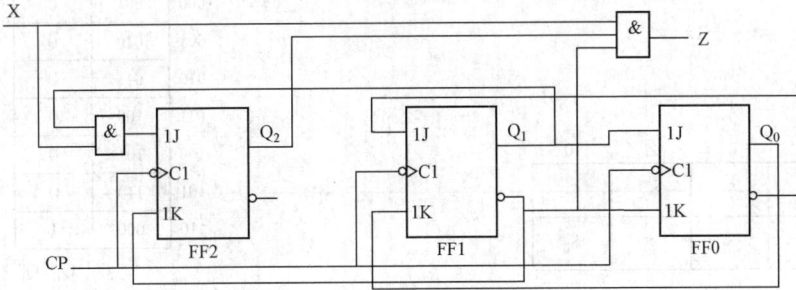

图 6.77　8421BCD 码误码检测器逻辑图

【例 6.10】 用 D 触发器设计一个模 7 同步计数器。

解：由题意可知，要实现模 7 的计数器，其电路的状态应为 7 个，且不必进行化简。模 7 同步计数器的状态图如图 6.79 所示，相应的最简状态表如图 6.80 所示。因为电路中只有 7 个状态，所以用三个 D 触发器就可以实现。若按照加法计数规律分配进行二进制代码分配，其相应的状态分配表如图 6.81 所示，二进制状态表如图 6.82 所示。

将图 6.82 的二进制状态表分裂成 Q_2^{n+1}、Q_1^{n+1}、Q_0^{n+1} 和 Z 的四张卡诺图，分别如图 6.83（a）、（b）、（c）、（d）所示，其中 111 的次态没有规定，故用无关项表示。

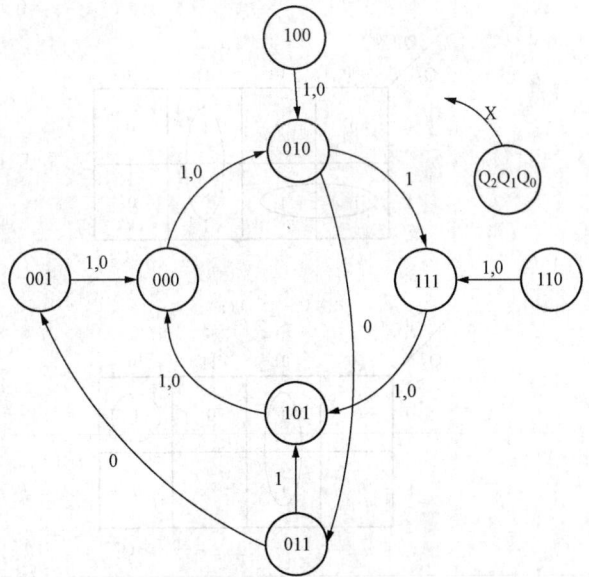

图 6.78　8421BCD 码误码检测器状态图

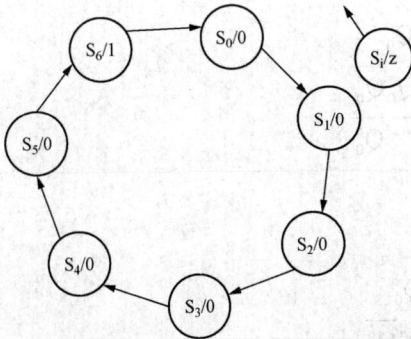

图 6.79　模 7 同步计数器的原始状态图

图 6.80　模 7 同步计数器的最简状态表

Q_1Q_0 Q_2	00	01	11	10
0	S_0	S_1	S_2	S_3
1	S_4	S_5	×	S_6

图 6.81　状态分配表

$Q_2^n Q_1^n Q_0^n$		z
000	001	0
001	010	0
010	011	0
011	100	0
100	101	0
101	110	0
110	000	1
	$Q_2^{n+1} Q_1^{n+1} Q_0^{n+1}$	

图 6.82　二进制状态表

$Q_1^n Q_0^n$ Q_2^n	00	01	11	10
0	0	0	1	0
1	1	1	×	0

Q_2^{n+1}

（a）

$Q_1^n Q_0^n$ Q_2^n	00	01	11	10
0	1	0	0	1
1	1	0	×	0

Q_0^{n+1}

（b）

$Q_1^n Q_0^n$ Q_2^n	00	01	11	10
0	0	1	0	1
1	0	1	×	0

Q_1^{n+1}

（c）

$Q_1^n Q_0^n$ Q_2^n	00	01	11	10
0	0	0	1	0
1	0	0	×	1

Q_0^{n+1}

（d）

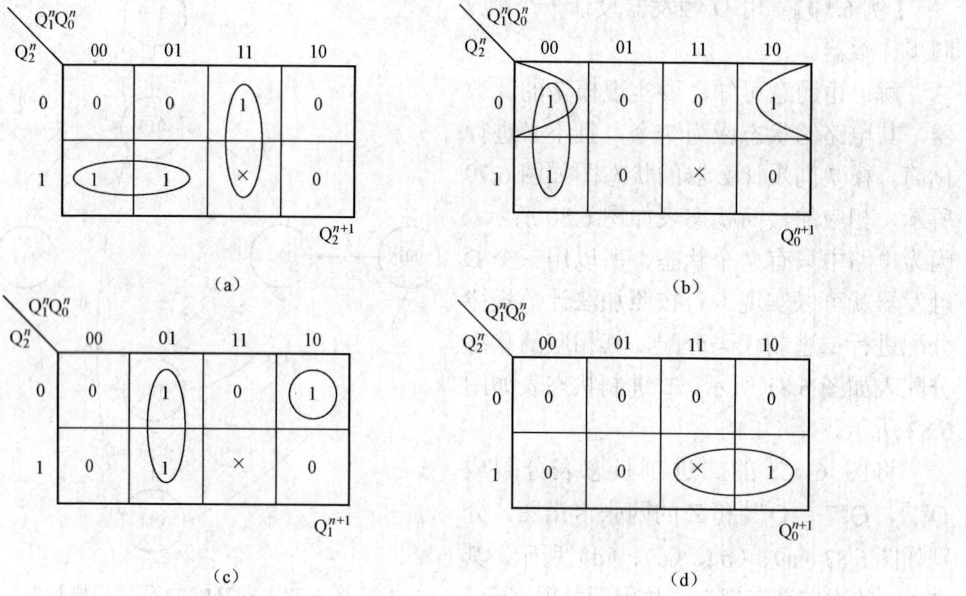

图 6.83　次态变量和输出变量的卡诺图

由此可导出次态方程和输出方程

$$Q_2^{n+1} = Q_2^n \overline{Q_1^n} + Q_1^n Q_0^n$$

$$Q_1^{n+1} = \overline{Q_1^n} Q_0^n + \overline{Q_2^n} Q_1^n \overline{Q_0^n} \qquad (6\text{-}39)$$

$$Q_0^{n+1} = \overline{Q_2^n} \cdot \overline{Q_0^n} + \overline{Q_1^n} \cdot \overline{Q_0^n}$$

$$z = Q_2^n Q_1^n \qquad (6\text{-}40)$$

由 D 触发器的状态方程可得触发器的激励方程

$$D_2 = Q_2^n \overline{Q_1^n} + Q_1^n Q_0^n$$

$$D_1 = \overline{Q_1^n} Q_0^n + \overline{Q_2^n} Q_1^n \overline{Q_0^n} \qquad (6\text{-}41)$$

$$D_0 = \overline{Q_2^n} \cdot \overline{Q_0^n} + \overline{Q_1^n} \cdot \overline{Q_0^n}$$

因此可画出模 7 同步计数器的逻辑电路如图 6.84 所示。

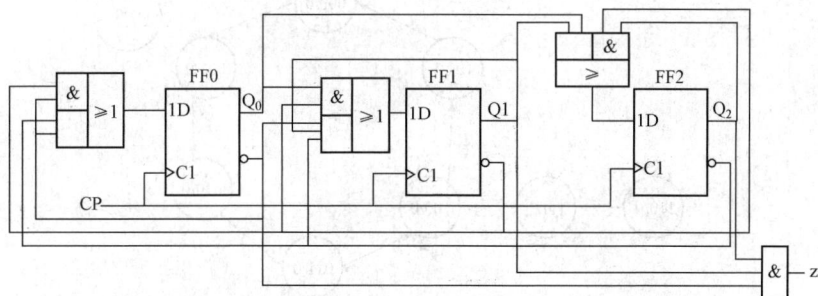

图 6.84　模 7 同步计数器逻辑电路

同样，本逻辑电路也要进行自启动检查。由图 6.82 的二进制状态表可知，只有状态 111 没有明确的次态，现将 111 分别代入上述三个次态方程，可得当现态为 111 时，次态为 100，现画出逻辑电路的完成状态图，如图 6.85 所示。

【例6.11】在设计模 6 同步计数器时，若状态分配分别如下，则判断电路是否具有自启动特性，如不能应如何改动，并用 D 触发器画出相应逻辑电路。

（1）$S_0=000$，$S_1=001$，$S_2=010$，$S_3=011$，$S_4=100$，$S_5=101$；

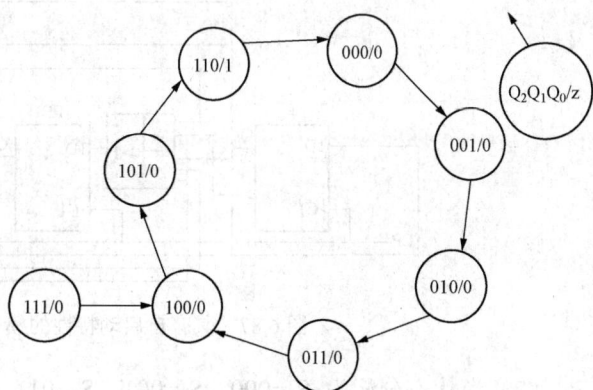

图 6.85　［例 6.10］完整状态图

（2）$S_0=000$，$S_1=001$，$S_2=011$，$S_3=111$，$S_4=110$，$S_5=100$。

解： 本题按照［例 6.10］的思路进行设计。

（1）若状态分配为 $S_0=000$，$S_1=001$，$S_2=010$，$S_3=011$，$S_4=100$，$S_5=101$，则可导出次态方程和输出方程分别为

$$Q_2^{n+1} = Q_2^n \overline{Q_0^n} + Q_1^n Q_0^n$$
$$Q_1^{n+1} = Q_1^n \overline{Q_0^n} + \overline{Q_2^n} \cdot \overline{Q_1^n} \cdot Q_0^n$$
$$Q_0^{n+1} = \overline{Q_0^n}$$
$$z = Q_2^n Q_0^n$$

由此可画出逻辑电路状态图，如图 6.86 所示。如图 6.86 可知，电路具有自启动特性。同时可得 D 触发器的激励方程

$$D_2 = Q_2^n \overline{Q_0^n} + Q_1^n Q_0^n$$
$$D_1 = Q_1^n \overline{Q_0^n} + \overline{Q_2^n} \cdot \overline{Q_1^n} \cdot Q_0^n$$
$$D_0 = \overline{Q_0^n}$$

从而可画出模 6 计数器的逻辑电路，如图 6.87 所示。

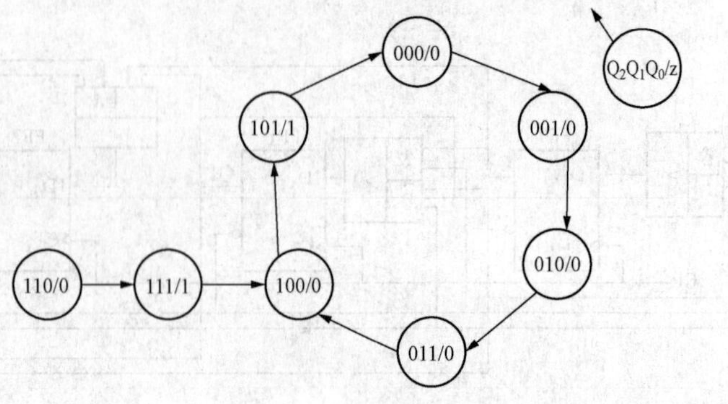

图 6.86 [例 6.11] （1）的状态图

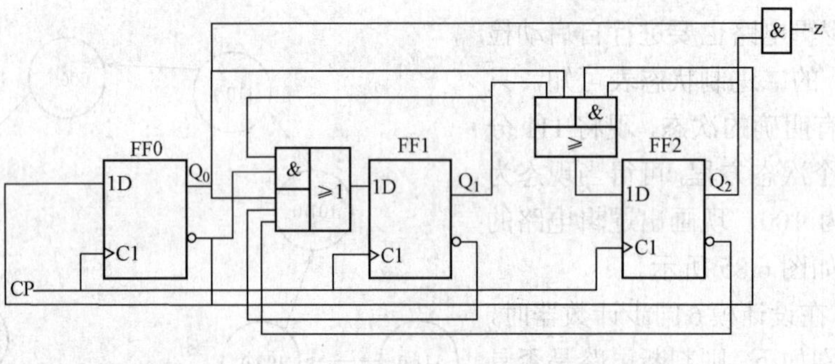

图 6.87 具有自启动特性的模 6 计数器的逻辑电路

（2）当状态分配为 $S_0=000$，$S_1=001$，$S_2=011$，$S_3=111$，$S_4=110$，$S_5=100$，则可导出次态方程和输出方程

$$Q_2^{n+1} = Q_1^n$$
$$Q_1^{n+1} = Q_0^n$$
$$Q_0^{n+1} = \overline{Q_2^n}$$
$$z = Q_2^n \overline{Q_1^n}$$

由此可画出逻辑电路状态图，如图 6.88 所示。

如图 6.88 可知，两个无效状态 101 和 010 自行构成了循环，因此电路不具有自启动特性。此时称计数器出现了堵塞现象。若消除计数器的堵塞，规定无效状态 101 在时钟脉冲作用下转移到有效状态 011，则状态图如图 6.89 所示。

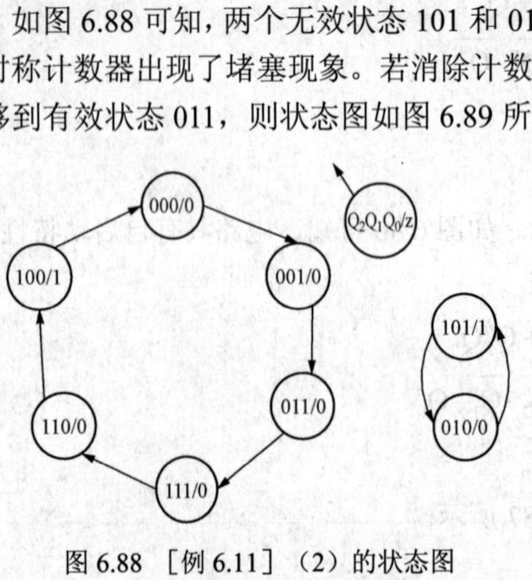

图 6.88 [例 6.11] （2）的状态图

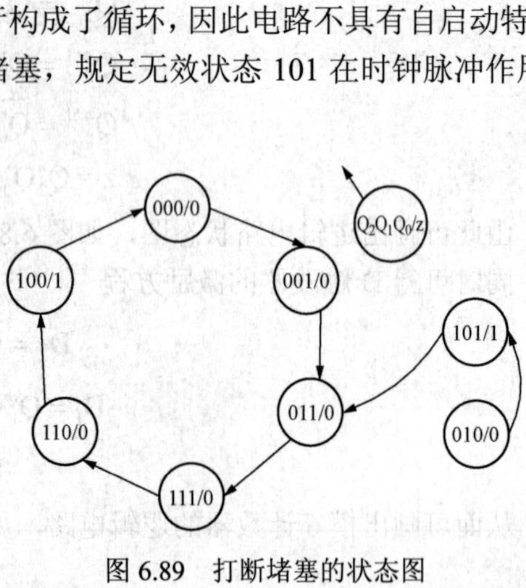

图 6.89 打断堵塞的状态图

根据图 6.89 重新推导次态方程，可得无堵塞循环的次态方程

$$Q_2^{n+1} = Q_2^n$$

$$Q_1^{n+1} = Q_0^n$$

$$Q_0^{n+1} = \overline{Q_2^n} + \overline{Q_1^n} Q_0^n$$

由此画出无堵塞的模 6 计数器的逻辑电路，如图 6.90 所示。

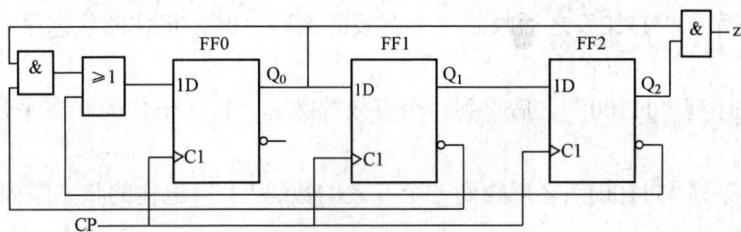

图 6.90　无堵塞的模 6 计数器逻辑电路

6.5.3　用 MSI 时序模块设计同步时序逻辑电路

用 n 个触发器设计同步时序逻辑电路可以构成 2^n 种不同的状态组合，一片 MSI 集成模块中集成了多个触发器，因此可以用很少的 MSI 模块代替多个触发器实现相同的状态组合，其设计步骤基本相同，在具体实施上略有不同，具体如下：

（1）原则上不必使原始状态表化到最简，如果能通过化简使原本不能在一块 MSI 集成模块实现该逻辑电路的状态数目减少到能在一块 MSI 集成模块上实现，便可以进行适当化简，直到能在一块 MSI 集成模块实现。利用 MSI 集成模块实现时序电路的设计，主要利用其逻辑功能，如 74163 的置数、复位、加法计数、保持等逻辑功能，而原始状态表已经可以明确给出 MSI 模块是利用哪种功能实现了状态之间的转换。

（2）状态分配的原则与导出激励方程的方法根据所选用的 MSI 集成模块的逻辑功能而定。在利用集成计数器设计电路时，其基本逻辑功能一般有计数、预置、保持和清零等功能，可以利用不同的逻辑功能实现相同的状态转换，因此在计数和预置两种操作中，因计数操作较为简单，故多选用计数功能实现状态转换。因为在设计过程中，每使用一种逻辑功能就要对应一个激励方程，故要减少激励函数，而可以减少设计电路中的逻辑电路及导线的数目，应该使操作方法尽可能地少，如利用置数功能代替复位功能，就可以让 MSI 的复位端始终为高电平或低电平，使其处于不作用状态。MSI 集成模块通过哪种操作使原始状态表中的各状态之间的转换是通过操作表进行分析的，具体做法见本节例题。

【例 6.12】　利用 MSI 集成加法计数器 74163 和相应的组合电路，设计一个 7 位巴克码（1110010）串行序列检测器，本序列可重复使用。

解：

巴克码是一组具有特殊规律的二进制码组，它是非周期序列。可用在数字通信中的同步信号检测。常见的巴克码有 2、3、4、5、7、11、13 位等。

设串行序列检测器的外部输入为 x，高位在前，输出为 z，只有当 x 连续输入 1110010 时，输出 z=1，否则为 0。具体设计步骤如下：

（1）确定原始状态图。如已知可得，电路需要记住的状态有 8 个，分别为：

S_0: 初始状态，表示还没有收到第一个有效的数码"1"，此时 z=0；

S_1: 表示收到第一个有效的数码"1"，此时 z=0；

S_2: 表示收到第二个有效的数码"1"，记住的状态序列为"11"，此时 z=0；

S_3: 表示收到第三个有效的数码"1"，记住的状态序列为"111"，此时 z=0；

S_4: 表示在序列"111"之后收到一个有效的数码"0"，记住的状态序列为"1110"，此时 z=0；

S_5: 表示在序列"1110"之后收到一个有效的数码"0"，记住的状态序列为"11100"，此时 z=0；

S_6: 表示在序列"11100"之后收到一个有效的数码"1"，记住的状态序列为"111001"，此时 z=0；

S_7: 表示在序列"111001"之后收到一个有效的数码"1"，记住的状态序列为"1110010"，此时 z=1。

8 个状态之间的相互转换关系如图 6.91 的原始状态转换图。

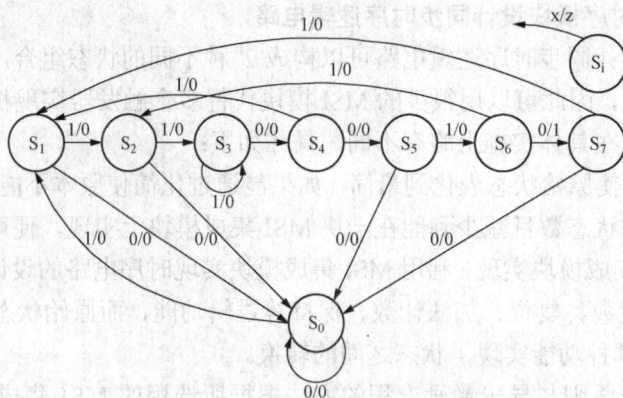

图 6.91 ［例 6.12］的原始状态图

（2）状态分配。因一片 74163 可以有 16 种状态，而本电路只有 8 个状态，故无需进行化简即可实现。本电路进行状态分配的一种形式如图 6.92 所示的状态分配图。由状态分配图可将 6.91 的原始状态图转换成编码状态图，如图 6.93 所示。

Q_C＼Q_BQ_A	00	01	11	10
0	S_0	S_1	S_3	S_2
1	S_4	S_5	S_7	S_6

图 6.92 状态分配图

（3）操作表。通过图 6.93 的编码状态图可知 8 个状态之间的转换需要 74163 实现哪种操作，分析如下：

当处于状态 000 时，若 x=0，则次态仍为 000，保持不变，74163 要进行保持操作；若 x=1，则次态为 001，实现加 1 操作，则 74163 要进行加法计数操作。

当处于状态 100 时，若 x=0，则次态转移到 101，实现加 1 操作，则 74163 要进行加法计数操作；若 x=1，次态转移到 001，则 74163 要进行置数操作。

参照上述分析，将状态转换所需功能完整地填入到图 6.94 所示的表格中，即完成了 74163 实现本例功能的操作表。

（4）导出激励方程及输出方程。用 MSI 集成模块设计时序电路时，导出的激励方程是集成模块各个功能控制端的函数表达式。具体做法是由操作表来分析执行相关操作 MSI 集成模块的各控制输入端应加入什么样的激励信号，从而推导出 MSI 集成模块的各个控制输入端的激励方程。

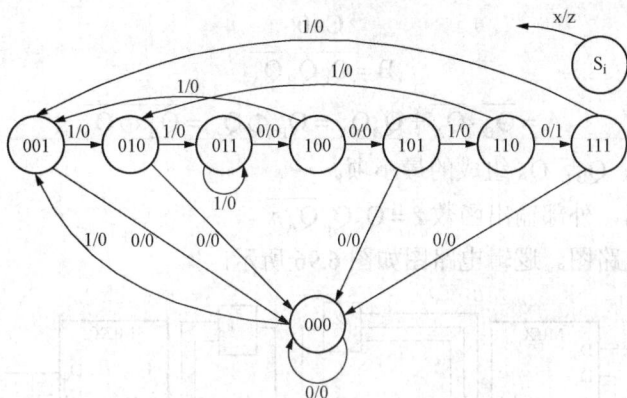

图 6.93　编码状态图

[例 6.12]中，74163 执行何种操作是由 $\overline{\text{CLR}}$、$\text{ENT} \cdot \text{ENP}$、$\overline{\text{LOAD}}$及CBA（因只有 8 个状态，故只需考虑 3 个状态输出、3 个置数输入端即可）共同决定的，其逻辑函数的求法是要先通过图 6.94 的操作表分析出关于 $\overline{\text{CLR}}$、$\text{ENT} \cdot \text{ENP}$、$\overline{\text{LOAD}}$及 CBA 的卡诺图，然后根据卡诺图即可求出相应的逻辑函数表达式。因在操作表中没有复位功能，所以复位控制端 $\overline{\text{CLR}}$ =1，其他控制端函数分析如下：

Q_C \ Q_BQ_A	00	01	11	10
0	计数保持	计数置数	计数保持	计数置数
1	计数置数	计数置数	计数置数	计数置数

图 6.94　74163 操作表

当 $Q_CQ_BQ_A$=000 时，若 x=0，74163 保持操作，因此控制端 $\overline{\text{LOAD}}$ =1、$\text{ENT} \cdot \text{ENP}$ = 0、CBA=×××；若 x=1，74163 加法计数操作，因此控制端 $\overline{\text{LOAD}}$ =1、$\text{ENT} \cdot \text{ENP}$ = 1、CBA=×××。因此在状态 $Q_CQ_BQ_A$=000 时，$\overline{\text{LOAD}}$ =1、$\text{ENT} \cdot \text{ENP}$ = x、CBA=×××。

当 $Q_CQ_BQ_A$=001 时，若 x=0，74163 置数操作，因此控制端 $\overline{\text{LOAD}}$ =0、$\text{ENT} \cdot \text{ENP}$ =×、CBA=000；若 x=1，74163 加法计数操作，因此控制端 $\overline{\text{LOAD}}$ =1、$\text{ENT} \cdot \text{ENP}$ = 1、CBA=×××。因此在状态 $Q_CQ_BQ_A$=001 时，$\overline{\text{LOAD}}$ = x、$\text{ENT} \cdot \text{ENP}$ =1、CBA=000。

依此类推，当 $Q_CQ_BQ_A$=111 时，若 x=0，74163 加法计数操作，因此控制端 $\overline{\text{LOAD}}$ =1、$\text{ENT} \cdot \text{ENP}$ =1、CBA=×××；若 x=1，74163 置数操作，因此控制端 $\overline{\text{LOAD}}$ =0、$\text{ENT} \cdot \text{ENP}$ =×、CBA=001。因此在状态 $Q_CQ_BQ_A$=111 时，$\overline{\text{LOAD}}$ = x、$\text{ENT} \cdot \text{ENP}$ =1、CBA=001。

因此将上述分析组成各控制端的卡诺图，分别如图 6.95（a）、（b）、（c）所示。

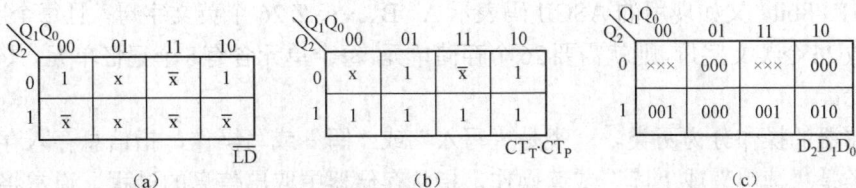

图 6.95　$\overline{\text{LOAD}}$、$\text{ENT} \cdot \text{ENP}$ 及 CBA 的卡诺图

由图 6.95 的卡诺图可以分别得出 74163 控制端的函数表达式，如下：

$$\overline{LOAD} = m_0 + m_1x + m_2x + m_3 + m_4\overline{x} + m_5x + m_6\overline{x} + m_7\overline{x}$$

$$ENT \cdot ENP = m_0x + m_1 + m_2 + m_3\overline{x} + m_4 + m_5 + m_6 + m_7$$

$$C=0$$

$$B = \overline{Q_C}Q_B\overline{Q_A}$$

$$A = \overline{Q_B} \cdot \overline{Q_A} + Q_BQ_A = Q_B \odot Q_A = \overline{\overline{Q_B \odot Q_A}}$$

其中，m_i 为 Q_C，Q_B，Q_A 组成的最小项。

由已知不难得出，外部输出函数 $z = Q_CQ_B\overline{Q_A}\,\overline{x}$。

（5）画出逻辑电路图。逻辑电路图如图 6.96 所示。

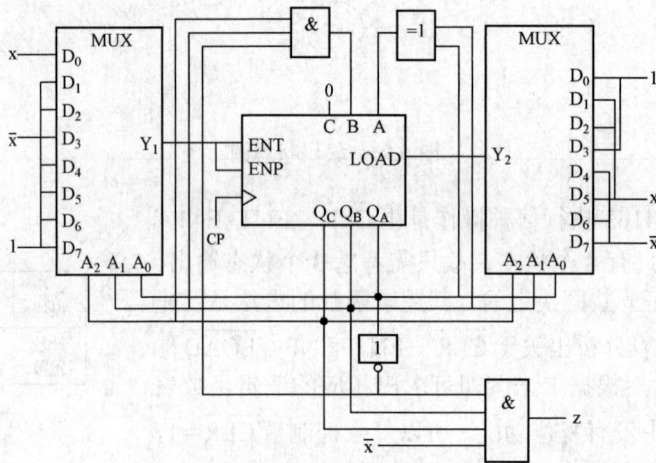

图 6.96　　［例 6.12］逻辑电路图

6.6　随机访问存储器

　　半导体存储器是由许多触发器或其他记忆元件构成的大规模集成电路，可以存储一系列二进制数码，具有较大的存储容量。

　　在存储器中所存储的信息通常以字为单位来描述，一个字就是一个信息单元，如果把存入 1bit 信息（即一个"0"或"1"）称为一个记忆单元，而由 n 个记忆单元组成的一个信息单元称为一个字，n 为字长。若存储器能存储 m 个字，每个字的字长为 n，则 $m×n$ 就是该存储器的存储容量，它表示存储器可能存储的信息量。如 1024×8 表示存放 1024 个 8 位的信息，可表示成 1K×8bit。又如现用的 ASCII 码表示 A、B、…、Z 26 个英文字母，且每个字母 8 位。因此若存放 26 个英文字母，则就需要 26 个存储单元，每个单元含有 8 个记忆单元，共 26×8=208 个记忆单元。

　　对存储器的操作分为两类。一类是"写入"或"写"或写操作，指信息存入存储器的过程；另一类是"读出"或"读"或读操作，指从存储器中取出信息的过程。通常将上述两个操作或过程称为"访问"。有的存储器的写入过程必须由专门的装置来完成，这个装置称为写入器。在系统运行过程中，只能读出信息，不能写入信息的存储器称为只读存储器（Read—only

Memory）。另一种存储器在系统运行过程中既可对它读又可对它写，这种存储器按访问方式的不同可分为顺序访问存储器和随机访问存储器。

顺序访问存储器（Sequential Access Memory，SAM）分为两种，一种为先入先出（First In First Out，FIFO）存储器，是按信息写入的顺序读出信息；另一种为先进后出（First In Last Out，FILO）存储器，是按信息写入的逆序读出信息，又称为堆栈。

能任意地对存储器中的存储单元进行读/写的存储器称为随机访问存储器（Random Access Memory，RAM）。按存储信息的方式，RAM 分为静态 RAM 和动态 RAM 两大类。与 ROM 相比，RAM 具有读、写方便，能随时读出 RAM 中存储的内容，又能随时将新的内容写入 RAM 中。本节只对 RAM 进行简要介绍，其他内容读者可参阅相关资料。

1. RAM 的组成与原理

RAM 由记忆单元、译码器、读/写控制电路以及数据线、地址线和控制线组成。

图 6.97（a）是一个 4×4 RAM 的结构图。它有 4 个存储单元，每个存储单元包含 4 个记忆单元，用以存放一个字长为 4 的信息。图中的小矩形块表示记忆单元。每个存储单元都有一个地址，分别是 0，1，2，3（对应于图中的字线 W_0，W_1，W_2，W_3）。A_1，A_0 为地址线，用以选择待访问的存储单元。确定待访问单元的过程称为寻址。I/O 为数据线，是双向的。$\overline{CS}$ 和 R/$\overline{W}$ 分别称为片选信号和读/写控制信号。如欲将出现在数据线 I/O 上的信息写入某存储单元，除了必要的地址信号外，还需要 $\overline{CS}$ = 0，R/$\overline{W}$ =0；如欲从某个存储单元读出信息，则必须令 $\overline{CS}$ = 0，R/$\overline{W}$ =1，并加上正确的地址信号。与译码器输出端相连的水平线称为字线，与各数据线对应的垂直线称为位线。当 A_1A_0=01 时，字线 W_1 有效，令开关 S_{10}，S_{11}，S_{12} 及 S_{13} 均导通，若此时 $\overline{CS}$ = 0，则 S_0，S_1，S_2 及 S_3 也均导通，RAM 将根据 R/$\overline{W}$ 的状态进行读或写操作；若 $\overline{CS}$ =1，则 S_0，S_1，S_2 及 S_3 均断开，此时不能进行读和写操作，RAM 处于备用状态。

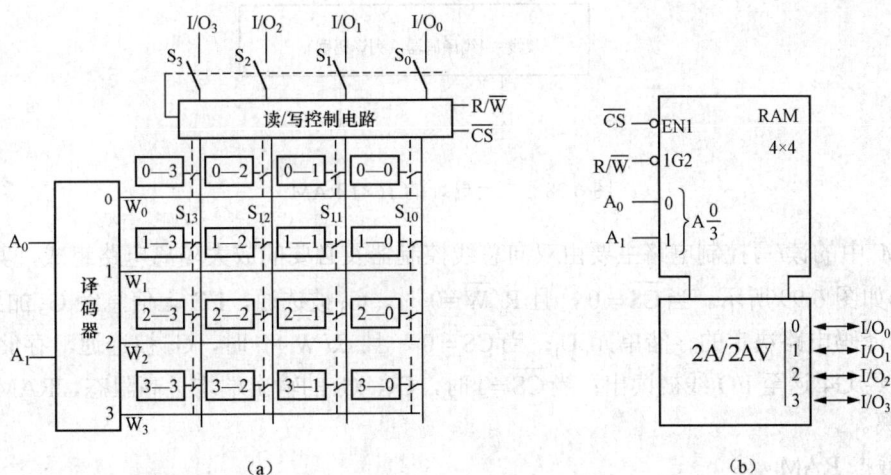

图 6.97　4×4 RAM

该电路的逻辑符号如图 6.97（b）所示。该符号标明，使能端，即 $\overline{CS}$ 片选信号低电平有效。1G2 表明，仅当 $\overline{CS}$ 有效时关联输入 R/$\overline{W}$ 才起作用，且低电平有效。"$A\dfrac{0}{3}$" 中的 A 为地址关联符，由 A_1，A_0 两个地址端可构成 4 个存储单元地址。2A 表示当 R/$\overline{\text{W}}$ 为低电平时，对 A 指定的存储单元进行写操作，数据线为输入 I；$\overline{2A}$ 表示当 R/$\overline{\text{W}}$ 为高电平时，对 A 指定的单元进行读操作，数据线为输出 O。

图 6.97（a）所示 RAM 中的译码方式称为一元寻址，也称直接寻址。在 RAM 中常用二元寻址，或 X-Y 译码器。图 6.98 给出了二元寻址的 16×1RAM。图 6.98 中的小方块为记忆单元，小方块中标出了该单元的地址。该 RAM 有行、列两个 2 线—4 线译码器。行译码器的输入时高 2 位地址 A_3，A_2，其输出称为行选择线，用以将选中的一行存储单元与内部数据线沟通。列译码器的输入为低 A_1，A_0，其输出为列选择线，用以把选中的内部数据线连接到外部 I/O 线。对于任何一个地址输入组合，行、列译码器各自总只有一个输出有效，在其共同作用下，将只有一个存储单元与 I/O 线接通。

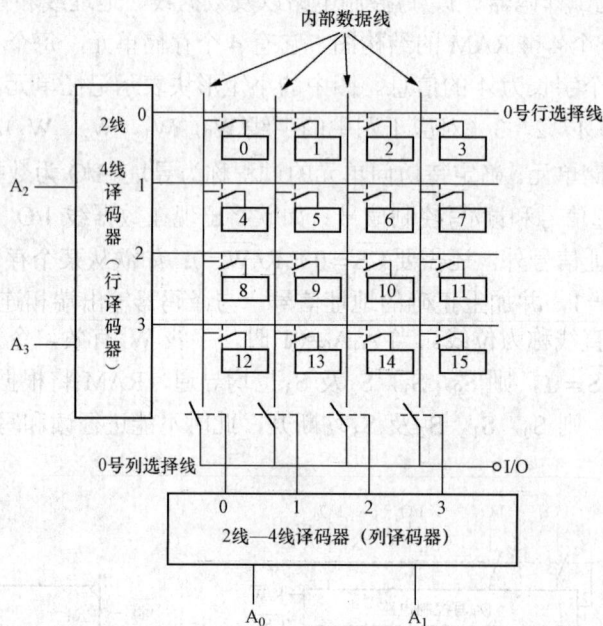

图 6.98　二元寻址的 16×1 RAM

RAM 中的读/写控制电路主要由双向总线控制器及必要的放大隔离电路组成，其双向总线控制器如图 6.99 所示。当 $\overline{\text{CS}}=0$，且 R/$\overline{\text{W}}$=0 时，G_3 被选通，I/O 上信息经 G_3 加到 d，由此写入由译码电路决定的存储单元 U_j；当 $\overline{\text{CS}}=0$，且 R/$\overline{\text{W}}$=1 时，G_4 被选通，存储单元 U_j 所存信息经 G4 送至 I/O 线被读出；当 $\overline{\text{CS}}=1$ 时，G_3，G_4 的输出端均呈高阻态，RAM 与外部 I/O 线隔离。

2. 静态 RAM

RAM 中采用的记忆单元有许多种。就存储信息的原理而言可分为两类：即静态记忆单元和动态记忆单元。前者构成的 RAM 称为静态 RAM，简称 SRAM；由后者构成的 RAM 称为动态 RAM（static RAM），简称 DRAM（dynamic RAM）。

静态记忆单元的示意图如图 6.100 所示，交叉耦合的 G_1 和 G_2 构成双稳态触发器。当该单元未被选中时，S_1 和 S_2 断开，触发器状态（即所存的信息）保持不变，故称其为静态记忆单元。当该单元被选中时，S_1 和 S_2 均导通。若欲将信息写入该单元，则 RAM 中的读/写控制电路将外部 I/O 线上的信息经内部数据线 d_i 和 $\overline{d_i}$ 置入触发器；如欲从该单元读出所存信息，则触发器的状态通过 d_i 和 $\overline{d_i}$ 经读/写控制电路驱动后送至外部 I/O 线。

因该记忆单元含有两个非门和两个电子开关，而每个非门由两个 MOS 管构成，每个电子开关又要各用到一个 MOS 管，所以该记忆单元共需 6 个 MOS 管，故又称为六管 MOS 记忆单元，简称六管电路。

为使静态 RAM 能正确地进行读/写操作，控制信号 $\overline{CS}$ 和 R/$\overline{W}$、地址信号 A 以及数据信号 D 之间满足一定的时间关系，如图 6.101 所示。图 6.101（a）和图 6.101（b）所示分别为读、写操作时各信号间的时序关系。在图 6.101（a）中，读周期 t_{RC} 为从该读操作开始到下一个操作之间的间隔时间；t_{CO} 为从 $\overline{CS}$ 有效到输出数据有效之间的延迟时间；t_{COT} 为 $\overline{CS}$ 无效后，输出数据仍然有效的持续时间。图中阴影部分表示信号尚未稳定。

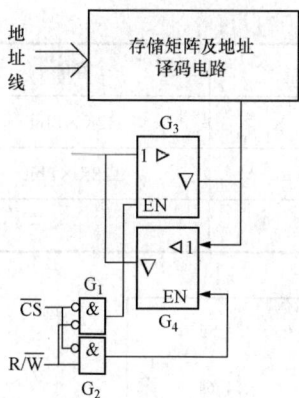

图 6.99 读/写控制电路示意图

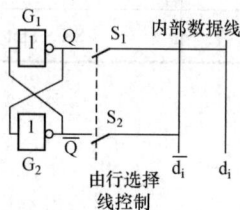

图 6.100 静态记忆单元示意图

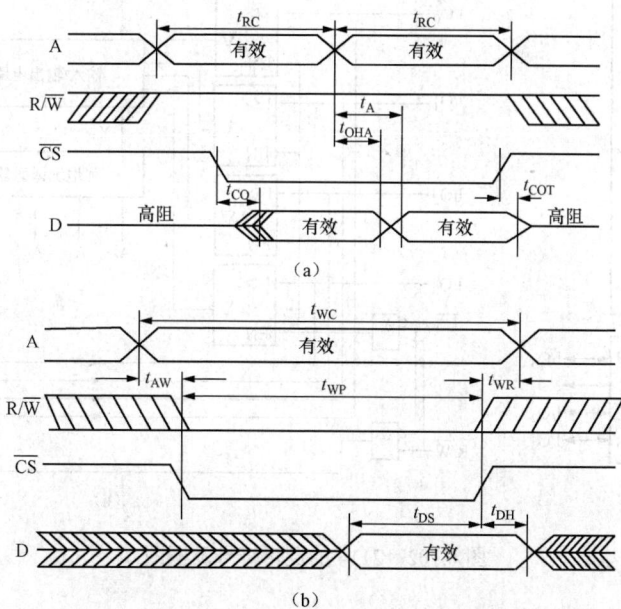

(a)

(b)

图 6.101 静态 RAM 读/写操作时序图

在图 6.101（b）中，t_{WC} 为写周期，表示该写操作与下一次操作之间的最小间隔时间；t_{AW} 为地址信号提前有效于 $\overline{CS}$ 及 R/$\overline{W}$ 的建立时间；写脉宽 t_{WP} 为 $\overline{CS}$=R/$\overline{W}$=0 的持续时间；恢复时间 t_{WR} 为写脉冲结束后地址信号仍需保持不变的时间；t_{DS} 表示在写脉冲前数据信号所需的建立时间；写脉冲结束后，数据信号仍需保持不变的时间记位为 t_{DH}。

目前常用的静态 RAM 芯片绝大多数都是采用 MOS 工艺制造的，见表 6.9。2114 是一种典型的静态 RAM 芯片，它的容量为 1K×4，由 NMOS 制作而成，使用简便。2114 的逻辑符号和逻辑框图如图 6.102 所示。1K×4 的容量表明，片内有 1024×4=4096 个记忆单元。它有 10 根地址线，采用二元寻址方式，A_9～A_4 作用于行译码器，产生 64 根行选择线；A_3～A_0 作用于列译码器，产生 16 根列选择线。I/O$_0$～I/O$_3$ 为 4 根双向数据总线。

表 6.9 常用的静态 RAM 芯片

型号	容量	型号	容量
MB2114	1K×4bit	HM62256	32K×8bit
HM6116	2K×8bit	HM628128	128K×8bit
HM6264	8K×8bit		

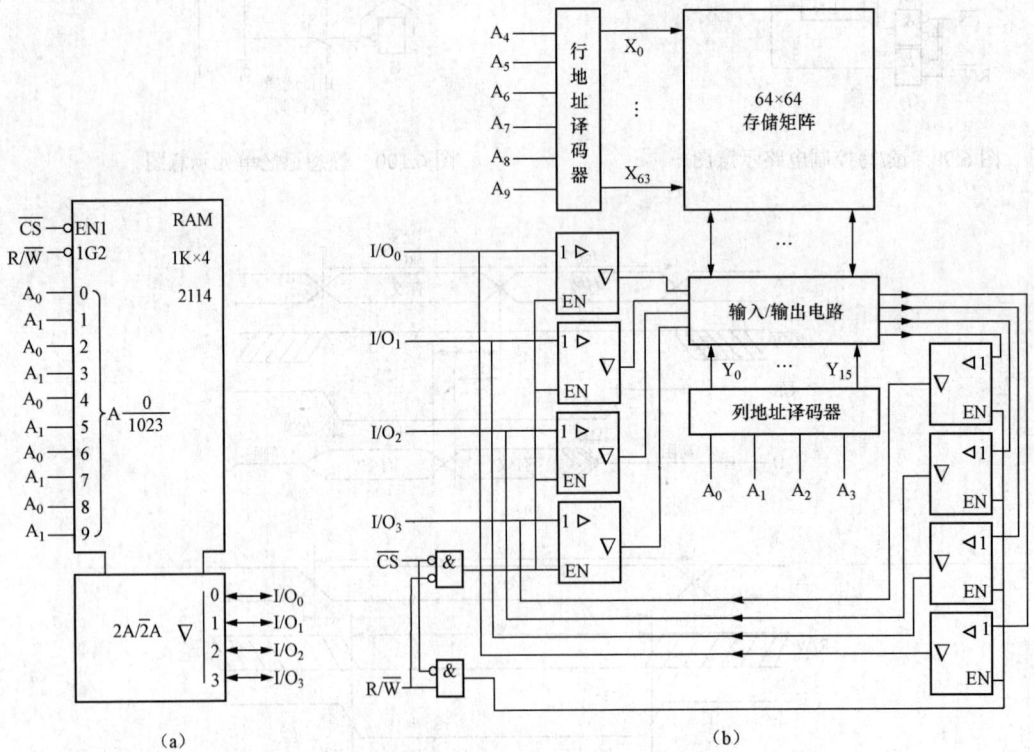

图 6.102 2114 的逻辑符号及框图

表 6.10 给出 2114 控制输入的功能表。

表 6.10 　　　　　　　　　　　　**2114 控制输入的功能表**

$\overline{CS}$	R/$\overline{W}$	I/O	动作
1	×	高阻	未被选中
0	0	0	"0" 的输入
0	0	1	"1" 的输入
0	1	数据	读出

3. 动态 RAM

动态 RAM 记忆单元的示意图如图 6.103 所示。开关 S 实际上市一个 MOS 管，C 为该 MOS 管的极间电容，用作存储电容。当 C 上充有一定量的电荷时，状态为 1；否则，状态为 0。当该记忆单元被选中时，S 导通。此时如欲写入数据，则读/写控制电路有电流经内部数据线 d_i 对 C 充电（写入 1 时）或放电（写入 0 时），将信息存入该单元。如欲从该单元读出信息，则 C 的状态通过 d_i 再经读/写控制电路放大后输出。当该单元未被选中时，S 断开。由于在 S 处于断开状态时电容 C 的放电时间常数较大，故可在一定时间内保存已存入的信息，但超过这段时间后电容上存储的信息将会丢失。为此，必须定期地给电容补充电荷，这称为刷新。由于需要刷新，故将这种记忆单元称为动态记忆单元。动态 RAM 的刷新周期通常为 8～16ms，有些 DRAM 器件的刷新周期甚至可超过 100ms。

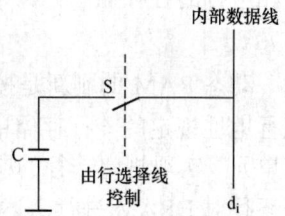

图 6.103　动态记忆单元示意图

图示记忆单元仅需一个 MOS 管，故又称为单管动态 MOS 记忆单元，简称单管电路。

动态 RAM 功耗小，电路简单，常用以构成大容量的 RAM。但它需要不断地刷新，故增加了外围电路的复杂性。

现考察一个 4K×1bit 的动态 RAM。该 RAM 需 12 根地址线。为减小引脚数，采用了行、列地址复用技术。如图 6.104 所示为这一 RAM 的逻辑框图。与静态 RAM 相比，一个片选信号 $\overline{CS}$ 变成了行地址选通 $\overline{RAS}$ 和列地址选通 $\overline{CAS}$ 两个信号。在控制逻辑电路中包含了一个行地址锁存器和一个列地址锁存器，以便地址线的复用。

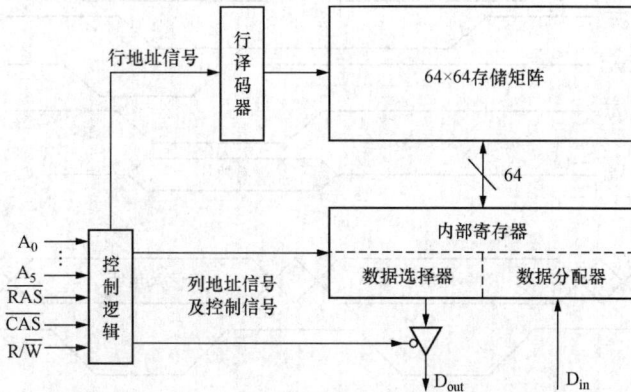

图 6.104　4K×1 动态 RAM 的框图

图 6.105（a）和（b）依次给出了读/写操作时各信号间的关系。由图 6.105 可见，无论是

读操作还是写操作，行地址总是先出现在公用地址线上，在 $\overline{RAS}$ 变为低电平时，存入行地址锁存器，并把这一行各存储单元所存信息读入内部寄存器。

在读操作时，R/$\overline{W}$ 保持高电平。列地址在行地址锁存后出现在公用的地址线上，且在 $\overline{CAS}$ 变为低电平时存入列地址锁存器，列地址信号加至数据选择器的地址输入端，选择内部寄存器中与列地址信号相对应的一个单元输出。此时，I/O 线开放。因此，经过一段延时后由行、列地址信号共同决定的存储单元所存信息将出现在 D_{out} 线上。在 $\overline{RAS}$ 变为高电平时，存储在内部寄存器中的信息将写回相应行的各存储单元（为记忆单元中的存储电容补充电荷）。$\overline{CAS}$ 变为高电平时，将使 I/O 线呈高阻态。

在写操作时，$\overline{RAS}$ 仍先于 $\overline{CAS}$ 变低电平，接着 R/$\overline{W}$ 为 0，此时欲写入的信息出现在 D_{in} 线上。当列地址稳定并在 $\overline{CAS}$ 变为低电平时存入列地址锁存器后，列地址信号将控制数据分配器的地址端，把 D_{in} 线上的数据写入内部寄存器中与列地址相对应的单元。此后 R/$\overline{W}$ 变为高电平。在 $\overline{RAS}$ 变为高电平时，存储在内部寄存器中的内容，包括已改写的那个单元，均写回相应行的各存储单元。内部寄存器中被改写的单元正好对应了由行、列地址所确定的存储单元。

动态 RAM 的刷新是按行进行的，其时序如图 6.105（c）所示。在 $\overline{RAS}$ 变为低电平时，把行地址规定的一行存储单元的内容放入内部寄存器，在 $\overline{RAS}$ 变为高电平时写回到该行的存储单元，实现规定一行的刷新。外部控制器每隔一段时间（小于 DRAM 器件的刷新周期）都要逐行对 DRAM 进行上述刷新。

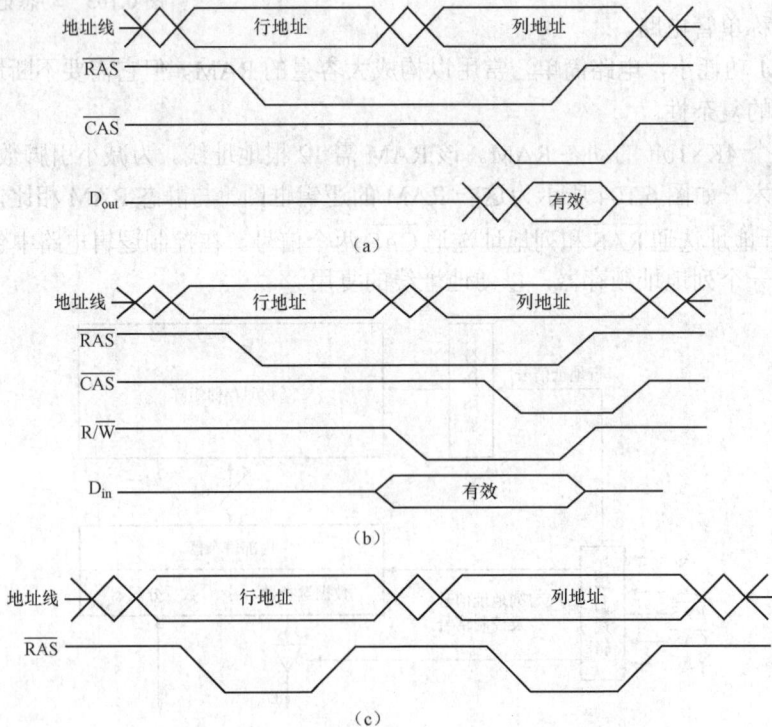

图 6.105 动态 RAM 读/写及刷新操作时序图

常用的动态 RAM 芯片见表 6.11。

表 6.11   常用的动态 RAM 芯片

型号	容量	型号	容量
MB2118	4K×1bit	MB81C4256	256K×4bit
HM81416	16K×1bit	MB814101	4K×1bit
HM81464	64K×1bit		

上述 DRAM 工作时不受系统时钟控制，称为异步 DRAM。与其相对的还有一种同步 DRAM，其原理和优点与同步 SRAM 相似，不再赘述。

DRAM 和 SRAM 一直并行发展。尽管 DRAM 的最高容量为 SRAM 的 4 倍，但 SRAM 的速度却比 DRAM 快 5 倍以上，且无需刷新。在计算机系统中，主内存常采用 DRAM，而 SRAM 则用作高速缓存。

本章习题

6.1 试说明时序电路与组合电路在电路结构和逻辑功能上的不同？

6.2 试说明时序电路的逻辑方程有哪几类？

6.3 试说明时序电路的一般分析步骤是什么？

6.4 试把题表 6.1 和题表 6.2 所列的状态表变换成状态图。

PS \ x	0	1
A	C/0	C/0
B	G/1	B/1
C	D/0	A/0
D	E/0	E/1
E	E/0	C/0
F	G/0	F/0
G	F/1	F/1
		NS/z

PS \ x_1x_2	00	01	11	10	z
S_0	S_1	S_2	S_3	S_0	1
S_1	S_3	S_3	S_2	S_2	1
S_2	S_1	S_2	S_3	S_2	0
S_3	S_0	S_1	S_2	S_3	0
				NS	

题表 6.1 题 6.4 状态表一   题表 6.2 题 6.4 状态表二

6.5 某时序电路如题表 6.1 所列。若电路的初始状态为 A，输入信号依次为 0、1、1、1，试列出其状态变化过程及相应的输出。

6.6 已知状态图如题图 6.1 所示，试画出它的状态表。

6.7 分析题图 6.2 所示时序电路。要求：①说明电路类型；②列出各触发器的激励方程、特征方程和次态方程；③导出状态表和状态图；④说明电路的逻辑功能；⑤检查电路是否具有自启动性能。

6.8 分析题图 6.3 所示时序电路。要求：①说明电路类型；②列出各触发器的激励方程、特征方程、次态方程及输出方程；③导出状态表和状态图；④说明电路的逻辑功能；⑤检查电路是否具有自启动性能。

6.9 分析题图 6.4 所示时序电路。要求：①说明电路类型；②列出各触发器的激励方程、特征方程、次态方程及输出方程；③导出状态表和状态图；④说明电路的逻辑功能；⑤检查电路是否具有自启动性能。

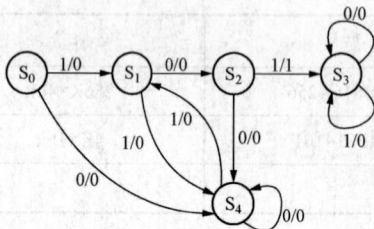

题图 6.1　题 6.6 图　　　　　题图 6.2　题 6.7 图

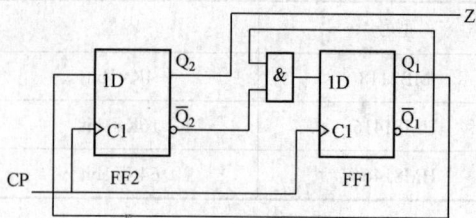

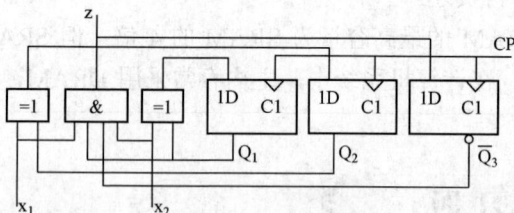

题图 6.3　题 6.8 图　　　　　题图 6.4　题 6.9 图

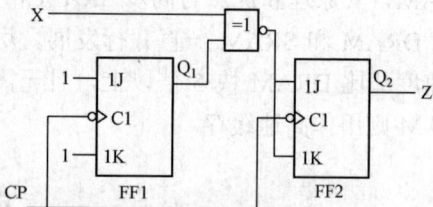

6.10　分析题图 6.5 所示时序电路，要求：①写出各触发器的激励方程和电路的输出方程；②求各触发器的次态方程；③列出状态表和状态图；④确定该时序电路的逻辑功能；⑤判断该时序电路是否具有自启动特性。

6.11　分析题图 6.6 所示时序电路。要求：①说明电路类型；②列出各触发器的激励方程、特征方程、次态方程及输出方程；③导出状态表和状态图；④说明电路的逻辑功能；⑤检查电路是否具有自启动性能。

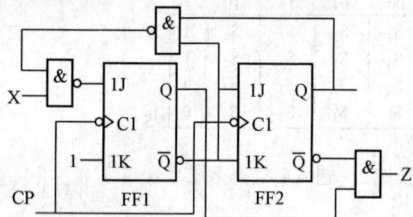

题图 6.5　题 6.10 图　　　　　题图 6.6　题 6.11 图

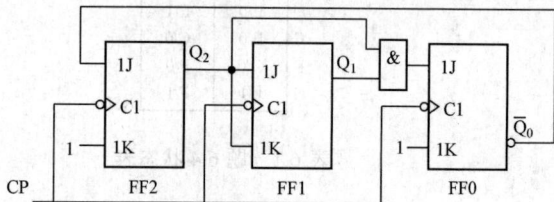

6.12　试分析题图 6.7 所示电路的功能。

6.13　试分析题图 6.8 所示电路的逻辑功能，设计数器初始状态为 0，试画出完整状态转换图。

6.14　题图 6.9 所示为由二—十进制编码器 74147 和同步十进制计数器 74162 组成的可控分频器。试说明输入信号 $A_1 \sim A_9$ 依次为低电平（且其他输入端为高电平）时，由 f 端输出的信号频率依次为多少？假设 CP 的重复频率为 10kHz。（提示：当 $A_1=0$ 时，DCBA=0001；当 $A_2=0$ 时，DCBA=0010；…；当 $A_9=0$ 时，DCBA=1001。）

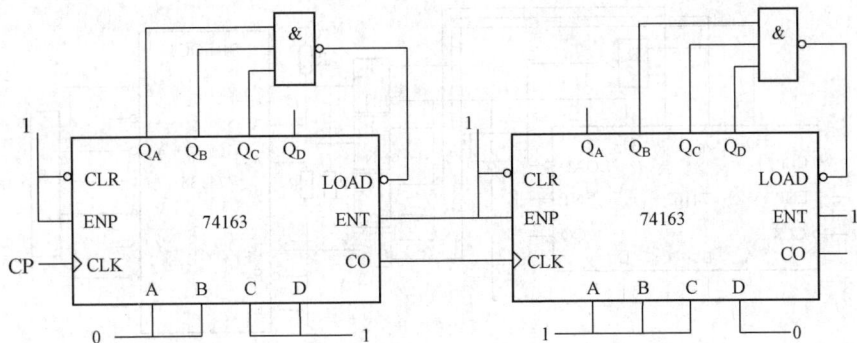

题图 6.7　题 6.12 图

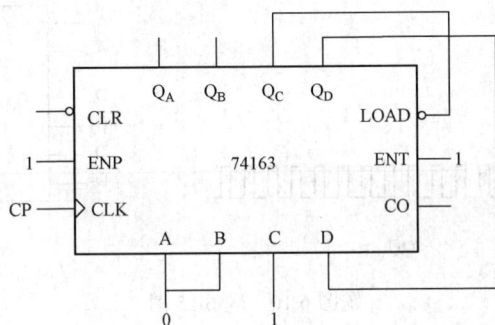

题图 6.8　题 6.13 图

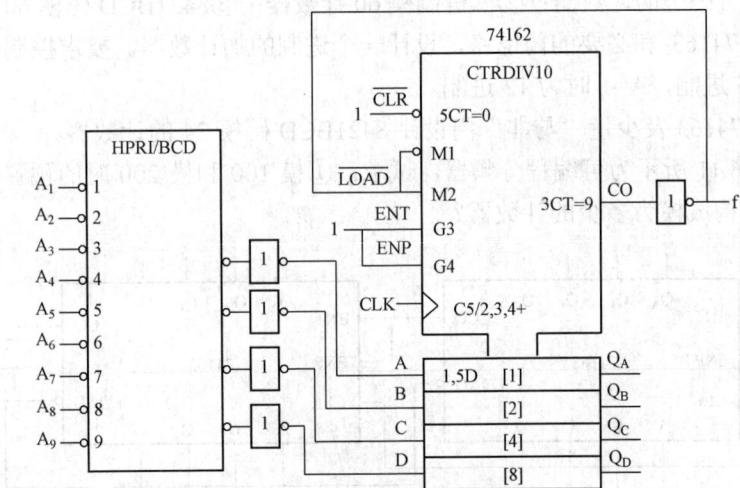

题图 6.9　题 6.14 图

6.15　题图 6.10（a）为由 74163 和 74138 等组成的序列信号发生器，74163 的初始状态 DCBA=0000。要求：①画出电路中计数器的状态转换图；②设输入时钟信号 CLK 如题图 6.10（b）所示，请分析电路，画出电路输出 F 的波形图，并写出对应一个计数周期的输出序列码；③在题图 6.10（a）中若将电阻 R 的值改为 100kΩ，请写出对应于一个计数周期的输出序列码；④用一片题图 6.10（c）所示的 4 选 1 数据选择器替换（a）图中虚线框部分电路，说明设计过程，画出电路图。

(a)

(b)

(c)

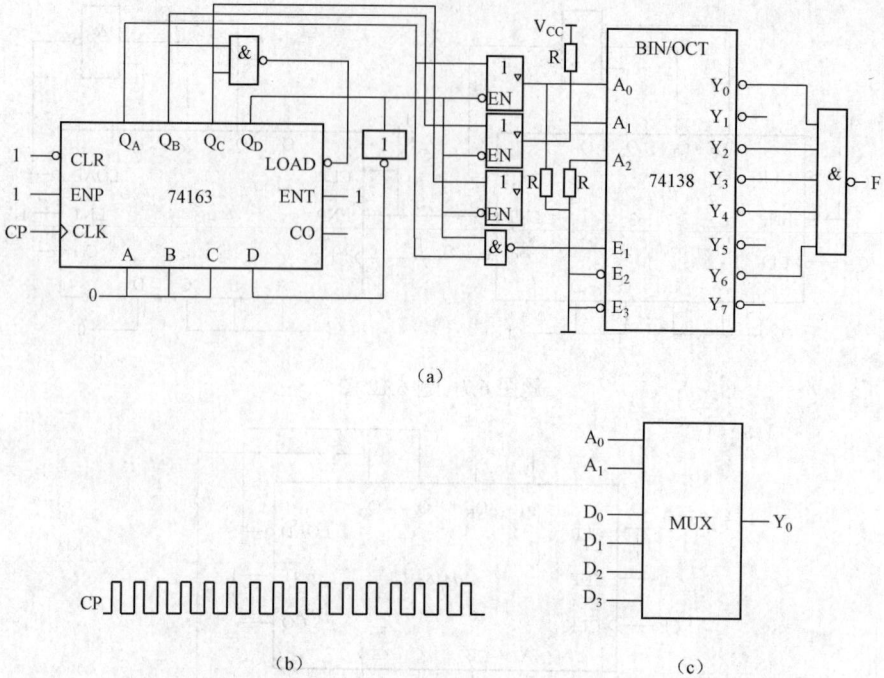

题图 6.10　题 6.15 图

6.16　用集成计数器 74163 并辅以少量门电路实现下列计数器：①计数规律为 0，1，2，3，6，7，8，0，1……的计数器；②二进制模 60 计数器；③8421BCD 码模 60 计数器。

6.17　试用 74163 和必要的门电路，设计一个进制的加计数器。要求控制信号（输入信号）A=0 时为 15 进制，A=1 时为 12 进制。

6.18　试用 74163 及少量"与非"门设计 8421BCD 码模 24 的计数器。

6.19　题图 6.11 所示为可编程分频器，试求：①模 100 和模 200 时的预置值；②若 $I_7 \sim I_0$=01011011，则构成模为多少的计数器？

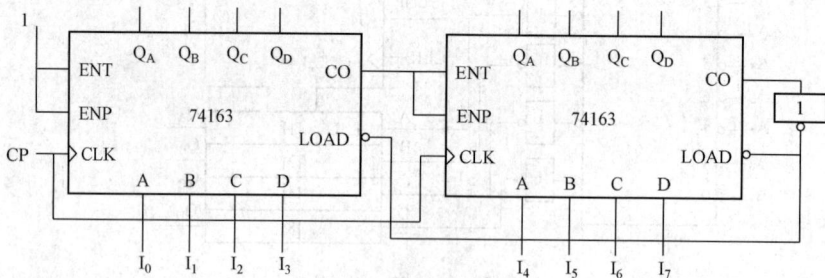

题图 6.11　题 6.19 图

6.20　试用 74163 和数据选择器设计一个产生 10111100010110 序列的序列信号发生器。

6.21　电路如题图 6.12 所示，试画出其状态图。

6.22　分析由 4 位双向移位寄存器 74194 构成的电路功能，列出状态转换表，画出时序波形图，说明电路功能。

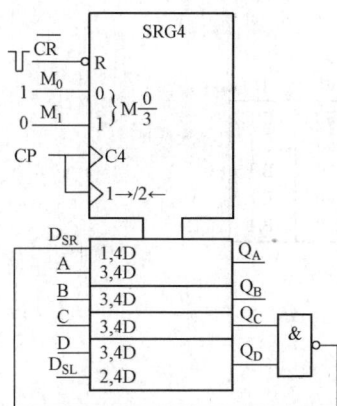

题图 6.12　题 6.21 图

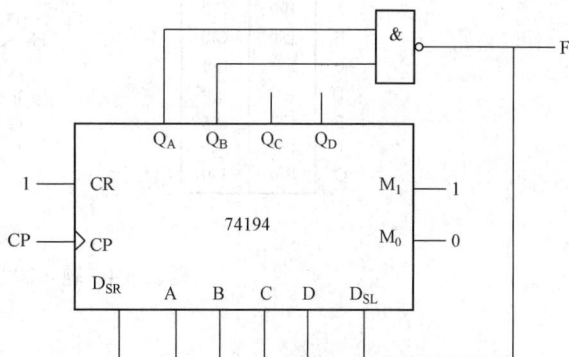

题图 6.13　题 6.22 图

6.23　画出 1011 序列检测器的状态图，该同步时序电路有一根输入线 x，一根输出线 z，对应于序列 1001 的最后一个 1，输出 z＝1。序列可以重叠，例如

x：0101101111001011

z：0000100100000001

6.24　某序列检测电路输入为 X，输出为 Z。仅当 X 输入 "0011" 或 "1100" 时 Z 才输出 1；否则，Z=0。序列不可重叠。试推导其米里形状态图。

6.25　试画出串行二进制减法器的状态图。

6.26　米里型电路具有一个输入端 x 和一个输出端 z，当且仅当输入序列中 1 的个数为 3 的倍数（如 0，3，6……）时，输出 z=1。试画出其状态图。

6.27　有一自动售票机时序逻辑电路，每次只允许投入一枚五角硬币或一枚一圆硬币，累计投入两圆五角时售票一张；若投币累计两圆后再投入一枚一圆硬币，则售票的同时找币五角，试画出状态转换图。

6.28　试用观察法化简题表 6.3（a）（b）所列的各状态表。

PS \ x	0	1
A	B/1	C/0
B	A/1	C/0
C	D/1	A/0
D	C/1	A/1

(a)

PS \ $x_1 x_2$	00	01	11
A	A/0	B/1	E/1
B	B/0	A/1	F/1
C	A/1	D/0	E/0
D	F/0	C/1	A/0
E	A/0	D/1	E/1
F	B/0	D/1	F/1

(b)

NS/z

题表 6.3　题 6.28 状态表

6.29　用表格法化简题表 6.4（a）（b）中的各状态表。

6.30　状态表及状态分配如题表 6.5（a）（b）所列。分别写出采用 D 触发器、JK 触发器时的激励方程和输出方程，并画出逻辑图。

6.31　试用 D 触发器设计一个计数器，按如下规律进行计数：1，4，3，5，7，6，2，1，4，……

PS\x	0	1
A	B/0	C/0
B	D/0	G/0
C	F/0	E/0
D	A/1	B/0
E	C/0	D/0
F	F/0	G/0
G	B/0	F/0　NS/z

(a)

PS\x_1x_2	00	01	11
A	D/1	C/0	E/1
B	D/0	E/0	C/1
C	A/0	E/0	B/1
D	A/1	B/0	E/1
E	A/1	C/0	B/1　NS/z

(b)

题表 6.4　题 6.29 状态表

PS\x	0	1
A	B/0	D/0
B	C/0	A/0
C	D/0	B/0
D	A/1	C/1　NS/z

(a)

Q_1\Q_0	0	1
0	A	B
1	C	D

(b)

题表 6.5　题 6.30 状态表及状态分配表

6.32　用上升沿触发的 D 触发器、与门和或门电路设计一个 4 级有自启动能力的扭环形计数器。要求：①给出分析过程；②画出状态转换图；③画出电路逻辑图。

6.33　试用 D 触发器与门电路设计能产生周期性输出的"111100010011010"序列信号发生器，说明设计过程。

6.34　试用 JK 触发器及与非门设计一个采用余 3 码的能置初态于十进制 0 状态的十进制同步加法计数器，要求画出电路图，并作状态态分析，画出完整的状态图，说明电路能否自启动。

6.35　设计一个具有题图 6.14 功能的同步计数器电路。其中 M 为控制端。请用 JK 触发器和门电路（门电路类型不限）实现，画出最简逻辑图，并验证能否自启动（若不能自启动，不必修改成自启动电路）。

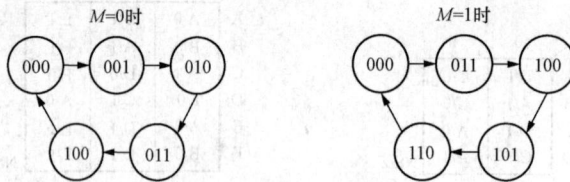

题图 6.14　题 6.35 图

6.36　根据题图 6.15 所示的状态转换图，用 JK 触发器实现同步自启动六进制格雷码计数器。

6.37　如题图 6.16 所示的状态转换图，X 为输入，Y 为输出。假定 $Q_1Q_0=00$ 代表状态 S_0，$Q_1Q_0=01$ 代表状态 S_1，$Q_1Q_0=10$ 代表状态 S_2，$Q_1Q_0=11$ 代表状态 S_3，求：①根据该状态转换图，说明该电路实现何种功能；②使用负边沿 JK 触发器实现该电路。

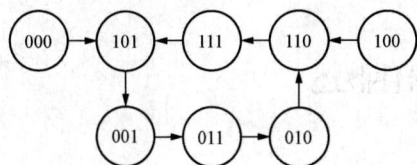

题图 6.15　题 6.36 图

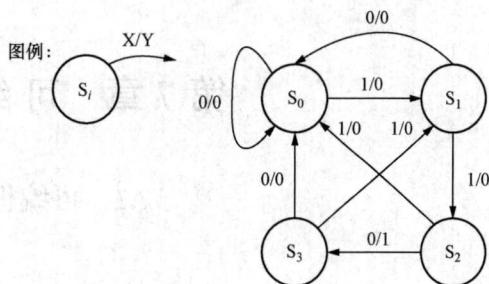

题图 6.16　题 6.37 图

6.38　某微处理器接口电路的状态图如题图 6.17 所示，试用 74163 辅以组合 MSI 或 SSI 芯片实现之。假设状态分配为：S_0——000；S_1——001；S_2——010；S_3——011；S_4——100；S_5——101；S_6——110。

6.39　试用多 D 触发器重新设计 6.38 题。

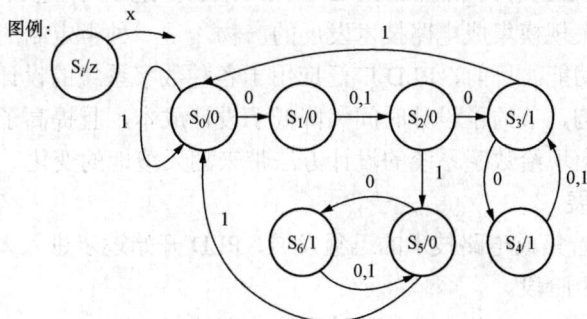

题图 6.17　题 6.38 图

第 7 章　可 编 程 逻 辑 器 件

7.1　可编程逻辑器件概述

传统的数字系统设计主要有两种方法，一种采用中小规模集成芯片，如前述各种门电路、译码器、数据选择器、计数器、移位寄存器等，这些芯片的功能及引脚排列顺序由器件生产厂商在制造时确定，不可以更改，被称之为通用集成电路；另一种采用大规模或超大规模集成芯片，一般由制造厂商根据用户提出的逻辑要求专门设计和制造，如存储器、CPU 等，是专为特定应用所生产，称为专用集成电路 ASIC（Application-Specific Integrated Circuit）。不论通用集成电路还是专用集成电路，一旦设计完成都不允许更改。

可编程逻辑器件 PLD（Programmable Logic Devices）是 20 世纪 70 年代发展起来的一种新型集成器件，它是大规模集成电路技术发展的产物，是一种半定制的集成电路，它允许用户在现场更改其逻辑功能。目前，PLD 广泛应用于各种数字系统的设计领域，它的应用与发展不但简化了电路结构，节约了设计时间，降低了设计成本，且提高了系统的可靠性和保密性，最重要的是它的出现给数字系统的设计方法带来翻天覆地的变化。

7.1.1　PLD 的发展

20 世纪后期，随着集成电路技术的迅猛发展，PLD 开始逐步进入人们的视线，它的发展大致上经历了以下几个阶段。

（1）最早的 PLD 是 1970 年出现的可编程只读存储器 PROM（Programmable Read Only Memory），它采用熔丝编程，由固定"与"阵列和可编程"或"阵列组成，其阵列规模大、速度低，主要用作存储器。

（2）20 世纪 70 年代中期，出现可编程逻辑阵列 PLA（Programmable Logic Array），它由可编程"与"阵列和可编程"或"阵列组成，由于编程需要由编程开关实现，而编程开关要占用较大的芯片面积，不利于集成。

（3）20 世纪 70 年代末，AMD 公司对 PLA 进行了改进，推出了可编程阵列逻辑 PAL（Programmable Array Logic），它由可编程"与"阵列和固定"或"阵列组成，双极性工艺制造，器件的工作速度较高，由于其阵列结构合理，输出结构多样，为随后出现的 PLD 指明了发展方向。

（4）20 世纪 80 年代末，经 Lattice 公司改进后推出通用阵列逻辑 GAL（Generic Array Logic），它将编程的概念引入到输出结构中，采用输出逻辑宏单元 OLMC（Output Logic Macro Cell）的形式和 E^2PROM 工艺，使得 GAL 具有多种输出结构和电可擦除重复编程的特点，彻底解决了熔丝编程型可编程器件的一次性可编程问题。

（5）20 世纪 80 年代中期，Xilinx 公司提出现场可编程概念，同时生产出了世界上第一片 FPGA（Field Programmable Gate Array）器件。同一时期，Altera 公司推出 EPLD 器件，可以用紫外线或电擦除的方式进行重复编程。

（6）20 世纪 80 年代末期，Lattice 公司推出在系统可编程（In-System Programmability，isp）

技术及相应的复杂可编程逻辑器件 CPLD（Complex Programmable Logic Device），它是从 PAL 和 GAL 器件发展而来的器件，相对而言规模大，结构复杂，属于大规模集成电路范围。

（7）20 世纪 90 年代后，PLD 器件可用逻辑门数超过了百万，CPLD 和 FPGA 的应用已非常普遍，并出现了内嵌复杂功能模块的 SOPC 和 IP 核，可编程逻辑器件进入飞速发展时期。

7.1.2 PLD 设计的优点

传统的数字系统设计，多采用手工设计方式，即先按照数字系统的具体功能要求进行功能划分，然后对每个子模块画出真值表，用卡诺图进行逻辑化简，写出布尔表达式，再画出逻辑电路图，选择元器件，设计电路板，最后经过焊接调试完成所有工序。这种设计方法弊端很多，诸如过分依赖手工操作，对于大规模电路设计困难，可移植性差，设计周期长等。相比之下，PLD 设计有很大不同。

1. 系统规模大，集成度高，工作速度快

在设计过程中，设计者大量使用大规模、超大规模可编程逻辑器件，可以提高产品性能、减小体积、降低功耗。由于超大规模集成电路的工艺水平不断提高，逐渐由深亚微米（0.25μm 以下）集成电路向纳米（0.05μm 以下）集成电路发展。目前，国际上集成电路的主流生产工艺技术为 32~45nm，最低已达 28nm，规模已达 4.4M 逻辑单元，工作速度（数据收发率）达 32.75Gbps，供电电压（最低内核电压）达 1.0V，功耗更小、更便于系统集成。

2. 设计规范，可移植性好

在设计过程中，多采用自上而下的设计方法，可以在设计的各个阶段、各个层次进行计算机模拟仿真，保证设计过程的正确性。其设计语言是标准的，为多数 PLD 开发工具所支持；设计成果通用，具有良好的可移植性和可测试性。

3. 容易上手，对设计者的硬件知识要求低

PLD 采用标准化的设计平台，与具体硬件的相关性降低，使得设计者将更多精力用于设计项目的性能提高与成本控制上，不必过多的关注硬件电路的内部特性。

4. 设计工具不断完善

早期的 PLD 开发工具普遍采用原理图输入方式，该设计方式的优点是直观、浅显易懂，但不适合大规模 PLD 开发。逐渐的，设计描述开始由原理图设计描述转向由各种硬件描述语言为主的编程方式，极大的简化了设计文档的管理。相应的，PLD 的开发工具也在不断完善，以适应变化。

7.1.3 PLD 的分类

PLD 种类繁多、型号复杂，每种器件都有各自的特点。依据不同的标准，常见的分类方法有以下几种。

1. 按集成度分类

集成度是集成电路一项重要的技术指标，如图 7.1 所示，按照集成度的大小可以将 PLD 分为低密度可编程逻辑器件 LDPLD（Low Density Programmable Logic Device）和高密度可编程逻辑器件 HDPLD（High Density Programmable Logic Device）两大类。

（1）一般认为，LDPLD 指芯片中含有的可重构使用的逻辑门数在 500 门以下的 PLD。这里所谓的"门"是指

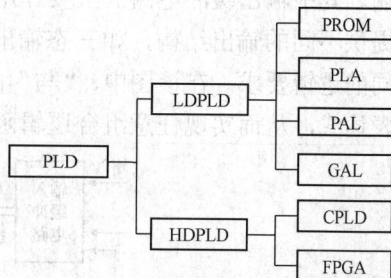

图 7.1 PLD 按集成度分类

等效门，每个等效门相当于 4 只晶体管。早期的 PLD，如 PROM、PLA、PAL、GAL 等都属于这一类。

（2）HDPLD，如现在广泛使用的 CPLD、FPGA 器件等都属于这一类。

2. 按阵列结构分类

（1）乘积项结构器件。其基本结构为"与—或"阵列的器件，大部分 LDPLD 和 CPLD 都属于这个范畴。

（2）查找表结构器件。由简单的查找表组成可编程门，再构成阵列形式，大多数 FPGA 属于此类器件。

3. 按编程工艺分类

（1）熔丝型器件。早期的 PROM 器件采用熔丝结构，编程过程是根据设计的熔丝图文件来烧断对应的熔丝，达到编程和逻辑构建的目的。

（2）反熔丝型器件。是对熔丝技术的改进，在编程处通过击穿漏层使得两点之间获得导通，这与熔丝烧断获得开路正好相反。

（3）EPROM 型。称为紫外线擦除电可编程逻辑器件，是用较高的编程电压进行编程，当需要再次编程时，可用紫外线进行擦除。

（4）E^{2}PROM 型。即电可擦除编程软件，现有部分 GAL 及 CPLD 器件采用此类结构。它是对 EPROM 的工艺改进，不采用紫外线擦除，而是直接用电擦除。

（5）SRAM 型。即 SRAM 查找表结构的器件，大部分FPGA 器件都采用该编程工艺。这种方式在编程速度、编程要求上要优于前四种器件。不过 SRAM 型器件的编程信息存放在 RAM 中，断电后就丢失了，再次上电需要再次编程（配置），因而需要专用的器件来完成这类配置操作。

（6）Flash 型。Actel 公司为解决上述反熔丝器件的不足之处，推出了采用 Flash 工艺的 FPGA，可以实现多次可编程，同时做到掉电后不需要重新配置。

7.1.4 PLD 基本结构

根据第 4 章的知识可知，任意组合逻辑函数均可以写成一组"与或"表达式的形式，这表明其中"与"运算可以用一组与门实现，"或"运算可以用一组或门实现，早期的 PLD 就是根据这一原理构造的。PLD 基本结构原理如图 7.2 所示，它由输入缓冲电路、与阵列、或阵列、输出缓冲电路四部分组成。其中输入缓冲电路的主要作用有两个，一个是对输入信号进行缓冲，另外一个是将输入信号变为互补输入，即将一路原变量转变为原变量和反变量两路变量，并将其送至与阵列。经过与阵列之后可以得到一组与项，再将其送至或阵列，可以得到一组与或表达式，然后经输出缓冲电路输出，输出信号还可以通过内部通道反馈到输入端。其中输出缓冲电路的主要作用也有两个，一个是对输出信号进行缓冲，另外一个是可以提供不同的输出结构，如三态输出、OC 输出和寄存器输出等，不同的输出方式可以满足不同的逻辑要求。在该图中，"与"阵列和"或"阵列是 PLD 的核心，由这两个阵列产生与或表达式，从而实现任意组合逻辑函数。

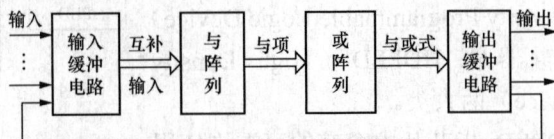

图 7.2 PLD 基本结构原理图

7.1.5　PLD 中的逻辑符号

针对数字电路中的基本元器件，国内现用教材多采用本书前几章中的逻辑符号表示，但该系列符号不适合表述 PLD 中复杂的逻辑结构。为了便于阅读 PLD 器件手册，本章将采用 PLD 常用逻辑符号，并在此基础上构成阵列图。

1. 输入缓冲器

PLD 中输入缓冲器的表示方法如图 7.3 所示，输入是原变量 A，经过输入缓冲器之后得到原变量 A 和反变量 $\bar{A}$。

2. 与门

PLD 中与门的逻辑符号如图 7.4 所示，这是一个四输入与门，四个输入信号 A、B、C、D 通过四条竖线送入，与之垂直的横线表示乘积线，即将相应项相与之后由右端输出。PLD 中阵列线连接的表示方法如图 7.5 所示，两条直线垂直相交，交叉点处用圆点表示固定连接，即在 PLD 出厂时已连接，不可更改；交叉点处打叉表示可编程连接，即在 PLD 出厂后可以由用户通过编程确定其连接或不连接；交叉点处不做任何标记表示不连接。如图 7.4 所示中与门输出 F＝ABC。

3. 或门

PLD 中或门的逻辑符号如图 7.6 所示，连接方法和与门相同，包括固定连接、可编程连接和不连接三种。从该图可以看出，或门输出 F＝B＋D。

图 7.3　PLD 中的输入缓冲器

图 7.4　PLD 中的与门逻辑符号

图 7.5　PLD 中阵列线连接表示

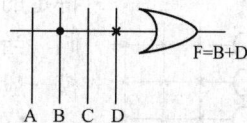

图 7.6　PLD 中的或门逻辑符号

4. 阵列图

采用上述 PLD 逻辑符号可以构成 PLD 阵列图，如图 7.7 所示。从该图可以看出 PLD 器件采用的是与阵列固定和或阵列可编程的阵列结构，为简单起见，也可以把阵列图简化成如图 7.8 所示的形式。

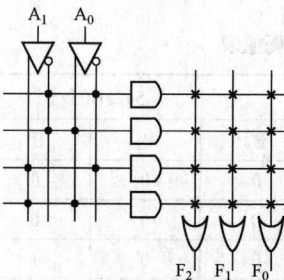

图 7.7　PLD 阵列图

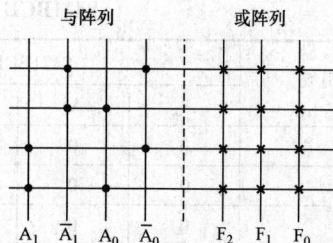

图 7.8　PLD 阵列图的简化表示

7.2 低密度可编程逻辑器件 LDPLD

低密度可编程逻辑器件又称简单可编程逻辑器件 SPLD（Simple Programmable Logic Device），由前述内容可知是按照集成度进行划分，其可重构使用的逻辑门数在 500 门以下的 PLD。由于 PLD 基本结构主要由与阵列和或阵列构成，因此根据与阵列和或阵列是否可以进行编程将其分为 PROM、PLA、PAL、GAL 等类型，具体参见表 7.1。表 7.1 中 TS 表示三态输出；OC 表示开路输出；H 和 L 分别表示输出高电平和低电平有效；I/O 表示输入/输出；寄存器表示寄存器输出。

表 7.1 　　　　　　　　　　　常见 LDPLD 结构特点

类型	与阵列	或阵列	输出结构	主 要 应 用
PROM	固定	可编程	TS,OC	组合电路
PLA	可编程	可编程	TS,OC,H,L,寄存器	组合电路
PAL	可编程	固定	TS,H,L,I/O,寄存器	组合、时序电路，但 I/O 通用性差
GAL	可编程	固定	由用户编程定义	组合、时序电路

7.2.1 可编程只读存储器 PROM

PROM 是在只读存储器 ROM 的基础上发展起来的，除用作存储器外，还可以作为 PLD 使用。由表 7.1 可知，PROM 由一个固定的与阵列和一个可编程的或阵列构成，阵列图如图 7.9 所示。由图可知，它的与阵列是一个全译码阵列，即对某一组特定的输入 A_i（i=0，1）只能产生一个唯一的与项。因为是全译码，当输入变量个数为 n 时，阵列的规模为 2^n，所以 PROM 的规模一般很大。

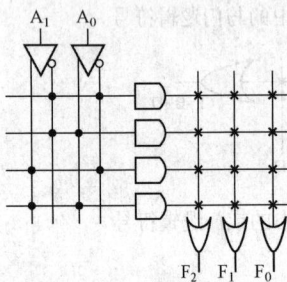

图 7.9 PROM 阵列结构图

【例 7.1】 试用适当容量 PROM 实现 8421BCD 码到 5421BCD 码的转换。

解： 由第二章内容可知，将 8421BCD 码转换为 5421BCD 码时，当所表示的十进制数 $N \leqslant 4$ 时，5421BCD 码与 8421BCD 码完全一致，当所表示的十进制数 $N > 4$ 时，5421BCD 码由 8421BCD 码对应加 3 而得到。8421BCD 码的有效码字是 0000～1001，用以表示十进制数 0～9，而 1010～1111 是禁用码字。表 7.2 为 8421BCD 码转换为 5421BCD 码的真值表。

表 7.2 　　　　　　　　　　8421BCD 码转换为 5421BCD 码真值表

十进制数	8421BCD 码				5421BCD 码			
	A_3	A_2	A_1	A_0	B_3	B_2	B_1	B_0
0	0	0	0	0	0	0	0	0
1	0	0	0	1	0	0	0	1
2	0	0	1	0	0	0	1	0
3	0	0	1	1	0	0	1	1
4	0	1	0	0	0	1	0	0

续表

十进制数	8421BCD 码				5421BCD 码			
	A_3	A_2	A_1	A_0	B_3	B_2	B_1	B_0
5	0	1	0	1	1	0	0	0
6	0	1	1	0	1	0	0	1
7	0	1	1	1	1	0	1	0
8	1	0	0	0	1	0	1	1
9	1	0	0	1	1	1	0	0
10	1	0	1	0	×	×	×	×
11	1	0	1	1	×	×	×	×
12	1	1	0	0	×	×	×	×
13	1	1	0	1	×	×	×	×
14	1	1	1	0	×	×	×	×
15	1	1	1	1	×	×	×	×

其最小项表达式为

$$B_3 = \sum m(5,6,7,8,9)$$
$$B_2 = \sum m(4,9)$$
$$B_1 = \sum m(2,3,7,8)$$
$$B_0 = \sum m(1,3,6,8)$$

接下来确定 PROM 的容量。首先，本题有四个输入变量 A_3、A_2、A_1、A_0，因此需要四个输入缓冲器；其次，由于 PROM 采用固定与阵列形式，因此与阵列的规模是 2^n（n 是输入变量的个数），即需要 16 个与门；最后，由于有四个输出变量 B_3、B_2、B_1、B_0，因此需要经由四个或门输出。阵列形式如图 7.10 所示，其中 PROM 的容量为 16×4 位。

从本题的分析与设计可以看出两个问题。第一，用 PROM 设计组合电路时，由于与阵列固定，其排列顺序与真值表的排列顺序一致，实际电路工作时，是将函数真值表预先存入其阵列，再通过输入信号确定对应的单元，取出所存函数值，该方法又称之为查表法。第二，从图 7.10 上可以看到与阵列共有 16 个与门输出，但其中有 7 个与门的输出在或阵列中并未用到，说明 PROM 的资源利用率不高。出现这一现象的原因是由于 PROM 的与阵列采用全译码的形式，产生了全部的最小项，但在实际中逻辑函数写成最小项表达式的形式是比较繁琐的，较常见的是写成与或表达

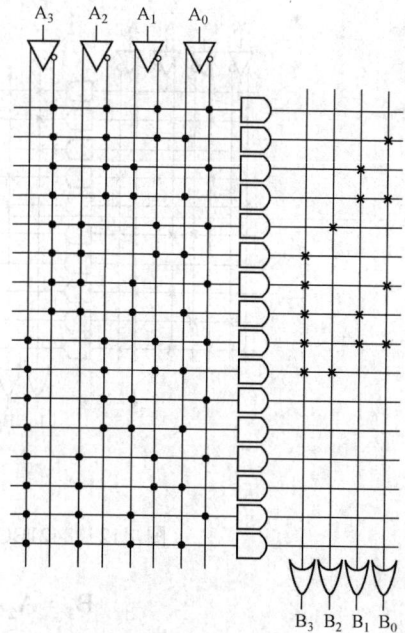

图 7.10　8421BCD 码转换为 5421BCD 码的 PROM 阵列图

式的形式，因此对 PROM 进行了改进，出现了 PLA 器件。

7.2.2 可编程逻辑阵列 PLA

如图 7.11 所示为 PLA 阵列结构图，与 PROM 不同，它采用的是与阵列和或阵列均可以编程的阵列结构，因此不管多么复杂的组合电路，只要能写成与或表达式的形式，就能用 PLA 实现。由于与阵列可编程，只需要通过编程产生函数所需要的与项，不必包含输入变量的每个组合，一般情况下，化简后的与或表达式比最小项表达式简单，涉及的变量个数少，因此可以提高 PLD 的资源利用率。

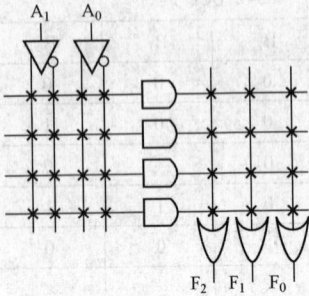

图 7.11 PLA 阵列结构图

【例 7.2】 试用适当容量 PLA 实现例 7.1 中 8421BCD 码到 5421BCD 码的转换。

解： 如前所述，首先写出逻辑函数的与或表达式，然后选择适当容量的 PLA 器件实现。最简与或表达式为

$$B_3 = A_2A_0 + A_2A_1 + A_3$$
$$B_2 = A_2\overline{A_1} \cdot \overline{A_0} + A_3A_0$$
$$B_1 = \overline{A_2}A_1 + A_3\overline{A_0} + A_1A_0$$
$$B_0 = \overline{A_3} \cdot \overline{A_2}A_0 + A_2A_1\overline{A_0} + A_3\overline{A_0}$$

经过化简后共有 10 个不同的与项和 4 个输出变量，可选用容量为 10×4 位 PLA 实现。阵列图如图 7.12（a）所示。在实际设计中，对于多输出的函数通常不化简成最简与或表达式，而是写成与或表达式即可，如本题可写成

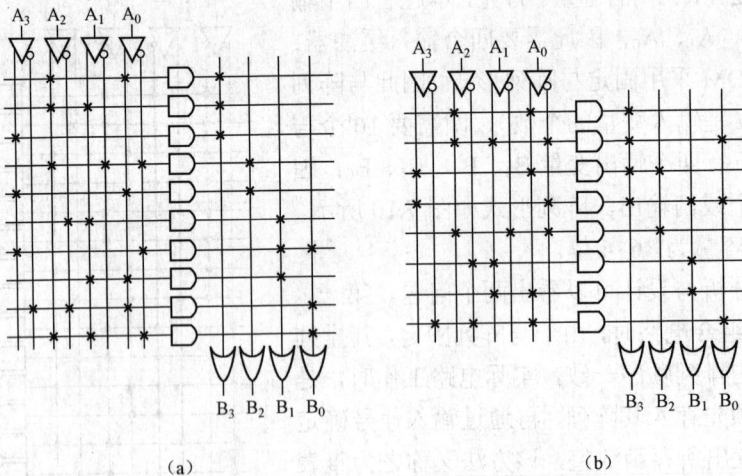

(a) (b)

图 7.12 8421BCD 码转换为 5421BCD 码的 PLA 阵列图

$$B_3 = A_2A_0 + A_2A_1\overline{A_0} + A_3A_0 + A_3\overline{A_0}$$
$$B_2 = A_2\overline{A_1} \cdot \overline{A_0} + A_3A_0$$
$$B_1 = \overline{A_2}A_1 + A_3\overline{A_0} + A_1A_0$$

$$B_0 = \overline{A_3} \cdot \overline{A_2} A_0 + A_2 A_1 \overline{A_0} + A_3 \overline{A_0}$$

经过对比可发现输出变量 B_3 不是最简与或式，但由于 B_3 与 B_0 存在公共项 $A_2 A_1 \overline{A_0}$，B_3 与 B_2 存在公共项 $A_3 A_0$，B_3、B_1 与 B_0 存在公共项 $A_3 \overline{A_0}$，在阵列图中可以共用该与项的输出，使阵列容量更小。阵列图如图 7.12（b）所示，共有 8 个不同的与项和 4 个输出变量，可选用容量为 8×4 位 PLA 实现。

从本例题的分析与设计可以看出，相对于 PROM 而言，PLA 的阵列更加优化，资源利用率也得到了提高。但不管是 PROM 还是 PLA 都只能完成组合电路设计，对于时序电路则提出了时序 PLA 结构。

由第 5 章内容可知，时序电路是由组合电路及存储单元（如锁存器、触发器、RAM）构成，如图 7.13 所示。其中，组合电路部分可由 PLA 实现，再加上存储单元则构成时序 PLA。从图 7.13 中可以看出，时序 PLA 结构与时序电路的结构相同，即适用于时序电路的分析和设计方法在时序 PLA 中也适用。

【例 7.3】　试分析图 7.14 所示电路，要求画出状态表与状态图，并分析电路的逻辑功能。

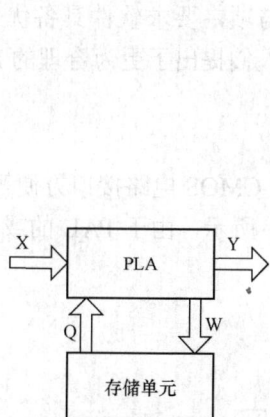

图 7.13　时序 PLA 结构示意图　　　　图 7.14　[例 7.3] 时序 PLA 电路图

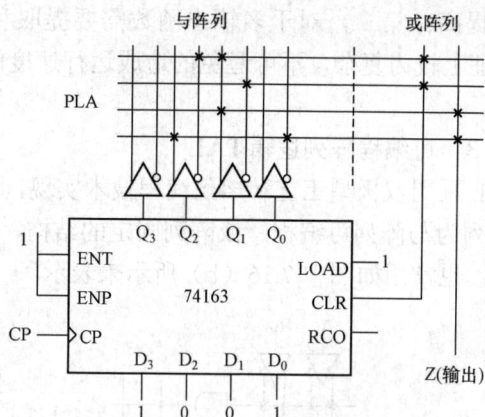

解： 如前所述，适用于时序电路的分析方法在这里也适用，因此可以写出各个输出端的表达式并分析如下。

（1）$\overline{CR} = \overline{Q_2^n Q_1^n} + \overline{Q_1^n}$，若要 $\overline{CR} = 0$，则 $\overline{Q_2^n Q_1^n} = 0$ 且 $\overline{Q_1^n} = 0$，即 $Q_2^n = Q_1^n = 1$；

（2）因为 $\overline{LD} = 1$，所以 74163 不预置；

（3）由于 $CT_T \cdot CT_P = 1$，因此 74163 计数；

（4）输出 $Z = \overline{Q_1^n} + Q_2^n \overline{Q_0^n}$。

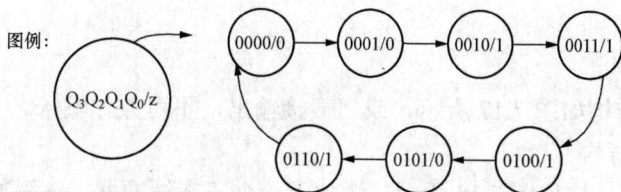

图 7.15　[例 7.3] 状态图

表 7.3　　　　　　　　　　　　　　　[例 7.3] 状态表

Q_3^n	Q_2^n	Q_1^n	Q_0^n	Q_3^{n+1}	Q_2^{n+1}	Q_1^{n+1}	Q_0^{n+1}	z
0	0	0	0	0	0	0	1	0
0	0	0	1	0	0	1	0	0
0	0	1	0	0	0	1	1	1
0	0	1	1	0	1	0	0	1
0	1	0	0	0	1	0	1	1
0	1	0	1	0	1	1	0	0
0	1	1	0	0	0	0	0	1

经分析可得如图 7.15 所示状态图和表 7.3 所示状态表，该电路的逻辑功能是模 7 加法计数器。

虽然 PLA 的资源利用率相对于 PROM 是提高了，但是存在两个主要问题：第一，由于与阵列和或阵列均可以编程，编程由可编程开关构成，它要占用较大的芯片面积，不利于集成度的提高；第二，对于多输出函数需要提取和利用公共的与项，要求软件具备优化的能力，处理上较为复杂，不可避免的造成运行速度的下降。为此人们提出了更为合理的 PAL 结构形式。

7.2.3　可编程阵列逻辑 PAL

PAL 采用双极型工艺和熔丝编程技术实现，具有速度快，与 CMOS 电路接口方便等特点。PAL 阵列为与阵列可编程，或阵列固定的结构，如图 7.16（a）所示，由于 PAL 的或阵列是固定的，也常用如图中 7.16（b）所示来表示。

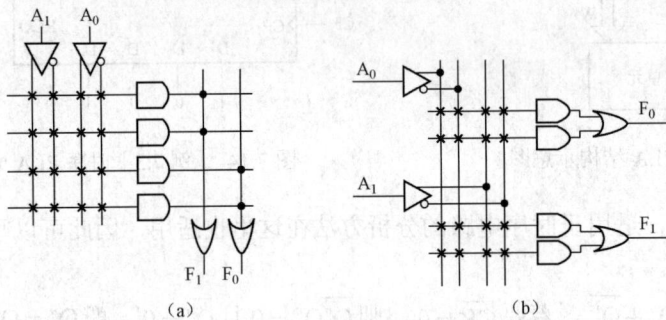

图 7.16　PAL 阵列结构图

此外，PAL 采用多种输出电路结构，供设计者进行选择。常见的输出结构有组合型输出结构和寄存器型输出结构两大类，包括专用输出结构、可编程 I/O 结构、寄存器输出结构和异或型输出结构等。

1. 专用输出结构

PAL 专用输出结构如图 7.17 所示，或门直接输出，不可兼作输入。

2. 可编程 I/O 结构

PAL 可编程 I/O 结构如图 7.18 所示，增加了一个三态缓冲器，该缓冲器的使能端可由与阵列编程结果决定。当使能端有效时，三态门为选通状态，或门的输出经过三态门输出到 I/O

端口；当使能端无效时，三态门输出为高阻态，对应的 I/O 端口作输入用，信号经缓冲器加
至与阵列，并可以编程，以便实现更复杂的逻辑关系。

图 7.17 PAL 专用输出结构

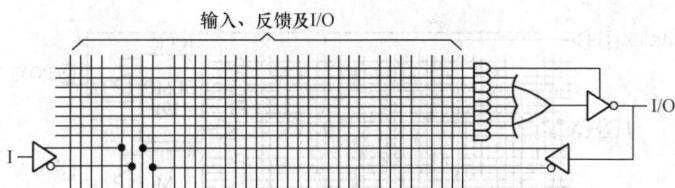

图 7.18 PAL 可编程 I/O 结构

3. 寄存器输出结构

PAL 寄存器输出结构如图 7.19 所示，在与门之后增加一个 D 触发器和一个三态缓冲器。
当时钟信号上升沿到来且片选信号 $\overline{OC}$ 有效时，将 Q 端的信号经三态门输出。同时，$\overline{Q}$ 的信
号经缓冲器加入阵列进行可编程。由于寄存器输出结构中含有触发器，使得该结构电路能够
完成一定的时序电路设计要求。

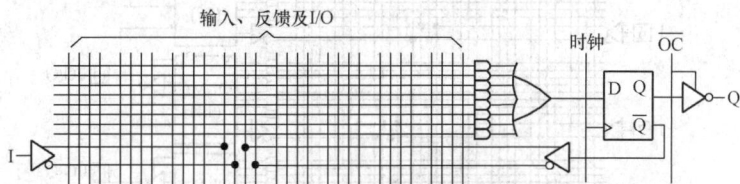

图 7.19 PAL 寄存器输出结构

4. 异或型输出结构

PAL 异或型输出结构如图 7.20 所示，该结构与寄存器输出结构不同之处在于增加了一个
异或门，因此用这种结构的 PAL 器件实现带异或运算的时序电路是非常适宜的，如二进制计
数器等电路。

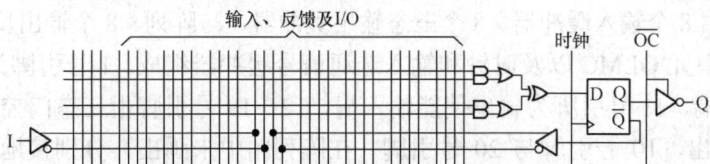

图 7.20 PAL 异或型输出结构

虽然 PAL 具有多种输出结构，使设计者在设计时可以根据设计需要选择合适的器件，如
设计组合电路时，可以选择专用输出结构或可编程 I/O 结构，设计时序电路时，可以选择寄存
器输出结构或异或型输出结构。但是一个特定的器件型号只能有一种输出结构，这给器件

的选用带来不便。且 PAL 采用熔丝编程，一旦编程就不能更改，在设计的初期会造成不必要的浪费。因此，人们将编程的概念引入到输出结构中去，推出了通用阵列逻辑 GAL。

7.2.4　通用阵列逻辑 GAL

GAL 对 PAL 的输出结构进行了较大改进，引入了输出逻辑宏单元 OLMC，可以由设计者自行定义输出结构，使 GAL 的应用更为灵活方便。同时，GAL 首次在 PLD 上采用了 E^2PROM 工艺，使得 GAL 具有电可擦除重复编程的特点，彻底解决了熔丝编程型可编程器件的一次性可编程问题。下面以 GAL16V8 为例介绍 GAL 的基本组成原理，其他型号的 GAL 与 GAL16V8 相比，仅在器件引脚数目及阵列规模上不同，其基本电路结构大致相同。图 7.21 为 GAL16V8 的阵列结构图。

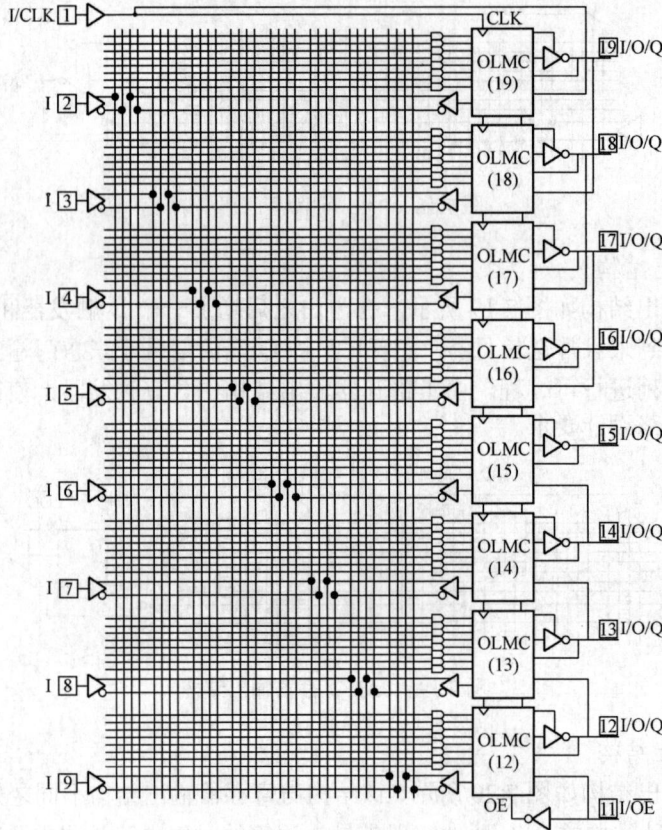

图 7.21　GAL16V8 的结构图

GAL16V8 由 8 个输入缓冲器、8 个三态输出缓冲器、与阵列、8 个输出反馈/输入缓冲器、8 个输出逻辑宏单元 OLMC 以及时钟和输入选通信号缓冲器组成。1 号引脚为时钟信号，2～9 号引脚为输入端，11 号引脚为输出使能输入端，12～19 号引脚由三态门控制，既可以作输入，也可以作输出，10 号引脚与 20 号引脚（在阵列图中未画出）分别接地 GND 和接电源 VCC。"16V8" 的含义表示，与阵列有 16 个输入信号，电路有 8 个输出逻辑宏单元。与 PAL 不同，GAL 没有独立的或阵列，而是将或运算放在输出逻辑宏单元中完成。下面介绍 GAL 的输出逻辑宏单元。

输出逻辑宏单元内部结构如图 7.22 所示，由或阵列、异或门、D 触发器和 4 个数据选择器构成。异或门用于构成 GAL 的或门阵列；异或门用于控制输出信号的极性；D 触发器用于锁存或门的输出状态，使 GAL 适用于时序电路；4 个数据选择器配合使用使 OLMC 工作在 5 种工作模式之下。这 5 种工作模式是专用输入结构、专用输出结构、选通组合型输出结构、寄存器输出结构和寄存器模式组合 I/O 结构。

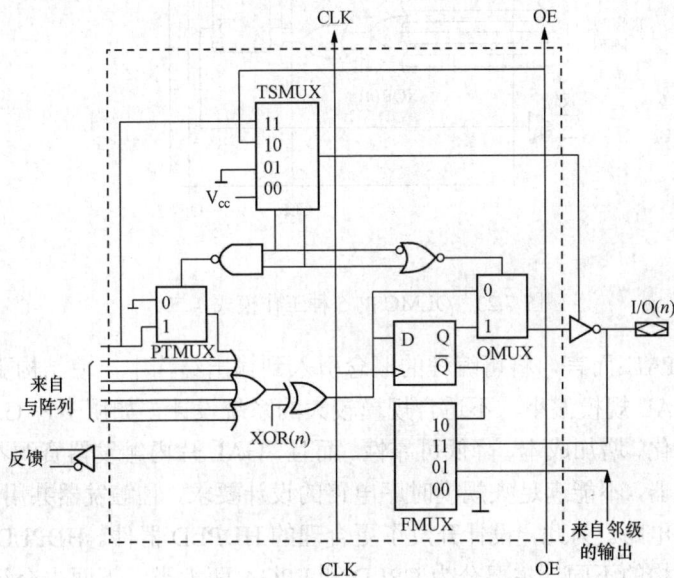

图 7.22　GAL16V8 的 OLMC 内部结构

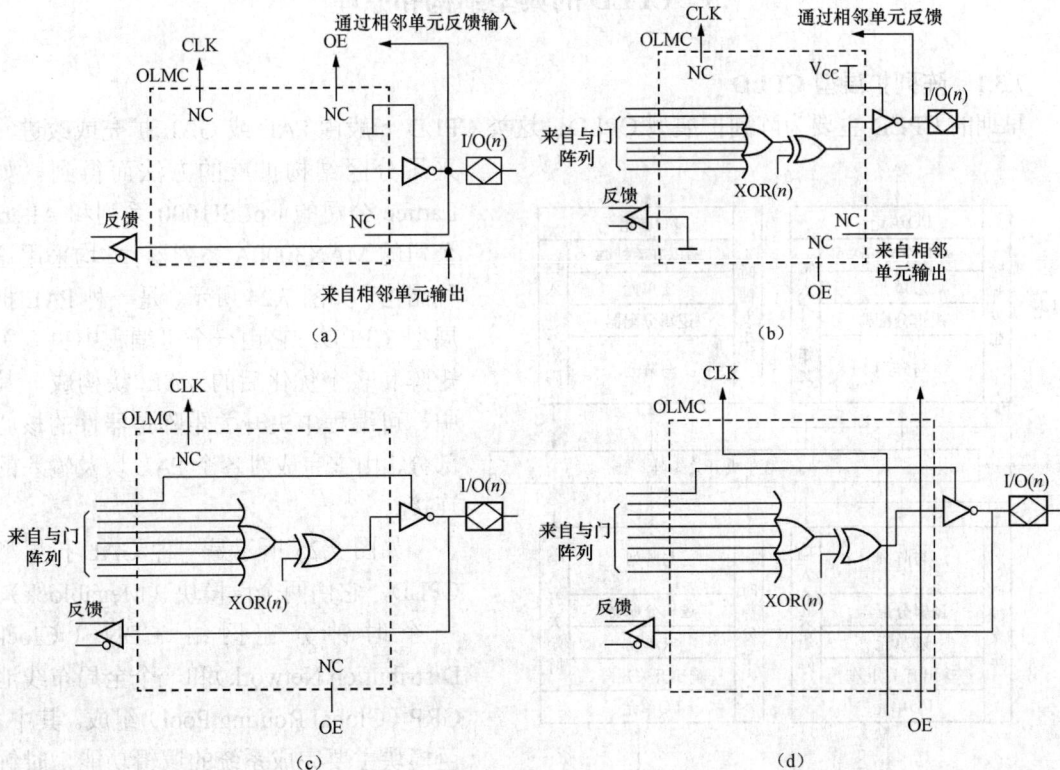

图 7.23　OLMC 的 5 种工作模式（一）

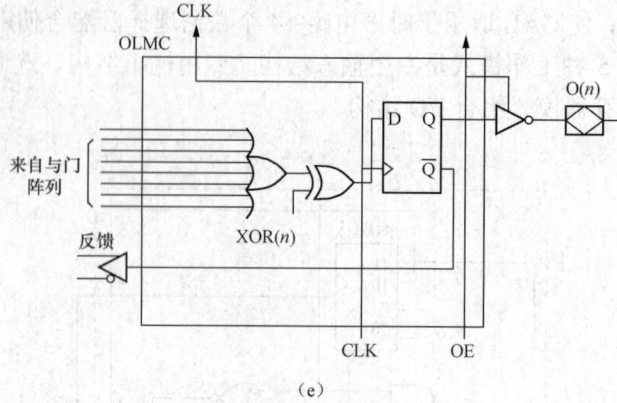

(e)

图 7.23　OLMC 的 5 种工作模式（二）

　　GAL 相对于 PAL 而言，将可编程的概念引入到输出结构中，使结构更加合理，应用灵活方便。但由于 GAL 规模偏小，不适合规模较大的系统设计，如用多片 GAL 实现，则会导致电路动态特性恶化、增加成本、降低可靠性。而且，GAL 片内触发器资源不足，每个 OLMC 中只含有一个触发器，不能满足大规模时序电路的设计要求，且触发器共用同一个时钟信号，不能构成异步时序电路。为此，设计开发了更合理的 HDPLD 器件。HDPLD 为高密度可编程逻辑器件，根据结构的不同，主要分为 CPLD 和 FPGA 两大类，下面先介绍 CPLD。

7.3　CPLD 的典型结构和原理

7.3.1　阵列扩展型 CPLD

　　早期的 CPLD 主要为阵列扩展型 CPLD，这类 CPLD 一般由 PAL 或 GAL 扩充或改进，采用分区结构扩展的方法而得到。如 Lattice 公司的 ispLSI1000 系列和 Altera 公司的 MAX3000A 系列器件，均采用这种结构。如图 7.24 所示，是一种 PAL 扩展型 CPLD，它由一个可编程中央开关矩阵和多个优化后的 PAL 块构成。其中，可编程中央开关矩阵是器件的核心部分，由它完成对各个 PAL 块及输入的连接。

　　如图 7.25 所示是一种 GAL 扩展型 CPLD，它由两个巨模块（Megablock）、一个时钟分配网络 CDN（Clock Distribution Network）和一个全局布线池 GRP（Global Routing Pool）组成。其中，巨模块主要完成系统的逻辑功能，时钟分配网络用于控制分配时钟信号，全局

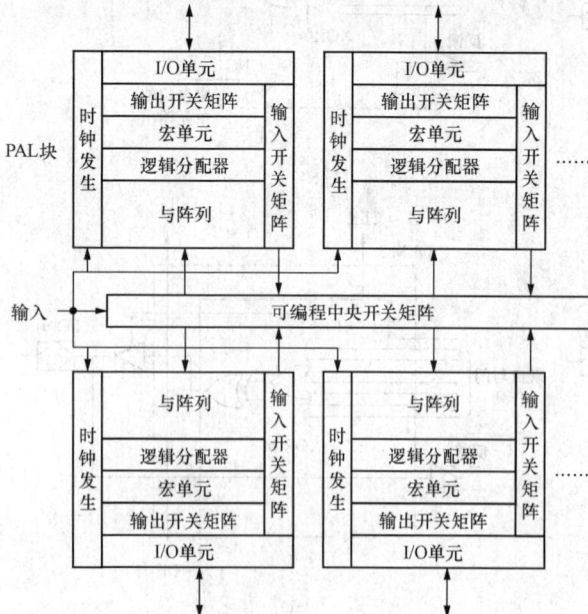

图 7.24　PAL 扩展型 CPLD

布线池用于实现逻辑的连接。

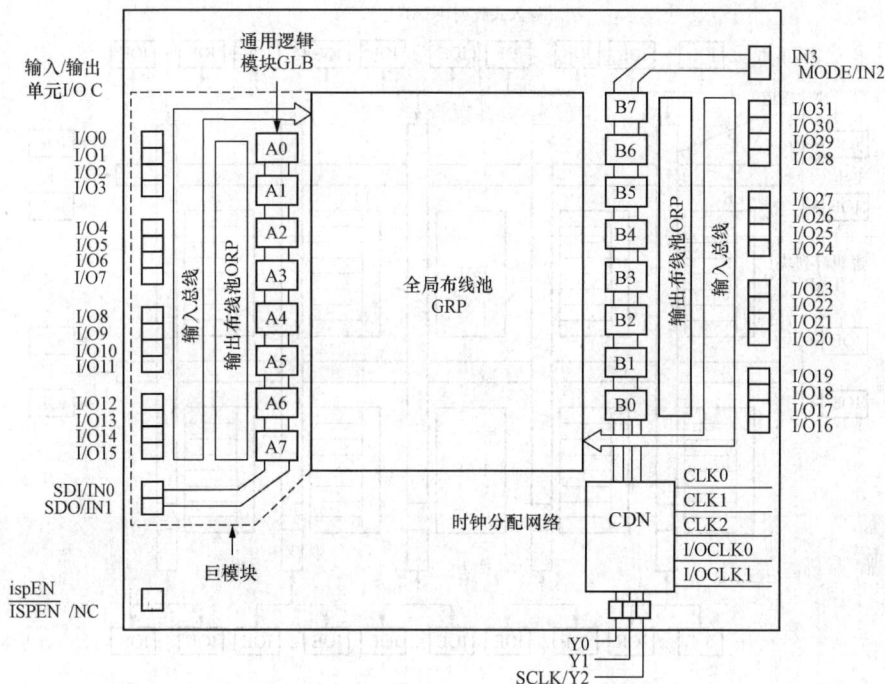

图 7.25 GAL 扩展型 CPLD

7.3.2 FLEX10K 内部结构简介

Altera 公司的 FLEX10K 是业界第一个嵌入式 CPLD，由于其具有高密度、低成本、低功耗等特点，具有在电路重构 ICR（In-Circuit Reconfigurability）方式，能够将连续的快速通道互连与独特嵌入式阵列结构相结合，受到了广大设计者的喜爱，被广泛应用于各种数字系统的设计中。FLEX10K 系列先后推出了 FLEX10K、FLEX10KA、FLEX10KB、FLEX10KV 和FLEX10KE 等多个分支，本节以 FLEX10K 系列芯片为例，简要介绍 CPLD 的电路结构和工作原理。

FLEX10K 主要由嵌入式阵列块（Embedded Array Block，EAB）、逻辑阵列块（Logic Array Block，LAB）、快速通道（Fast Track，FT）和 I/O 单元（Input Output Element，IOE）4 个部分组成，如图 7.26 所示。

（1）FLEX10K 的每个 EAB 包含一个 2048bit 的 RAM，最大宽度为 8bit 的数据线，最大宽度为 11bit 的地址线，内部结构如图 7.27 所示。EAB 具有快速、可预测和可编程的性能，常用于实现 FIFO、ROM、RAM、乘法器、数字滤波器、微处理器等功能。

（2）FLEX10K 的每个 LAB 包含 8 个逻辑单元（Logic Element，LE）、进位链与级联链、LAB 控制信号及 LAB 局部互连线组成，内部结构如图 7.28 所示。每个 LAB 提供 4 种全局信号，其中两个作为时钟信号，另外 2 个作为清除/置位信号。LAB 常用于高速、低偏移、全同步化设计中。进位链与级联链是相邻 LE 之间的快速连接线，但不占用通用互连带。进位链支持高速加法器、计数器和加法器的设计，级联链可在最小延迟的情况下实现多输入逻辑函数。进位链和级联链连接同一 LAB 中所有 LE 和同一行中的所有 LAB。各 LE 的输出可编程选择送入行、列快速连线带，也可反馈回本 LAB 的局部互连带。

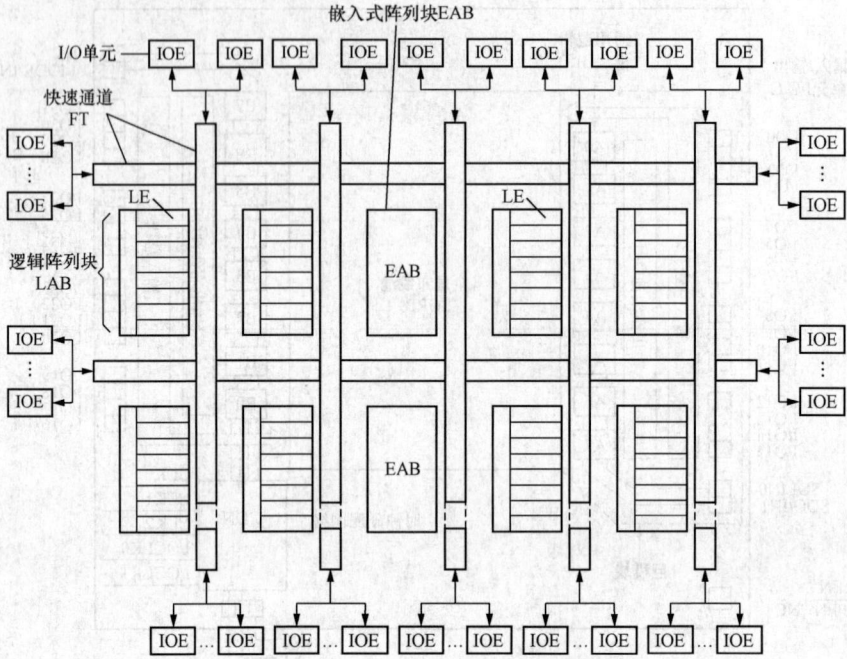

图 7.26　FLEX10K 系列结构框图

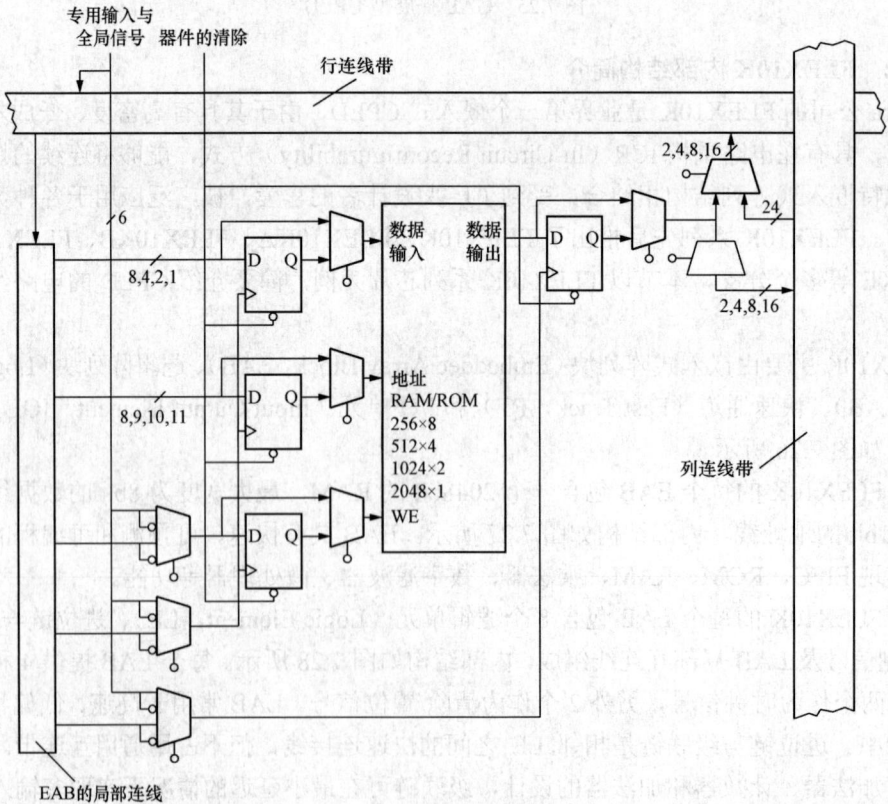

图 7.27　FLEX10K 的 EAB 结构框图

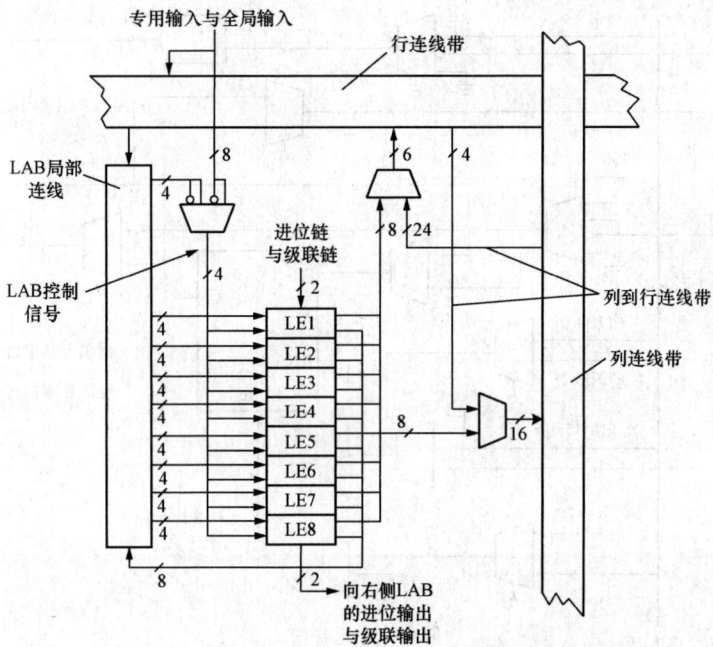

图 7.28　FLEX10K 的 LAB 结构框图

（3）FLEX10K 的快速通道由行连线带和列连线带组成，它们呈横向、纵向分布于器件内，用于连接 LAB，如图 7.29 所示。片内 LAB 排列成行与列的矩阵，每行 LAB 有一个专用的行连接带，它由上百条行通道组成，这些通道呈横向贯通于整个器件，用于该行 LAB 信号之间的连接。列连接线由 16 条列通道组成，LAB 中的每个 LE 最多可驱动两条独立的列通道，因此，每个 LAB 可以驱动 16 条列通道。列通道呈纵向贯通于整个器件，不同行中的 LAB 借助局部的 MUX 共享这些资源。

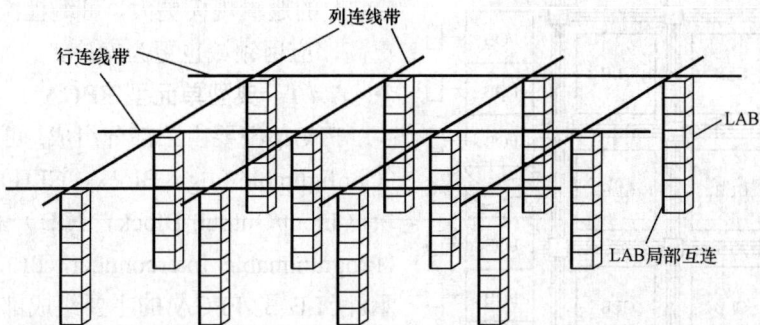

图 7.29　FLEX10K 的 FT 结构框图

（4）FLEX10K 的 I/O 单元由一个双向 I/O 缓冲器和一个寄存器构成，是用于芯片内部逻辑和外部引脚相连的单元电路，如图 7.30 所示。I/O 单元有输入、输出、双向 I/O 和高阻态共 4 种工作方式。

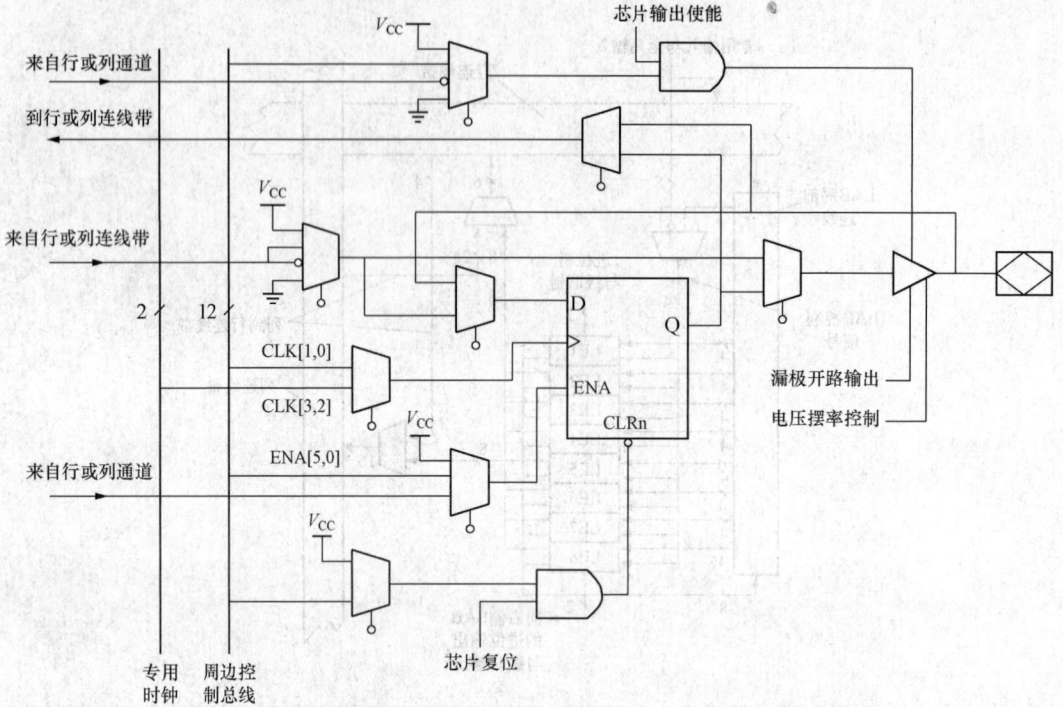

图 7.30　FLEX10K 的 IOE 结构框图

7.4　FPGA 的典型结构和原理

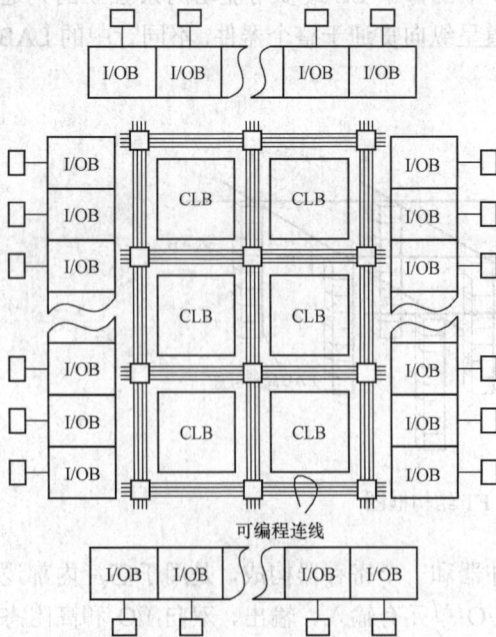

图 7.31　FPGA 结构框图

FPGA 是高密度可编程逻辑器件的另一个分支，它是在门阵列（Gate Array，GA）的基础上，加入现场可编程的概念而构成。相对 CPLD，FPGA 的逻辑规模更大，可编程次数更多，效率更高，应用领域也更为宽广。

7.4.1　典型单元型 FPGA

FPGA 主要由三部分组成：可配置逻辑模块（Configurable Logic Block，CLB），输入输出模块（Input/Output Block，IOB）和可编程连线（Programmable Interconnect，PI），如图 7.31 所示。CLB 是 FPGA 的主要组成部分，用于实现复杂的逻辑功能，功能与 CPLD 的 LAB 类似；IOB 与 CPLD 的 IOE 功能类似，用于芯片内部逻辑和外部引脚相连的单元电路；PI 与 CPLD 的 FT 类似，用于芯片内部信息互连。

7.4.2　Spartan-II 内部结构简介

Xilinx 公司于 1984 年首创了 FPGA 这一创

新性的技术，是全球领先的可编程逻辑完整解决方案的供应商，满足了全世界对 FPGA 产品一半以上的需求。主流 FPGA 产品包括 Spartan 系列、Virtex 系列、Kintex-7 系列和 Zynq-7 系列等。本节以 Spartan-Ⅱ系列芯片为例，简要介绍 FPGA 的电路结构和工作原理。

（1）Spartan-Ⅱ的可配置逻辑模块分为两个切片（Slice），每个 Slice 中包含两个逻辑单元（Logic Cell，LC），如图 7.32 所示。每个 LC 由一个基于 SRAM 的 4 输入查找表（LUT）、一个进位链及控制逻辑单元、另一个触发器及片内互连驱动。其中，LUT 用于实现函数的逻辑功能，进位链及控制单元增强了 CLB 完成加减法、比较和计数等处理的能力。

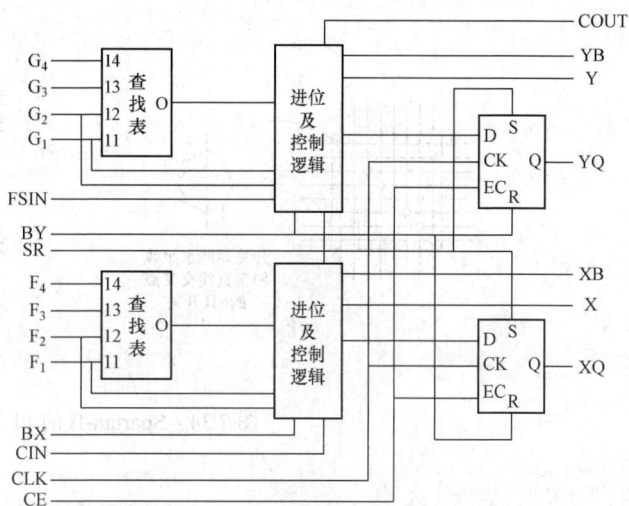

（2）Spartan-II 的输入输出模块由 3 个 D 触发器、可编程延时单元、可编程输入/输出缓冲器、可编程偏置及 ESD 网络等构成，如图 7.33 所示。输入输出模块主要用于处理引脚之间的接口，起着信号捕捉、驱动能力保证、静电防护等作用。

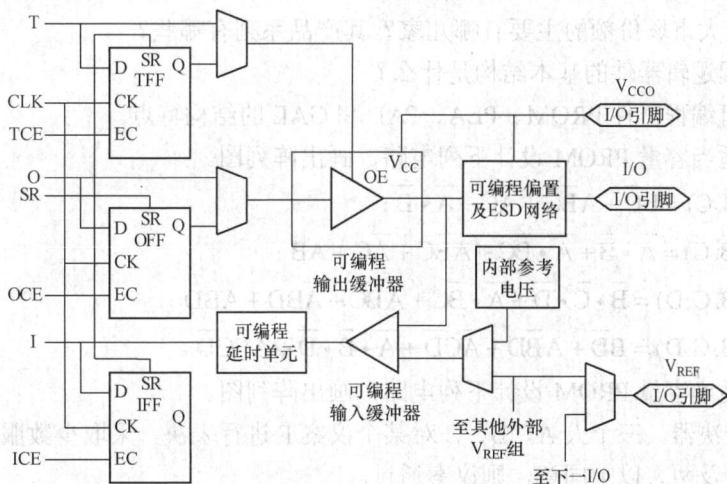

图 7.32　Spartan-II 的 Slice 结构框图

图 7.33　Spartan-II 的 IOB 结构框图

（3）Spartan-II 的可编程互连资源用于实现 FPGA 芯片内部单个 CLB 输入输出之间、各 CLB 之间、CLB 和 IOB 之间连接线及其控制。根据线段长度不同，可以分为通用单长度线和通用双长度线两种，如图 7.34（a）和（b）所示。单长度线在水平线和垂直线的交叉点处有 6 只开关，通过编程决定连接关系，用于实现相邻 CLB 之间的快速布线。双长度线的长度为但长度线的两倍，用于实现不相邻 CLB 之间的连接，以减少由于引线带来的延迟。

限于篇幅，本章针对 CPLD 和 FPGA 各简要介绍了其中一种典型系列，有他系列的相关资料，读者可参阅 CPLD/FPGA 主流开发公司（如 Altera 公司和 Xilinx 公司）的官方网站及其他书籍。

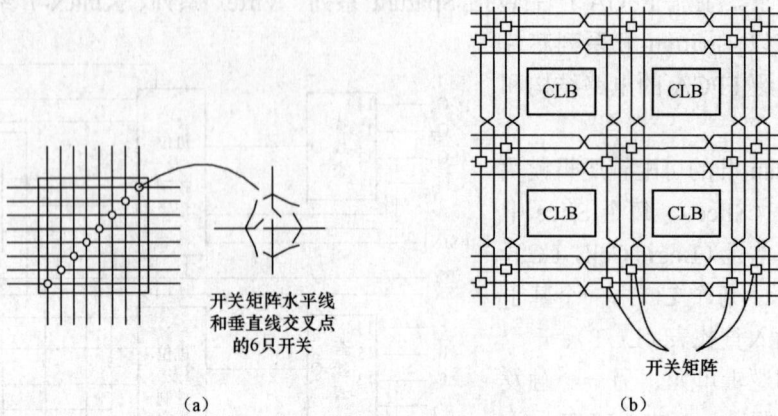

开关矩阵水平线
和垂直线交叉点
的6只开关

（a）   （b）

图 7.34　Spartan-II 的 PI 结构框图

本章习题

7.1　与通用标准逻辑器件相比较，使用可编程逻辑器件设计数字系统有什么优点？

7.2　可编程逻辑器件有几种分类方法？分类的依据是什么？各分为哪几类？

7.3　FPGA 和 CPLD 的中文含义分别是什么？国际上生产 FPGA/CPLD 的主流公司，并且在国内占有较大市场份额的主要有哪几家？其产品系列有哪些？

7.4　可编程逻辑器件的基本结构是什么？

7.5　简述可编程器件 PROM、PLA、PAL 和 GAL 的结构特点。

7.6　试用适当容量 PROM 设计下列电路，画出阵列图。

（1）$F_1(A,B,C) = B\overline{C} + A\overline{B}C + \overline{A}C + \overline{A} \cdot \overline{B}$；

（2）$F_2(A,B,C) = \overline{A} \cdot \overline{B} + \overline{A} \cdot \overline{B}C + A\overline{B}C + \overline{A}C + AB$；

（3）$F_3(A,B,C,D) = \overline{B} \cdot \overline{C} \cdot \overline{D} + \overline{A} \cdot BC + A\overline{B}C + \overline{A}BD + ABD$；

（4）$F_4(A,B,C,D) = B\overline{D} + A\overline{B}D + \overline{A}CD + \overline{A} \cdot \overline{B} \cdot \overline{D} + A\overline{B}C\overline{D}$。

7.7　试用适当容量 PROM 设计下列电路，画出阵列图。

（1）三人表决器。三个人 A、B、C 对某个议案 F 进行表决，采取少数服从多数的原则，若三人中有两人及两人以上同意，则议案通过。

（2）一位全加器。输入为 3 个变量，被加数 X、加数 Y 及低位来的进位 C_i，输出为 2 个变量，和数 S 及向高位的进位 C_o。

（3）8421BCD 码到余 3 码的转换。

（4）6 位二进制码至 8421BCD 码的转换。

7.8　试用 PROM 设计一个 ASCII 码字符发生器，画出阵列图。发生的字符为 A。

7.9　试用 PROM 设计判断 4 位二进制 ABCD 是否被 5 整除的电路，画出阵列图。能被 5 整除时输出 F=1，否则 F=0。

7.10　现有四台设备 A、B、C、D，每台设备用电均为 10kW，若这四台设备用 F_1、F_2

两台发动机供电，其中 F_1 的功率为 10kW，F_2 的功率为 20kW，而四台设备的工作情况是：四台设备不可能同时工作，但至少有一台设备工作，其中可能任意一台至三台工作，试用 PROM 设计一个供电控制电路，以达到节电之目的。

7.11 试用适当容量 PLA 设计习题 7.6 中的电路，画出阵列图。

7.12 试用适当容量 PLA 设计习题 7.7 中的电路，画出阵列图。

7.13 试用 PLA 设计一个奇偶判别电路，画出阵列图。输入为 3 位二进制码 ABC，当输入代码中有奇数个 1 时输出为 1，否则输出为 0。

7.14 一公司有 A、B、C 三个股东，分别占有 50%、30%和 20%的股份，试用 PLA 设计一个 3 输入 3 输出的多数表决器，用于开会时记录按照股份大小决定的输出表决结果：赞成、平局和否决，分别用 F_1、F_2 和 F_3 表示。

7.15 某高校四个年级的学生举行运动会，在同一时间，操场只能分给 1 个年级的学生训练使用，但可以由几个年级同时申请使用操场。学校队每个年级使用操场排了优先次序，依次是：一年级优先级最高，二年级次之，三年级再次，四年级优先级最低。试对这四个年级使用操场情况进行编码，并用 PLA 设计相应的编码电路。

7.16 分析题图 7.1 所示电路，说明电路逻辑功能。

7.17 分析题图 7.2 所示电路，说明电路逻辑功能。

7.18 试用时序 PLA 设计一个 3 位循环码计数器。

7.19 试用 PLA 和 74LS194 实现 101101 序列信号发生器。

7.20 试用适当容量 PAL 设计习题 7.6 中的电路，画出阵列图。

7.21 试用适当容量 PAL 设计习题 7.7 中的电路，画出阵列图。

7.22 设 ABCD 是一个 8421BCD 码的四位，如此码表示的数字 X 满足 $4<X\leqslant9$ 时，输出 F 为 1，否则输出 F 为 0。试用 PAL 实现该电路。

7.23 试用 PAL 设计一个两位二进制数平方器。输入变量 AB 表示一个两位二进制数，输出 WXYZ 为四位二进制数。

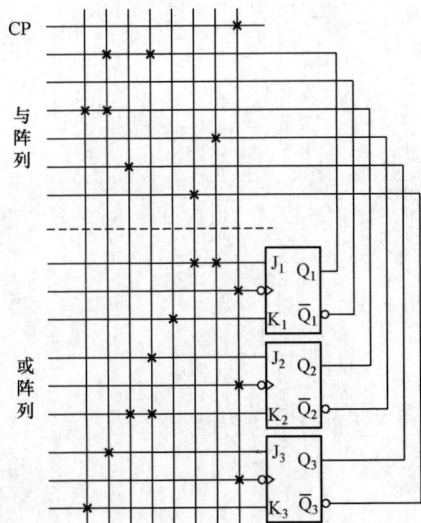

题图 7.1 题 7.16 阵列图

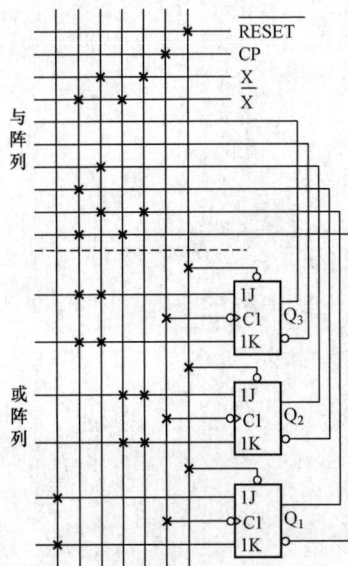

题图 7.2 题 7.17 阵列图

7.24 试用 PAL 设计 2×2 二进制乘法电路，画出阵列图。

7.25 试用 PAL 和 74LS194 实现 101101 序列信号发生器。

7.26 OLMC 有何功能？说明 GAL 是怎样实现可编程组合电路与时序电路的？GAL 的 5 种工作模式各用在什么场合？

7.27 GAL 和 PAL 有哪些异同之处？各有哪些特点？

7.28 试用适当容量 GAL 设计习题 7.6 中的电路，画出阵列图。

7.29 试用适当容量 GAL 设计习题 7.7 中的电路，画出阵列图。

7.30 试用 GAL 设计题 7.16 中的电路，画出阵列图。

7.31 试用 GAL 设计题 7.17 中的电路，画出阵列图。

7.32 CPLD 主要由哪几部分组成？各部分的基本功能是什么？

7.33 FLEX10K 系列 CPLD 器件采用什么编程工艺和编程技术？器件主要由哪些部分组成？它们各起什么作用？

7.34 FPGA 主要由哪几部分组成？各部分的基本功能是什么？

7.35 Spartan-II 系列 FPGA 器件采用什么编程工艺和编程技术？器件主要由哪些部分组成？它们各起什么作用？

第 8 章　数模转换与模数转换

在实际应用系统中，通常不会只处理单纯的数字信号或模拟信号，而是既有数字信号，也有模拟信号，而在数字信号与模拟信号之间起到桥梁作用的就是数模转换电路和模数转换电路。本章主要讨论数模转换和模数转换的基本原理、主要类型和主要技术指标，并介绍了典型的集成数模转换器和模数转换器的功能和基本应用。

8.1　概　　述

数字技术的应用非常广泛，特别是在通信系统、控制系统、检测系统等领域，然而现实中大部分系统均涉及到模拟量，如温度、湿度、压力、声音、图像等，为使数字系统及计算机能处理模拟信号，经常需要对模拟信号和数字信号进行相互转换，因此需要一种能将模拟信号和数字信号相互转换的电路。将模拟信号转换成数字信号的过程称为模数转换，简称 A/D 转换，能实现模数转换的电路称为模数转换器，简称 ADC（Analog to Digital Converter）。将数字信号转换成模拟信号的过程称为数模转换，简称 D/A 转换，能实现数模转换的电路称为数模转换器，简称 DAC（Digital to Analog Converter）。

如图 8.1 所示为一个数字通信系统框图，相对于模拟通信系统来说，数字通信系统具有更良好的抗干扰性能及易于存储、分析等优点，因此得到广泛应用。发射端先将待传输的模拟信号通过 ADC 转换成数字信号后通过发射机传送到信道，在接受端需将接收机接收到的数字信号通过 DAC 转换成模拟信号再进行分析处理。

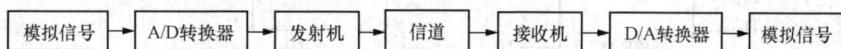

图 8.1　数字通信系统框图

如图 8.2 所示为一个测控系统框图，被测对象为模拟量如温度、压力等，通过传感器将被测对象转化为模拟电信号，再将模拟电信号调整成 ADC 能够处理的模拟信号，然后进行 A/D 转换送到计算机或微处理器进行分析和处理，输出的数字信号再通过 D/A 转换成模拟信号，由信号执行电路作用到被测对象，这个过程通常是一个反复循环的过程。

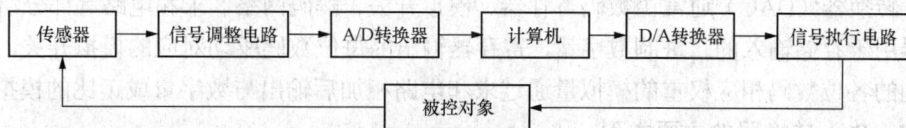

图 8.2　测控系统框图

从以上例子可看出，模数转换器和数模转换器几乎是各种通信、检测、控制系统中不可或缺的重要组成部分，因此有必要详细讨论数模转换和模数转换的原理及应用。

8.2 D/A 转 换

8.2.1 D/A 转换的基本原理

D/A 转换是将数字量输入转换为与数字量成正比的模拟量输出，通常 D/A 转换器的输入是自然二进制数，自然二进制数是一种加权数，每一位数码有相应的权，n 位二进制数 D 可表示为

$$D = \sum_{i=0}^{n-1} d_i \times 2^i = d_0 \times 2^0 + d_1 \times 2^1 + \cdots + d_{n-1} \times 2^{n-1} \tag{8-1}$$

若将 n 位二进制数的每一位数码按其权重转换成相应的模拟量，再进行叠加，则可得到与二进制数成正比的模拟量输出：

$$U_O = d_0 \times 2^0 \times K \times V_{REF} + d_1 \times 2^1 \times K \times V_{REF} + \cdots + d_{n-1} \times 2^{n-1} \times K \times V_{REF} = KV_{REF} \sum_{i=0}^{n-1} d_i \times 2_i \tag{8-2}$$

式中：K 为比例常数，V_{REF} 为参考电压。n 位的 DAC 示意框图如图 8.3（a）所示。

图 8.3（b）为一个 3 位 DAC 转换特性图，从图 8.3（b）中可看出，输出电压 U_O 与数字量 D 成正比，其中，V_{LSB} 为最小分辨电压，其等于输入的数字量为 1 时的输出电压。V_{FSB} 为满量程电压，其等于输入的数字量为 2^n-1 时的输出电压。

$$V_{LSB} = K \times V_{REF} \tag{8-3}$$

$$V_{FSB} = K \times V_{REF} \times (2^n - 1) \tag{8-4}$$

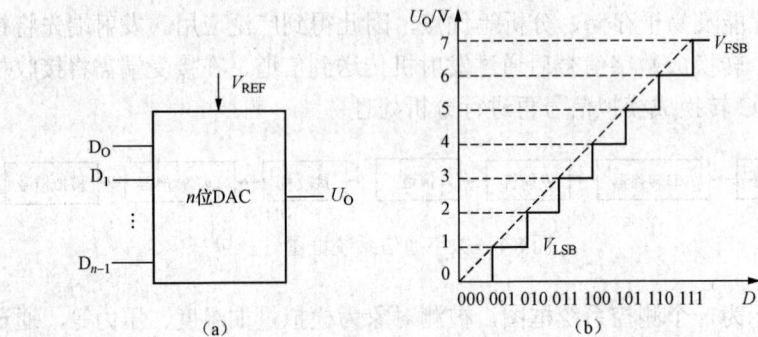

图 8.3 DAC 示意图及转换特性

（a）示意图；（b）转换特性

D/A 转换器（DAC）通常由数码寄存器、模拟开关、解码网络、求和电路等部分组成，数码寄存器用于存储输入的二进制数字量，寄存器输出的每位数码驱动对应的模拟开关，由解码网络得到的各位数码相应权重的模拟量通过求和电路相加后输出与数字量成正比的模拟量。

8.2.2 D/A 转换器的主要类型

DAC 的种类非常多，按照其解码网络的结构主要分为权电阻网络 DAC、倒 T 型电阻网络 DAC 及权电流 DAC 等。

1. 权电阻网络 DAC

4 位权电阻网络 DAC 电路原理如图 8.4 所示，主要由 4 个模拟开关、权电阻网络、求和

放大器组成。输入的 4 位二进制数码 $D_3 \sim D_0$ 分别用于控制模拟开关 $S_3 \sim S_0$，D_i 为 0 时，S_i 接地；D_i 为 1 时，S_i 接参考电压 V_{REF}。

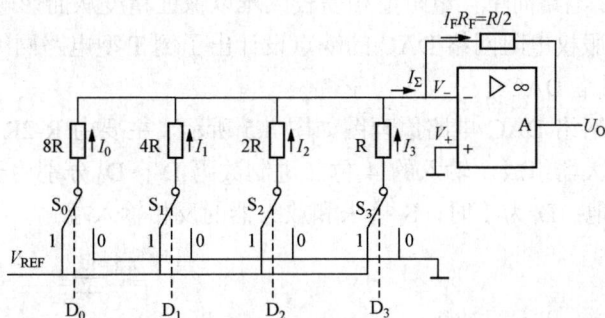

图 8.4　4 位权电阻网络 DAC 电路原理图

假设各电路元件为理想器件，即参考电源内阻为 0，模拟开关导通电阻为 0，运算放大器为理想运放。根据运算放大器的虚断和虚短特性

$$I_F = I_\Sigma \tag{8-5}$$

$$V_- \approx V_+ = 0 \tag{8-6}$$

因此，每条支路的电流分别为

$$I_0 = D_0 \frac{V_{REF}}{8R} = D_0 \frac{V_{REF}}{2^3 R} \tag{8-7}$$

$$I_1 = D_1 \frac{V_{REF}}{4R} = D_1 \frac{V_{REF}}{2^2 R} \tag{8-8}$$

$$I_2 = D_2 \frac{V_{REF}}{2R} = D_2 \frac{V_{REF}}{2^1 R} \tag{8-9}$$

$$I_3 = D_3 \frac{V_{REF}}{R} = D_3 \frac{V_{REF}}{2^0 R} \tag{8-10}$$

则总的流经 R_F 的电流为

$$I_F = I_\Sigma = I_0 + I_1 + I_2 + I_3 = D_0 \frac{V_{REF}}{2^3 R} + D_1 \frac{V_{REF}}{2^2 R} + D_2 \frac{V_{REF}}{2^1 R} + D_3 \frac{V_{REF}}{2^0 R}$$
$$= \frac{V_{REF}}{2^3 R}(D_0 \cdot 2^0 + D_1 \cdot 2^1 + D_2 \cdot 2^2 + D_3 \cdot 2^3) \tag{8-11}$$

输出的模拟电压

$$U_O = -I_F \cdot R_F = -\frac{V_{REF}}{2^3 R}(D_0 \cdot 2^0 + D_1 \cdot 2^1 + D_2 \cdot 2^2 + D^3 \cdot 2^3) \cdot \frac{R}{2} = -\frac{V_{REF}}{2^4}\sum_{i=0}^{3} D_i \cdot 2^i \tag{8-12}$$

类似可推出 n 位权电阻网络 DAC 的输出电压

$$U_O = -\frac{V_{REF}}{2^n}\sum_{i=0}^{n-1} D_i \cdot 2^i \tag{8-13}$$

U_0 与输入的数字量 D 成正比，当 D $=00...0$ 时，$U_0=0$；当 D $=11...1$ 时 $U_O = -\frac{2^n - 1}{2^n}V_{REF}$。

即 n 位权电阻网络 DAC 的输出电压的范围为 $0 \sim -\dfrac{2^n-1}{2^n}V_{\text{REF}}$。

权电阻网络 DAC 电路简单，电阻值相差较大难以保证精度从而影响 DAC 的精度，目前已逐渐被淘汰，为克服权电阻网络 DAC 的缺点设计出了倒 T 型电路网络 DAC。

2. 倒 T 型电阻网络 DAC

4 位倒 T 型电阻网络 DAC 电路原理图如图 8.5 所示，主要由 R-2R 电阻倒 T 型网络、4 个模拟开关、求和放大器组成。输入的 4 位二进制数码 $D_3 \sim D_0$ 分别用于控制模拟开关 $S_3 \sim S_0$，D_i 为 0 时，S_i 接地；D_i 为 1 时，S_i 接求和放大器的反相输入端。

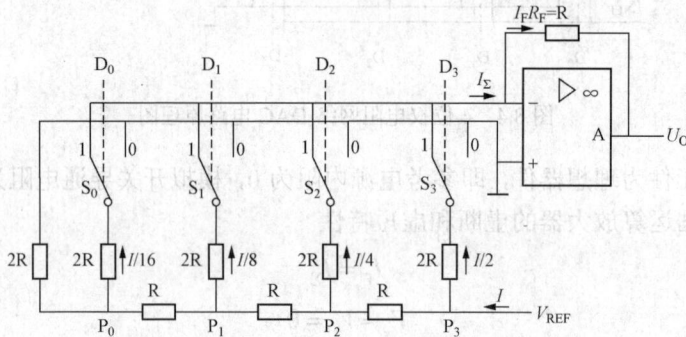

图 8.5　4 位倒 T 型电阻网络 DAC 电路原理图

根据理想集成运放的特性分析 4 位倒 T 型电阻网络 DAC 电路，可得倒 T 型电阻网络的特点是从结点 $P_0 \sim P_3$ 往左看的二端网络等效电阻均为 R，因此可求出电流 $I = \dfrac{V_{\text{REF}}}{R}$。

各支路的电路分别为 $I/2$、$I/4$、$I/8$、$I/16$，则流经 R_F 的电流

$$
\begin{aligned}
I_F = I_\Sigma &= D_3 \cdot \frac{I}{2} + D_2 \cdot \frac{I}{4} + D_1 \cdot \frac{I}{8} + D_0 \cdot \frac{I}{16} \\
&= D_3 \cdot \frac{V_{\text{REF}}}{R} \cdot \frac{1}{2} + D_2 \cdot \frac{V_{\text{REF}}}{R} \cdot \frac{1}{4} + D_1 \cdot \frac{V_{\text{REF}}}{R} \cdot \frac{1}{8} + D_0 \cdot \frac{V_{\text{REF}}}{R} \cdot \frac{1}{16} \\
&= \frac{V_{\text{REF}}}{2^4 R}(D_3 \cdot 2^3 + D_2 \cdot 2^2 + D_1 \cdot 2^1 + D_0 \cdot 2^0) = \frac{V_{\text{REF}}}{2^4 R}\sum_{i=0}^{3} D_i \cdot 2^i
\end{aligned} \tag{8-14}
$$

则输出的模拟电压

$$
U_O = -I_F \cdot R_F = -\frac{V_{\text{REF}}}{2^4 R}\sum_{i=0}^{3} D_i \cdot 2^i \cdot R = -\frac{V_{\text{REF}}}{2^4}\sum_{i=0}^{3} D_i \cdot 2^i \tag{8-15}
$$

类似可推出 n 位权电阻网络 DAC 的输出电压

$$
U_O = -\frac{V_{\text{REF}}}{2^n}\sum_{i=0}^{n-1} D_i \cdot 2^i \tag{8-16}
$$

U_O 与输入的数字量 D 成正比，且 n 位倒 T 型电阻网络 DAC 的输出电压的范围为 $0 \sim -\dfrac{2^n-1}{2^n}V_{\text{REF}}$。

倒 T 型电阻网络 DAC 的模拟开关在地和虚地之间切换，各支路电流稳定，使得 DAC 的转换速度大大提高。此外，倒 T 型电阻网络 DAC 的电阻网络中只有 R、2R 两种阻值，更有

利于掌握电阻的阻值比值，使得倒 T 型电阻网络 DAC 具有较高精度。因此这种类型的 DAC 是目前应用非常广泛的一种 DAC，常用的倒 T 型电阻网络集成 DAC 器件有 DAC0803（8 位）、AD7520（10 位）、DAC1210（12 位）等。

T 型电阻网络 DAC 的电路结构与倒 T 型电阻网络 DAC 类似,输出电压计算公式也相同,不再赘述。

3. 权电流 DAC

4 位权电流 DAC 电路原理图如图 8.6 所示，主要由恒流源、4 路模拟开关、求和运算放大器组成。输入的 4 位二进制数码 $D_3 \sim D_0$ 分别用于控制模拟开关 $S_3 \sim S_0$，D_i 为 0 时，S_i 接地；D_i 为 1 时，S_i 接求和放大器的反相输入端。

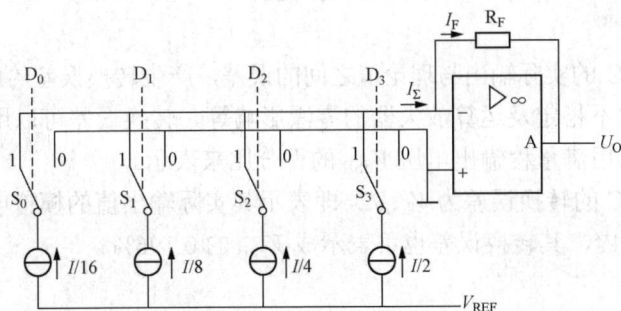

图 8.6　4 位权电流 DAC 电路原理图

根据理想集成运放的虚断和虚短特性，可得

$$I_F = I_\Sigma = D_3 \cdot \frac{I}{2} + D_2 \cdot \frac{I}{4} + D_1 \cdot \frac{I}{8} + D_0 \cdot \frac{I}{16}$$

$$= \frac{I}{2^4}(D_3 \cdot 2^3 + D_2 \cdot 2^2 + D_1 \cdot 2^1 + D_0 \cdot 2^0) \qquad (8\text{-}17)$$

$$= \frac{I}{2^4}\sum_{i=0}^{3} D_i \cdot 2^i$$

则输出的模拟电压

$$U_O = -I_F \cdot R_F = -\frac{IR_F}{2^4}\sum_{i=0}^{3} D_i \cdot 2^i \qquad (8\text{-}18)$$

类似可推出 n 位的权电流 DAC 的输出电压

$$U_O = -I_F \cdot R_F = -\frac{IR_F}{2^n}\sum_{i=0}^{n-1} D_i \cdot 2^i \qquad (8\text{-}19)$$

式（8-19）中的 I 为基准电流 I_{REF}，实际电路中通常由基准电压 V_{REF} 产生其基准电流 I_{REF}，再由晶体管和电阻网络得到各支路的恒流源。权电流型 DAC 相对于倒 T 型电阻网络 DAC 具有更高的转换精度和转换速度，常用的权电流型集成 DAC 器件有 DAC0808、AD1408 等。

8.2.3　D/A 转换器的主要技术指标及选用

DAC 的主要技术指标有分辨率、转换误差、转换速度及温度特性等。

1. 分辨率

分辨率指 DAC 模拟输出电压可能被分级的等级数，表征了 DAC 对微量变化的敏感程度。通常用 DAC 的位数表示分辨率，位数越多，DAC 的分辨率越高。也可用最小分辨电压 V_{LSB} 和满量程输出电压 V_{FSB} 之比来表示，最小分辨电压是输入数字量等于 1 时的模拟输出电压，满量程输出电压是指输入数字量等于 2^n-1 时的模拟输出电压。

$$分辨率 = \frac{V_{LSB}}{V_{FSB}} = \frac{\dfrac{V_{REF}}{2^n}}{\dfrac{V_{REF}(2^n-1)}{2^n}} = \frac{1}{2^n-1} \tag{8-20}$$

例如常用的 8 位数模转换器 DAC0832 的分辨率为

$$分辨率 = \frac{1}{2^8-1} = \frac{1}{255} \approx 0.0039 \tag{8-21}$$

2. 转换误差

转换误差指 DAC 的实际输出与理论值之间的误差，产生转换误差的原因主要包括元件参数值误差、基准电源不稳定及运算放大器的零漂影响等。转换误差可以用最小分辨电压 V_{LSB} 的倍数表示，也可以用满量程输出电压 V_{FSB} 的百分比来表示。

例如某 8 位 DAC 的转换误差为 $V_{LSB}/2$，即表示其实际输出值的模拟电压与理论值之间的误差在 $\pm V_{LSB}/2$ 范围内，其转换误差也可表示成 V_{FSB} 的 0.196%。

3. 转换速度

DAC 的转换速度通常可用建立时间来表示，DAC 输入的数字量发生变化时到输出的模拟量电压变化到相应的稳定电压范围所需要的时间称为建立时间（t_{set}），通常指 DAC 输入的数字量从全 0 变为全 1 时输出电压达到规定的误差范围（$\pm V_{LSB}/2$）所需要的时间，建立时间决定了 DAC 的工作频率。

4. 温度特性

在相同的输入下，DAC 输出的模拟电压会随温度变化而变化，一般用满量程输出时温度每升高 1℃输出电压变化的百分比来表示温度系数。

集成数模转换器芯片种类非常多，在选用适当的 DAC 时首先需要考虑分辨率、转换误差、转换速度满足设计要求，此外，DAC 输入数据方式有并行方式、串行方式和分段方式之分；输入信号电平有 TTL、CMOS 和 ECL 等之分；DAC 输出有电压输出型和电流输出型之分；工作电源有单电源供电和双极性电源供电之分等，在选用 DAC 时需要根据系统设计要求、其他配套元器件性能、性价比等因素选择适当的 DAC 芯片。

8.2.4 集成数模转换器 DAC0832 及其应用

DAC0832 是一种常用的倒 T 型电阻网络数模转换器，采用 CMOS 工艺，是一种直流输出型的 8 位 DAC，DAC0832 的逻辑符号如图 8.7 所示，其引脚和内部结构如图 8.8 所示，主要由两级 8 位数据缓冲寄存器、8 位倒 T 型电阻网络 DAC 及控制电路组成，其中各引脚分别如下：

（1）$DI_0 \sim DI_7$：8 位数字量输入。

（2）$\overline{CS}$：片选信号，低电平有效。$\overline{CS}=0$ 时该片被选中；$\overline{CS}=1$ 时该片未被选中，数据不能输入到输入寄存器。

（3）ILE：允许数字量输入，高电平有效。

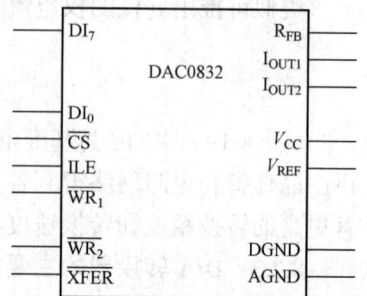

图 8.7　DAC0832 逻辑符号

（4）$\overline{WR_1}$：写命令输入，低电平有效，用于控制数字量输入到第一级 8 位输入寄存器。

（5）$\overline{WR_2}$：写命令输入，低电平有效，用于控制第二级 8 位 DAC 寄存器。

（6）$\overline{XFER}$：传送控制信号，低电平有效，用于控制 $\overline{WR_2}$ 是否被选通。

（7）I_{OUT1}、I_{OUT2}：模拟电流输出，通常接运算放大器的输入端。

（8）R_{FB}：反馈信号输入端。DAC0832 为直流型输出。

（9）V_{CC}：工作电源，+5V～+15V。

（10）V_{REF}：参考电压，–10V～+10V。

（11）AGND：数字地。

（12）DGND：模拟地。

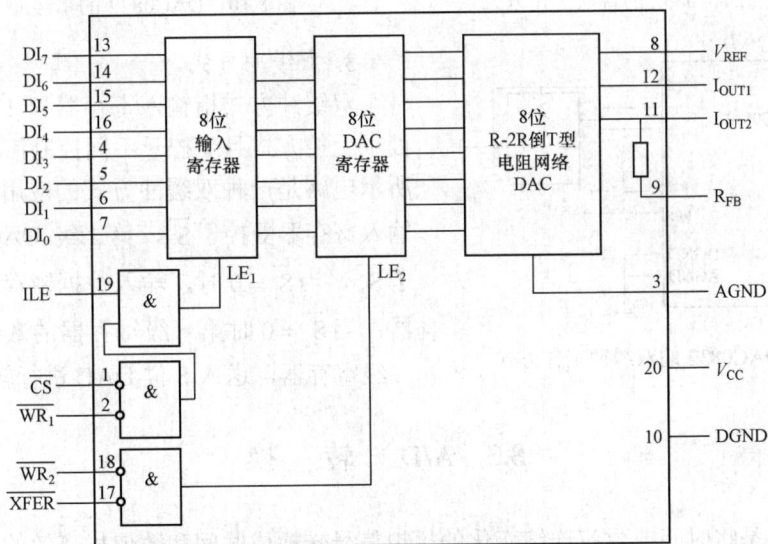

图 8.8　DAC0832 内部结构图

由图 8.8 可见，DAC0832 有两级缓冲寄存器，分别受到 LE_1 和 LE_2 控制。

$$LE_1 = ILE \cdot \overline{\overline{CS} \cdot \overline{\overline{WR_1}}} \tag{8-22}$$

$$LE_2 = \overline{\overline{XFER} \cdot \overline{\overline{WR_2}}} \tag{8-23}$$

在 LE_1 和 LE_2 控制下，DAC0832 有三种工作方式：即直通方式、单缓冲方式及双缓冲方式。

1. 直通方式

直通方式指当 ILE=1，$\overline{CS} = \overline{WR_1} = \overline{WR_2} = \overline{XFER} = 0$ 时，LE_1=1，LE_2=1，输入寄存器和 DAC 寄存器均处于直通方式，输入数据直接送到 8 位 DAC，DAC 的输出随输入变化而变化。直通方式应用电路如图 8.9 所示。

2. 单缓冲方式

单缓冲方式指输入寄存器和 DAC 寄存器其中一个处于直通方式，另一个处于受控方式，或两级寄存器受控于同样的控制信号的方式。如图 8.10 所示电路属于单缓冲方式的应用，第二级 DAC 寄存器始终处于直通方式，第一级输入寄存器受控于 $\overline{S_1}$。当 $\overline{S_1}$ = 0 输入数据锁存到第一级寄存器，由于第二级寄存器直通，所以第一级寄存器的数据可送到 8 位 DAC 进行 D/A 转换并输出。

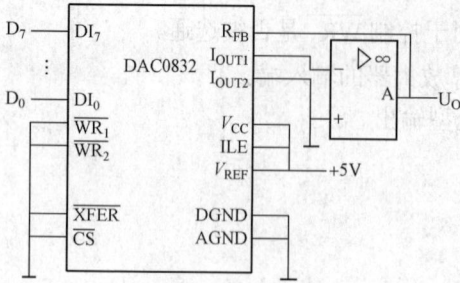

图 8.9　DAC0832 的直通工作方式

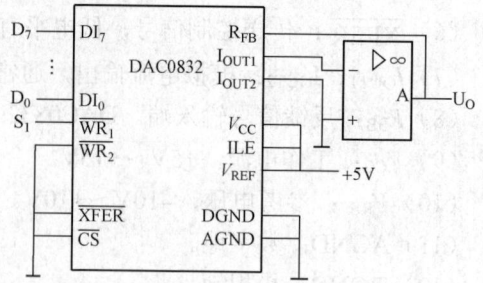

图 8.10　DAC0832 的单缓冲工作方式

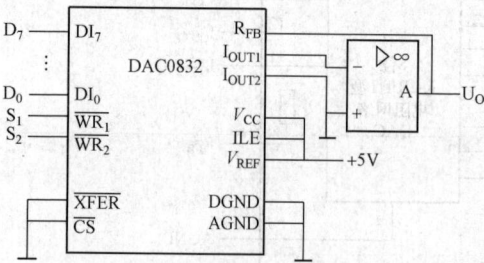

图 8.11　DAC0832 的双缓冲工作方式

3. 双缓冲方式

双缓冲方式指输入寄存器和 DAC 寄存器均处于受控方式且受控于不同控制信号。如图 8.11 所示电路是一种双缓冲方式的应用电路，第一级输入寄存器受控于 $\overline{S_1}$，第二级 DAC 寄存器受控于 $\overline{S_2}$，当 $\overline{S_1}=0$ 时，输入数据锁存到第一级寄存器，当 $\overline{S_2}=0$ 时第一级寄存器的数据再传送到第二级寄存器，送入 8 位 DAC 进行转换并输出。

8.3　A/D 转换

A/D 转换是将时间或数值连续变化的模拟信号转换成时间和数值均离散的数字信号，实现 A/D 转换的电路称为 A/D 转换器，简称 ADC。在实际应用中，如温度、压力这样的模拟量通常先通过传感器转换成相应的模拟电压信号，再通过 ADC 转换成与模拟电压信号成比例的数字信号输出。

8.3.1　A/D 转换的一般步骤

A/D 转换一般需经过 4 个步骤，即采样、保持、量化和编码。采样和保持由采样保持电路完成，在保持的同时，通过 A/D 转换器电路实现量化和编码。

1. 采样与保持

采样是将时间连续的模拟输入信号转换成时间离散的信号，为使采样信号 V_S 能正确地表示模拟信号 V_I，即通过低通滤波器能真实复现输入信号，选取的采样信号必须满足采样定理，即采样信号 V_S 的频率 f_s 与输入模拟信号 V_I 的最高频率成分 f_{imax} 需满足：$f_s \geq 2f_{imax}$。

保持是将采样得到的模拟电压保持一段时间，让 ADC 有足够的时间来完成模数转换的过程。进行 A/D 转换所用的模拟输入电压实际上是每次采样结束时刻的 V_I 值。

模拟信号的采样保持过程如图 8.12 所示，8.12（a）图为输入模拟电压波形，8.12（b）图为周期采样信号波形，通过 8.12（d）图所示的采样保持电路之后输出信号的波形如 8.12（c）图所示。图 8.12（d）图所示是一种典型的采样保持电路，MOS 管作为采样开关使用，受控于采样信号 V_S，若 V_S 为高电平，开关导通，模拟输入信号 V_I 对电容充电，若 V_S 为低电平,开关断开,由于运算放大器和 MOS 开关断开时电阻很大,漏电很小,存储在电容上的电压即输出电压 V_O 基本保持不变,直至下一次重新充电。

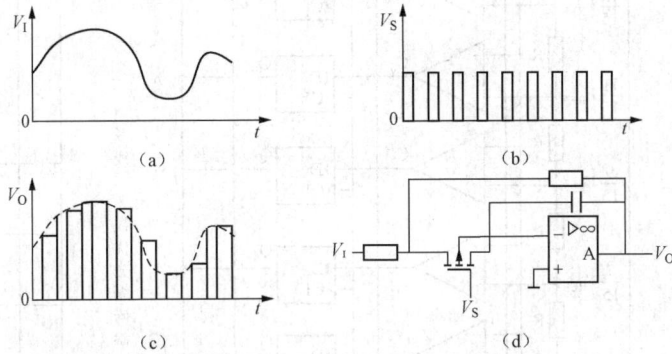

图 8.12 模拟信号的采样与保持

2. 量化与编码

采样保持电路的输出在数值上并非离散的,因此仍然为模拟信号,若要将得到数字量输出还必须经过量化和编码。量化是将采样保持后的输出电压在数值上进行离散化,即归到有限个离散电平上,量化时最小的数量单位称为量化单位,用Δ表示。编码是用二进制代码表示各个量化电平并输出。

由于量化而产生的误差称为量化误差。量化误差是由于量化时所选取的离散电平总是有限个,且为Δ的整数倍,而采样保持电路的输出电压通常不会刚好等于Δ的整数倍,这时会将其归到某个量化电平,从而产生了量化误差。常用的量化的方法有两种,即只舍不入法和四舍五入法。

例如将 0~1V 的模拟电压进行量化编码,输出为 3 位二进制代码。若采用只舍不入量化法,取量化单位Δ=1/8V,若 $n\Delta \leqslant v_o < (n+1)\Delta$,量化后为 $n\Delta$,量化误差为 0~Δ,如图 8.13(a)所示。若采用四舍五入法,取量化单位Δ=2/15V。若 $(n-1/2)\Delta < v_o \leqslant (n+1/2)\Delta$,量化后为 $n\Delta$,量化误差为$-\Delta/2 \sim +\Delta/2$,如图 8.13(b)所示。

8.3.2 A/D 转换器的主要类型

实现模数转换的电路称为模数转换器,常用的 ADC 包括并行比较型 ADC、逐次逼近型 ADC 和双积分型 ADC,其中并行比较型 ADC 和逐次逼近型 ADC 均是将输入的模拟电压直接转换为数字量输出,不需经过中间变量,属于直接型 ADC;双积分型 ADC 则是将输入的模拟电压先转换成中间变量时间 T,再转换成数字量输出,属于间接型 ADC。

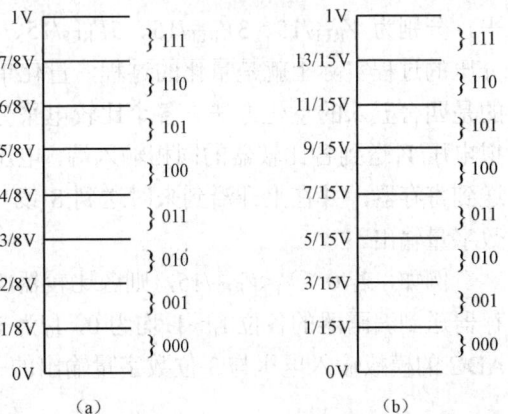

图 8.13 量化与编码

(a)只舍不入法;(b)四舍五入法

1. 并行比较型 ADC

并行比较型 ADC 通常由电阻分压器、电压比较器、寄存器、代码转换器构成,3 位并行比较型 ADC 结构如图 8.14 所示。

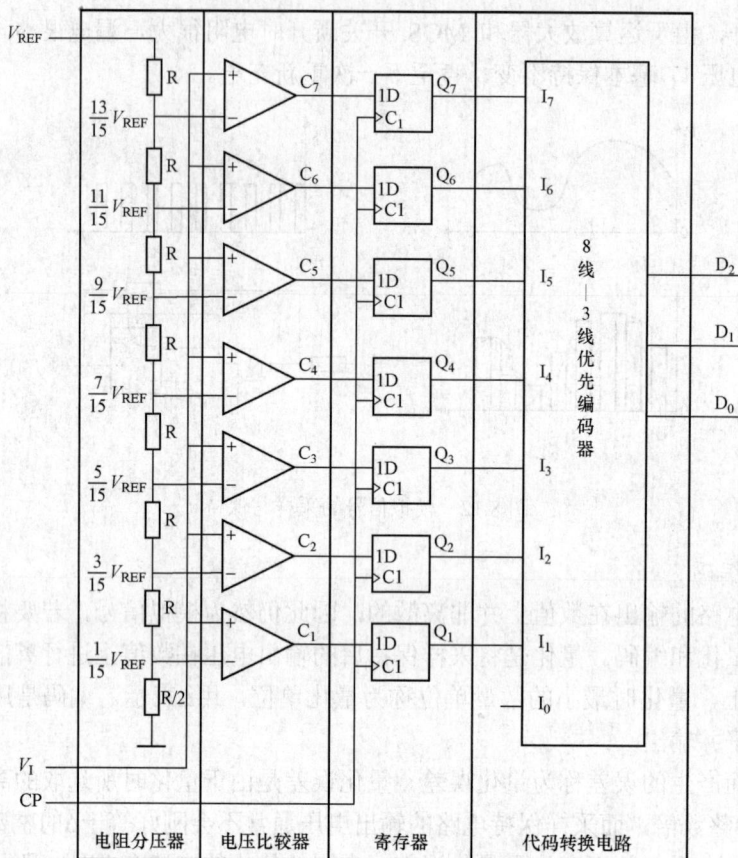

图 8.14　3 位并行比较型 ADC 结构

图 8.14 中，V_{REF} 为参考电压输入，V_I 为待转换的模拟电压输入，CP 为寄存器的时钟信号输入，$D_2D_1D_0$ 为输出的 3 位二进制数字量。电阻分压器将参考电压 V_{REF} 划分为 7 个比较电平，分别为 $V_{REF}/15$、$3V_{REF}/15$、$5V_{REF}/15$、$7V_{REF}/15$、$9V_{REF}/15$、$11V_{REF}/15$、$13V_{REF}/15$，电阻分压的过程实际上就是量化的过程，量化单位Δ为 $2V_{REF}/15$，量化电平为 0Δ～7Δ，这里采用的是四舍五入的量化方法。各个比较电平分别送到比较器的反向输入端，输入的待转换的模拟电压 V_I 送到各比较器的同相输入端，电压比较器将 V_I 与各个比较电平进行比较，比较结果送到寄存器，并在上升沿到来时送到 8 线—3 线高位优先编码器进行编码，得到 3 位二进制数字量输出。

例如，若 $0 \leqslant V_I < V_{REF}/15$，则各比较器 $V_+ < V_-$，输出 $C_1 \sim C_7$ 均为 0，各位比较结果通过寄存器送到编码器的各位 $I_1 \sim I_7$ 均为 0，I_0 为 1，高电平有效，编码输出为 000。3 位并行比较型 ADC 的模拟输入电压与 3 位数字量输出的关系见表 8.1。

表 8.1　　　　　　　　　3 位并行比较 ADC 输入、输出关系

输入模拟电压 V_I	比较结果输出（寄存器状态）							数字量输出		
	C_7	C_6	C_5	C_4	C_3	C_2	C_1	D_2	D_1	D_0
$0 \leqslant V_I < V_{REF}/15$	0	0	0	0	0	0	0	0	0	0
$V_{REF}/15 \leqslant V_I < 3V_{REF}/15$	0	0	0	0	0	0	1	0	0	1

输入模拟电压 V_I	比较结果输出（寄存器状态）							数字量输出		
	C_7	C_6	C_5	C_4	C_3	C_2	C_1	D_2	D_1	D_0
$3V_{REF}/15 \leqslant V_I < 5V_{REF}/15$	0	0	0	0	0	1	1	0	1	0
$5V_{REF}/15 \leqslant V_I < 7V_{REF}/15$	0	0	0	0	1	1	1	0	1	1
$7V_{REF}/15 \leqslant V_I < 9V_{REF}/15$	0	0	0	1	1	1	1	1	0	0
$9V_{REF}/15 \leqslant V_I < 11V_{REF}/15$	0	0	1	1	1	1	1	1	0	0
$11V_{REF}/15 \leqslant V_I < 13V_{REF}/15$	0	1	1	1	1	1	1	1	1	0
$13V_{REF}/15 \leqslant V_I < V_{REF}$	1	1	1	1	1	1	1	1	1	1

并行比较型 ADC 具有如下特点：

（1）转换速度快。从图 8.14 可看出，整个模数转换过程基本只需要 1 个 CP 周期，转换速度很快，8 位并行比较型 ADC 的转换时间可达到 50ns 以下。

（2）分辨率相对较低。由于 1 个 n 位并行 ADC 需要 2^n-1 个比较器，如 8 位并行 ADC 就需要 255 个比较器，随着位数增加，电路的器件数量将以几何级数增加，因此制作分辨率较高的并行比较型 ADC 比较困难，集成并行 ADC 器件分辨率相对较低。

（3）无需采样—保持电路。由于电路内部采用了一组比较器和寄存器，电路可不用附加采样—保持电路。

2. 逐次逼近型 ADC

逐次逼近型 ADC 主要由电压比较器、控制电路、移位寄存器、DAC 及数据寄存器构成，4 位逐次逼近型 ADC 结构如图 8.15 所示。

逐次逼近型 ADC 的工作原理类似于天平称重的过程，比较器相对于天平，模拟输入电压 V_I 相当于被称重的物品，采用的砝码为与 2^i 成比例的电压砝码，4 位 DAC 的输出电压为所加砝码的总重量，加砝码时从权重最重的砝码开始加，若砝码重量重于物品重量则去掉此砝码，若砝码重量轻于物品重量则保留，然后继续加重量较轻的砝码，直至天平平衡或近似平衡。

如图 8.15 所示，V_I 为模拟输入，V_{REF} 为参考电压，V_L 为转换控制信号，$D_3D_2D_1D_0$ 为输出的 4 位数字量信号，V_O 为 4 位 DAC 的输出电压且 $V_O = \dfrac{V_{REF}}{2^4}\sum\limits_{i=0}^{3} D_i 2^i$，$Q_AQ_BQ_CQ_DQ_EQ_F$ 为 6 位环形移位寄存器状态输出，$Q_3Q_2Q_1Q_0$ 为 4 位数据寄存器状态输出。

若模拟输入 V_I 为 3.2V，参考电压 V_{REF} 为 5V，其转换过程如下。

$V_L=0$，$Q_AQ_BQ_CQ_DQ_EQ_F=100000$，移位寄存器初始化，$V_L=1$，移位寄存器进行模 6 环形移位计数，开始进行转换，一次转换的时间为 6 个时钟周期。

（1）第一个 CP，$Q_AQ_BQ_CQ_DQ_EQ_F=100000$，$Q_3Q_2Q_1Q_0=1000$，DAC 输出 $V_O=2.5V$，比较器输出 C=0；

（2）第二个 CP，$Q_AQ_BQ_CQ_DQ_EQ_F=010000$，$Q_3Q_2Q_1Q_0=1100$，DAC 输出 $V_O=3.75V$，比较器输出 C=1；

（3）第三个 CP，$Q_AQ_BQ_CQ_DQ_EQ_F=001000$，$Q_3Q_2Q_1Q_0=1010$，DAC 输出 $V_O=3.125V$，比较器输出 C=0；

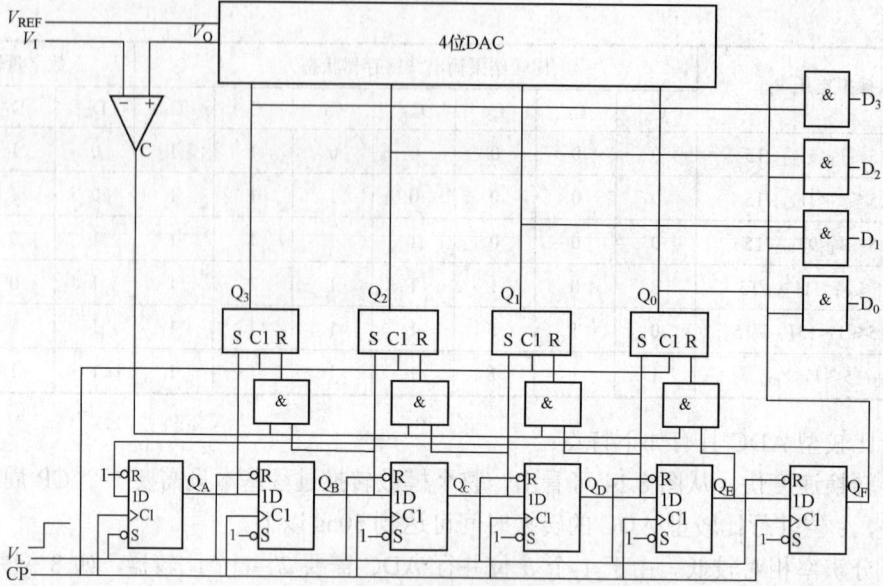

图 8.15　4 位逐次逼近型 ADC 结构

（4）第四个 CP，$Q_AQ_BQ_CQ_DQ_EQ_F=000100$，$Q_3Q_2Q_1Q_0=1011$，DAC 输出 $V_O=3.4375V$，比较器输出 C=1；

（5）第五个 CP，$Q_AQ_BQ_CQ_DQ_EQ_F=000010$，$Q_3Q_2Q_1Q_0=1010$，DAC 输出 $V_O=3.125V$，比较器输出 C=0；

（6）第六个 CP，$Q_AQ_BQ_CQ_DQ_EQ_F=000001$，$Q_F=1$ 将输出门 G_3～G_0 选通，输出四位数字量，$D_3D_2D_1D_0=Q_3Q_2Q_1Q_0=1010$，这一次转换结束。

逐次逼近型 ADC 具有如下特点：

（1）转换速度比并行比较器 ADC 慢。n 位逐次逼近型 ADC 完成一次转换的时间为（$n+2$）个时钟周期。

（2）电路规模小。逐次逼近型 ADC 不需要庞大的电阻分压器和比较器，元件较少，因此电路规模较小。

（3）转换精度较高。

3. 双积分型 ADC

双积分型 ADC 通常由积分器、比较器、n 位计数器及转换控制电路构成，n 位双积分型 ADC 结构如图 8.16 所示。

双积分型 ADC 的基本原理是对待转换的模拟输入电压 V_I 和参考电压 V_{REF} 分别进行积分，首先将输入的模拟电压 V_I 转换成与电压成正比的时间量 T，在 T 内对固定频率的时钟脉冲计数，计数的结果是一个正比于 V_I 的数字量，作为 n 位数字量输出 $D_{n-1}\cdots D_1D_0$。

如图 8.16 所示，V_L 为转换控制信号，$V_L=0$ 时，计数器状态 Q_{n-1}～Q_0 清零，且附加触发器的状态 Q 清零，Q=0 让开关 S_1 接模拟输入电压 V_I，同时 $V_L=0$ 让开关 S_0 闭合使电容充分放电。

$V_L=1$ 时开始进行转换，触发器不再清零，开关 S_0 断开。S_1 接模拟输入电压 V_I，积分器开始对 V_I 进行第一次积分。由于积分过程输出电压为负电压，所以比较器输出 C=1，V_L 和 C 均为 1，G_1 门选通，n 位计数器得到计数脉冲 CLK 开始计数，模 2^n 计数器计满时回到全 0

并将进位 1 送到触发器 FF_A，Q=1 让开关 S_1 接到参考电压 $-V_{REF}$ 端，第一次积分结束。

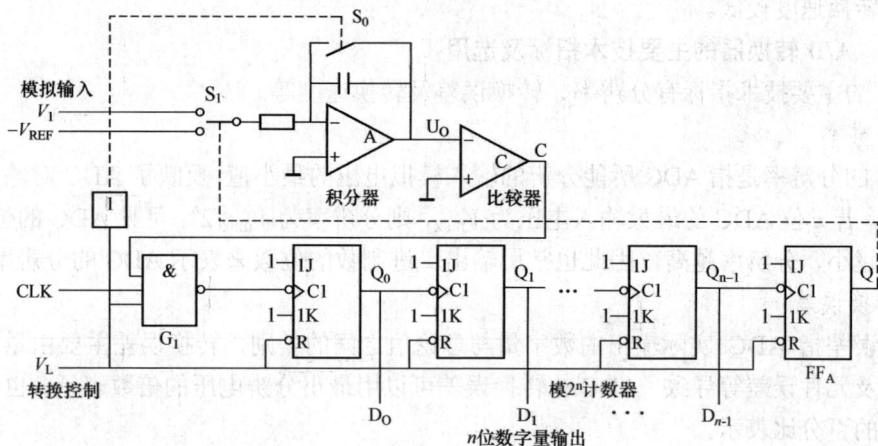

图 8.16　n 位双积分型 ADC 结构

第一次积分的时间为固定时间

$$T_1 = 2^n T_c = 2^n \frac{1}{f_c} \tag{8-24}$$

式中　f_c 为计数脉冲 CLK 的频率。

积分结束时的输出电压与输入模拟电压 V_1 成正比

$$U_O = \frac{1}{C} \int_0^{T_1} -\frac{V_1}{R} dt = -\frac{V_1 T_1}{RC} \tag{8-25}$$

计数器计满时 Q=1 让开关 S_1 接到参考电压 $-V_{REF}$ 端，积分器开始向相反方向对 $-V_{REF}$ 进行第二次积分，计数器重新从 0 开始计数，直至积分器的输出电压为 0 时，比较器输出 C=0，G_1 门封锁，计数器停止计数，其计数状态即为输出的数字量 $D_{n-1}\cdots D_1 D_0$。

设输出的数字量为 D，则第二次积分的时间

$$T_2 = DT_c = D\frac{1}{f_c} \tag{8-26}$$

积分结束时的输出电压

$$U_O = \frac{1}{C} \int_0^{T2} \frac{V_{REF}}{R} dt - \frac{V_1 T_1}{RC} = 0 \tag{8-27}$$

则

$$\frac{T_2 V_{REF}}{RC} dt - \frac{V_1 T_1}{RC} \text{ 即 } T_2 = \frac{V_1 T_1}{V_{REF}}$$

所以输出的数字量

$$D = \frac{2^n}{V_{REF}} V_I \tag{8-28}$$

双积分型 ADC 的特点如下：

（1）转换精度高。转换结果与 R、C 的参数无关，因此转换精度不受 R、C 的参数影响，因此其转换精度高。

（2）抗干扰能力强。由于转换器的输出数字量与输入电压在积分期间的平均值成正比，因此抗干扰能力强。

（3）转换速度相对较低。由于积分器需要进行两次积分，最大转换时间为 2^{n+1} 个时钟脉冲，因此转换速度较低。

8.3.3 A/D 转换器的主要技术指标及选用

ADC 的主要技术指标有分辨率、转换误差及转换速度等。

1. 分辨率

ADC 的分辨率是指 ADC 所能分辨的输入模拟电压的最小值，反映了 ADC 对输入信号的分辨能力。若 n 位 ADC 的最大输入电压为 V_{max}，则分辨率为 $V_{max}/2^n$。可见 ADC 的位数越多，量化单位越小，分辨率越高，因此也常用输出二进制数的位数来表示 ADC 的分辨率。

2. 转换误差

转换误差指 ADC 实际输出的数字量与理论值之间的差别，转换误差主要由量化误差、电源波动及元件误差等导致。ADC 的转换误差可以用最小分辨电压的倍数表示，也可用最大输入电压的百分比表示。

3. 转换速度

ADC 的转换速度主要取决于转换电路的类型。并行比较型 ADC 转换速度最快，逐次逼近型 ADC 次之，双积分型等间接型 ADC 转换速度相对较慢。

在选择集成 ADC 芯片时应根据设计指标要求综合考虑以下各方面因素：

（1）输入模拟信号的性质，即输入信号的极性（单极性或双极性）、变化范围、最高有效频率分量、输入方式（单端输入或双端差分输入）等。

（2）系统对 ADC 的分辨率、转换误差、转换速度的要求。

（3）输出数字量的要求，即位数、编码方式、输出方式及输出逻辑电平等。

（4）供电电源、参考电源的要求。

（5）工作环境对接口、体积、功耗、成本等的要求。

8.3.4 集成模数转换器 ADC0809 及其应用

1. 集成模数转换器 ADC0809

ADC0809 是一种常用的 8 位逐次逼近型模数转换器，以 CMOS 集成工艺制成，输入输出与 TTL 兼容、+5V 电源供电、模拟输入电压范围为 0～+5V，ADC0809 的引脚图如图 8.17 所示，如图 8.18 所示为其内部结构图，ADC0809 主要由 8 路模拟开关、地址锁存及译码电路、8 位逐次逼近型模数转换电路及三态输出锁存缓冲电路构成。8 路模拟开关能实现 8 路模拟输入信号选择其中 1 路信号输出的信号选择功能，地址锁存及译码电路为 3 线—8 线的译码，为模拟开关提供选择信号的地址，模拟开关输出的 1 路模拟信号送入 8 位逐次逼近型 ADC 进行 A/D 转换，得到的 8 位二进制数字量输出送到三态输出缓冲器，当输出允许信号 OE 为高电平时输出转换结果。ADC0809 的各引脚功能如下：

（1）IN_0～IN_7：模拟量输入。共有 8 路单极性模拟量输入通道，输入电压范围为 0～+5V，若输入信号变化太快应附加采样—保持电路。

（2）$ADD_C ADD_B ADD_A$：8 路模拟通道对应的 3 位地址信号输入。输入 000～111 分别对应选择模拟输入 IN_0～IN_7。

（3）ALE：地址锁存信号。高电平有效，ALE 为高电平时将地址码送入地址锁存器。

（4）START：A/D 转换启动信号。上升沿时将 ADC 内部的寄存器清零；下降沿时开始进行转换，在转换期间 START 应保持低电平。

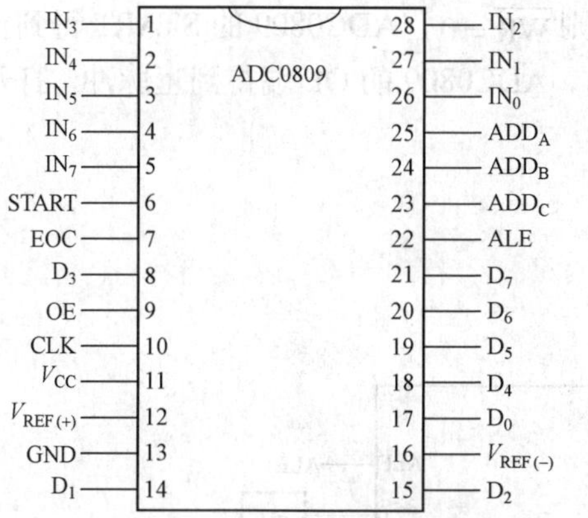

图 8.17　ADC0809 引脚图

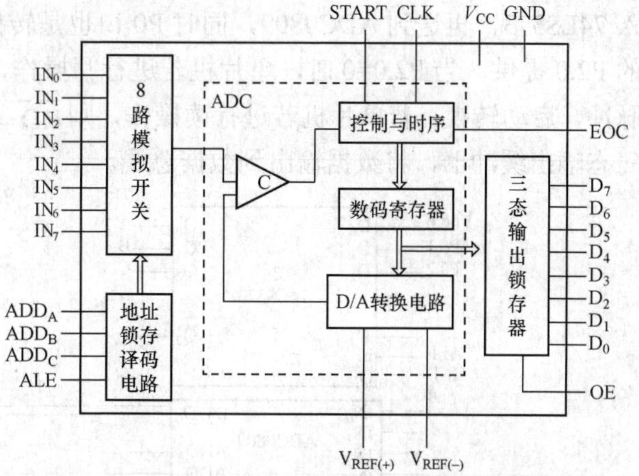

图 8.18　ADC0809 内部结构

（5）CLK：时钟信号。为内部逐次逼近型 ADC 提供时钟脉冲，允许的频率范围为（），时钟频率决定了转换速度，常使用 500kHz 的时钟信号。

（6）$D_0 \sim D_7$：8 位数字量输出，采用三态缓冲输出结构。

（7）EOC：转换结束信号。高电平有效，EOC=0 表示正在进行转换；EOC=1 表示转换结束，数据接收端可以开始读取转换结果 $D_0 \sim D_7$。

（8）OE：输出允许信号。高电平有效，OE=0 时输出数据线呈现高阻态；OE=1 时将转换结果送到输出数据线。

（9）$V_{REF(+)}$、$V_{REF(-)}$：参考电压。典型值为 $V_{REF(+)}$ =+5V，$V_{REF(-)}$ =0V。

（10）V_{CC}：+5V 供电电源端。

（11）GND：接地端。

2. ADC0809 的应用举例

数据采集系统在许多数据处理及测控系统中都有广泛的应用，通常由 ADC 和微处理器组成，基于 ADC0809 和 80C51 单片机的 8 路数据采集系统的原理框图如图 8.19 所示。首先通过传感器将模拟量转换成模拟电压信号，此信号通常为小信号，因此需要进行放大，转换成 0～+5V 范围内的电压输入到模数转换器，转换得到的数字量信号送到单片机进行分析，单片机根据分析结果做出相应的处理，如显示数据、存储数据或控制相应的电机等。

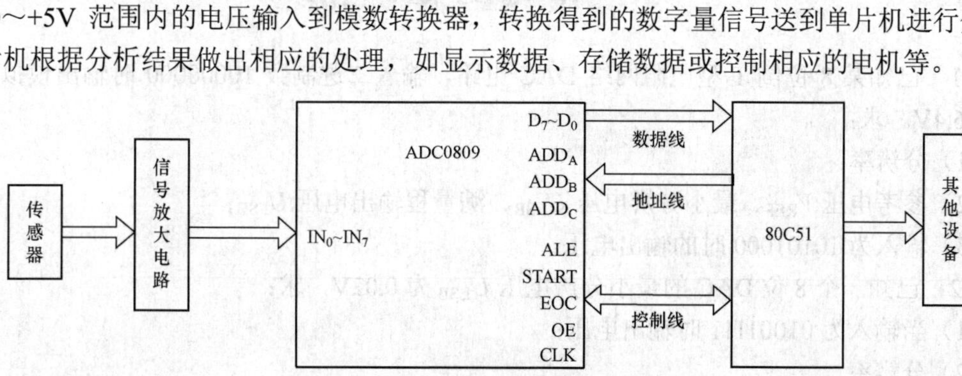

图 8.19　数据采集系统原理框图

如图 8.20 所示为 ADC0809 与单片机 80C51 之间的一种常用连接方式，ADC 的工作时钟由单片机的 ALE 引脚提供，74LS373 为地址锁存器，单片机通过 P0 口低三位把三位地址写入 74LS373，再送到 ADC0809，同时 P0 口也是转换数据输入端，ADC 的片选信号由 80C51 的 P2.0 提供。当 P2.0=0 时，单片机若进行写操作，则 $\overline{WR}=0$，ADC0809 的 START 得到正脉冲，启动转换；若单片机若进行读操作，则 $\overline{RD}=0$，ADC0809 的 OE 端得到正脉冲，打开三态输出缓冲器，将数据输出到数据总线。

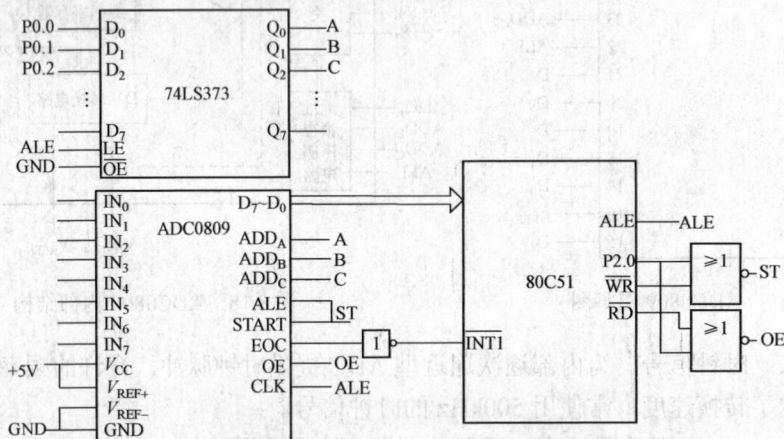

图 8.20 ADC 与单片机的接口电路

ADC 与单片机之间的数据传送应先确认转换完成然后才传送数据，通常有三种方式：定时传送、查询方式、中断方式。

（1）定时传送。定时传送方式是在 ADC 启动转换后调用一个延时子程序，延时时间应不短于 ADC 的转换时间，以保证延时时间到时转换已经结束可以传送数据。

（2）查询方式。EOC 为 ADC 的转换完成输出信号，所以可以通过查询方式不断获取 EOC 的状态，一旦 EOC=1，则进行数据传送。

（3）中断方式。中断方式是将 ADC 的转换完成信号 EOC 作为单片机的中断请求信号，一旦转换结束，则 EOC=1 触发中断，开始进行数据传送。

本 章 习 题

8.1 已知某 8 位倒 T 型电阻网络 DAC 电路，输入二进制数 10000000 时输出模拟电压 U_O 为 6.4V。求：

（1）分辨率；

（2）参考电压 V_{REF}、最小分辨电压 U_{LSB}、满量程输出电压 U_{FSB}；

（3）输入为 10101000 时的输出电压。

8.2 已知一个 8 位 DAC 的最小分辨电压 U_{LSB} 为 0.02V，求：

（1）当输入为 01001111 时输出电压；

（2）分辨率。

8.3 如题图 8.1 所示为 4 位 T 型电阻网络 DAC 电路，V_{REF} 为参考电压，试分析输出电压 U_O 与输入数字量 $D_3D_2D_1D_0$ 的关系。

8.4 如题图 8.2 所示为用 8 位数模转换器 DAC0832 和同步十六进制计数器 74163 构成

的波形发生器电路。已知 V_{REF} 为-5V，画出输出电压 V_O 的波形。

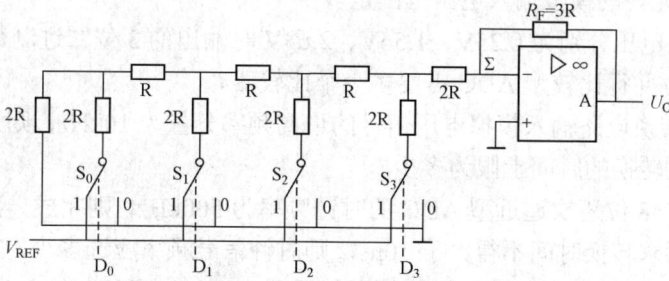

题图 8.1　4 位 4T 型电阻网络 DAC

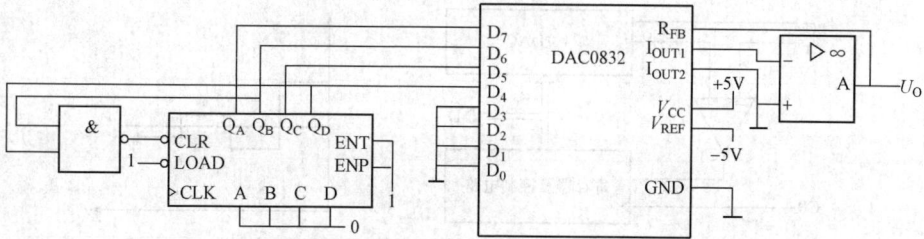

题图 8.2　波形发生器电路

8.5　模数转换需要经过几个步骤？每个步骤的功能是什么？

8.6　某 3 位并行比较型 ADC 如题图 8.3 所示，参考电压 V_{REF}=3.2V，则：

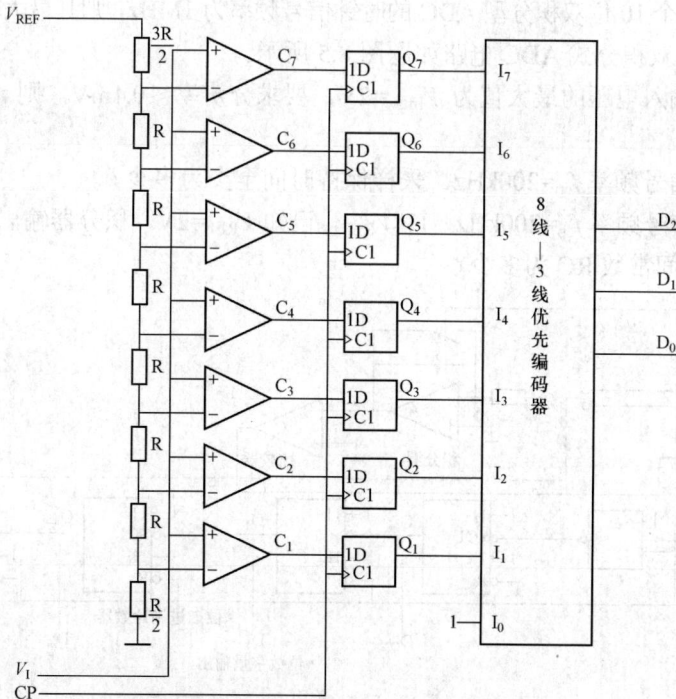

题图 8.3　3 位并行比较型 ADC

（1）该 ADC 采用的是哪种量化方式？量化误差为多少？

（2）该 ADC 允许的模拟输入电压范围是多少？

（3）求出输入电压分别为 0.25V、1.56V、2.63V 时输出的 3 位二进制数为多少？

8.7 一个 8 位并行比较型 ADC 需要多少个比较器？

8.8 若模数转换电路输入模拟电压信号的最高频率分量为 10kHz，则采样频率至少为多少？完成一次模数转换的时间上限为多少？

8.9 已知一个 8 位逐次逼近型 ADC 的时钟频率为 500kHz，则完成一次转换所需要的时间为多少？如果要求转换时间不得大于 10μs，则时钟信号频率应选多少？

8.10 某 4 位逐次逼近型 ADC 原理框图如题图 8.4（a）所示。输入为 V_I 时对应的 4 位 DAC 的输出电压波形分别如题图 8.4（b）所示。

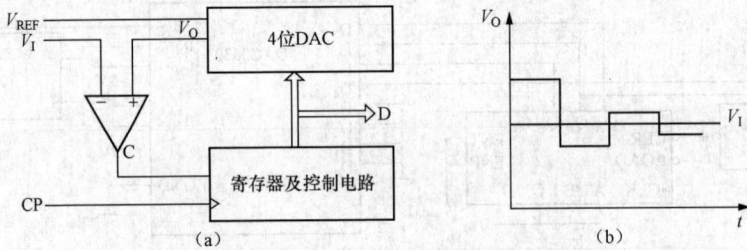

题图 8.4 4 位逐次逼近型 ADC

（1）转换结束时输出的数字量为多少？

（2）若图中 4 位 DAC 的最大输出电压为 $U_{omax}=30V$，则输入电压 V_I 范围为多少？

8.11 已知一个 10 位双积分型 ADC 的时钟信号频率为 1MHz，则其最大转换时间为多少？

8.12 已知某双积分式 ADC 电路如题图 8.5 所示。

（1）若模拟输入电压的最大值为 $V_{Imax}=2V$，要求分辨率≤0.1mV，则 n 位二进制计数器至少为多少位？

（2）若时钟信号频率 $f_{cp}=200kHz$，采样保持时间至少为多少？

（3）若时钟信号频率 $f_{cp}=200kHz$，$V_I<V_{REF}$，已知 $V_{REF}=2V$，积分器输出电压 U_o 的最大值为 5V，则积分时间常数 RC 为多少？

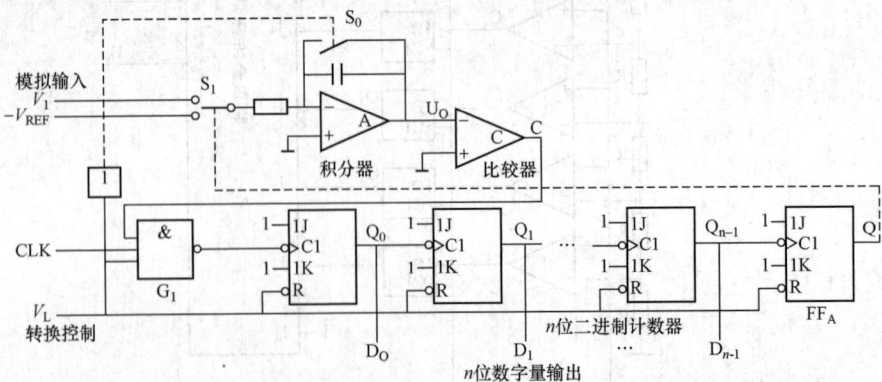

题图 8.5 n 位双积分型 ADC 电路

8.13 DAC 和 ADC 主要有哪些技术指标？

第9章 脉冲波形发生与整形电路

在数字系统中经常需要各种脉冲波形，如时钟脉冲信号、定时信号等，本章主要讨论矩形脉冲信号的产生以及整形基本电路，如多谐振荡电路、单稳态电路及施密特电路，并介绍集成电路 555 定时器功能及其典型应用。

9.1 多谐振荡电路

多谐振荡电路是一种自激振荡电路，无需外加触发信号，就能自行产生一定频率和幅值的矩形脉冲，由于输出波形中含有丰富的谐波分量，因此称为多谐振荡电路。多谐振荡电路只有两个暂稳状态，无稳定状态，因此也称为无稳态电路。

9.1.1 门电路构成的多谐振荡电路

1. 环形多谐振荡电路

如图 9.1 所示电路为由三个非门构成的多谐振荡电路，多个非门组成一个环形，因此也称为环形多谐振荡电路。环形多谐振荡电路是利用传输延迟时间来产生矩形脉冲。设非门的传输延迟时间为 t_{pd}，当 G_1 门输入 V_{I1} 产生正跳变时，经过传输延迟时间 t_{pd} 后，G_1 门输出 V_{O1} 产生负跳变，再经过 t_{pd} 后，G_2 门输出 V_{O2} 产生正跳变，再延迟 t_{pd} 后，G_3 门输出 V_O 产生负跳变并反馈给 G_1 门输入 V_{I1}。即 V_O（V_{I1}）产生正跳变经过 $3t_{pd}$ 后产生负跳变，再经过 $3t_{pd}$ 后又产生正跳变，不断循环，波形图如图 9.2 所示，其振荡频率为

$$f = \frac{1}{T} = \frac{1}{6t_{pd}} \tag{9-1}$$

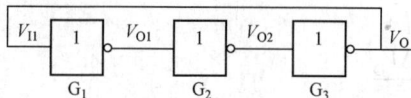

图 9.1　环形多谐振荡电路

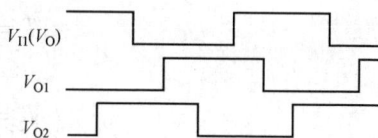

图 9.2　环形振荡电路的工作波形

同理，亦可用 5 个或更多奇数个非门构成环形多谐振荡电路，其振荡频率为 $1/2nt_{pd}$。因为门电路的延迟时间很短，因此环形多谐振荡电路输出的矩形脉冲频率很高，且不易调节，因而在实际应用中经常加入 RC 延时环节，通过调节 RC 来控制振荡频率。

2. CMOS 非门构成的多谐振荡电路

如图 9.3 所示为一种由 CMOS 非门构成的多谐振荡电路，为便于分析电路，假设门电路的电压传输特性具有理想特性，即开门电平和关门电平相等，称为阈值电平 V_{th}，设 $V_{th} \approx V_{DD}/2$，$V_{OH} \approx V_{DD}$，$V_{OL} \approx 0$。本章后面涉及的 CMOS 门分析均做此假设。

（1）若电路通电时 V_{I1} 为低电平，G_1 输出高电平，G_2 输出低电平，即电路处于第一暂稳态。此时 G_1 门的 T_N 管截止，T_P 管导通，G_2 门的 T_P 管截止，T_N 管导通，CMOS 非门内部电

路见图 4.1（b）。V_{DD} 通过 G_1 门的 T_P 管、R、G_2 门的 T_N 管对电容 C 进行充电，波形如图 9.4 所示。

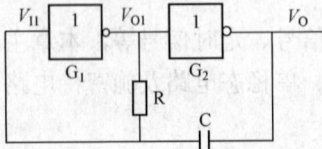

图 9.3 CMOS 非门构成的多谐振荡电路

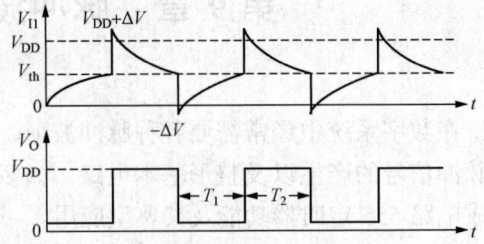

图 9.4 多谐振荡电路的工作波形

当 V_{I1} 上升至 V_{th} 时，引起图 9.5（a）所示的正反馈过程，G_1 输出低电平，G_2 输出高电平，电路进入第二暂稳态。

（2）电路进入第二暂稳态的瞬间，V_O 从低电平跳至高电平，而电容两端的电压不能突变，因此 V_{I1} 也上跳，由 CMOS 门输入端对电源和地有钳位二极管，因此 V_{I1} 只上跳至 $V_{DD}+\Delta V_D$，ΔV_D 为二极管的管压降。此时 G_1 门的 T_N 管导通，T_P 管截止，G_2 门的 T_P 管导通，T_N 管截止，电容 C 通过 G_1 门的 T_N 管、R、G_2 门的 T_P 管进行放电，波形如图 9.4 所示。当 V_{I1} 下降至 V_{th}

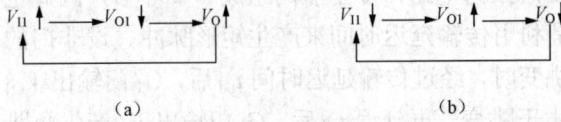

（a）   （b）

图 9.5 多谐振荡电路的正反馈过程

时，引起图 9.5（b）所示的正反馈过程，G_1 输出高电平，G_2 输出低电平，电路又回到第一暂稳态。依此循环，电路不断在两个暂稳态之间转换，形成周期振荡，输出矩形脉冲。

如图 9.4 的波形图可看出，输出矩形脉冲的周期为 $T=T_1+T_2$。其中 T_1 为第一暂稳态持续时间，即 V_{I1} 由 $-\Delta V_D$ 充电至 V_{th} 所需的时间；T_2 为第二暂稳态持续时间，即 V_{I1} 由 $V_{DD}+\Delta V_D$ 放电至 V_{th} 所需的时间。根据一阶 RC 电路瞬态响应的分析有

$$T_1 = RC \ln \frac{V_{DD}+\Delta V_D}{V_{DD}-V_{th}} \tag{9-2}$$

$$T_2 = RC \ln \frac{V_{DD}+\Delta V_D}{V_{th}} \tag{9-3}$$

设 $V_{th}=V_{DD}/2$，$\Delta V_D=0$，则振荡周期为

$$T = T_1 + T_2 = RC \ln \frac{V_{DD}+\Delta V_D}{V_{DD}-V_{th}} + RC \ln \frac{V_{DD}+\Delta V_D}{V_{th}}$$

$$= RC \ln \left(\frac{V_{DD}+\Delta V_D}{V_{DD}-V_{th}} \times \frac{V_{DD}+\Delta V_D}{V_{th}} \right) = 2RC \ln 2 \approx 1.4RC \tag{9-4}$$

如图 9.3 所示的多谐振荡电路通常取电阻 R 远大于 CMOS 门的导通电阻、电容 C 远大于电路的分布电容，且电源电压的波动会严重影响振荡频率的稳定性，可通过在 V_{I1} 输入端增加一个远大于 R 的保护电阻来缓解。这种多谐振荡电路不适用于对频率稳定性要求较高的场合。

9.1.2 石英晶体谐振电路

石英晶体的电路符号如图 9.6 所示，石英晶体具有良好的选频特性，其串联谐振频率 f_s

非常稳定，其他频率的信号均被衰减，因此由石英晶体构成的石英晶体谐振电路可得到频率稳定性很高的脉冲波形。

　　如图 9.7 所示为一种常用的石英晶体谐振电路。通过电阻 R_1、R_2 使非门工作在线性放大状态，C_1、C_2 为耦合电路，使 G_1、G_2 之间形成正反馈交流环路，G_3 用于对输出脉冲进行整形，输出 V_O 为矩形脉冲。由于石英晶体的选频特性，该谐振荡电路的振荡频率即为石英晶体的谐振频率 f_s，而与电容、电阻及非门的阈值电压无关，频率稳定性非常好。

图 9.6　石英晶体的电路符号　　　　　　　图 9.7　石英晶体谐振电路

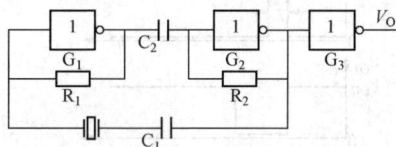

9.2　单 稳 态 电 路

　　单稳态电路只有一个稳态，另一个为暂稳态，又称为单稳态触发器，其广泛应用于脉冲整形、定时等。单稳态电路的暂稳态通常由 RC 电路的充放电来维持，根据 RC 电路的结构不同，又分为微分型单稳态电路和积分型单稳态电路。

9.2.1　由门电路组成的单稳态电路

1. 电路结构及工作原理

　　如图 9.8 所示为 CMOS 或非门构成的微分型单稳态电路。

　　（1）V_I 输入低电平时，V_{O1} 输出高电平，G2 的输入端经 R 接 V_{DD}，V_{O2} 输出低电平并反馈到 G_1 的输入端，G_1 的两个输入均为低电平，因此 V_{O1} 输出高电平，电容两端电压约为 0V。此时电路处于稳定状态，即 V_{O1} 输出高电平，V_{O2} 输出低电平。

　　（2）外加触发信号使 V_I 跳变至高电平，电路经过如图 9.9（a）所示正反馈过程，V_{O1} 输出低电平，由于电容两端电压不能突变，所以 VR 为低电平，G_2 输出 V_{O2} 为高电平并反馈到 G_1 的输入端，因此即使触发信号撤除（V_I 变成低电平），V_{O1} 仍会暂时维持在低电平。此时电路处于暂稳态，即 V_{O1} 输出低电平，V_{O2} 输出高电平。

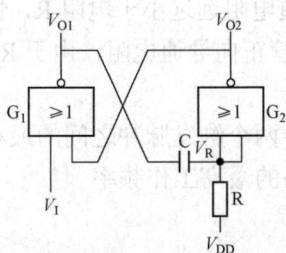

图 9.8　微分型单稳态电路　　　　　　　图 9.9　单稳态电路的正反馈过程

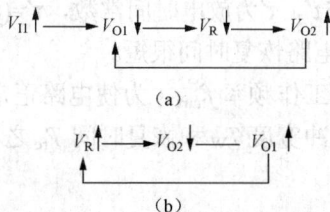

　　（3）在暂稳态期间，V_{DD} 通过 R 对电容 C 进行充电，因此 V_R 逐渐增加，达到阈值电压 V_{th} 时，电路经过图 9.9（b）所示的正反馈过程，V_{O2} 输出低电平，V_{O1} 输出高电平，由于电容两端电压不能突变，所以 V_R 在此瞬间应上升至 $V_{DD}+V_{th}$，然而由于 CMOS 门输入端保护二

管的存在，将 V_R 钳制 $V_{DD}+\Delta V$，ΔV 为二极管管压降。此时电路回到稳定状态，且电容 C 将通过电阻 R 进行放电。如图 9.10 所示为单稳态电路的工作波形。

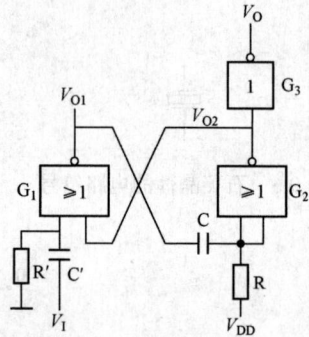

由波形图 9.10 可见，输入 V_1 的脉冲宽度 $T_I < T_W$ 时，可得到较理想的输出脉冲；若 $T_I > T_W$，则当输出 V_{O2} 回到低电平时，G_1 输出不变，不能形成图 9.9（b）所示的正反馈，在这种情况下，通常在输入 V_1 端增加 RC 微分电路，如图 9.11 所示，G_3 门用于对输出脉冲进行整形。

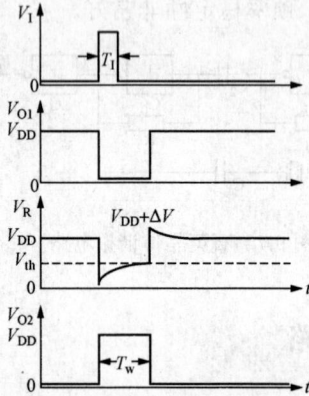

图 9.10　单稳态电路波形图　　　　　图 9.11　输入带微分环节的单稳态电路

由以上分析可见，单稳态电路具有如下特点：

（1）电路有一个稳态、一个暂稳态；

（2）在外来触发信号作用下，电路由稳态翻转到暂稳态；

（3）暂稳态不能长久保持，其持续的时间取决于 RC 延时电路的参数，经过延迟之后电路会自动返回稳态。

2. 工作参数估算

（1）脉冲宽度 T_w。输出脉冲的宽度 T_w 即暂稳态维持的时间，也就是电容充电的时间，根据一阶 RC 电路瞬态响应的分析有

$$T_w = RC \ln \frac{V_{DD}}{V_{DD} - V_{th}} \approx 0.7RC \tag{9-5}$$

（2）恢复时间 T_{re}。从暂稳态返回稳态之后，电容需要一定的放电时间使电路恢复到初始状态，即为恢复时间。通常 CMOS 门的保护二极管的导通电阻远远小于电阻 R，恢复时间通常为 3～5τ'，τ' 为放电时间常数，$\tau'=(R \| R_D)C$，R_D 为二极管正向导通电阻，由于 R_D 远远小于 R，所以电路恢复时间很短。

（3）工作频率 f_{max}。为使电路正常工作，触发信号 V_I 两个触发脉冲之间的最小时间间隔为输出脉冲宽度 T_W 和恢复时间 T_{re} 之和，因此单稳态电路的最高工作频率

$$f_{max} = \frac{1}{T_W + T_{re}} \tag{9-6}$$

9.2.2　集成单稳态触发器

集成单稳态触发器按照其功能特点分为可重复触发和不可重复触发两大类。若触发器在暂稳态期间能接受触发信号重新开始暂稳态，则为可重复触发的单稳态触发器，且重新开始暂稳态后维持的时间不变。若触发器在暂稳态期间不能重新触发，即使有外来触发信号也不

对其工作状态产生影响，则为不可重复触发的单稳态触发器。

常用的集成单稳态触发器非常多，如 TTL 系列的 74121、74122、74123，CMOS 系列的 4098、4528、4538 等，这些器件只要外接少量电阻电容即可构成单稳态电路，使用起来非常方便，下面主要介绍集成单稳态触发器 74121 的功能。

图 9.12 所示是 74121 的引脚图，各引脚功能如下：

（1）$\overline{A}_1$、$\overline{A}_2$：下降沿有效的触发信号输入端；

（2）B：上升沿有效的触发信号输入端；

（3）Q、$\overline{Q}$：互补输出；

（4）R_{ext}/C_{ext}：外接电阻/电容连接端；

（5）C_{ext}：外接定时电容连接端；

（6）R_{int}：内部电阻连接端；

（7）V_{CC}：电源端；

（8）GND：接地端；

（9）NC：悬空引脚。

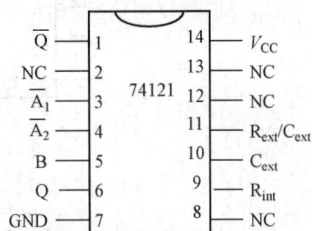

图 9.12　74121 引脚图

74121 是一种不可重复触发的单稳态触发器，其功能见表 9.1。

表 9.1　　　　　　　　　　　74121 功 能 表

输入			输出		功能
$\overline{A}_1$	$\overline{A}_2$	B	Q	$\overline{Q}$	
0	×	1	0	1	保持稳定
×	0	1	0	1	
×	×	0	0	1	
1	1	×	0	1	
1	↓	1			触发进入暂稳态
↓	1	1			
↓	↓	1			
0	×	↑			
×	0	↑			

（1）无外来触发信号时，电路保持稳态，即 Q=0。

（2）在外来触发信号作用下，电路触发进入暂稳态 1，并在维持 T_W 的时间后自动返回稳态。该触发器有两种有效的触发信号：①B=1 时，加在 $\overline{A}_1$、$\overline{A}_2$ 端的下降沿；②$\overline{A}_1 \cdot \overline{A}_2 = 0$ 时加在 B 端的上升沿。

如图 9.13 所示为 74121 的工作波形，输出脉冲宽度 T_W=0.7RC。定时电容 C 需外接在 R_{ext}/C_{ext} 引脚和 C_{ext} 引脚之间。74121 内部集成了一个约 2kΩ 的电阻，因此既可采用内部电阻作为定时电阻 R，电路接法如图 9.14（a）所示，也可外接电阻作为定时电阻 R，外接电阻需接在 R_{ext}/C_{ext} 引脚端，如图 9.14（b）所示。

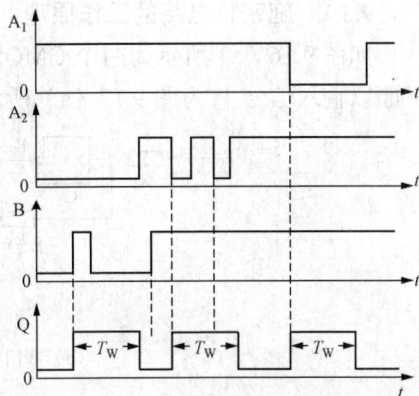

图 9.13　74121 工作波形

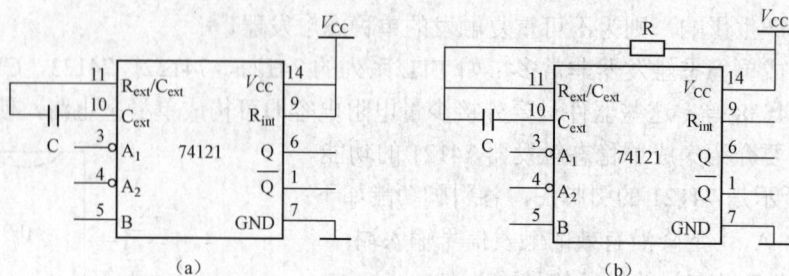

图 9.14　74121 构成单稳态电路

（a）采用内部电阻；（b）采用外接电阻

9.2.3　单稳态电路的应用

1. 脉冲定时

由图 9.10 可见，单稳态电路产生了宽度为 T_W 的矩形脉冲，可以利用此脉冲作为系统电路的定时控制信号，如在 T_W 时间内系统停止动作。如图 9.15 所示，将单稳态电路输出的矩形脉冲输入或非门，可以用于控制或非门，在 T_W 期间，或非门关闭，F 始终输出 0，其余时间或非门打开，输出 $F = \overline{A+B}$。

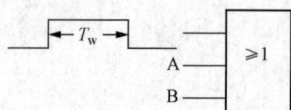

图 9.15　脉冲定时电路

2. 脉冲延时

由图 9.10 可见，输出 V_O 的下降沿较输入 V_I 的下降沿延迟了 T_W 的时间，利用此延迟特性，可将单稳态电路用于时序控制中进行脉冲的延时，且延迟时间 T_W 取决于 R、C，可以通过调节 R、C 值来得到所需的延时宽度。

此外，单稳态电路还可用于脉冲整形、脉宽鉴别等，用途非常广泛。

9.3　施密特电路

施密特（Schmitt）电路也称为施密特触发器，是一种常用的脉冲整形电路，能够把变化缓慢的输入波形变换成适合数字系统的矩形脉冲。施密特电路可以由门电路构成，也可由运算放大器构成，在这里主要讨论数字系统中常用的施密特电路。

9.3.1　施密特电路的工作原理

如图 9.16（a）所示为两个 CMOS 非门构成施密特电路，其逻辑符号如图 9.16（b）所示。下面以输入信号 V_I 为图 9.17（a）所示的三角波为例说明电路的工作原理。

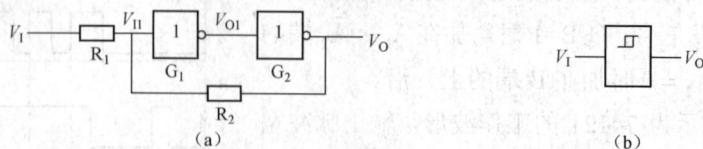

图 9.16　施密特电路

（a）非门构成的施密特电路；（b）逻辑符号

（1）$V_I=0$ 时，$V_{I1}=0$，V_{O1} 输出高电平，V_O 输出低电平。

（2）V_I 逐渐增加，V_{I1} 逐渐增加，当 V_{I1} 升至阈值电压 V_{th} 时，V_{O1} 输出低电平，V_O 输出高

电平，电路经过如图 9.18（a）所示的正反馈过程。此时输入电压 V_I 的电平值称为正向阈值电压 V_{T+}，根据电路叠加原理有

$$V_{I1} = V_{th} = \frac{R_2}{R_1 + R_2} V_{T+} + \frac{R_1}{R_1 + R_2} V_O \qquad (9-7)$$

由于 $V_{OL} \approx 0$，因此正向阈值电压为

$$V_{T+} = \left(1 + \frac{R_1}{R_2}\right) V_{th} \qquad (9-8)$$

此后 V_I 继续增加时电路状态保持不变，输出 V_O 为高电平。

（3）V_I 上升至峰值后开始下降，当 V_{I1} 降至阈值电压 V_{th} 时，V_{O1} 输出高电平，V_O 输出低电平，电路经过如图 9.18（b）所示的正反馈过程。此时输入电压 V_I 的电平值称为负向阈值电压 V_{T-}。根据叠加原理可得

$$V_{I1} = V_{th} = \frac{R_2}{R_1 + R_2} V_{T-} + \frac{R_1}{R_1 + R_2} V_O \qquad (9-9)$$

由于 $V_{OH} \approx V_{DD} = 2V_{th}$，因此可得负向阈值电压为

$$V_{T-} = \left(1 - \frac{R_1}{R_2}\right) V_{th} \qquad (9-10)$$

此后输入 V_I 继续下降，电路状态保持不变直至再次上升至 V_{T+}。施密特电路的工作波形如图 9.17 所示。

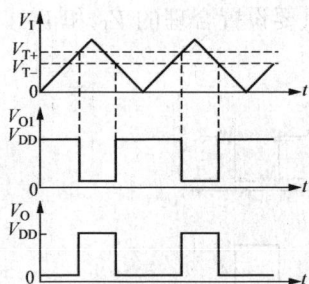

图 9.17　施密特电路工作波形　　　　图 9.18　施密特电路的正反馈过程

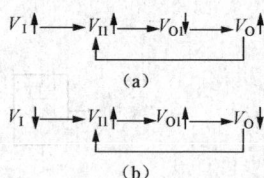

施密特电路的电压传输特性如图 9.19 所示，由于电路的正向阈值电压和负向阈值电压不同，其电压传输特性具有明显的电压滞后特性，也成为回差特性，回差电压 ΔV_T 为

$$\Delta V_T = V_{T+} - V_{T-} = 2\frac{R_1}{R_2} V_{th} \qquad (9-11)$$

从以上分析可看出施密特电路具有如下特点：

（1）施密特电路是一种电平触发器，输入信号的高电平和低电平使电路输出两种不同的状态；

（2）对于输入信号电平的上升和下降，输出状态翻转的阈值电压并不相同，如图 9.19 所示，通过调节 R_1 和 R_2 的值可以调节回差电压 ΔV_T；

（3）施密特电路对变化缓慢的信号仍然适用。

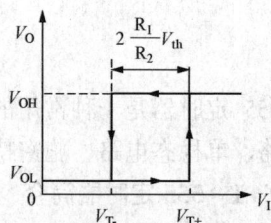

图 9.19　施密特电路的电压传输特性

　　除了用门电路构成施密特电路之外，也有许多常用的集成施密特触发器，如 TTL 系列的 74132、7414、7413，CMOS 系列的 CC40106、CC4093 等，读者可自行查阅资料。

9.3.2　施密特电路的应用

1. 施密特电路构成多谐振荡电路

　　图 9.20 所示为施密特触发器构成多谐振荡电路及其工作波形。电路接通电源时，V_I=0，V_O 输出高电平，电容 C 开始充电；V_I 上升至正向阈值电压 V_{T+} 时，输出 V_O 发生翻转，输出低电平，电容 C 开始放电；V_I 下降至负向阈值电压 V_{T-} 时，输出 V_O 再次发生翻转，输出高电平，电容 C 再次充电，这样不断循环，输出端得到矩形脉冲信号。

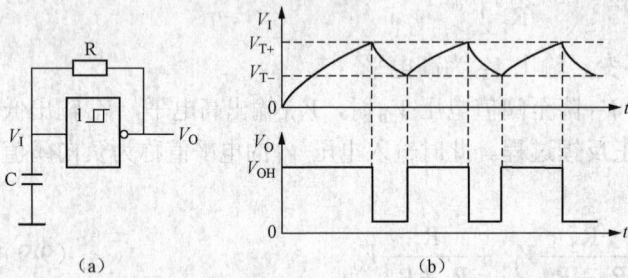

图 9.20　施密特触发器构成的多谐振荡电路

（a）电路结构；（b）工作波形

2. 脉冲波形的变换

　　由图 9.17 可见，施密特电路可以将三角波变换成矩形波，该电路同样适用于将幅度大于 V_{T+} 的正弦波等变化缓慢的波形转换成边沿很陡的矩形脉冲信号，且输出矩形脉冲与输入正弦波频率相同。

3. 脉冲波形的整形

　　实际应用系统中，矩形脉冲在传输时由于受到噪声的干扰经常会发生波形畸变，通过施密特电路可以对畸变的波形进行整形，如图 9.21 所示，只要设置合理的 V_{T+} 和 V_{T-}，就能将畸变波形整形成理想的矩形脉冲。

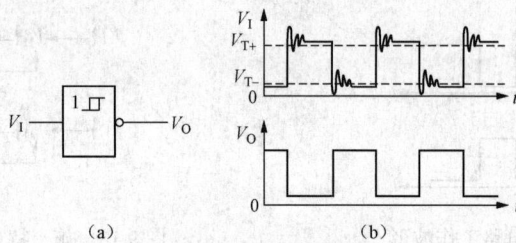

图 9.21　脉冲整形

（a）整形电路；（b）工作波形

　　此外施密特电路还可以进行脉冲幅度鉴别以及电压比较等，应用非常广泛。

9.4　555 定时器及其应用

　　555 定时器是一种常用的中规模集成电路，只需外接少量电阻、电容就可以实现多谐振荡电路、单稳态电路、施密特电路等各种脉冲产生、整形电路，应用广泛，使用灵活。

9.4.1　555 定时器简介

　　图 9.22 所示分别为 555 定时器的电路原理图和引脚图。555 定时器主要由电阻分压电路、比较器、基本 RS 触发器、放电晶体管组成，各引脚功能如下：

（1）$\overline{R}_D$：复位端，低电平有效；

（2）CO：控制电压输入端；

（3）TH：阈值电压输入端；

（4）$\overline{TR}$：低电平有效的触发端；

（5）OUT：输出端；

（6）D：放电端；

（7）V_{CC}：工作电源端；

（8）GND：接地端。

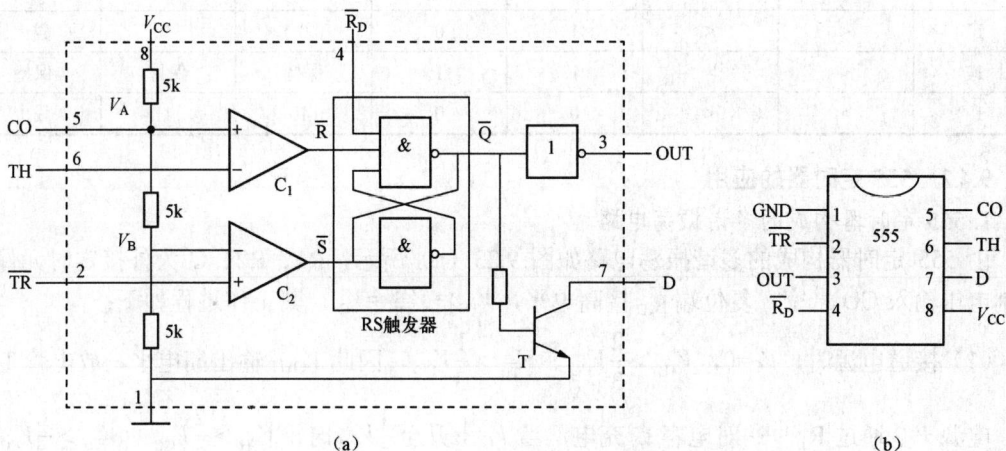

图 9.22　555 定时器原理图及引脚图

（a）原理图；（b）引脚图

设控制电压输入端 CO 悬空不用，比较器 C_1 的比较电压分别为 $V_+ = V_A = \dfrac{2}{3}V_{CC}$、$V_- = V_{TH}$，$C_2$ 的比较电压分别为 $V_- = V_{\overline{TR}}$、$V_- = V_B = \dfrac{1}{3}V_{CC}$。

（1）若 $\overline{R}_D$ 输入低电平，复位信号有效，此时 RS 触发器的 $\overline{Q}$ 端输出 1，V_{OUT} 输出 0，与其他输入端的状态无关。

（2）若 $\overline{R}_D$ 输入高电平，复位信号无效，则：

1）当 $V_{TH} > \dfrac{2}{3}V_{CC}$、$V_{\overline{TR}} > \dfrac{1}{3}V_{CC}$ 时，比较器 C_1 输出 0，比较器 C_2 输出 1，触发器进行复位，$\overline{Q}=1$，$V_{OUT}=0$；

2）当 $V_{TH} > \dfrac{2}{3}V_{CC}$、$V_{\overline{TR}} > \dfrac{1}{3}V_{CC}$ 时，比较器 C_1 输出 1，比较器 C_2 输出 0，触发器进行置位，$\overline{Q}=0$，$V_{OUT}=1$；

3）当 $V_{TH} > \dfrac{2}{3}V_{CC}$、$V_{\overline{TR}} > \dfrac{1}{3}V_{CC}$ 时，比较器 C_1 输出 1，比较器 C_2 输出 1，触发器保持原来的状态不变，输出 V_{OUT} 保持不变。

控制电压输入端 CO 不用时常外接一个滤波电容。若 CO 端接入控制电压 V_{CO}（$0 \sim V_{CC}$），

$V_A = V_{CO}$、$V_B = \frac{1}{2}V_{CO}$，电路的阈值电压、触发电平均随之改变，具体工作过程读者可自行分析。555 定时器的功能见表 9.2。

表 9.2   **555 定时器功能表**

输入			基本 RS 触发器的输入、输出			输出	
$\overline{R_D}$	V_{TH}	$V_{\overline{TR}}$	$\overline{R}$	$\overline{S}$	$\overline{Q}$	V_{OUT}	放电管 T
0	×	×	×	×	1	0	导通
1	>	>	0	1	1	0	导通
1	<	<	1	0	0	1	截止
1	<	>	1	1	保持	保持	保持
1	>	<	0	0	1	1	截止

9.4.2 555 定时器的应用

1. 555 定时器构成的多谐振荡电路

由 555 定时器构成的多谐振荡电路如图 9.23（a）所示，R1、R2、C 为外接定时元件。控制电压输入 CO 悬空，复位端 $\overline{R_D}$ 接高电平，$V_{TH} = V_{\overline{TR}} = V_C$，其工作过程如下：

（1）接通电源时，$V_C = 0$，$V_{TH} > \frac{2}{3}V_{CC}$、$V_{\overline{TR}} > \frac{1}{3}V_{CC}$，因此 V_{OUT} 输出高电平，放电管 T 截止，电源 V_{CC} 通过 R$_1$、R$_2$ 对电容 C 充电，当 V_C 上升至 $\frac{1}{3}V_{CC}$ 时，$V_{TH} > \frac{2}{3}V_{CC}$、$V_{\overline{TR}} > \frac{1}{3}V_{CC}$，输出 V_{OUT} 保持高电平不变；

（2）当 V_C 上升至 $\frac{2}{3}V_{CC}$ 时，$V_{TH} > \frac{2}{3}V_{CC}$、$V_{\overline{TR}} > \frac{1}{3}V_{CC}$，输出 V_{OUT} 输出低电平，放电管 T 导通，电容 C 通过 R$_2$、放电管 T 进行放电，V_C 下降。

（3）当 V_C 下降至 $\frac{1}{3}V_{CC}$ 时，$V_{TH} < \frac{2}{3}V_{CC}$、$V_{\overline{TR}} < \frac{1}{3}V_{CC}$，输出 V_{OUT} 输出高电平；放电管 T 截止，电源 V_{CC} 再次通过 R$_1$、R$_2$ 对电容 C 充电，不断循环。

555 定时器构成的多谐振荡电路的工作波形如图 9.23（b）所示。T_H 为电容充电的时间，T_L 为电容放电的时间。

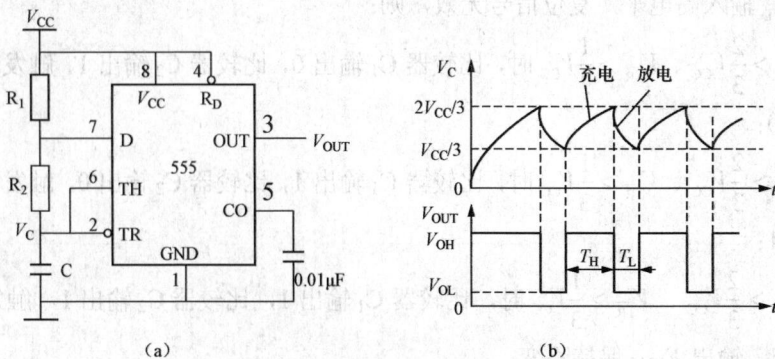

图 9.23 555 定时器构成多谐振荡电路

(a)电路图；(b)工作波形

$$T_{\mathrm{H}} = (R_1 + R_2)C\ln\frac{V_{\mathrm{CC}} - V_{\mathrm{CC}}/3}{V_{\mathrm{CC}} - 2V_{\mathrm{CC}}/3} = (R_1 + R_2)C\ln 2 \approx 0.7(R_1 + R_2)C \tag{9-12}$$

$$T_{\mathrm{L}} = R_2 C\ln\frac{0 - 2V_{\mathrm{CC}}/3}{0 - V_{\mathrm{CC}}/3} = R_2 C\ln 2 \approx 0.7R_2 C \tag{9-13}$$

输出矩形脉冲的周期为：

$$T = T_{\mathrm{H}} + T_{\mathrm{L}} \approx 0.7(R_1 + 2R_2)C \tag{9-14}$$

输出矩形脉冲的占空比为：

$$q = \frac{T_{\mathrm{H}}}{T} = \frac{0.7(R_1 + R_2)C}{0.7(R_1 + R_2)C} = \frac{R_1 + R_2}{R_1 + 2R_2} \tag{9-15}$$

由式（9-15）可见，此多谐振荡电路的占空比总大于50%，为了克服这个缺点，可采用图 9.24 所示的多谐振荡电路，二极管 D_1、D_2 的单向导电特性使电容充电、放电回路分离，增加电位器使得输出脉冲的占空比可调。V_{CC} 通过 R_1、D_1 对电容 C 充电，而电容 C 通过 R_2、D_2 放电，设二极管导通电阻为 0，可得

$$T_{\mathrm{H}} \approx 0.7R_1 C \tag{9-16}$$

$$T_{\mathrm{L}} \approx 0.7R_2 C \tag{9-17}$$

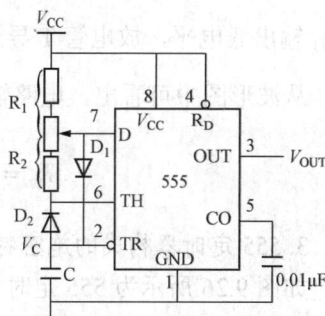

图 9.24　占空比可调的多谐振荡电路

振荡周期为

$$T = T_{\mathrm{H}} + T_{\mathrm{L}} \approx 0.7(R_1 + R_2)C \tag{9-18}$$

占空比为

$$q = \frac{R_1}{R_1 + R_2} \tag{9-19}$$

可见，通过电位器可调节 R_1、R_2 的比值，从而可以改变输出脉冲的占空比。

2. 555 定时器构成的单稳态电路

如图 9.25 所示为 555 定时器构成的单稳态电路及其工作波形，其工作原理如下：

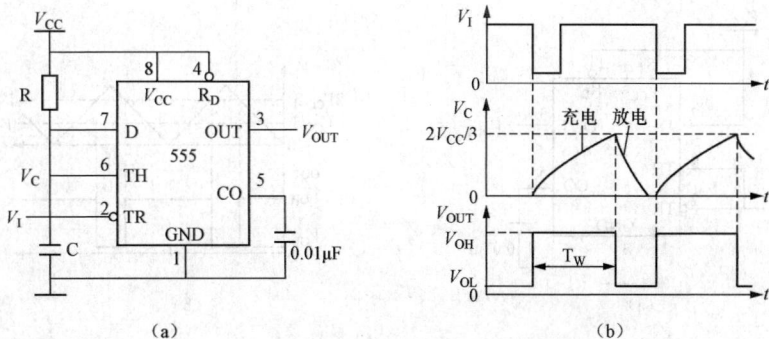

(a)　　　　　　　　　　(b)

图 9.25　555 定时器构成单稳态电路

（a）电路图；（b）工作波形

（1）稳定状态。无触发信号时，V_I 保持高电平即 $V_{\overline{TR}} > \frac{1}{3}V_{CC}$，接通电源后，$V_{CC}$ 通过电阻 R 对电容 C 充电，当 $V_C = V_{TH} > \frac{2}{3}V_{CC}$ 时，V_{OUT} 输出低电平，放电管 T 导通，电容通过 T 放电，当 $V_C = V_{TH} < \frac{2}{3}V_{CC}$ 时，V_{OUT} 输出保持低电平不变，电路处于稳定状态。

（2）暂稳状态。触发信号到来时，V_I 跳变成低电平即 $V_{\overline{TR}} < \frac{1}{3}V_{CC}$，且此时 $V_C = V_{TH} < \frac{2}{3}V_{CC}$ 时，V_{OUT} 输出高电平，放电管 T 截止，V_{CC} 再次通过电阻 R 对电容 C 充电，此时电路进入暂稳态。

（3）返回稳态。当电容 C 充电至 $V_C = V_{TH} > \frac{2}{3}V_{CC}$ 时，V_I 已回到高电平即 $V_{\overline{TR}} > \frac{1}{3}V_{CC}$，$V_{OUT}$ 输出低电平，放电管 T 导通，电容通过 T 快速放电，电路返回稳定状态。

从波形图中可看出，电路输出脉冲宽度为电容从 0V 充电至 $\frac{2}{3}V_{CC}$ 所需的时间：

$$T_W = RC\ln\frac{V_{CC}-0}{V_{CC}-2V_{CC}/3} = RC\ln 3 \approx 1.1RC \tag{9-20}$$

3. 555 定时器构成的施密特电路

如图 9.26 所示为 555 定时器构成的施密特电路及其工作波形。其工作原理如下：

（1）当输入 V_I 上升至 $\frac{2}{3}V_{CC}$ 时，$V_{TH} > \frac{2}{3}V_{CC}$、$V_{\overline{TR}} > \frac{1}{3}V_{CC}$，$V_{OUT}$ 输出低电平。之后 V_I 继续上升至峰值后回落，当 V_I 下降至 $\frac{2}{3}V_{CC}$ 时，$V_{TH} < \frac{2}{3}V_{CC}$、$V_{\overline{TR}} > \frac{1}{3}V_{CC}$，$V_{OUT}$ 保持低电平不变；

（2）当 V_I 下降至 $\frac{1}{3}V_{CC}$ 时，$V_{TH} < \frac{2}{3}V_{CC}$、$V_{\overline{TR}} < \frac{1}{3}V_{CC}$，$V_{OUT}$ 输出高电平。之后 V_I 继续下降至谷值后上升，当 V_I 上升至 $\frac{1}{3}V_{CC}$ 时，$V_{TH} < \frac{2}{3}V_{CC}$、$V_{\overline{TR}} > \frac{1}{3}V_{CC}$，$V_{OUT}$ 保持高电平不变；

（3）当 V_I 上升至 $\frac{2}{3}V_{CC}$ 时，$V_{TH} > \frac{2}{3}V_{CC}$、$V_{\overline{TR}} > \frac{1}{3}V_{CC}$，$V_{OUT}$ 再次输出低电平，依此循环。

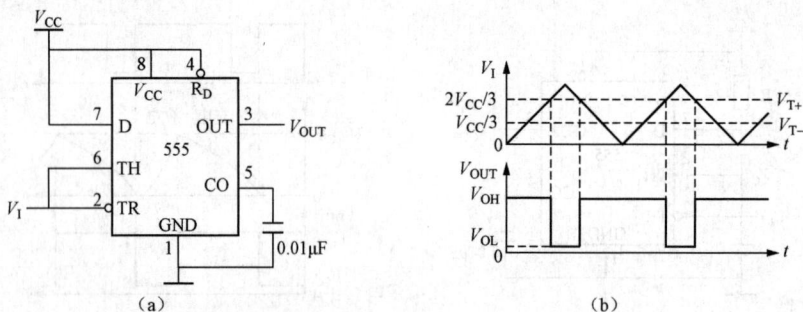

图 9.26　555 定时器构成施密特电路

（a）电路图；（b）工作波形

由波形图可见 555 定时器构成的施密特电路的回差电压

$$\Delta V_{\rm T} = \Delta V_{\rm T+} - \Delta V_{\rm T-} = \frac{V_{\rm CC}}{3} \tag{9-21}$$

图 9.26（a）中 CO 端外接 0.01μF 的滤波电容可提高参考电压的稳定性，也可外控制电压来调节施密特电路的回差电压$\Delta V_{\rm T}$。

4. 应用设计实例——双音门铃电路

如图 9.27 所示为 555 定时器构成的双音门铃电路，其基本功能为多谐振荡器，在开关 J 的控制下输出高、低两种频率的脉冲波形使喇叭分别发出高、低音。

（1）当开关 J 按下时，开关闭合，$V_{\rm CC}$ 经 D_2 向电容 C_2 快速充电，充电完成后复位端$\overline{R_D}$ 输入高电平，复位端无效，多谐振荡器起振，由于 D_1 导通，将 R_3 旁路，$V_{\rm CC}$ 经 R_1、R_2 向电容 C_1 充电，电容 C_1 经 R_2、555 定时器的内部放电管放电，此时产生高频振荡，振荡频率

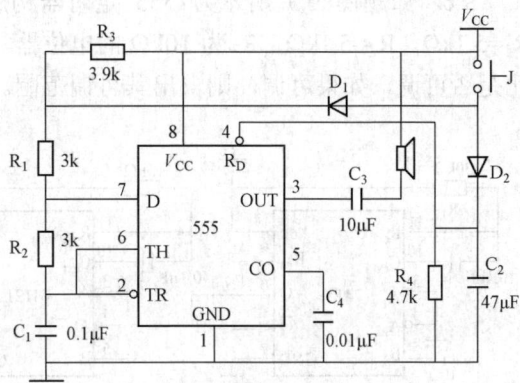

图 9.27 555 定时器构成双音门铃电路

$$f_1 = \frac{1}{T} = \frac{1}{0.7(R_1 + 2R_2)C_1} \tag{9-22}$$

（2）当开关 J 松开时，开关断开，C_2 经 R_4 放电，在$\overline{R_D}$ 端电平降至低电平之前，电路仍继续振荡，此时 D_1 截止，$V_{\rm CC}$ 经 R_3、R_1、R_2 向电容 C_1 充电，电容 C_1 经 R_2、555 定时器的内部放电管放电，此时产生低频振荡，振荡频率

$$f_2 = \frac{1}{T} = \frac{1}{0.7(R_3 + R_1 + 2R_2)C_1} \tag{9-23}$$

（3）在$\overline{R_D}$ 端电平降至低电平时，复位端有效，555 输出低电平，多谐振荡器停止振荡，喇叭停止发音。

可见，适当调节高频振荡和低频振荡的参数，就可改变喇叭高、低音频率以及高、低音维持时间。

本章习题

9.1 多谐振荡电路、单稳态电路、施密特电路各有几个暂稳态？

9.2 由单稳态触发器 74121 构成的单稳态电路分别如图 9.14（a）、（b）所示，若 R=5.1kΩ，C=0.01μF，内部集成电阻 $R_{\rm int}$=2kΩ，分别计算两个电路的输出脉冲宽度。

9.3 由单稳态触发器 74121 构成的可调延时电路如题图 9.1 所示。

（1）计算输出脉冲宽度的可调范围；

（2）电阻 R 有何作用？

9.4 由单稳态触发器 74121 构成的电路如题图 9.2 所示。

（1）计算 V_{O1}、V_O 的输出脉冲宽度；

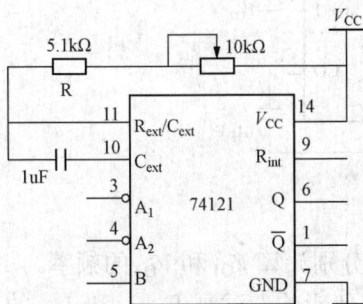

题图 9.1

（2）若输入 V_I 的波形如题图 9.2 中所示，画出输出 V_{O1}、V_O 的波形。

9.5　用 555 定时器构成的多谐振荡电路如图 9.23（a）所示，若 $V_{CC}=9V$，$R_1=5.1k\Omega$，$R_2=4.7k\Omega$，$C=0.01\mu F$，计算其振荡周期、振荡频率、占空比。

9.6　如题图 9.3 所示为 555 定时器构成的占空比可调的多谐振荡电路，若 $V_{CC}=9V$，$R_1=5.1k\Omega$，$R_2=5.1k\Omega$，R_3 为 $10k\Omega$ 的电位器，$C=0.01\mu F$，试问其振荡周期、振荡频率、占空比是否可调，如果可调，则求出其可调范围。

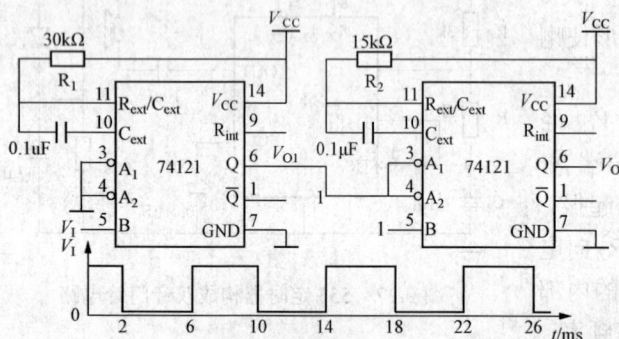

题图 9.2

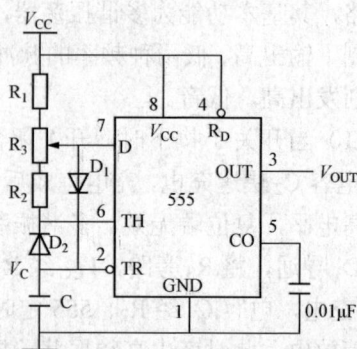

题图 9.3

9.7　用 555 定时器构成单稳态电路如图 9.25（a）所示，若需得到宽度为 1s 的输出脉冲，且电容 $C=0.01\mu F$，则电阻 R 值应为多少？

9.8　用 555 定时器构成单稳态电路如图 9.25（a）所示，已知 $V_{CC}=12V$，$R=10k\Omega$，$C=0.01\mu F$，试求输出脉冲宽度 T_w，并画出 V_I、V_C、V_{OUT} 的波形。

9.9　用 555 定时器构成的施密特电路如图 9.26（a）所示，则：

（1）当 $V_{CC}=12V$，CO 端悬空时，V_{T+}、V_{T-}、ΔV_T 分别为多少？

（2）当 $V_{CC}=9V$，CO 端接控制电压 $V_{CO}=6V$ 时，V_{T+}、V_{T-}、ΔV_T 分别为多少？

9.10　用 555 定时器设计一个占空比可调的多谐振荡电路，振荡频率为 10kHz，占空比 q 为 20%，取电容 $C=0.01\mu F$，试确定其电阻值。

9.11　用 555 定时器组成如题图 9.4 所示的脉冲发生电路，设 $V_{OH}=5V$，$V_{OL}=0V$，D 为理想二极管。

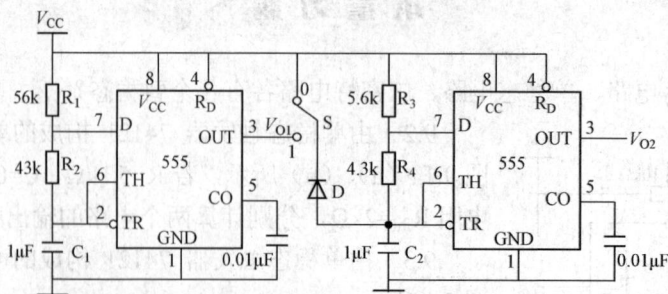

题图 9.4

（1）若开关置 0，则两个 555 定时器分别组成什么电路？分别计算 V_{O1} 和 V_{O2} 的频率。

（2）若开关置 1，则 V_{O1} 输出高电平和低电平时对 V_{O2} 有何影响？试画出 V_{O1} 和 V_{O2} 的波形。

第10章 数字系统设计基础

10.1 数字系统概述

10.1.1 数字系统定义

数字系统（Digital System）是对数字信息进行存储、传输、处理的电子系统，一般由若干逻辑功能部件构成。前述章节介绍的加法器、数值比较器、译码器、数据选择器、计数器、移位寄存器等都属于逻辑功能部件，它们规模较小、功能单一。数字系统的规模一般较大，能够实现复杂的逻辑功能，电脑是一个典型的数字系统。

区分数字系统和逻辑功能部件的标志不在于器件的多少，而在于系统中是否含有控制部件，即控制单元。数字系统中的各个逻辑功能部件都是在控制单元的控制下完成相应的操作并协调工作。若不含有控制单元，则仅仅是单一的逻辑功能部件。

10.1.2 数字系统的一般结构

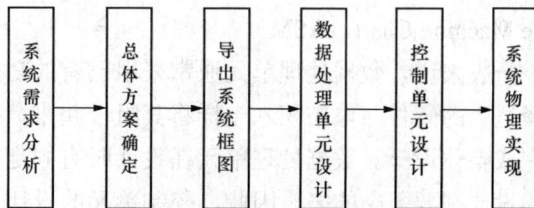

数字系统从结构上划分都可以分为数据处理单元和控制单元两个部分，如图10.1所示。数据处理单元主要完成针对数据的处理工作，包括数据的存储、传输、和处理等，以上操作均是在控制单元发出的控制信号控制下，按照预先设定的顺序完成，同时数据处理单元产生反馈应答信号送给控制单元，控制单元接收到该反馈应答信号，经判断处理之后再决定发出新的控制信号，使数据处理单元开始下一轮的数据处理。

由此可以看出，控制单元是数字系统的核心部分，数据处理单元是受控单元。数据处理单元在何时完成何种数据操作都要受到控制单元的控制，控制单元控制着整个系统的操作进程。

10.1.3 数字系统的设计步骤

数字系统的设计一般需经过以下几个步骤：系统需求分析、总体方案确定、导出系统框图、数据处理单元设计、控制单元设计和系统物理实现，如图10.2所示。

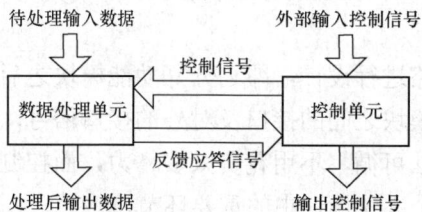

图 10.1 数字系统的一般结构　　　　图 10.2 数字系统的设计步骤

1. 系统需求分析

系统需求分析是数字系统设计的第一步。首先，应根据用户的设计要求，进行充分的市场调研，明确系统的逻辑功能及具体的技术指标。包括系统的输入信号、输出信号的定义、格式和传输方式，控制信号的定义、格式及与数据处理单元之间的控制方式，数据处理单元对控制单元的反馈应答信号的定义、格式等。最终在与用户协商一致的情况下，确定该系统设计任务书。

2. 总体方案确定

数字系统较复杂，描述系统时不再采用本书前述功能部件的方法，而是采用算法描述方式。数字系统总体方案的优劣将直接影响整个数字系统的性能，因此必须对多种可实现的方案进行比较，从中选择出最优算法。算法设计时常采用"自上而下"的方式，对系统功能进行分解，将复杂运算分解为一系列有序的子运算，若子运算仍较复杂，还可以进行进一步的分解，直到每一个子系统均较为简单，能找到合适的功能模块实现为止，最后可画出系统的算法流程图。选择算法时主要考虑以下几个因素：①满足系统任务书中各项性能指标要求；②结构简单，易于实现，方便测试；③性价比较高。

3. 导出系统框图

确定系统总体方案之后，下一步可以导出系统框图。如前所述，数字系统可以分为数据处理单元和控制单元两个部分，系统框图即由这两个部分组成。系统框图中应明确给出数据处理单元需要用到哪种类型的硬件实现，例如门电路、数据选择器、计数器等，并给出它们之间的连接关系。同时，需要描述控制单元对数据处理单元的控制信号，以及数据处理单元对控制单元的反馈应答信号。需要注意的是，这里推导的仅仅是系统框图，而不是详细的系统实现电路图，因此不需要涉及具体的器件型号。

4. 数据处理单元设计

导出系统框图之后，就可以开始数据处理单元的设计。根据已确定的算法，选择合适的硬件电路，可以是市售的 SSI、MSI 和 LSI 集成芯片，也可以选用一片或几片 PLD 芯片，实现算法中要求的数据存储、传输和处理等功能，并确定控制信号时序。数据处理单元又称受控单元，它是受到控制单元控制的，在设计时要求易于控制，控制方式和控制信号要尽可能简单，便于实现。

5. 控制单元设计

设计完数据处理单元之后，就可以开始着手控制单元的设计。数据处理单元之所以能够正确有序地工作，离不开控制单元正确有序的控制。根据数据处理单元提供的控制信号时序，确定控制信号之间的先后关系，画出用于描述控制单元工作流程的算法状态机图（Algorithmic State Machine Chart，ASM）。

一般来说，数据处理单元通常采用已有的功能电路进行设计，即划分好功能模块之后，选择适当的硬件，像搭积木一样将其组合起来，确定模块之间的接口及对外的接口信号，从而完成整体设计。数据处理单元在设计时有固定的方法可循，不用花费太多精力，而控制单元的设计则要复杂的多。因此，控制单元的设计是整个系统设计中的重要环节。

6. 系统物理实现

当数据处理单元与控制单元均设计完成之后，可将理论设计部分转化为硬件电路设计，即系统的物理实现。为了保证设计的正确性与可靠性，减少设计过程中的错误与不足，可以先采用 EDA 等软件对所设计的系统进行仿真，仿真通过之后，再采用具体器件搭建电路。初学者在搭建电路时，往往采用"自下而上"的方式，先搭建较为简单的子系统，这样便于调试单个电路，然后再组合起来。

10.2 数字系统的设计方法

10.2.1 系统需求分析与总体方案确定

如前所述,系统需求分析是数字系统设计的第一步,经过系统分析可明确系统任务书,之后确定总体设计方案,画出系统算法流程图。

算法流程图是描述数字系统最常用的工具之一,除采用算法流程图之外,数字系统也可以采用硬件描述语言进行描述,这部分内容将在 10.3 节中予以讨论。算法流程图作为设计人员之间通用的交流工具,应符合一定的规范,即采用普遍接受的符号与规则加以表示。常用的符号有工作块、判别块、条件块、开始块和结束块。

1. 工作块

工作块如图 10.3(a)所示,用矩形框表示,用于描述一个或一组操作,通常也用于描述不同状态下的输出信号,工作块需要占用一定的时间。例如,图 10.3(b)中的工作块表示完成计数器 CNT 加 1 操作。

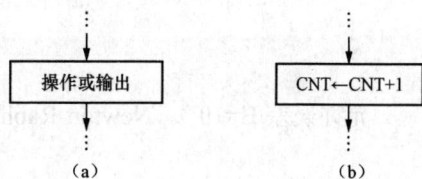

图 10.3 工作块

2. 判别块

判别块如图 10.4(a)所示,用菱形框表示,用于描述判别条件,并根据判别结果决定下一步执行工作块 1 或工作块 2 中的操作。例如,图 10.4(b)中的判别块表示先判断 CNT 是否等于 3,若等于 3,则将寄存器 REG 置 0;否则,将 CNT 加 1。

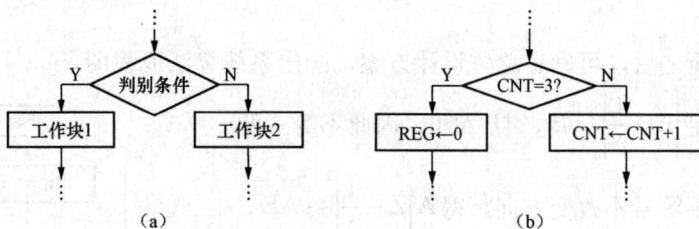

图 10.4 判别块

3. 条件块

条件块如图 10.5(a)所示,用带横杠的矩形框表示,用于描述当条件满足时,立即执行条件块中的操作。与工作块不同,条件块在执行时不占用独立的时段,它附属于判别块之前的工作块。例如,图 10.5(b)中块 2 是条件块,它附属于块 1,当条件 $B_i=1$ 成立时,执行块 2,然后执行块 3;否则只执行块 3。由于块 2 是条件块,不占用独立的时段,因此不论条件 $B_i=1$ 是否成立,执行时总时间不变。

4. 开始块和结束块

开始块和结束块如图 10.6 所示,用椭圆形框表示,用于描述算法流程图的首、尾。

【例 10.1】 试采用 Newton-Raphson 迭代公式计算 A 的倒数的近似值 Z。其中 A 的范围为

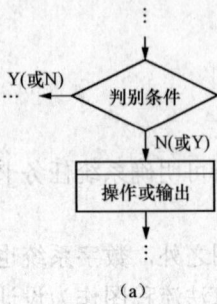

图 10.5　条件块

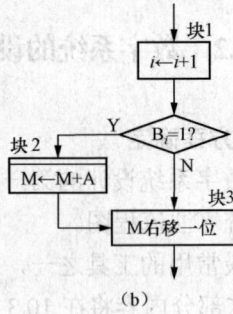

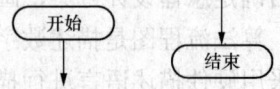

图 10.6　开始块和结束块

$$\frac{1}{2} \leq A < 1$$

误差满足

$$\left| Z - \frac{1}{A} \right| \leq E$$

允许误差 E=10^{-4}。Newton-Raphson 迭代公式为

$$Z_{i+1}=Z_i(2-AZ_i)$$

可由 Z_i 迭代计算 Z_{i+1}。注明：该变换器不允许用除法进行变换。

解：（1）根据题意，首先进行系统需求分析。如图 10.7 所示，由 A 及允许误差 E 的取值范围可知，需用 16 位寄存器 REG1 和 REG2 分别存放 A 和 E。外部输入控制信号 START 有效后系统开始工作，一旦完成变换，外部输出信号 DONE 有效，同时将转换结果从 Z 输出。

（2）需求分析之后，可确定总体设计方案，画出系统算法流程图。

因为要求误差满足 $\left| Z - \frac{1}{A} \right| \leq E$，且 A>0，因此不等式两

边同时乘以 A，不等号不改变方向，得 $A\left| Z - \frac{1}{A} \right| \leq AE$，

即|AZ–1|≤AE。因为 $\frac{1}{2} \leq A < 1$，所以|AZ–1|≤E/2。其中，

E/2 运算可不用除法，而用右移运算实现。算法流程图如图 10.8 所示。

图 10.7　倒数变换器示意图

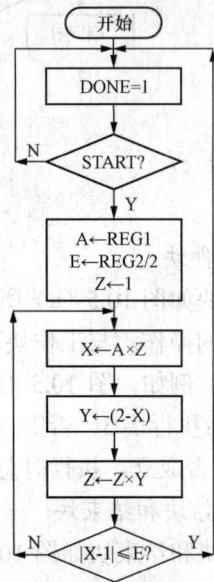

图 10.8　倒数变换器算法流程图

10.2.2 导出系统框图

系统框图由控制单元和数据处理单元两个部分组成，系统框图中需给出它们之间的连接关系。

【例 10.2】 导出［例 10.1］倒数变换器的系统框图。

解： 倒数变换器的系统框图如图 10.9 所示，由控制器和数据处理单元两个部分组成。

10.2.3 数据处理单元的设计

数据处理单元的功能是实现数据的存储、传送和处理，一般由存储器、运算器和控制信号等组成。

【例 10.3】 导出例 10.1 倒数变换器的数据处理单元逻辑框图和逻辑电路图。

解： 经过分析可知，倒数变换器数据处理所需硬件如下：

（1）存储器。

A，存储器，寄存 REG1；

E，存储器，寄存 REG2/2；

X，存储器，寄存 AZ_i；

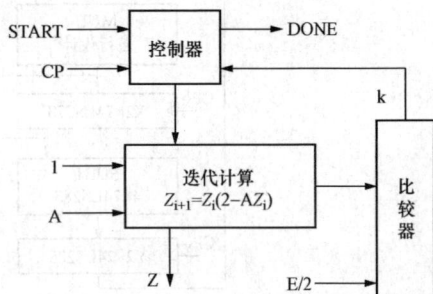

图 10.9 倒数变换器系统框图

Y，存储器，寄存 $2-AZ_i$；

Z，存储器，寄存 $Z_i(2-AZ_i)$。

（2）运算器。

乘法器 MUL，完成 AZ_i 和 $Z_i(2-AZ_i)$ 运算，可采用复用方式设计；

减法器 SUB1，完成 $2-AZ_i$；

减法器 SUB2，完成 $|AZ_i-1|$ 运算；

比较器 COMP，完成 $|AZ_i-1|$ 和 REG2/2 比较，比较结果由 K 送给控制单元，作为数据处理单元的反馈应答信号。

根据设计要求可得如图 10.10 所示数据处理单元逻辑框图。在该图中只给出器件的类型，没有给出器件的具体型号，若明确型号后可得如图 10.11 所示逻辑电路图。需要说明的是，逻辑电路图的设计方案是多样的，这里仅提供了一种可能的选择，读者可以根据自己的设计习惯进行选择。

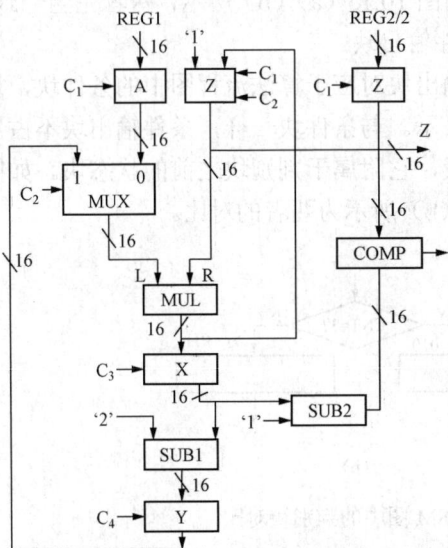

图 10.10 倒数变换器的数据处理单元逻辑框图

10.2.4 控制单元的设计

如前所述，控制单元通常采用算法状态机图（ASM 图）描述，它与算法流程图十分相似，通常由状态块、判别块和条件输出块构成。

1. 状态块

状态块对应于算法流程图中的工作块，用矩形框表示。在状态块上方需标识该状态的名称与编码，块内应注明该状态下控制单元的控制信号输出；若无控制信号，则状态块内为空白。如图 10.12 所示，（b）图为（a）图所对应的状态块，状态定义为 S_3，编码 011。

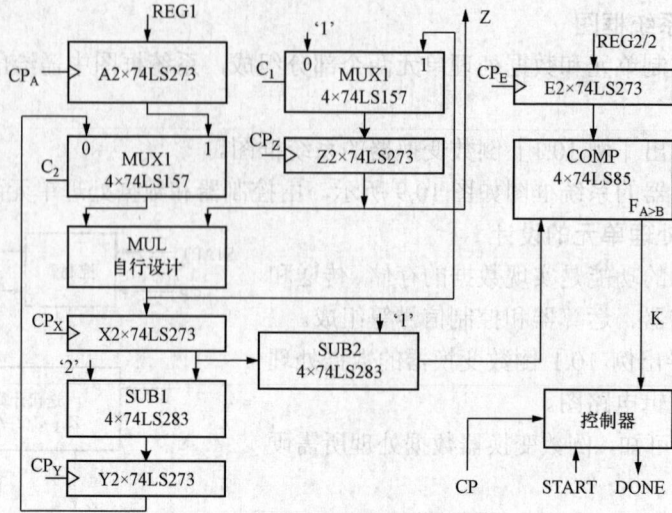

图 10.11 倒数变换器的数据处理单元逻辑电路图

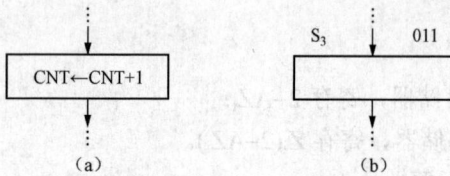

图 10.12 算法流程图中的工作块与
ASM 图中的状态块对比
（a）工作块；（b）状态块

2. 判别块

判别块对应于算法流程图中的判别块，用菱形框表示，如图 10.13（a）（b）所示，两者完全一致。

3. 条件输出块

条件输出块对应于算法流程图中的条件块，用椭圆形框表示。与条件块一样，条件输出块不占用独立的时段，它附属于判别块之前的状态块。如图 10.14（a）（b）所示为两者的对比。

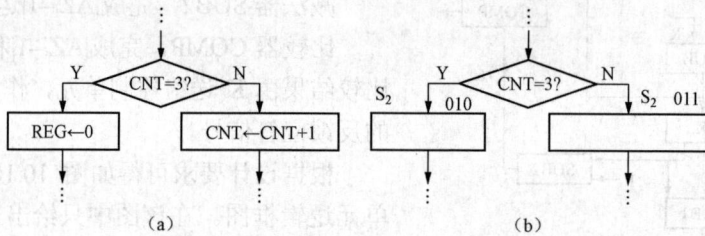

图 10.13 算法流程图中的判别块与 ASM 图中的判别块对比

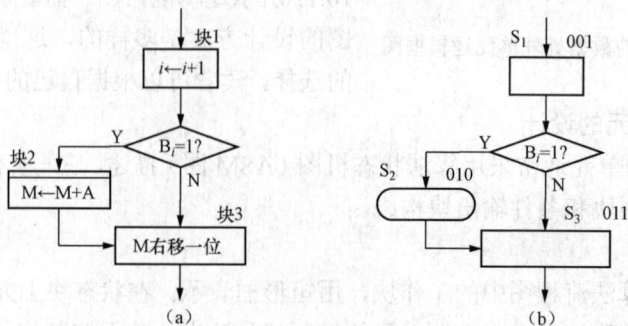

图 10.14 算法流程图中的条件块与 ASM 图中的条件输出块对比

【例 10.4】　导出［例 10.1］倒数变换器的控制单元 ASM 图。

解：由于算法流程图与 ASM 图有良好的对应关系，因此可以直接从算法流程图上推导出 ASM 图。从图 10.8 可以看出，一共有 5 个状态，用 $S_0 \sim S_4$ 表示，编码为 000、001、011、010、110，得到倒数变换器的 ASM 如图 10.15 所示。

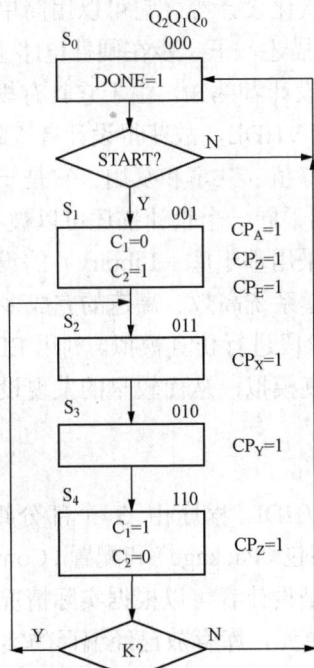

图 10.15　倒数变换器控制单元 ASM 图

10.3　VHDL　语　言

硬件描述语言 VHDL（Very-High-Speed Integrated Circuit Hardware Description Language）诞生于 1982 年，是一种用于数字系统设计的高级语言。于 1987 年底被 IEEE 和美国国防部确认为标准硬件描述语言。1993 年，IEEE 对 VHDL 进行了修订，从更高的抽象层次和系统描述能力上扩展 VHDL 的内容，公布了新版本的 VHDL，即 IEEE 标准的 1076-1993 版本（简称 93 版）。还有一种也被确定为 IEEE 的工业标准硬件描述语言的是 Verilog HDL 语言，它们得到众多 EDA 公司支持，在电子工程领域，已成为事实上的通用硬件描述语言。

VHDL 主要用于描述数字系统的结构、行为、功能和接口，它的语言形式、描述风格以及语法与一般的计算机高级语言十分相似，但又具有许多描述硬件特征的语句。利用 VHDL 设计数字系统时，首先将该系统视为一项工程设计（或称设计实体），该实体可以分成外部（或称可视部分及端口）和内部（或称不可视部分）两个部分，然后既需要设计对外的接口部分，又需要设计实体的内部功能和算法完成部分。在对一个设计实体定义了外部界面后，一旦其内部开发完成后，其他的设计就可以直接调用这个实体。

VHDL 之所以能够得到广泛应用，是与其自身特点密不可分的。

（1）VHDL 与器件设计独立，与器件工艺无关。设计者开始进行 VHDL 设计时，可以不考虑选择具体哪种器件，而只需集中精力进行独立的设计并优化。在程序描述完成之后，再选择能够满足设计要求的具体器件实现，因此设计者的选择范围较广。

（2）VHDL 具有功能强大的语言结构。它支持多种设计方法，包括自上而下的设计和自下而上的设计、模块化设计和层次化设计等。它可以用简单规范的程序来描述复杂的逻辑功能，并且最后可直接生成 RTL 级描述，下一步在硬件电路上实现。

（3）VDHL 为广大硬件电路设计者熟知。由于它具有规范的语法结构而成为 IEEE 标准之一，绝大多数 EDA 工具都支持 VHDL，故获得设计者青睐。

（4）VHDL 语言规范，易于移植、共享和复用。它是一种标准化的硬件描述语言，其语法结构规范、易读、易于修改。由于同一个设计描述可以被不同的 EDA 工具所支持，使得设计描述的移植成为可能。VHDL 采用基于库（Library）的设计方法，可以建立各种可再次利用的模块，符合市场需求的大规模系统高效、高速的完成多人、多任务的并行工作方式。

（5）VHDL 能在设计的各个阶段进行仿真模拟。利用 EDA 工具，使得设计者在设计早期就能对所设计的系统功能进行仿真模拟，从而较早的发现设计过程中的错误与不足之处，降低了设计成本和设计周期。

10.3.1　VHDL 的基本结构

通常情况下，一个完整的 VHDL 程序由 5 个部分组成，即实体（Entity）、结构体（Architecture）、库（Library）、程序包（Package）和配置（Configuration），其中前 2 种是 VHDL 程序中不可或缺的部分，后 3 种是设计者可以根据实际情况添加的。实体、结构体、程序包和配置是可以进行编译的源程序单元，库存放已经编译的实体、结构体、程序包和配置。

1. 实体

实体是设计实体的表层设计单元，用于描述设计系统的外部端口信号，以及需传给实体的参数。实体的语句格式如下

```
ENTITY 实体名 IS                      --注释
   [GENERIC(类属表);]
   [PORT(端口表);]
END [ENTITY][实体名];
```

实体说明单元必须以"ENTITY 实体名 IS"开始至"END [ENTITY][实体名]"结束。为了便于阅读，一般关键字用大写，自定义标识符用小写，而以大写字符开头后跟小写字母的标识符为预定义的数据类型。实际上，在 VHDL 的编译器中是不区分大小写的，这里只是为了阅读方便而已。中间方括号内的语句表示不是必须的，是可以省略的部分。以双连词符（--）开始直到行末的文字为注释。

类属（GENERIC）参数是一种端口界面常数，用以将信息参数传递给实体。与常数不同，常数只能从设计实体内部得到赋值，且一旦获得就不可改变，而类属的值可以由设计实体外部提供。设计者可以从外面通过类属参数的重新设定而容易地改变一个设计实体或一个元件的内部电路结构和规模。

类属说明的格式如下：

```
GENERIC(
      常数名:数据类型[:=设定值];
```

```
      ......
      常数名:数据类型[:=设定值]);
```

常数名是由设计者自行确定的类属常数名称；数据类型有时间参数、总线宽度、负载电容和电阻、驱动能力和功耗等信息；设定值为常数名的默认值。

端口（PORT）是对一个设计实体界面的说明。端口的格式如下：

```
PORT(
端口名[,端口名]:端口模式 数据类型;
......
端口名[,端口名]:端口模式 数据类型);
```

端口名是由设计者自行确定的每一个对外端口信号的名称；端口模式用来说明信号的流动方向，共有 IN、OUT、INOUT 和 BUFFER 四种见表 10.1。数据类型是指端口上数据的表达格式。

表 10.1　　　　　　　　　　　　端 口 模 式 说 明

端口模式	端口模式说明
IN	输入
OUT	输出
INOUT	双向，信号既可输入，又可输出
BUFFER	输出，但同时还允许用做内部输入或反馈

【例 10.5】　数据选择器的实体说明部分。

```
ENTITY mux IS                        --实体说明
    GENERIC(t:TIME:=4 ns);           --类属参数，表示延迟时间
    PORT(                            --端口说明
            a,d1,d0:IN Bit;
            f:OUT Bit);
END mux;
```

上述 VHDL 源程序描述的是一个 2 选 1 数据选择器，mux 是设计者自行定义的实体名，t 是类属参数，TIME 是物理类型，默认延迟时间为 4ns。该数据选择器有 4 个对外的端口信号，其中 a、d1 和 d0 为 3 个输入信号，f 为输出信号，均为 Bit 类型，Bit 表示二值枚举型（'0'、'1'）数据类型。该模块对应的逻辑电路如图 10.16 所示。

2. 结构体

如前所述，实体仅仅描述了设计系统的外部端口信号，但其内部特性及逻辑功能并未给出，如例题 10.5 中的 2 选 1 数据选择器，如何实现从两个数据 d0 和 d1 中选择一个经由 f 输出的逻辑功能在实体描述过程中并未体现。

图 10.16　mux 对应的原理图

结构体主要用来描述实体的内部结构、元件之间的互连关系、实体所完成的逻辑功能等。由于结构体是对实体功能的具体描述，因此它紧跟实体之后。在编译工程中，总是先编译实体，然后再编译结构体。一个实体可以有多个结构体，分别代表该实体的不同实现方案。

结构体语句格式如下：

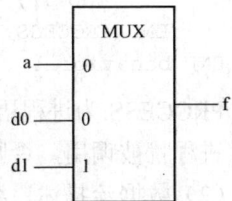

```
ARCHITECTURE 结构体名 OF 实体名 IS
    [说明语句;]
[BEGIN
    并行语句;]
END [ARCHITECTURE][结构体名];
```

结构体名可以由设计者自行确定，但实体名必须与实体中定义的实体名一致，这样才能将该结构体与对应实体进行关联，否则编译时会报错。结构体中的说明语句是对结构体的功能描述语句中将要用到的信号（Signal）、数据类型（Type）、常数（Constant）、元件（Component）、函数（Function）和过程（Procedure）等加以说明的语句。并行语句是硬件描述语言特有的语句形式，对应于硬件电路中的不同部件之间、不同数据流之间的并行工作特性。

常见的结构体描述方式有行为描述、数据流描述和结构描述 3 种。

（1）行为描述。行为描述（Behavioral Descriptions）是从功能和算法的角度表示输入与输出之间的关系，无须包含任何结构信息，主要采用进程来描述。

【例 10.6】 用行为描述设计 2 选 1 数据选择器。

```
LIBRARY IEEE;
USE IEEE.Std_Logic_1164.ALL;
----------------------------------------------------------------
ENTITY mux IS
    PORT(
        a,d1,d0:IN Bit;
        f:OUT Bit);
END mux;
----------------------------------------------------------------
ARCHITECTURE behavioral OF mux IS
BEGIN
    PROCESS(a,d0,d1)
    BEGIN
        IF a=0 THEN
            f<=d0;
        ELSE
            f<=d1;
        END IF;
    END PROCESS;
END behavioral;
```

PROCESS 为进程语句，括号中的信号 a、d0 和 d1 为敏感信号，当任一敏感信号发生变化时进程就被调用，否则进程处于挂起状态。

（2）数据流描述。数据流描述（Dataflow Description）主要描述输入数据和输出数据之间的数据流向及逻辑关系，多采用非结构化的并行语句。

【例 10.7】 用数据流描述设计 2 选 1 数据选择器。

```
LIBRARY IEEE;
USE IEEE.Std_Logic_1164.ALL;
----------------------------------------------------------------
ENTITY mux IS
    PORT(
        a,d1,d0:IN Bit;
```

```
        f:OUT Bit);
END mux;
------------------------------------------------------------------
ARCHITECTURE dataflow OF mux IS
BEGIN
    f<='d0' WHEN (a=0) ELSE
        'd1';
END dataflow;
```

上例结构体中采用了一条并行信号赋值语句将输入输出之间的关系描述出来。

（3）结构描述。结构描述（Structural Description）需明确指明实体内部结构，即实体的组成元件及相互之间的互连关系。图 10.17 所示为 2 选 1 数据选择器的逻辑电路图。

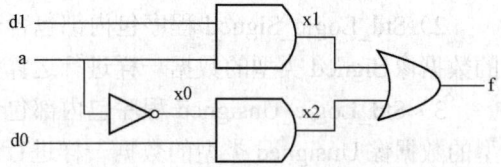

图 10.17　2 选 1 数据选择器的逻辑电路图

【例 10.8】用结构描述设计 2 选 1 数据选择器。

```
LIBRARY IEEE;
USE IEEE.Std_Logic_1164.ALL;
------------------------------------------------------------------
ENTITY mux IS
    PORT(
        a,d1,d0:IN Bit;
        f:OUT Bit);
END mux;
------------------------------------------------------------------
ARCHITECTURE structural OF mux IS
    COMPONENT not_gate PORT(    a1:IN Bit;          --元件说明
                                a2:OUT Bit);
    END COMPONENT;
    COMPONENT and_gate PORT(b1,b2:IN Bit;
                                b3:OUT Bit);
    END COMPONENT;
    COMPONENT or_gate PORT(c1,c2:IN Bit;
                                c3:OUT Bit);
    END COMPONENT;
    SIGNAL x0,x1,x2:BIT;
BEGIN
    p1:not_gate PORT MAP(a,x0);
    p2:and_gate PORT MAP(a,d1,x1);
    p3:and_gate PORT MAP(x0,d0,x2);
    p4:or_gate PORT MAP(x1,x2,f);
END structural;
```

COMPONENT 为元件说明语句，指明了在本结构体中需要调用的已生成的模块，如 NOT、AND、OR 门电路。在结构体中通过 PORT MAP 进行端口映射，指明所含元件之间及元件与实体端口之间的连接关系。

3. 库

在进行 VHDL 程序设计时，为了提高设计效率及共享源程序代码，通常将有用的信息，如预定义的常数、数据类型、元件、子程序等收集在一个程序包中，再由一个或几个程序包构成库（LIBRARY）以供调用。VHDL 的这种机制，对现代数字系统开发过程中经常采用的多人多任务工作方式是一种很好的支持作用。

VHDL 程序设计中常用的库有 IEEE 库、STD 库和 Work 库。

（1）IEEE 库。IEEE 库是被 IEEE 国际标准化组织认可的，是 VHDL 设计中最常用的库。IEEE 库中含有的部分程序包列举如下：

1）Std_Logic_1164 是最重要、最常用的程序包，定义了 Std_Logic、Std_Logic_Vector 等常用的数据类型和函数。

2）Std_Logic_Signed 程序包内部包含一些函数，这些函数可以使 Std_Logic_Vector 类型的数据像 Signed 类型的数据一样进行运算操作。

3）Std_Logic_Unsigned 程序包内部包含一些函数，这些函数可以使 Std_Logic_Vector 类型的数据像 Unsigned 类型的数据一样进行运算操作。

4）Std_Logic_Arith 程序包定义了 Signed（有符号）和 Unsigned（无符号）数据类型及基于这些类型的算术运算。

（2）STD 库。Std 库是 VHDL 设计环境的标准资源库，包括 Standard 和 Textio 两个程序包，它定义了 VHDL 的多种基本数据类型，包括 Bit、Bit_Vector、Boolean、Integer、Real 和 Time 等类型。

（3）Work 库。Work 库是当前工作库，用于存放用户设计和定义的所有设计单元和程序包，用户设计项目的成品、半成品、半成品模块，甚至未仿真的中间部件也存放在 Work 库中。

VHDL 中还有比较常用的 VITAL 库和用户自定义库等，限于篇幅，这个不再赘述，有兴趣的读者可以参阅其他书籍。

在使用一个库之前，首先需要对库进行声明，经过声明之后，在设计中就可以调用库中的数据和文件了。库声明语句格式如下：

```
LIBRARY 库名;
USE 库名.程序包名.ALL;
```

【例 10.9】 库声明语句示例。

```
LIBRARY IEEE;
USE IEEE.Std_Logic_1164.ALL;
USE IEEE.Std_Logic_Unsigned.ALL;
```

上例中第一条语句表示打开 IEEE 库；第二条和第三条 USE 语句分别表示调用 IEEE 库中的 Std_Logic_1164 程序包和 Std_Logic_Unsigned 程序包，即以上两个程序包对本设计实体部分全部开放，即是"可见"的。

需要注意的是，Std 库和 Work 库在程序中都是默认"可见"的，因此不需要对它们进行声明，而 IEEE 库在使用前需要进行明确的声明。

4. 程序包

如前所述，在实体和结构体内定义的常数、数据类型、元件定义和子程序等对其他设计实体而言都是不可见的，为了使它们能被更一般的访问和调用，可以放入程序包（PACKAGE）

中加以共享。程序包就是已定义的常数、数据类型、元件定义和子程序等的集合，由两个独立的编译单位——程序包首和程序包体组成，语句格式如下：

```
PACKAGE 程序包名 IS                        --程序包首
程序包首说明部分;
END 程序包名;
PACKAGE BODY 程序包名 IS                   --程序包体
程序包体说明部分;
END 程序包名;
```

【例 10.10】　程序包语句的应用示例。

```
LIBRARY IEEE;
USE IEEE_Std_Logic_1164.ALL;
--------------------------------------------------------------------
PACKAGE own_package IS
    TYPE state IS(s1,s2,s3,s4);
    CONSTANT vec:Std_Logic_Vector(7 DOWNTO 0):=''11111111'';
    FUNCTION positive_edge(SIGNAL s:Std_Logic) RETURN BOOLEAN;
END own_package;
--------------------------------------------------------------------
PACKAGE BODY own_package IS
    FUNCTION positive_edge(SIGNAL s:Std_Logic) RETURN BOOLEAN;
    BEGIN
        RETURN(s'Event AND clk='1');
    END positive_edge;
END own_package;
```

上例中既有对类型和常量进行说明，又有对函数进行说明。s'Event 表示信号 s 的事件属性，相当于执行函数 Event（s），以检查 s 信号是否发生了某个事件（值发生变化）。若发生了事件则函数返回 Ture；否则，返回 False。例题中的 PACKAGE 可以被编译成 Work 库或其他任意一个库中的一部分。为了在 VHDL 程序中调用它，必须在主程序中加上 USE 语句，具体方法如下：

```
LIBRARY IEEE;
USE IEEE.Std_Logic_1164.ALL;
USE Work.own_package.ALL;
```

5. 配置

如前所述，一个实体可以有多个结构体，如 2 选 1 数据选择的结构体可以采用 3 种描述方式——行为描述、数据流描述和结构描述。那么，在对某实体进行仿真时应该选择哪个结构体与之对应呢？这项工作可由配置语句来完成。配置语句一般格式如下：

```
CONFIGURATION 配置名 OF 实体名 IS
FOR 选配结构体名
END FOR;
END 配置名;
```

【例 10.11】　配置语句的应用示例。

```
LIBRARY IEEE;
USE IEEE.Std_Logic_1164.ALL;
```

```
-------------------------------------------------------------------
ENTITY mux IS
    PORT(
            a,d1,d0:IN Bit;
            f:OUT Bit);
END mux;
-------------------------------------------------------------------
ARCHITECTURE behavioral OF mux IS
BEGIN
    PROCESS(a,d0,d1)
    BEGIN
        IF a=0 THEN
            f<=d0;
        ELSE
            f<=d1;
        END IF;
    END PROCESS;
END behavioral;
-------------------------------------------------------------------
ARCHITECTURE dataflow OF mux IS
BEGIN
    f<='d0' WHEN (a=0) ELSE
        'd1';
END dataflow;
-------------------------------------------------------------------
CONFIGURATION first OF mux IS
FOR behavioral
END FOR;
END first;
-------------------------------------------------------------------
CONFIGURATION second OF mux IS
FOR dataflow
END FOR;
END second;
```

在本例中描述的 2 选 1 数据选择器有两个结构体，可以通过配置语句来指定与实体之间的连接关系。若指定配置名为 first，则为实体 mux 配置的结构体为 dataflow；若指定配置名为 second，则为实体 mux 配置的结构体为 behavioral。虽然这两种结构的描述方式不同，但逻辑功能是相同的。

10.3.2 VHDL 数据对象、类型和运算符

VHDL 语言作为硬件描述语言，除了需要具备类似于计算机高级语言所必备的规范严谨的语法规则之外，还包含许多特有的文字规则和表达方式。

1. 数字

（1）整数。默认格式是十进制的，科学计数法表示时使用字母 E，例如：

8,26,437E2(=43700)

其中，"E 指数"表示 10 的幂。非十进制数的表示方法为

基数#基于该基的整数#E 指数

其中，基数与指数必须为十进制形式的整数。例如

```
1E3                              --十进制数表示,等于 1000
2#10111#                         --二进制数表示,等于 23
2#10111#E3                       --二进制数表示,等于 23000
8#56#                            --八进制数表示,等于 46
8#56#E2                          --八进制数表示,等于 4600
16#CE#                           --十六进制数表示,等于 206
16#CE#E2                         --十六进制数表示,等于 20600
```

（2）浮点数。浮点数与整数表示方法类似，只是多了小数点，具体格式为

基数#基于该基的整数[.基于该基的整数]#E 指数

其中，基数与指数必须为十进制形式的整数。例如

```
3.125E2                          --十进制数表示,等于 312.5
2#101.01#                        --二进制数表示,等于 5.25
2#101.01#E3                      --二进制数表示,等于 5250
8#56.1#                          --八进制数表示,等于 46.125
8#56.1#E2                        --八进制数表示,等于 4612.5
16#CE.4#                         --十六进制数表示,等于 206.25
16#CE.4#E2                       --十六进制数表示,等于 20625
```

（3）物理量。物理量文字（VHDL 综合器不接受此类），如：

```
30s(30 秒),200m(200 米),kΩ(千欧姆),714A(714 安培)
```

整数可综合实现；浮点数一般不可综合实现；物理量不可综合实现。

2. 字符和字符串

字符和字符串都是用 ASCII 字符表示。单个字符用单引号括起来，可以是数值，也可以是符号或字母，例如：'1', 'F', '#'。而字符串是用双引号括起来。

字符串可分为文字字符串和数位字符串两类。

（1）文字字符串。文字字符串是用双引号括起来的一串文字，例如："Data", "ZZZZZZZZ"。

（2）数位字符串。数位字符串是用字符形式表示的多位数码，代表二进制、八进制或十六进制的数组，数组前冠以基数说明，B 表示二进制，O 表示八进制，X 表示十六进制。例如：

```
B"1110101"
O"62"
X"3DF"
```

3. 数据对象

在 VHDL 中，常用的数据对象有 3 种，即信号（SIGNAL）、变量（VARIABLE）和常量（CONSTANT）。

（1）信号（SIGNAL）。信号是硬件描述语言中特有的数据对象，相对于其他数据对象而言，它具有更多的硬件特性，类似于硬件电路中的连接线。仿真时，信号的赋值须经过一段时间延迟（最小为δ延迟，具体时长由仿真器决定）。信号通常在实体、结构体和程序包说明中使用，其定义格式如下：

```
SIGNAL 信号名[,信号名…]:数据类型[:=初始值];
```

　　信号初始值的设置不是必需的，而且初始值仅在 VHDL 的行为仿真中有效。信号是一个全局量，可以作为并行语句间的信息交流通道，也能用于进程之间的通信。例如，在程序包中定义的信号，对于所有调用此程序包的设计实体都是可见的。若不显示说明，默认数据对象为信号。

　　根据上述信号定义格式举例如下：

```
SIGNAL clock1:Bit:= '0';
SIGNAL clock2:Bit;
SIGNAL temp:Std_Logic_Vector(15 DOWNTO 0);
```

　　此例中第一组定义了一个单值信号 clock1，数据类型是 Bit，初始值为 0。第二组和第一组一样也定义了一个单值信号 clock1，但没有赋初值。在这种情况下，则取默认值，即该类型的最左值或最小值。因此第二组的结果与第一组一致，初始值也为 0。第三组定义信号 temp 为一个长度为 16 的标准逻辑向量数据类型。

　　（2）变量（VARIABLE）。与信号不同，变量是一个局部量，只能在进程和子程序中使用。变量的赋值是立即生效的，不存在延迟。变量常用于高层次抽象算法的赋值语句中。变量的定义格式如下：

```
VARIABLE 变量名[,变量名…]:数据类型[:=初始值];
```

　　变量初始值不是必需的，它可以是一个与变量数据类型相同的常数值，也可以是一个表达式。

　　根据上述变量定义格式举例如下：

```
VARIABLE i:Integer:=20;
VARIABLE a:Std_Logic;
VARIABLE q:Std_Logic_Vector(0 TO 7);
```

　　此例中第一组定义了一个变量 i 为整型，初始值为 20。第二组定义了一个变量为标准逻辑类型。第三组定义了变量 q 为一个长度为 8 的标准逻辑向量数据类型。

　　（3）常量（CONSTANT）。常量是一个恒定不变的值，一旦作了数据类型和赋值定义之后，在程序中就不能再修改了。在硬件描述语言中，常量具有一定的物理意思，一般用来表示硬件电路中的电源或地线等。常量的可视性取决于它被定义的位置。在程序包中定义的常量属于全局量，可以用在调用此程序包的所有设计实体中；定义在设计实体中的常量属于局部量，可以用在该实体的所有结果体中；定义在设计实体的某一结构体中的常量属于局部量，只能用于该结构体中；定义在结构体的某一进程中的常量属于局部量，只能用于该进程中。常量的定义格式如下：

```
CONSTANT 常量名[,常量名…]:数据类型[:=初始值];
```

　　常量初始值不是必需的，它可以是一个与常量数据类型相同的常数值，也可以是一个表达式。

　　根据上述常量定义格式举例如下：

```
CONSTANT pi:Real:=3.14;
CONSTANT delay:Time:=10 ns;
```

　　此例中第一组定义了一个常量 pi 为实型，值为 3.14。第二组定义了一个常量 delay 为时间数据类型，延迟 10ns。

4. 数据类型

VHDL 是一种强制型语言，它规定一个对象只能有一种数据类型，且施加于该对象的操作必须与该类型相匹配。VHDL 的数据类型可以分为预定义数据类型和自定义数据类型两大类。

（1）预定义数据类型。IEEE 标准规定了一系列 VHDL 的预定义数据类型，这些数据类型主要放在标准程序包 Standard 和 Std_Logic_1164 中，并可在设计中随时调用。主要包括以下几种：

1）整数（Integer）。在 VHDL 中，整数的取值范围是 $-(2^{31}-1)\sim(2^{31}-1)$。整数在使用时通常要加上具体取值范围，例如：

```
SIGNAL a: Integer RANGE 0 TO 7;
```

2）实数（Real）。在 VHDL 中，实数的范围是 $-1.0E+38\sim+1.0E+38$，书写时一定要有小数。

3）自然数（Natural）和正整数（Positive）。自然数和正整数均是整数的子类型，自然数包括 0 和正整数。

4）布尔（Boolean）数据类型。实际上是一个二值枚举数据类型，只有真（True）和假（False）两种取值，只能用于关系运算和逻辑判断。

5）字符（Character）。单个字符用单引号括起来，如'a'。

6）字符串（String）。多个字符构成字符串，用双引号括起来，如"abcd"。

7）位（Bit）。位的取值只能是用带单引号的'0'和'1'来表示。

8）位向量（Bit_Vector）。位向量是用双引号括起来的一组位数据，如"01001"。

9）时间（Time）。VHDL 中唯一预定义物理类型是时间。完整的时间类型包括整数和物理量单位两部分，整数和单位之间至少要留一个空格。

10）错误等级（Severity Lever）。错误等级用来表示设计系统的工作状态。错误等级可分为 4 级，即 Note、Warning、Error 和 Failure。

（2）自定义数据类型。VHDL 允许用户自定义新的数据类型，包括枚举类型、数组类型、记录类型等。自定义数据类型语法格式如下：

```
TYPE 数据类型名 IS 数据类型定义[OF 基本数据类型];
```

1）枚举类型（Enumerated）。枚举即将类型中的每个元素都一一列举出来。例如：

```
TYPE Bit3 IS('0','1','Z');          --自定义三态输出结构
```

2）数组类型（ARRAY）。在程序设计中，将相同类型的数据集合在一起就形成数组类型。例如：

```
TYPE s IS ARRAY(7 DOWNTO 0) OF Bit;
```

3）记录类型（RECORD）。在程序设计中，将不同类型的数据集合在一起就形成记录类型。例如：

```
TYPE complex IS RECORD          --自定义记录，复数
        re:Real;
        im:Real;
END RECORD;
```

5. 运算操作符

VHDL 中的运算操作符主要分为 4 类，即算术运算符、关系运算符、逻辑运算符和其他运算符，见表 10.2。

表 10.2 VHDL 的运算操作符

类型	运算符	功能	操作数数据类型
算术运算符	+	加	整数
	−	减	整数
	*	乘	整数和浮点数
	/	除	整数和浮点数
	MOD	模运算	整数
	REM	取余	整数
	**	乘方	整数
	SLL	逻辑左移	BIT 或布尔型一维数组
	SRL	逻辑右移	BIT 或布尔型一维数组
	SLA	算术左移	BIT 或布尔型一维数组
	SRA	算术右移	BIT 或布尔型一维数组
	ROL	逻辑循环左移	BIT 或布尔型一维数组
	ROR	逻辑循环右移	BIT 或布尔型一维数组
	ABS	绝对值	整数
关系运算符	=	等于	任何数据类型
	/=	不等于	任何数据类型
	<	小于	枚举与整数类型及对应的一维数组
	>	大于	枚举与整数类型及对应的一维数组
	<=	小于等于	枚举与整数类型及对应的一维数组
	>=	大于等于	枚举与整数类型及对应的一维数组
逻辑运算符	AND	与	BIT、BOOLEAN、Std_Logic
	OR	或	BIT、BOOLEAN、Std_Logic
	NOT	非	BIT、BOOLEAN、Std_Logic
	NAND	与非	BIT、BOOLEAN、Std_Logic
	NOR	或非	BIT、BOOLEAN、Std_Logic
	XOR	异或	BIT、BOOLEAN、Std_Logic
	XNOR	同或	BIT、BOOLEAN、Std_Logic
其他运算符	+	正号	整数
	−	负号	整数
	&	拼接	一维数组

关于运算操作符的几点说明如下：

（1）"＋"与"－"有两种含义，既可以表示加/减，也可以表示正/负。区分的方法是表示加/减时是二元运算符，表示正/负时是一元运算符。

（2）6 种移位操作符的运算规则是：SLL/SRL 是逻辑左/右移，在将操作对象左/右移动的同时，移空位补零；SLA/SRA 是算术左/右移，移空位用最初的首位来填补；ROL/ROR 是逻辑循环左/右移，移空位执行自循环移位方式。

（3）逻辑运算符的优先级别从高到低依次为：NOT、AND、OR、NAND、NOR、XOR，XNOR。

（4）拼接运算符"&"用于将两个数位字符串拼接起来。

10.3.3 VHDL 顺序语句

VHDL 的基本语句由顺序语句（Sequential Statements）和并行语句（Concurrent Statements）构成。顺序语句是按照 VHDL 书写的顺序执行，而并行语句的书写顺序并不代表它的执行顺序。在 VHDL 中有些语句是顺序语句，如 IF 语句、CASE 语句等；有些是并行语句，如进程语句、块语句等；而有些语句既可以用做顺序语句，又可以用做并行语句，如赋值语句等，主要根据它在程序中的位置加以区分。

常用的顺序语句有 IF 语句、CASE 语句、LOOP 语句、NEXT 语句、EXIT 语句、WAIT 语句、RETURN 语句、NULL 语句等。

（1）顺序赋值语句。赋值语句的作用是将一个值或一个表达式的运算结果传递给某一数据对象。若赋值语句位于进程或子程序内部，即为顺序赋值语句；若是位于结构体内部则是并行赋值语句。例如：

```
ARCHITECTURE a OF max IS
SIGNAL s1:Bit;
BEGIN
    PROCESS(clk)
        BEGIN
            s1<='0';                      --顺序赋值语句
⋮
```

由于语句位于进程内部，因此是顺序赋值语句。

```
ARCHITECTURE a OF max IS
SIGNAL s1:Bit;
BEGIN
    s1<='0';                             --并行赋值语句
⋮
```

由于语句位于结构体内部，因此是并行赋值语句。

根据赋值对象的不同可以分为信号赋值语句和变量赋值语句两种。信号赋值语句用于对信号赋值，赋值符用"<="表示，具有延时性、全局性。变量赋值语句用于对变量赋值，赋值符用":="表示，具有立即性/局部性，变量赋值只限定在进程和子程序中。例如：

```
SIGNAL x:Std_Logic_Vector(7 DOWNTO 0);
VARIABLE y:Std_Logic_Vector(3 DOWNTO 0);
    x<=''01100011'';
    y:= ''1010'';
```

（2）IF 语句。IF 语句是一种条件语句，它根据条件控制来决定执行指定的顺序语句。IF

语句的格式为

```
IF 条件句 1 THEN
    顺序语句 1;
    [ELSIF 条件句 2 THEN
        顺序语句 2];
    [ELSE
        顺序语句 3];
END IF;
```

IF 语句中至少应有一个条件句，该条件句必须由布尔表达式构成。IF 语句根据条件产生的判断结果 TRUE 或 FALSE，选择执行指定的语句。

【例 10.12】 用 IF 语句描述 8 线-3 线优先编码器。

```
LIBRARY IEEE;
USE IEEE.Std_Logic_1164.ALL;
-------------------------------------------------------------
ENTITY encoder IS
    PORT(input:IN Std_Logic_Vector(7 DOWNTO 0 );
        output:OUT Std_Logic_Vector(2 DOWNTO 0)
        );
END encoder;
-------------------------------------------------------------
ARCHITECTURE describe1_encoder OF encoder IS
BEGIN
    PROCESS(input)
    BEGIN
        IF (input(7)= '0') THEN
            output<=''000'';
        ELSIF (input(6)= '0') THEN
            output<=''001'';
        ELSIF (input(5)= '0') THEN
            output<=''010'';
        ELSIF (input(4)= '0') THEN
            output<=''011'';
        ELSIF (input(3)= '0') THEN
            output<=''100'';
        ELSIF (input(2)= '0') THEN
            output<=''101'';
        ELSIF (input(1)= '0') THEN
            output<=''110'';
        ELSE
            output<=''111'';
        END IF;
    END PROCESS;
END describe1_encoder;
```

当分支判断条件较多时，用 IF 语句需要将每个条件列出，显得有些繁琐，因此可用 CASE 语句代替。

（3）CASE 语句。CASE 语句也是一种条件语句，主要用于多路分支判断。CASE 语句的格式为

```
CASE 表达式 IS
    WHEN 选择值 1 =>顺序语句 1;
    [WHEN 选择值 2 =>顺序语句 2;]
    ..........
    [WHEN OTHERS =>顺序语句 n;]
END CASE;
```

当执行到 CASE 语句时，先计算表达式的值，再根据条件句中的选择值执行相应的顺序语句。表达式的值可以是一个整数类型或枚举类型的值，也可以是由这些数据类型的值构成的数组。条件句中的"=>"不是操作符，它相当于 THEN 语句的作用。

选择值有 5 种不同的表达方式：①单个普通数值，如 8；②并列值，如 7|8，表示取值为 7 或 8；③数值选择范围，如（0 TO 7）；④混合方式，即以上 3 种方式的混合；⑤OTHERS。

使用 CASE 语句有几点注意事项：①CASE 语句至少应包含一条 WHEN 语句；②选择值必须在表达式的取值范围内；③选择值之间不能重复；④若选择值包含所有的可能取值，则不用 OTHERS 语句；⑤OTHERS 语句只能放在最后。

【例 10.13】 用 CASE 语句描述 3 线—8 线译码器。

```
LIBRARY IEEE;
USE IEEE.Std_Logic_1164.ALL;
--------------------------------------------------------------------
ENTITY decoder IS
    PORT(input:IN Std_Logic_Vector(2 DOWNTO 0 );
         output:OUT Std_Logic_Vector(7 DOWNTO 0)
         );
END decoder;
--------------------------------------------------------------------
ARCHITECTURE describe1_decoder OF decoder IS
BEGIN
    PROCESS(input)
    BEGIN
        CASE input IS
            WHEN    ''000'' =>output<=''00000001'';
            WHEN    ''001'' =>output<=''00000010'';
            WHEN    ''010'' =>output<=''00000100'';
            WHEN    ''011'' =>output<=''00001000'';
            WHEN    ''100'' =>output<=''00010000'';
            WHEN    ''101'' =>output<=''00100000'';
            WHEN    ''110'' =>output<=''01000000'';
            WHEN OTHERS=>output<=''100000000'';
        END CASE;
    END PROCESS;
END describe1_decoder;
```

（4）LOOP 语句。LOOP 语句是循环语句，它可以使所包含的一组顺序语句被循环执行，其执行的次数由设定的循环参数决定。LOOP 语句的一般格式为：

```
[LOOP 标号:][重复模式]LOOP
                      顺序语句;
END LOOP [LOOP 标号];
```

重复模式有两种，WHILE 和 FOR，它们的格式分别为：

```
FOR 循环变量 IN 范围
WHILE 布尔表达式
```

采用 FOR 重复模式时，循环变量从循环次数范围的初始值开始，每循环一次，循环变量自动加 1，直到达到循环次数范围的最大值。采用 WHILE 重复模式时，只要布尔表达式为真就执行循环。

【例 10.14】 FOR 循环举例。

```
FOR i IN 0 TO 4 LOOP
    x<=x XOR y;
END LOOP;
```

在上面的程序中，LOOP 循环会无条件执行，直到 i 等于 4（共执行 5 次）。

【例 10.15】 WHILE 循环举例。

```
i:=0;
WHILE (i<8) LOOP
    x<=x XOR y;
    i:=i+1;
END LOOP;
```

在上面的程序中，只要布尔表达式（i<8）成立，就执行循环。与 FOR 重复模式不同，WHILE 重复模式不会对循环变量自动加 1，因此需要在循环内部增加一条语句 i:=i+1，使自变量能够加 1，达到控制循环次数的目的。

（5）NEXT 语句和 EXIT 语句。NEXT 语句和 EXIT 语句都是用于 LOOP 语句的内部循环控制。区别在于 NEXT 语句用于中止一次循环的执行，重新开始下一次循环；EXIT 语句用于跳出所有循环。语句格式为

```
NEXT[LOOP 循环标号][WHEN 条件];
EXIT[LOOP 循环标号][WHEN 条件];
```

当 LOOP 循环标号缺省时，表示终止当前循环。WHEN 条件表明 NEXT 语句或 EXIT 语句执行的条件。当条件表达式的值为 TRUE，则执行 NEXT 语句或 EXIT 语句，进入跳转操作。若缺省 WHEN 条件，表示无条件跳出循环。例如：

【例 10.16】 NEXT 语句举例。

```
    ⋮
loop1:WHILE i<5 LOOP
    loop2:WHILE j<10 LOOP
        ⋮
    NEXT loop2 WHEN i=j;
        ⋮
    END LOOP loop2;
END LOOP loop1;
```

上面的程序是一个循环嵌套，当 i=j 时，执行 NEXT 语句，程序中止一次内循环，再从下一个内循环开始执行。

【例 10.17】 EXIT 语句举例。

```
      ┊
loop1:WHILE  i<5 LOOP
     loop2:WHILE  j<10 LOOP
           ┊
     EXIT loop2 WHEN i=j;
           ┊
     END LOOP loop2;
END LOOP loop1;
```

上面的程序是一个循环嵌套，当 i=j 时，执行 EXIT 语句，程序中止内循环，再从下一个外循环开始执行。

（6）WAIT 语句。WAIT 语句常用于进程或过程中，表示程序的暂停或等待。语句格式为

```
WAIT [ON 敏感信号表][UNTIL 条件][FOR 时间表达式];
```

当程序执行到 WAIT 语句时，程序被挂起，直到满足此语句设置的等待结束条件后，重新执行程序。由于 WAIT 语句后所跟等待结束条件可缺省，WAIT 语句有以下 4 种格式：

1）WAIT：表示永远处于挂起等待状态。

2）WAIT ON 敏感信号表：使进程挂起，直到某个敏感信号的值发生变化。例如：

```
SIGNAL x,y:Std_Logic;
PROCESS
    …
    WAIT ON x,y;          --程序挂起，直到 x 或 y 发生变化才继续执行
    …
END PROCESS;
```

3）WAIT UNTIL 条件：使进程挂起，直到条件为 TRUE。例如：

```
WAIT UNTIL clk'EVENT AND clk='1';
i:=i+1;
```

此语句表示执行到 WAIT 语句时挂起，直到 clk 信号的上升沿到来时条件满足，恢复程序运行，继续执行下一条语句。

4）WAIT FOR 时间表达式：使进程挂起，直到超过时间表达式给定的时间后，程序自动恢复执行，此语句不可综合。例如：

```
WAIT FOR 20ns;
i:=i+1;
```

此语句表示执行到 WAIT 语句时挂起，直到 20ns 之后程序自动恢复执行。

（7）RETURN 语句。RETURN 语句只能用于子程序体中，用来结束当前子程序体的执行。语句格式为

```
RETURN [表达式];
```

若表达式缺省，不返回任何值，只能用于过程；若含有表达式，只能返回一个值，且只能用于函数。

（8）NULL 语句。NULL 语句表示空操作，它的功能是使程序执行下一个语句，其本身不执行任何操作。语句格式为

```
NULL;
```

【例 10.18】 NULL 语句举例。

```
      ⋮
CASE mode IS
    WHEN ''01''=>q<=sr_in&q(7 DOWNTO 1);            --右移
    WHEN ''10''=>q<=q(6 DOWNTO 0)&sl_in;            --左移
    WHEN ''11''=>q<=data;                           --预置
    WHEN OTHERS=>NULL;                       --空操作, 即保持
END CASE;
      ⋮
```

此语句描述的是具有右移、左移、预置和保持功能的 8 位双向移位寄存器。NULL 语句为空操作, 在这里表示保持。

10.3.4　VHDL 并行语句

并行语句是硬件描述语言特有的一种语句, 是与硬件电路特性相符的描述方式。并行语句位于结构体内部, 用来描述电路的行为。它们之间是并行运行的, 执行顺序与书写顺序无关。常用的并行语句有进程语句、并行信号赋值语句、块语句、元件例化语句、生成语句等。

1. 进程语句

进程 (PROCESS) 语句是 VHDL 程序中使用最频繁和最能体现 VHDL 语言特点的语句。进程语句是并行语句, 即各个进程之间是同时处理的, 但进程内部却是顺序执行的。进程语句的格式为

```
[进程标号:]PROCESS[(敏感信号表)]
    [说明语句;]
BEGIN
    顺序语句;
END PROCES[进程标号];
```

(1) 进程说明语句用于定义数据类型、变量和子程序等在该进程所需的局部数据环境, 但不允许定义信号和共享变量。

(2) 敏感信号的作用如前所述, 当敏感信号发生变化时, 进程才会被调用, 其内部的顺序语句才会被执行, 否则进程处于挂起状态。敏感信号表是可缺省的部分, 当进程不通过敏感信号表指定敏感信号时, 在进程内部必须至少包含一条 WAIT 语句, 否则进程将陷入无限循环。但是, 在一个使用了敏感信号表的进程中不能含有 WAIT 语句, 否则会造成混乱。

(3) 一个结构体中可以包含多个 PROCESS 结构。PROCESS 是并行语句, 若干个进程之间是并行执行的, 但进程内部是顺序语句, 执行到进程内部时是按照书写顺序一条一条执行。

(4) 顺序语句即为 10.4.3 节中提到的语句。

【例 10.19】 D 触发器的 VHDL 描述。

```
LIBRARY IEEE;
USE IEEE.Std_Logic_1164.ALL;
-----------------------------------------------------------------
ENTITY d_ff IS
    PORT(
            d, clk: IN Bit;
```

```
                q, nq: OUT Bit);
END d_ff;
------------------------------------------------------------------
ARCHITECTURE describe OF d_ff IS
BEGIN
    PROCESS(clk)
    BEGIN
        IF clk='1' THEN
                q<=d;
                nq<=NOT d;
        END IF;
    END PROCESS;
END describe;
```

D 触发器有两个输入信号，d 和 clk，但只有 clk 可以作为敏感信号，d 不能作为敏感信号，这与 D 触发器的特性是相符的。由第五章内容知，对于 D 触发器而言，只有在 clk 信号上升沿到来时，才能将 d 端的值送给 Q 端。因此，若仅仅有 d 端信号发生变化，Q 端的值是不发生变化的，所以只有 clk 可以作为敏感信号。

2. 并行信号赋值语句

并行信号赋值语句相当于一个省略的进程语句，它们在结构体内部是并行执行的。并行信号赋值语句常见有 3 种形式：简单信号赋值语句、条件信号赋值语句和选择信号赋值语句。

（1）简单信号赋值语句。简单信号赋值语句是 VHDL 中最常见的语句，具体格式如下：

信号名<=表达式；

（2）条件信号赋值语句。条件信号赋值语句与 IF 语句功能类似，但 IF 语句是顺序语句，条件信号赋值语句是并行语句，两者在程序中的位置与作用不同。条件信号赋值语句格式为

信号名<=表达式 1 WHEN(条件 1) ELSE
⋮
表达式 n-1 WHEN(条件 n-1)ELSE
表达式 n;

【例 10.20】　用条件信号赋值语句重做 8 线-3 线优先编码器。

```
LIBRARY IEEE;
USE IEEE.Std_Logic_1164.ALL;
------------------------------------------------------------------
ENTITY encoder IS
    PORT(input:IN Std_Logic_Vector(7 DOWNTO 0 );
        output:OUT Std_Logic_Vector(2 DOWNTO 0)
        );
END encoder;
------------------------------------------------------------------
ARCHITECTURE describe2_encoder OF encoder IS
BEGIN
    output<=   "000" WHEN (input(7)= '0') ELSE
               "001" WHEN (input(6)= '0') ELSE
               "010" WHEN (input(5)= '0') ELSE
               "011" WHEN (input(4)= '0') ELSE
               "100" WHEN (input(3)= '0') ELSE
```

```
        "101" WHEN (input(2)= '0') ELSE
        "110" WHEN (input(1)= '0') ELSE
        "111";
END describe2_encoder;
```

（3）选择信号赋值语句。选择信号赋值语句与 CASE 语句功能类似，但 CASE 语句是顺序语句，选择信号赋值语句是并行语句，两者在程序中的位置与作用不同。选择信号赋值语句格式为

```
WITH 选择表达式 SELECT
    信号名<=表达式 1 WHEN 选择值 1;
              ⋮
          表达式 n WHEN 选择值 n;
```

【例 10.21】　用选择信号赋值语句重做 3 线—8 线译码器。

```
LIBRARY IEEE;
USE IEEE.Std_Logic_1164.ALL;
------------------------------------------------------------------
ENTITY decoder IS
    PORT(input:IN Std_Logic_Vector(2 DOWNTO 0 );
         output:OUT Std_Logic_Vector(7 DOWNTO 0)
         );
END decoder;
------------------------------------------------------------------
ARCHITECTURE describe2_decoder OF decoder IS
BEGIN
    WITH input SELECT
        output<=    "00000001" WHEN "000";
                    "00000010" WHEN "001";
                    "00000100" WHEN "010";
                    "00001000" WHEN "011";
                    "00010000" WHEN "100";
                    "00100000" WHEN "101";
                    "01000000" WHEN "110";
                    "10000000" WHEN "111";
END describe2_decoder;
```

3. 块语句

块（BLOCK）语句是将结构体中若干条语句组合在一起，表示一个子模块，以方便阅读或利用 BLOCK 的保护表达式关闭某些信号。块语句的一般格式为

```
块标号: BLOCK [(保护表达式)][IS]
    [类属说明与映射;]
    [端口说明与映射;]
    [说明语句;]
BEGIN
    并行语句;
END BLOCK[块标号];
```

【例 10.22】　用 BLOCK 语句实现半加器。

```
LIBRARY IEEE;
USE IEEE.Std_Logic_1164.ALL;
----------------------------------------------------------------
ENTITY half_adder IS
    PORT(a, b: IN Bit;
         s, c: OUT Bit
         );
END half_adder;
----------------------------------------------------------------
ARCHITECTURE halfadder OF half_adder IS
BEGIN
    b1: BLOCK                              --定义b1块
        PORT( ain, bin: IN Bit;            --定义块内的端口
              sout, cout: OUT Bit);        --说明块端口与外部信号的关系
        PORT MAP(a, b, s, c);
    BEGIN
        sout<=ain XOR bin;
        cout<=ain AND bin;
    END BLOCK b1;
END halfadder;
```

通过 BLOCK 语句将两条并行语句组合在一起，使结构体层次分明，对于较大规模 VHDL 程序的编写是非常有裨益的。

【例 10.23】 BLOCK 语句的嵌套使用。

```
   ⋮
b1: BLOCK                        --定义b1块
    SIGNAL s: Bit;               --在b1块中定义s
BEGIN
    s<=a OR b;                   --向b1块中的s赋值
    b2: BLOCK                    --定义b2块
        SIGNAL s: Bit;           --在b2块中定义s
    BEGIN
        s<=c OR d;               --向b2块中的s赋值
        b3: BLOCK                --定义b3块
        BEGIN
            z<=s;                --此s来自b2块
        END BLOCK b3;
    END BLOCK b2;
    y<=s;                        --此s来自b1块
END BLOCK b1;
   ⋮
```

本例用三重嵌套的方式描述了不同层次的块，用以实现两个相互独立的 2 输入或门。

4. 元件例化语句

元件例化（COMPONENT）语句主要用于描述一个实体与它所包含的下层元件之间的连接关系。首先将预先定义好的实体定义为一个元件，然后利用端口映射语句将此元件与当前的设计实体中的指定端口相连接，从而为当前设计实体引入一个新的低一级的设计层次。元件例化语句一般由元件声明和元件例化两个部分组成，具体格式为

```
[元件标号:] 元件名                                    --元件声明
[GENERIC(类属表);]
PORT(端口名);
END COMPONENT[元件名];
例化名: 元件名[GENERIC MAP(类属映射表);]        --元件例化
PORT MAP(信号映射表);
```

如前所述，COMPONENT 语句主要用于结构描述中，使程序结构清晰，便于阅读。

5. 生成语句

生成（GENERATE）语句主要用于描述实体内部规则、重复的结构，其作用相当于"复制"，以简化程序。生成语句的一般格式为

```
[生成标号:]生成方案 GENERATE
并行语句;
END GENERATE[生成标号];
```

其中，生成方案有 IF 和 FOR 两种。FOR 方案表示重复模式，用于描述设计中一些有规律的单元结构，作用与 LOOP 语句十分相似；IF 方案表示条件模式，用于描述设计中一些不规律的单元结构，且不能含有 ELSE 语句。

【例 10.24】　用 GENERATE 语句描述四位移位寄存器。

```
LIBRARY IEEE;
USE IEEE.Std_Logic_1164.ALL;
------------------------------------------------------------------
ENTITY shift_reg IS
    PORT(   di: IN Std_Logic;
            cp: IN Std_Logic;
            do: OUT Std_Logic);
END shift_reg;
------------------------------------------------------------------
ARCHITECTURE describe OF shift_reg IS
COMPONENT dff
    PORT(   d: IN Std_Logic;
            clk: IN Std_Logic;
            q: OUT Std_Logic);
END COMPONENT;
    SIGNAL q: Std_Logic_Vector(3 DOWNTO 1);
BEGIN
    gen: FOR i IN 0 TO 3 GENERATE
            IF (i=0) GENERATE                    --最低位生成语句
                lsb: dff PORT MAP(di, cp, q(i+1));
            END GENERATE;
            IF (i>0) AND (i<3) GENERATE          --中间位生成语句
                mid: dff PORT MAP(q(i), cp, q(i+1));
            END GENERATE;
            IF (i=3) GENERATE                    --最高位生成语句
                msb: dff PORT MAP(q(i), cp, do);
            END GENERATE;
        END GENERATE gen;
END describe;
```

本例描述的是由 D 触发器构成的四位移位寄存器,其中最低位触发器的输入端用于接收四位移位寄存器的输入信号,其余每一个触发器的输入端均与前一个触发器的 Q 端相连,实现右移功能。采用 GENERATE 语句不必对每个触发器进行描述,从而简化程序。

6. 断言语句

断言(ASSERT)语句分为顺序断言语句和并行断言语句两种,由它在程序中的位置加以区分,若在进程或过程之内为顺序断言语句,否则为并行断言语句。断言语句的一般格式为

```
ASSERT 条件[REPORT 报告信息][SEVERITY 出错级别];
```

在执行该语句过程中,断言语句首先对条件进行判断,如果条件为真,则执行下一条语句,否则输出错误信息和出错级别。出错级别有四种可选,Note(注意)、Warning(警告)、Error(错误)和 Failure(失败),若缺省错误级别,默认为 Error。

【例 10.25】 RS 触发器有两个激励端,$\overline{R}$ 端和 $\overline{S}$ 端,分别为置 0 端和置 1 端,都是低电平有效的信号,但不能同时有效。可以利用断言语句进行描述。

```
LIBRARY IEEE;
USE IEEE.Std_Logic_1164.ALL;
------------------------------------------------------------
ENTITY rs_ff IS
    PORT(
        r, s: IN Bit;
        q,nq: OUT Bit);
END rs_ff;
------------------------------------------------------------
ARCHITECTURE describe OF rs_ff IS
BEGIN
    PROCESS(r, s)
        VARIABLE last_state:Bit;
    BEGIN
        ASSERT NOT (s='0' AND r='0')
            REPORT  "Control error." SEVERITY ERROR;      --出错报告
        IF (s='1' AND r='1') THEN
            last_state:=last_state;                       --保持
        ELSIF (s='1' AND r='0') THEN
            last_state:=0;                                --置 0
        ELSE
            last_state:=1;                                --置 1
        END IF;
        q<=last_state;
        nq<=not last_state;
    END PROCESS;
END describe;
```

10.3.5 子程序

子程序(SUBPROGRAM)由顺序语句定义,能够完成一定的算法功能,可以在程序中被重复调用,这一点与进程相似。但与进程不同的是,子程序不能从所在结构体的并行语句或进程语句中直接读取信号值或者向信号赋值,而只能通过子程序调用与子程序的界面端口

进行通信。

1. 子程序的定义与调用

子程序有两种类型：函数（FUNCTION）和过程（PROCEDURE）。函数只能有一个返回值，过程调用可以有多个返回值。函数通常用来产生一个特定的值，而过程则用于定义一个算法。函数中的参数只允许采用输入（IN）这一种端口模式，而过程可以采用输入（IN）、输出（OUT）和双向（INOUT）三种端口模式。函数中形参允许采用常量和信号作为对象类，而过程中可以采用常量、信号和变量。函数中不允许使用 WAIT 语句和顺序信号赋值语句，而过程中可以。

（1）函数的一般格式。FUNCTION 函数名（参数表）RETURN 数据类型 IS

```
[说明语句;]
BEGIN
顺序语句;
END [FUNCTION][函数名];
```

参数表中需要列出每一个参数的对象类型（常量或信号）、参数名、端口模式（只能是 IN，常省略）和数据类型。RETURN 之后的数据类型是指返回值的数据类型，也称函数的类型。

【例 10.26】 定义一个函数 fun，由输入参量 option 决定函数返回值，并在进程中进行调用。当 option 为高电平时，返回 a 与非 b 的结果；当 option 为低电平时，返回 a 或非 b 的结果。

```
LIBRARY IEEE;
USE IEEE.Std_Logic_1164.ALL;
-----------------------------------------------------------------
ENTITY logic_gate IS
    PORT(   x, y, opt: IN Std_Logic;
            c: OUT Std_Logic);
END logic_gate;
-----------------------------------------------------------------
ARCHITECTURE describe OF logic_gate IS
    FUNCTION fun(a, b, option: Std_Logic) RETURN Std_Logic IS
    BEGIN
        IF (option='1') THEN RETURN (a NAND b);
            ELSE RETURN (a NOR b);
        END IF;
    END FUNCTION fun;
BEGIN
    PROCESS(x, y, opt)
    BEGIN
        c<=fun(x,y,opt);
    END PROCESS;
END describe;
```

在 VHDL 中允许在进程中对子程序进行调用。为了能重复调用子程序，常常将它们放在程序包中。

（2）过程的一般格式。

```
PROCEDURE 过程名(参数表) IS
    [说明语句;]
```

```
BEGIN
    顺序语句;
END [PROCEDURE][过程名];
```

过程通过参数传递信息，参数表中为实参，而形参为当前欲调用的过程中已经说明的参数。

【例 10.27】 定义一个过程 max_min，从三个整数中求取最大值和最小值，并在程序中进行调用，返回值为 2 个。

```
LIBRARY IEEE;
USE IEEE.Std_Logic_1164.ALL;
-------------------------------------------------------------------
ENTITY max_and_min IS
    PORT(  x, y, z: IN Integer;
           f1, f2: OUT Integer);
END max_and_min;
-------------------------------------------------------------------
ARCHITECTURE describe OF max_and_min IS
    PROCEDURE max_min(SIGNAL a, b, c: IN Integer;
         SIGNAL max_value, min_value: OUT Integer) IS
    VARIABLE temp1,temp2: Integer;
    BEGIN
        IF (a>b) THEN
                temp1:=a;
                temp2:=b;
        ELSE
                temp1:=b;
                temp2:=a;
        END IF;
        IF (temp1<c) THEN
                temp1:=c;
        END IF;
        IF (temp2>c) THEN
                temp2:=c;
        END IF;
        max_value<=temp1;
        min_value<=temp2;
    END max;
BEGIN
    PROCESS(x, y, z, f1, f2)
    BEGIN
        max_min(x, y, z, f1, f2);
    END PROCESS;
END describe;
```

2. 子程序的重载

在 VHDL 中允许两个以上子程序使用相同的名字，即子程序重载（OVERLOADED FUNCTION）。为避免混淆，在调用时主要通过参数数目，参数类型，参数采用名字关联方式时形参的名字以及子程序为函数时返回值的类型等加以区分。例如例 10.27 中定义的过程 max_min 用于从三个整数中求取最值，若增加一个过程也取名为 max_min，但针对三个浮点

数求最值，部分程序如下

```
    ⋮
PROCEDURE max_min(SIGNAL a, b, c: IN Real;
    SIGNAL max_value, min_value: OUT Real) IS
    VARIABLE temp1,temp2: Integer;
    ⋮
```

在调用时 VHDL 会根据参数类型的不同加以区分。

10.3.6　VHDL 应用举例

1. 组合电路的 VHDL 设计

【例 10.28】　一位全加器。该全加器有 3 个输入信号 ain、bin 和 cin，分别表示被加数、加数和低位来的进位，有 2 个输出信号 sum 和 cout，分别表示和数和向高位的进位。

```
LIBRARY IEEE;
USE IEEE.Std_Logic_1164.ALL;
-------------------------------------------------------------------
ENTITY adder IS
    PORT(
        ain, bin, cin: IN Bit;
        sum, cout: OUT Bit);
END adder;
-------------------------------------------------------------------
ARCHITECTURE describe OF adder IS
BEGIN
    sum<=ain XOR bin XOR cin;
    cout<=(ain AND bin) OR (ain AND cin) OR (bin AND cin);
END describe;
```

【例 10.29】　二进制数转换为 8421BCD 码译码器。该译码器输入 input 是 4 位二进制数，取值范围为 0～15，将其转换成 8421BCD 码输出。

```
LIBRARY IEEE;
USE IEEE.Std_Logic_1164.ALL;
USE IEEE.Std_Logic_UNSIGNED.ALL;          --程序中用到算术运算,需要加上该库
-------------------------------------------------------------------
ENTITY bcd_decoder IS
    PORT(
        input: IN Std_Logic_Vector(3 DOWNTO 0);
        a, b: OUT Std_logic_Vector(3 DOWNTO 0));
END bcd_decoder;
-------------------------------------------------------------------
ARCHITECTURE describe OF bcd_decoder IS
BEGIN
    PROCESS(input)
    BEGIN
        IF input<=9 THEN
                b<=input;
                a<="0000";
        ELSE
                b<=input-10;
```

```
            a<="0001";
        END IF;
    END PROCESS;
END describe;
```

【例 10.30】 双向总线驱动器。双向总线驱动器用于数据总线的驱动和缓冲，有两个 8位数据输入输出端 a 和 b，一个使能信号 en（高电平有效）和一个方向控制信号 dir。当使能信号 en＝1 且 dir＝1 时，信号由 a 传至 b，反之 en＝1 且 dir＝0 时，信号由 b 传至 a。

```
LIBRARY IEEE;
USE IEEE.Std_Logic_1164.ALL;
------------------------------------------------------------------
ENTITY bi_dir IS
    PORT(
        en, dir: IN Std_Logic;
        a, b: INOUT Std_logic_Vector(7 DOWNTO 0));
END bi_dir;
------------------------------------------------------------------
ARCHITECTURE describe OF bi_dir IS
BEGIN
    PROCESS(a, en, dir)
    BEGIN
        IF (en='0') THEN
            b<="ZZZZZZZZ";
        ELSIF (en='1' AND dir='1')
            b<=a;
        END IF;
END PROCESS;
PROCESS(b, en, dir)
BEGIN
        IF (en='0') THEN
            a<="ZZZZZZZZ";
        ELSIF (en='1' AND dir='0')
            a<=b;
        END IF;
    END PROCESS;
END describe;
```

2. 时序电路的 VHDL 设计

【例 10.31】 模 8 计数器。reset 信号为清零信号，高电平有效。PROCESS 的敏感信号为clk 和 reset，只要其中一个敏感信号发生变化，该进程就被调用。

```
LIBRARY IEEE;
USE IEEE.Std_Logic_1164.ALL;
------------------------------------------------------------------
ENTITY counter IS
    PORT(
        clk, reset: IN Bit;
        count: OUT INTEGER RANGE 0 TO 7);
END counter;
------------------------------------------------------------------
```

```
ARCHITECTURE describe OF counter IS
BEGIN
    PROCESS(clk, reset)
        VARIABLE t: INTEGER RANGE 0 TO 7;
    BEGIN
        IF (reset='1') THEN
            t:=0;
        ELSIF (clk'EVENT AND clk='1') THEN
            t:=t+1;
        END IF;
        count<=t;
    END PROCESS;
END describe;
```

【例 10.32】 8 位移位寄存器。该移位寄存器能实现同步复位、左移、右移、保持和预置功能，其中后四种功能是在 mode 的控制下完成。clk 是时钟信号，reset 是复位信号（高电平有效），左移和右移串行输入端分别为 d_sl 和 d_sr，并行数据输入信号为 data（8 位）。

```
LIBRARY IEEE;
USE IEEE.Std_Logic_1164.ALL;
------------------------------------------------------------------
ENTITY shift_register IS
    PORT(
        clk, reset: IN Bit;
        d_sl, d_sr: IN Std_Logic;
        data: IN Std_Logic_Vector(7 DOWNTO 0);
        mode: IN Std_Logic_Vector(1 DOWNTO 0);
        q: BUFFER Std_Logic_Vector(7 DOWNTO 0));
END shift_register;
------------------------------------------------------------------
ARCHITECTURE describe OF shift_register IS
BEGIN
    PROCESS(clk)
    BEGIN
        IF reset='1' THEN
            q<=''00000000'';
        ELSE
            CASE mode IS
                WHEN ''01''=>q<=d_sr & q(7 DOWNTO 1);
                WHEN ''10''=>q<=q(6 DOWNTO 0) & d_sl;
                WHEN ''11''=>q<=data;
                WHEN OTHERS=>NULL;
            END CASE;
        END IF;
    END PROCESS;
END describe;
```

3. 状态机的 VHDL 设计

状态机是数字系统中常用的时序电路，常用于控制电路的设计中。在 VHDL 描述中，状态机通常分为状态转换描述和输出结果描述两个部分。下面以一个典型的状态机和一个序列信号发生器为例，介绍 VHDL 描述方法。

【例 10.33】 某状态机的 ASM 图如图 10.18 所示，试写出对应的 VHDL 程序。

```
LIBRARY IEEE;
USE IEEE.Std_Logic_1164.ALL;
--------------------------------------
ENTITY fsm IS
    PORT(
        clk, a, b, c, d, e: IN Std_Logic;
        reset,z1,z2,z3,z4,out1,out2:OUTStd_Logic);
END fsm;
--------------------------------------
ARCHITECTURE describe OF fsm IS
    TYPE state_type IS(s0, s1, s2, s3, s4, s5);
    SIGNAL state:state_type;
BEGIN
    PROCESS(clk)
    BEGIN
        CASE state IS
            WHEN s0=>  IF a='0' THEN
                            state<=s0;
                       ELSIF b='1' THEN
                            state<=s1;
                       ELSE
                            state<=s2;
                       END IF;
            WHEN s1=>  state<=s2;
            WHEN s2=>  IF c='0' THEN
                            state<=s3;
                       ELSE
                            state<=s4;
                       END IF;
            WHEN s3=>  IF d='1' THEN
                            state<=s3;
                       ELSE
                            state<=s4;
                       END IF;
            WHEN s4=>  IF e='0' THEN
                            state<=s4;
                       ELSE
                            state<=s0;
                       END IF;
        END CASE;
    END PROCESS;
    reset<='0' WHEN state=s0 ELSE '1';
    z1<='1' WHEN state=s1 ELSE '0';
    z2<='1' WHEN state=s2 ELSE '0';
    z3<='1' WHEN state=s3 ELSE '0';
    z4<='1' WHEN state=s4 ELSE '0';
    out1<='1' WHEN (state=s3 AND d='0') ELSE '0';
    out2<='1' WHEN (state=s4 AND e='1') ELSE '0';
END describe;
```

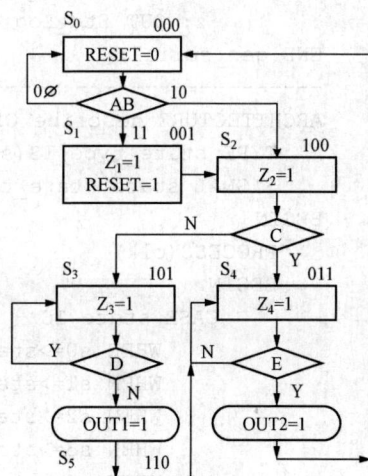

图 10.18 某系统状态转换图

【例 10.34】 序列信号发生器。序列信号发生器是用来产生周期性信号的器件，如产生序列长度为 7 的序列信号"0011010"，其 VHDL 程序如下

```
LIBRARY IEEE;
USE IEEE.Std_Logic_1164.ALL;
--------------------------------------------------------
ENTITY gen_serial IS
    PORT(
        clkt: IN Std_Logic;
        z: OUT Std_Logic);
END gen_serial;
--------------------------------------------------------
ARCHITECTURE describe OF gen_serial IS
    TYPE state_type IS(s0, s1, s2, s3, s4, s5, s6);
    SIGNAL state:state_type;
BEGIN
    PROCESS(clk)                    --描述状态之间的转换
    BEGIN
        CASE state IS
            WHEN s0=>state<=s1;
            WHEN s1=>state<=s2;
            WHEN s2=>state<=s3;
            WHEN s3=>state<=s4;
            WHEN s4=>state<=s5;
            WHEN s5=>state<=s6;
        END CASE;
    END PROCESS;
    z<='1' WHEN(state=s2 OR state=s3 OR state=s5)ELSE'0';    --描述序列信号的输出
END describe;
```

10.4　Quartus II 软件简介

目前，主流 CPLD/FPGA 器件生产厂商大都自行开发了相关软件供设计者使用，如 Altera 公司的 Quartus II 软件、Xilinx 公司的 ISE 软件、Lattice 公司的 ispLEVEL 软件等，设计者只需在一个软件上就能完成从设计输入到硬件配置整个 PLD 设计流程，大大提高了设计开发效率，缩短了开发周期，为产品快速进入并占有市场打下了基础。限于篇幅，本书仅简要介绍 Quartus II 软件的使用方法，其他软件的使用方法与之类似，读者可参阅其他相关书籍。

10.4.1　Quartus II 概述

Quartus II 软件是 Altera 公司继 MAX＋Plus II软件之后，推出的综合性 CPLD/FPGA 设计开发软件，它具有以下主要优点：

（1）Quartus II 提供了一种与结构无关的设计环境，使设计者能方便地进行设计输入、快速处理和器件编程。拥有完善的用户图形界面设计方式，具有运行速度快，界面友好，功能集中，易学易用等特点。

（2）Quartus II 支持原理图、VHDL、VerilogHDL 以及 AHDL 等多种设计输入形式，内嵌自有的综合器以及仿真器，也支持第三方的仿真工具，如 Modelsim 等。

（3）Quartus II 支持 Altera 的 IP 核，包含了 LPM/MegaFunction 宏功能模块库，使用户可以充分利用现有的模块，简化了设计的复杂性、加快了设计速度。

（4）Quartus II 通过和 DSP Builder 工具与 Matlab/Simulink 相结合，可以方便地实现各种基于 FPGA 的 DSP 系统开发，是 DSP 硬件系统实现的关键工具。

（5）Quartus II 支持 Altera 的片上可编程系统（SOPC）开发，集系统级设计、嵌入式软件开发、可编程逻辑设计于一体，是一种综合性的开发平台。

Altera 公司的 Quartus II 软件作为一种 PLD 的设计环境，由于其强大的设计能力和直观易用的接口，受到数字系统设计者的欢迎。

10.4.2　Quartus II 设计流程

Quartus II 开发 CPLD/FPGA 的流程如图 10.19 所示，分为设计输入、编译（或综合）、仿真、和下载四个步骤。

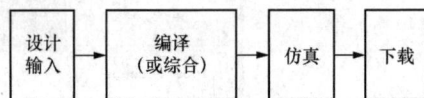

1. 设计输入

Quartus II 支持的输入方式包括：原理图文件

（*.bdf）、EDIF 网表（*.edf）、文本设计文件（*.tdf）、

图 10.19　Quartus II 设计流程

VHDL 设计文件（*.vhd）、Verilog 设计文件（*.v）、

波形设计文件（*.vwf）、逻辑分析仪文件（*.stp）、编译文件（*.sof）、接口文件（*.ptf）、配置文件（*.sopc）、路径文件（*.qif）等。

设计者可以使用 Quartus II Block Editor、Text Editor、MegaWizard Plug-In Manager（Tools 菜单）和 EDA 设计输入工具，建立包括 Altera 宏功能模块、参数化模块库（LPM）函数和知识产权（IP）函数在内的设计。

2. 编译（或综合）

Quartus II 的编译由一系列处理模块组成，包括分析与综合（Analyzer&Synthesis）、适配器（Fitter）、时序分析器（Timing Analyzer）、编程文件汇编（Assembler）等。这些模块主要完成对设计项目的检错、逻辑综合、布局布线、输出结果的编译配置、时序分析等功能。

在编译前，设计者可以通过各种不同的设置，要求编译器使用各种不同的综合和配置方法，从而提高设计项目的工作速度，优化器件的资源利用率。在编译过程中及编译结束后，设计者可以从编译报告窗口中获得详细编译结果，从而对设计方案进行调整。

在编译过程中会产生各种输出文件编译报告，包括器件使用统计、编译设置、RTL 级电路显示、期间资源利用率、状态机的实现、方程式、CPU 使用资源等，同时生产配置文件，通过 Quartus II 中的编程器可以对器件进行下载编程。

3. 仿真

设计方案通过编译之后，必须对其功能和时序进行仿真测试，以便检查设计中的错误和问题。仿真分为功能仿真和时序仿真，功能仿真用于测试设计的逻辑功能是否符合设计要求，时序仿真则在目标器件中测设设计的逻辑功能和最坏情况下的时序。

4. 下载

经过编译和仿真之后，就可以将配置文件通过下载电缆直接下载到 CPLD 或 FPGA 上进行验证。在下载之前，首先需要对系统顶层模块进行引脚锁定，保证设定的引脚与实际芯片引脚一致。

10.4.3　Quartus II 设计举例

本节以【例 10.31】模 8 计数器为例，介绍 Quartus II 软件的基本使用方法。

（1）启动 Quartus II。打开软件后，主窗口如图 10.20 所示，该界面由标题栏、菜单栏、工具栏、资源管理器、编译状态显示窗、信息显示窗和工程工作区等部分组成。

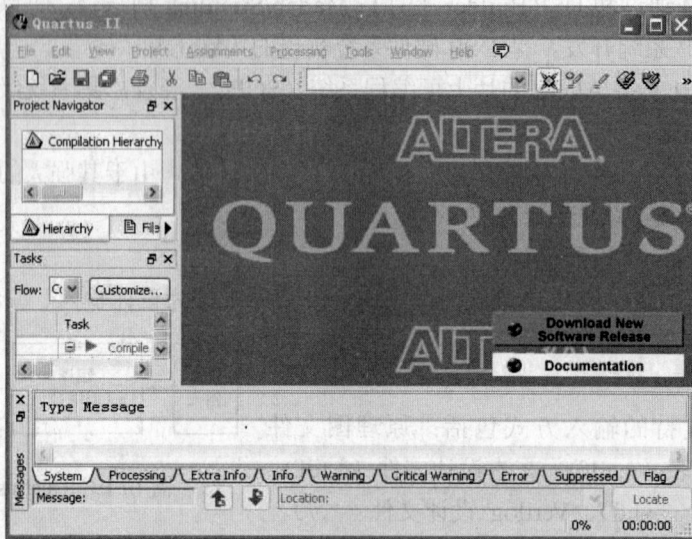

图 10.20 Quartus II 的主窗口

（2）新建工程。选择菜单"File"→"New Project Wizard..."，打开"New Project Wizard"对话框，如图 10.21 所示，该对话框共有 5 页。

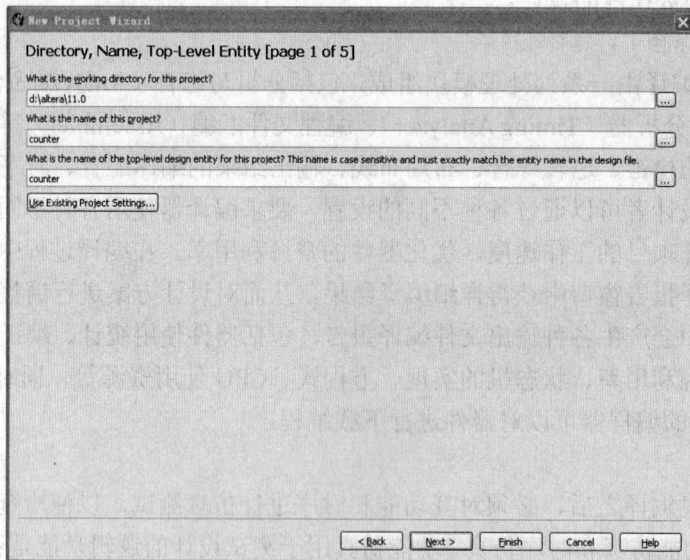

图 10.21 New Project Wizard 对话框第 1 页

1）第 1 页用于指定工程存放的驱动磁盘和目录、输入工程名，单击"Next"。
2）第 2 页用于选择需要添加进工程的文件以及需要的非默认库，单击"Next"。
3）第 3 页用于选择下载的目标器件，如图 10.22 所示，单击"Next"。
4）第 4 页用于选择需要添加 Quartus II 之外的 EDA 工具，单击"Next"。

5）第 5 页用于将以上 4 页设定结果以概要形式一览，单击"Finish"。

在本题中设定该模 8 计数器工程名为"counter"，其他均采用默认设置。注意，工程名必须与顶层文件实体名一致，否则编译过程会报错。

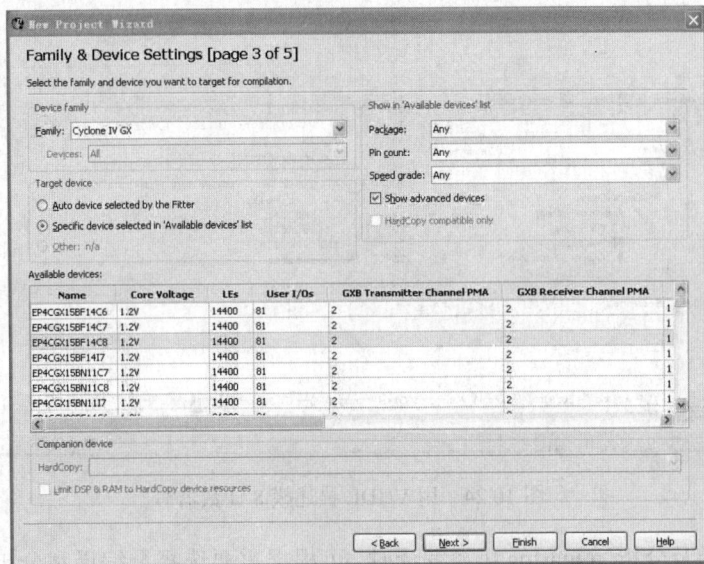

图 10.22　New Project Wizard 对话框第 1 页

（3）新建文件。

1）选择菜单"File"→"New..."，出现图 10.23 所示新建输入文件对话框。

2）New Quartus II Project：新建工程向导，用于引导设计者如何创建工程、设置顶层设计单元、引用设计文件、器件设计等。

3）Design Files 选项下可选择 AHDL File、Block Diagram/Schematic File、EDIF File、Qsys System File、State Machine、SystemVerilog HDL File、Tcl Script File、VHDL File、Verilog HDL File 共 9 种硬件设计文件类型。

4）Memory Files 选项下可选择 Hexadecimal（Intel-Format）File 和 Memory Initalization File。

5）Verification/Debugging Files 选项下可选择 In-System Sources and Probes File、Logic Analyzer Interface File、SignalTap II Logic Analyzer File。

6）Other Files 选项下可选择 AHDL Include File、Block Symbol File、Chain Description File、Synopsys Design Constrains File、Text File 等其他类型的文件。

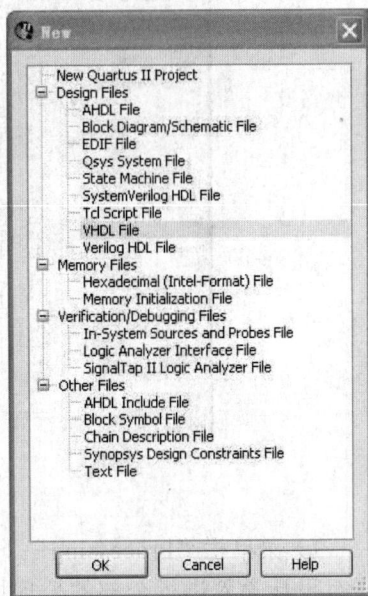

图 10.23　新建输入文件对话框

在本题中采用 VHDL 语言描述该模 8 计数器，为此选择"Design Files"→"VHDL File"，单击"OK"，便打开文本编辑器。输入 VHDL 代码，得到图 10.24 所示结果。

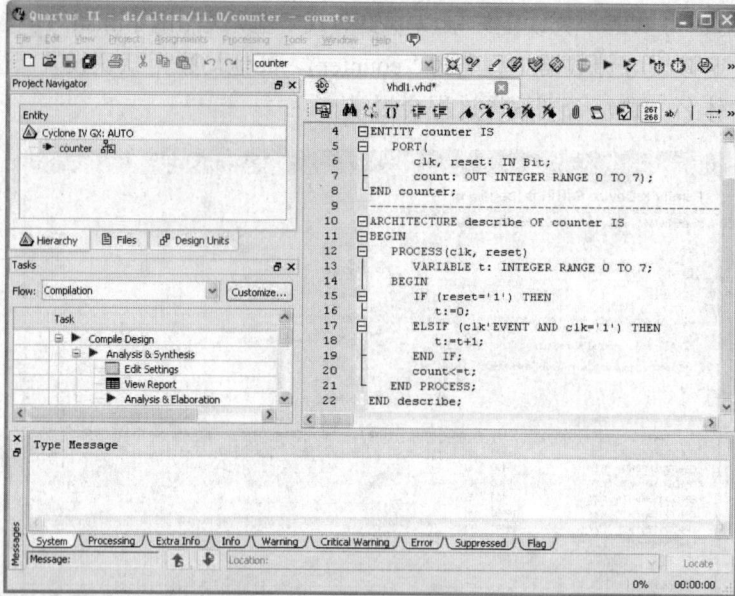

图 10.24　用 VHDL 描述模 8 计数器

（4）工程编译及分析。Quartus II 在编译时，可根据需要选择全编译和分步编译两种方式，如图 10.25 所示。

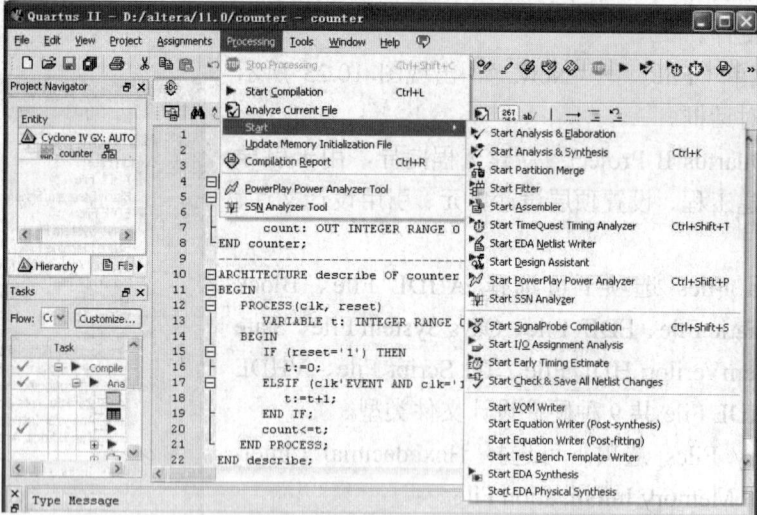

图 10.25　编译方式的选择

1）菜单栏"Processing"下"Start Compilation"选项为全编译。全编译是指 Quartus II 对设计输入进行全部的处理操作，包括检错、逻辑综合、布局布线、输出结果的编译配置、时序分析等。编译过程中会将相关信息显示在在页面下方的 Processing 窗口中，如果发现 Warning（警告）或 Error（错误），会用不同颜色标记出来。警告与错误等级不同，警告不会影响编译通过，错误则不能通过编译，必须进行修改。Quartus II 具有错误定位功能，双击 Processing 栏中的错误显示条文，光标会自动定位到对应 VHDL 文件中出错位置处，方便设计者修改程序。对错误修改完成之后即可再次编译，直到排除所有错误为止。

2）菜单栏"Processing"下"Start"选项及下拉框为分步编译。分步编译是指 Quartus II 可以按照设计者要求只完成编译过程的某一个步骤，包括 Start Analysis & Elaboration、Start Analysis & Synthesisi、Start Partition Merge、Start Fitter、Start Assembler、Start TimeQuest Timing Analyzer、Start EDA Netlist Writer、Start Design Assistant、Start PowerPlay Power Analyzer、Start SSN Analyzer、Start SignalProbe Compilation、Start I/O Assignment Analysis、Start Early Timing Estimate、Start Check & Save All Netlist Changes、Start VQM Writer、Start Equation Writer（Post-synthesis）、Start Equation Writer（Post-fitting）、Start Test Bench Template Writer、Start EDA Synthesis、Start EDA Physical Synthesis 等选项。

本题采用全编译之后，弹出如图 10.26 完成编译提示对话框。单击"OK"之后如图 10.27 所示。

3）全编译之后，设计者可以参看编译结果报告。菜单栏"Processing"→"Compilation Report"，出现 Compilation Report 对话框。本题执行操作之后，弹出如图 10.28 所示对话框。

图 10.26 完成编译提示对话框

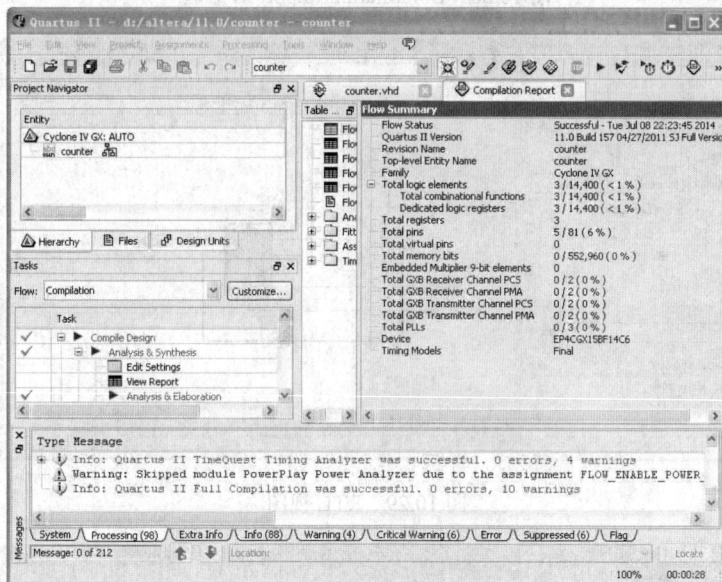

图 10.27 编译结果显示

4）设计者还可以查看电路网表结果。菜单栏"Tools"→"Netlist Viewers"→"RTL Viewer"和"Tools"→"Netlist Viewers"→"Technology Map Viewer（Post Mapping）"，用于查看 RTL 视图和工艺映射视图。本题操作后结果如图 10.29 和图 10.30 所示。

（5）工程仿真。设计方案通过编译之后，必须对其功能和时序进行仿真测试，以便检查设计中的错误和问题。从 Quartus II10.0 版本开始，较之前的软件有了较大的变化，在仿真器上主要体现在原有的 Quartus II simulator 取消了，取而代之的是将波形仿真的功能交由第三方软件 ModelSim 完成，从而减小软件的大小。

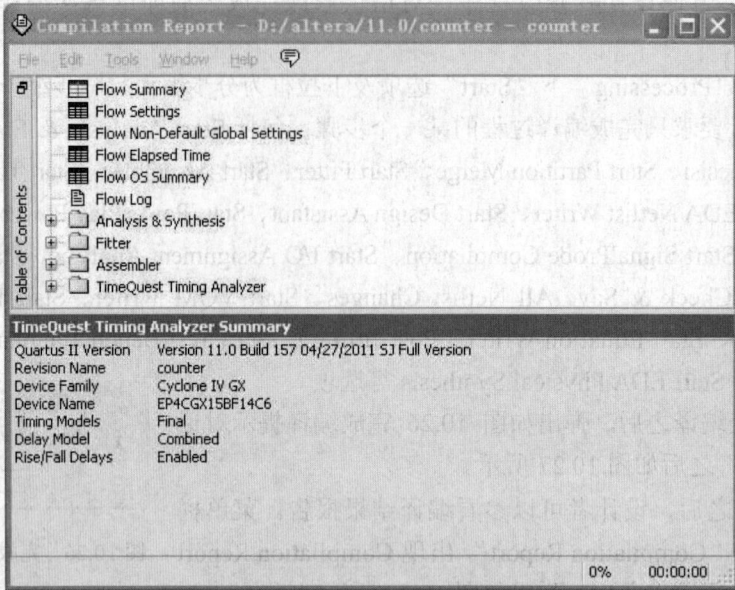

图 10.28　Compilation Report 对话框

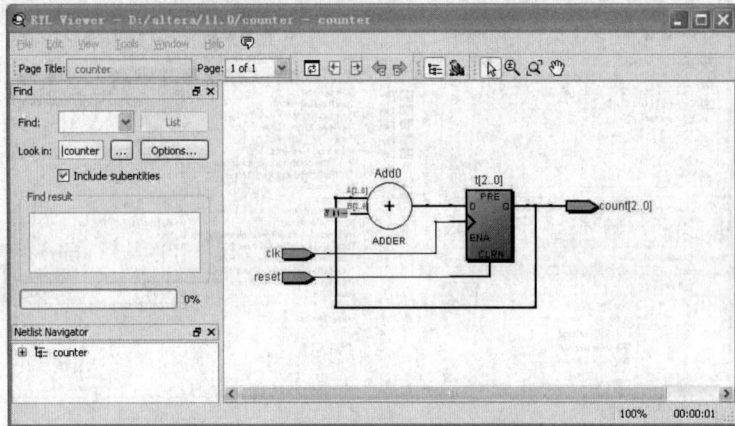

图 10.29　RTL 视图

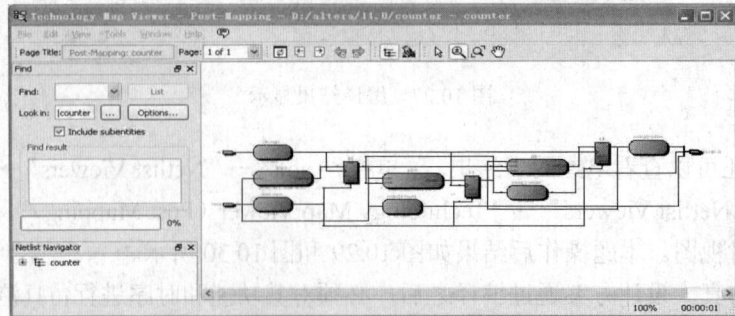

图 10.30　工艺映射视图

1）指定 ModelSim-Altera 的安装路径。菜单栏"Tools"→"Options"，弹出图 10.31 所

示 Options 对话框。在"General"选项卡中选中"EDA Tool Options",在 ModelSim-Altera 中指定软件的安装路径,单击"OK"。本题指定路径为"D:/altera/11.0/modelsim_ase/win32aloem"。

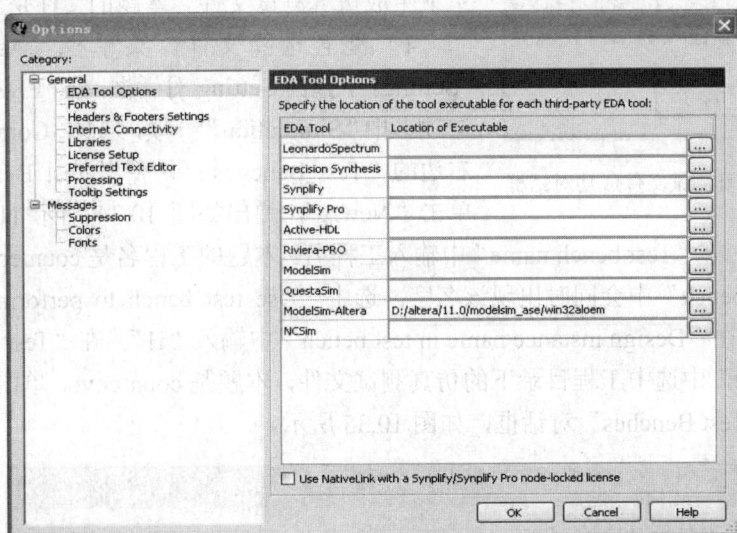

图 10.31 Options 对话框

2)指定 Quartus II 仿真软件。菜单栏"Assignments"→"Settings",弹出图 10.32Settings-counter 对话框。在"EDA Tool Settings"选项卡中选中"Simulation"一项,在"Tool name"下拉框中选择"ModelSim-Altera",在"Format for output netlist"下拉框中选择开发语言类型为 VHDL,其他默认,单击"OK"。

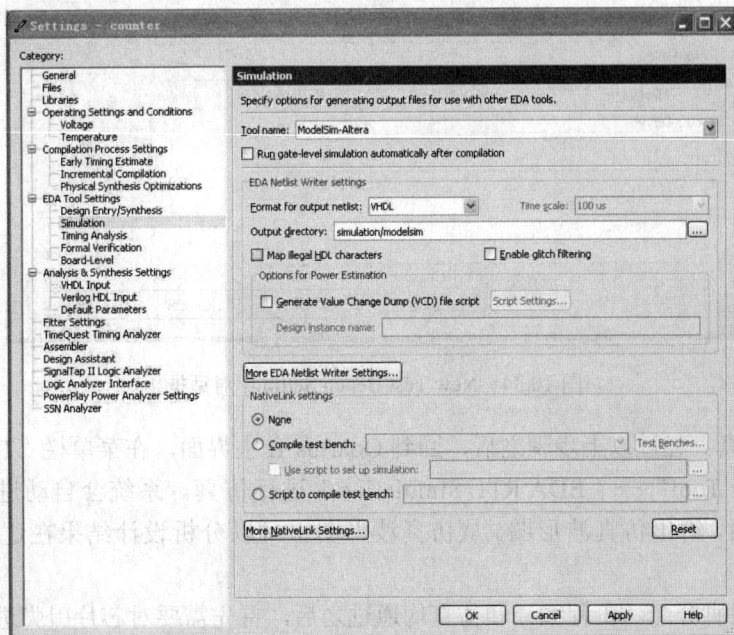

图 10.32 Settings-counter 对话框

3）生成仿真测试文件。菜单栏"Processing"→"Start"→"Start Test Bench Template Write"，生成成功，弹出图 10.33 所示对话框。同时，在工程目录下生成仿真测试文件。本题的文件是 counter.vt。

图 10.33　生成仿真测试文件成功对话框

4）配置选择文件。菜单栏"Assignments"→"Settings"，弹出 Setting 对话框，在"EDA Tool Settings"选项卡中"Simulation"一项，选择"Compile test bench"右边的"Test Benches..."，弹出 Test Benches 对话框，单击"New..."，弹出如图 10.34 所示 New Test Bench Settings 对话框，在"Test bench name"中输入工程名。本题的工程名是 counter。在"Top level module in test bench"中会同时出现该名字。选中"Use test bench to perform VHDL timing simulation"，并在"Design instance name in test bench"中输入"i1"。在"Test bench files"栏下的"File name"中选中工程目录下的仿真测试文件，本题是 counter.vt。单击"Add"，单击"OK"，回到"Test Benches"对话框，如图 10.35 所示。

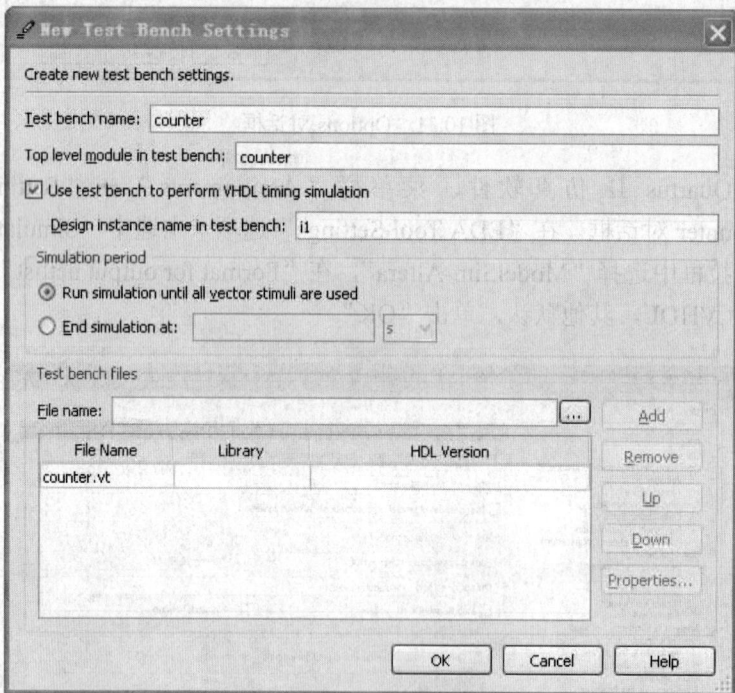

图 10.34　New Test Bench Settings 对话框

5）进行仿真。经过以上步骤之后，回到 Quartus II 主界面，在菜单栏"Tools"→"Run EDA Simulation Tool"→"EDA RTL Simulation"进行仿真。系统会自动进入 ModelSim-Altera 运行界面，给出仿真波形图。从仿真波形图上可以分析设计结果在逻辑上是否符合设计要求。

（6）芯片引脚分配。工程编译和仿真均通过之后，首先需要对芯片引脚进行分配，然后就可以将配置数据下载到实际应用系统中进行验证。

1）确定芯片型号。菜单栏"Assignments"→"Device"，弹出如图 10.36 所示 Device 对

话框。在"Family"中先确定器件的系列，然后该系列所有的器件将以列表形式出现在"Available devices"中。本题选择 Cyclone IV GX 系列的 EP4CGX158F14C8 芯片。

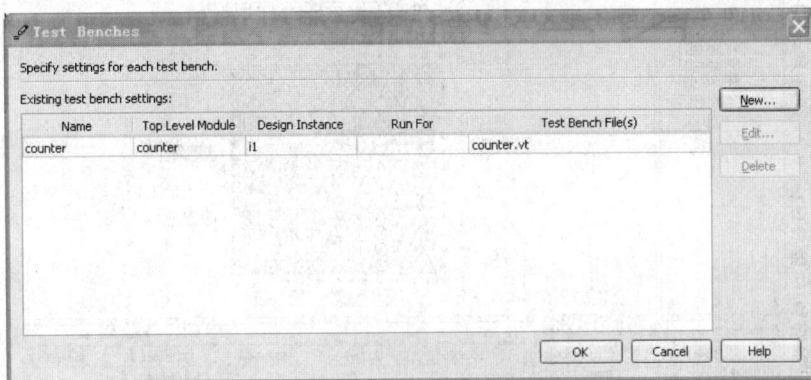

图 10.35　Test Benches 对话框

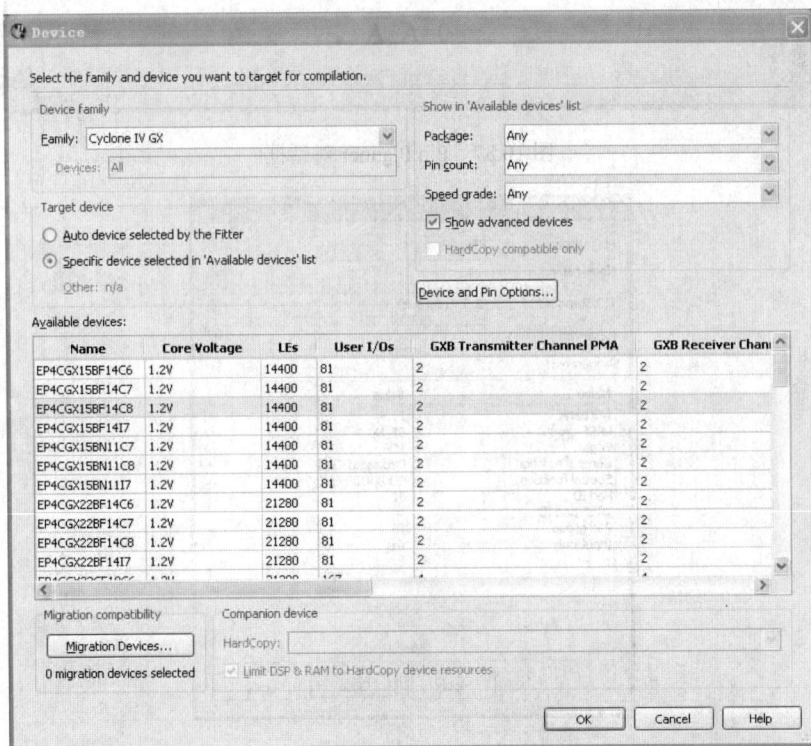

图 10.36　Device 对话框

　　2）引脚分配。菜单栏"Assignments"→"Pin Planner"，弹出图 10.37 所示 Pin Planner 对话框。先用鼠标指导需要分配的端口信号处，单击后颜色变为蓝色，双击之后，出现图 10.38 所示 Pin Properties 对话框。该对话框中，在 Node name 下拉框中可选择需要分配的引脚，单击"Apply"即完成分配。所有引脚分配完成之后，接好下载电缆，完成下载。

　　限于篇幅，本章仅介绍了 Quartus II 的简单举例，对该软件的功能没有深入探讨，有兴趣的读者可以参阅相关书籍。

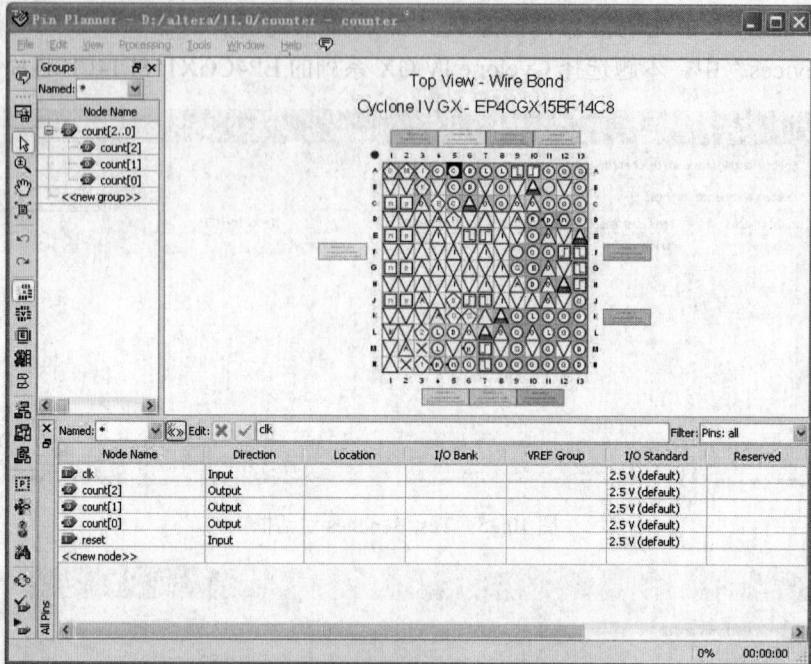

图 10.37　Pin Planner 对话框

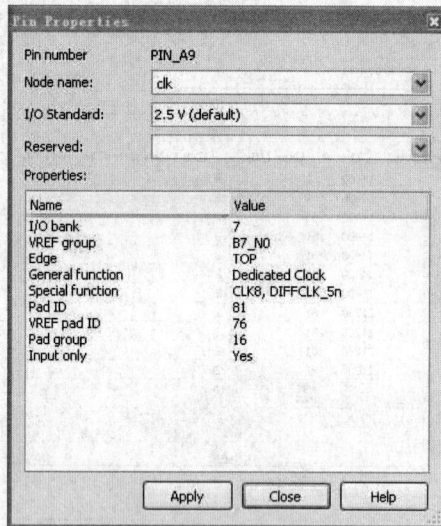

图 10.38　Pin Properties 对话框

本章习题

10.1　数字系统的定义是什么？区别数字系统和逻辑功能部件的标志是什么？

10.2　数字系统一般由哪两个部分组成？每个部分的主要作用是什么？

10.3　数字系统的设计步骤分为几步？每一步的主要工作是什么？

10.4　算法流程图由哪几个部分组成？各自含义是什么？

10.5　试设计一个求平方根电路的算法流程图。输入为 x，输出 $y = \sqrt{x}$。

10.6　试设计一个节日彩灯控制系统的算法流程图。该控制系统控制 16 路彩灯按如下方案进行变换：①花型 1：16 路彩灯同时亮灭，亮、灭节拍交替进行；②花型 2：16 路彩灯每次 8 路灯亮，8 路灯灭，且亮、灭相间，交替进行；③花型 3：16 路彩灯先从左至右逐次点亮，全亮之后再从右至左逐次熄灭，循环演示；④花型 4：16 路彩灯分成左、右 8 路，左 8 路从左至右逐次点亮、右 8 路从右至做逐次点亮，全亮之后，左 8 路从右至左逐次熄灭，右 8 路从左至右逐次熄灭，循环演示。要求彩灯亮、灭一次的时间为 2s，每 256s 自动转换一种花型。

10.7　试设计一个人体电子秤控制装置的算法流程图。该人体电子秤控制装置应能有序、正确的管理以下功能的实现：①进行人体体重的测量，并能以 3 位十进制数字显示体重的千克数；②进行人体身高的测量，并能以 3 位十进制数字显示高度的厘米数；③由体重和身高的实测信息，并根据被测对象的具体状况（男性或女性，成人或儿童等），自动计算并显示被测对象属于偏瘦、适中、偏胖 3 种体型中的哪一种？

10.8　试画出题 10.5 的系统框图。

10.9　试画出题 10.6 的系统框图。

10.10　试画出题 10.7 的系统框图。

10.11　试完成题 10.5 数据处理单元的设计。

10.12　试完成题 10.6 数据处理单元的设计。

10.13　试完成题 10.7 数据处理单元的设计。

10.14　ASM 图由哪几个部分组成？各自含义是什么？

10.15　试完成题 10.5 控制单元的设计。

10.16　试完成题 10.6 控制单元的设计。

10.17　试完成题 10.7 控制单元的设计。

10.18　与传统的电路图相比，硬件描述语言有哪些优势？试列举目前常用的几种硬件描述语言，并简要说明其特点。

10.19　在 Quartus II 软件中，用 VHDL 输入方法描述一个 3 输入与非门。

10.20　在 Quartus II 软件中，用 VHDL 输入方法设计一个 3 人表决器电路。

10.21　在 Quartus II 软件中，用 VHDL 输入方法描述一个十六进制加法计数器 74163。

10.22　在 Quartus II 软件中，用 VHDL 输入方法描述一个 8 位双向移位寄存器 74198。

10.23　在 Quartus II 软件中，用 VHDL 输入方法设计一个 "00100111" 序列信号发生器。

10.24　在 Quartus II 软件中，用 VHDL 输入方法设计一个分频数为 n 的任意分频器。

10.25　在 Quartus II 软件中，用 VHDL 输入方法设计一个 8421BCD 码模 60 计数器。

10.26　在 Quartus II 软件中，用 VHDL 输入方法设计一个 8421BCD 码模 24 计数器。

10.27　在 Quartus II 软件中，用 VHDL 输入方法设计一个串行序列检测器。要求连续输入 3 个或 3 个以上的 1 时输出 1，其他情况输出 0。

10.28　在 Quartus II 软件中，用 VHDL 输入方法设计一个汽车尾灯控制电路。该控制器控制汽车尾部左右两侧各三个指示灯，要求如下：①汽车沿直线行驶时，两侧的指示灯全灭；②右转弯时，左侧的指示灯全灭，右侧的指示灯按从左向右循环点亮；③左转弯时，右侧的指示灯全灭，左侧的指示灯按从右向左循环点亮；④如果在直行时刹车，两侧的指示灯全亮；

如果在转弯时刹车，转弯这一侧的指示灯按同样的循环顺序点亮，另一侧的指示灯全亮。

10.29　某控制器的 ASM 图如题图 10.1 所示，试用 VHDL 描述。

10.30　某控制器的 ASM 图如题图 10.2 所示，试用 VHDL 描述。

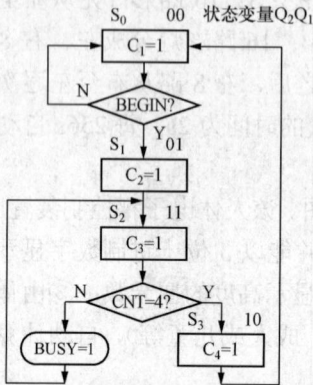

题图 10.1　某控制系统 ASM 图

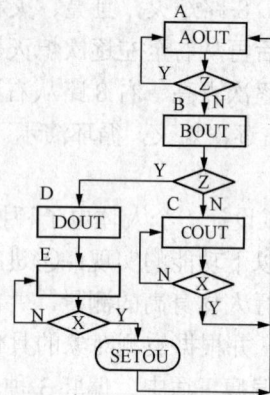

题图 10.2　某控制系统 ASM

10.31　在 Quartus II 软件中，用 VHDL 输入方法设计一个两位密码锁。该密码锁为两位十进制并行输入，当输入的密码与锁内的密码一致时，绿灯亮，锁打开；当输入的密码与锁内的密码不一致时，红灯亮，不能开锁。密码可由用户自行设置。

10.32　在 Quartus II 软件中，用 VHDL 输入方法描述题 10.5 的数字系统。

10.33　在 Quartus II 软件中，用 VHDL 输入方法描述题 10.6 的数字系统。

10.34　在 Quartus II 软件中，用 VHDL 输入方法描述题 10.7 的数字系统。

参 考 文 献

[1] 康华光，邹寿彬. 电子技术基础（数字部分）（第五版）. 北京：高等教育出版社，2006.

[2] 臧春华，沈嗣昌，蒋璇. 数字设计引论（第二版）. 北京：高等教育出版社，2010.

[3] 杨永健，玄玉波，张伟. 数字电子技术. 北京：人民邮电出版社，2010.

[4] 包晓敏，王开全. 数字电子技术. 北京：机械工业出版社，2012.

[5] 勒孝峰，武超，等. 数字电子技术. 北京：北京航空航天大学出版社，2010.

[6] 何建新，高胜东. 数字逻辑设计基础. 北京：高等教育出版社，2012.

[7] 刘培植. 数字电路与逻辑设计（第二版）. 北京：北京邮电大学出版社，2013.

[8] 邓元庆，关宇，贾鹏. 数字设计基础与应用（第二版）. 北京：清华大学出版社，2010.

[9] 李晓辉. 数字电路与逻辑设计. 北京：国防工业出版社，2012.

[10] 杨颂华，等. 数字电子技术基础（第二版）. 西安：西安电子科技大学出版社，2013.

[11] 谢芳森，刘祝华，等. 数字电子技术. 北京：电子工业出版社，2012.

[12] 徐秀平. 数字电路与逻辑设计. 北京：电子工业出版社，2010.

[13] 刘常澍，张涛，等. 数字逻辑电路. 北京：高等教育出版社，2010.

[14] 杨文霞，孙青林. 数字逻辑电路. 北京：科学出版社，2007.

[15] 王蕊. 数字电子技术教程. 北京：国防工业出版社，2007.

[16] 唐竞新. 数字电子电路. 北京：清华大学出版社，2003.

[17] 臧春华，蒋璇. 数字系统设计与 PLD 应用（第三版）. 北京：电子工业出版社，2009.

[18] 焦素敏. EDA 应用技术（第 2 版）. 北京：清华大学出版社，2011.

[19] 谭会生，张昌凡. EDA 技术及应用——VHDL 版（第三版）. 西安：西安电子科技大学出版社，2011.

[20] 刘爱荣，王振成，陈杨，等. EDA 技术与 CPLD/FPGA 开发应用简明教程（第二版）. 北京：清华大学
出版社，2013.

[21] 刘昌华. EDA 技术与应用：基于 Quartus II 和 VHDL. 北京：北京航空航天大学出版社，2012.

[22] 潘松，黄继业. EDA 技术实用教程：VHDL 版（第五版）. 北京：科学出版社，2013.

[23] 赵曙光，刘玉英，崔葛瑾. 数字电路与系统设计，北京：高等教育出版社，2011.

[24] M.Morris Mano, Michael D. Ciletti, Digital Design（第四版 影印版）. 北京：电子工业出版社，2008.

[25] Hubert Kacslin. Digital Integrated Circuit Design From VLSI Architectures to CMOS Fabrication. Beijing:
POSTS &TELECOM PRESS, 2010.

[26] Neil H.E.Weste, David Money Harris. Integrated Circuit Design. Fourth Edition. Beijing: PUBLISHING
HOUSE OF ELECTRONICS INDUSTRY, 2011.

[27] Xilinx：The Programmable Gate Array Data Book，Xilinx，Inc，1992.

[28] Xilinx：LCA Programmable Gate Array User's Guide，Xilinx，Inc，1990.

[29] Xilinx：The Programmable Gate Array Development System Data Book，Xilinx，Inc，1990.

[30] Xilinx：XACT Development System Design Interface User's Guide，Xilinx，Inc，1991.

[31] IEEE Computer Society. IEEE Standard VHDL Language Reference Manual［M］. The Institute of Electrical
and Electronics Engineers，Inc，New York，NY 10016-5997，USA，2001.